般若佛敎 信行論

혜담 지상 지음

불광출판부

般若佛敎 信行論

머 리 말

　지혜와 복덕을 구족하신 제불세존과 청량지를 얻게 하는 미묘법문과 중생의 복전이신 청정승가에 한 마음으로 귀의하옵니다.
　불법문중에 출가한 사람이라면 누구라도 마찬가지겠지만 필자 역시 출가 후에 가장 먼저 접하고 외운 경전이 『반야심경』이다. 그러나 조석예불 때마다 독송하던 그 『반야심경』의 내용은 도무지 알 수가 없었고, 그 가운데서도 공(空)이라는 말은 끝없이 필자를 잡고 놓아 주지 않았다. 강원에서 경전을 공부하면서도, 동국대학교에서 불교학을 공부하면서도 공은 언제나 머리 한 구석에 박혀 있었다. 마침내 공은 필자로 하여금 대학을 졸업하던 그 이튿날 선원으로 내몰았다. 참선을 하면 공을 알 수 있다는 말을 들었기 때문이다. 그 때로부터 십여 년의 세월이 흐른 어느 날, 이번에는 『대품반야경』을 붙잡고 씨름을 시작했다. 대상은 역시 공이었고, 여기에 반야바라밀이 추가되었다. 또 다시 십여 성상이 흘렀다. 그래서 나름대로의 결론으로 집필한 것이 이 『반야불교 신행론』이다.
　사실 반야와 불교는 둘이 아니다. 불교를 무엇이라고 정의하든 간에 반야 없는 불교는 상상할 수조차 없다. 불교야말로 반야를 설한 것이고, 반야를 증득하기 위한 가르침이기 때문이다. 따라서 반야불교라고 부르는 자체가 어불성설이라 할 수 있다. 그런데도 본서의 제목을 『반야불교 신행론』이라고 한 데는 두 가지 이유가 있다. 첫째는 불교를 사상사적인 입장에서 붙인 이름이다. 주지하는 바와 같이 근본불교사상을 이어받은 대승불교는 많은 특이한 사상을 담고 있다. 대승불교의 선구경전인 반야경이 표방하는 사상이 있는가 하면, 법화사상·화엄사상·유식사상·정토사상·밀교사상 등 독특

한 불교사상들이 그 속에서 경전으로 숨쉬고 있다. 본서는 이러한 많은 대승불교사상 가운데 반야경에서 설하고 있는 불교사상을 고찰한 것이기 때문에 반야불교라 했다. 그런데 반야경에는 여러 종류가 있다. 600부의 『대반야경』이 있는가 하면, 『대품반야경』 『소품반야경』 『금강경』 『인왕반야경』 등 현존 대승경전의 거의 3분의 1이 반야경 계통이다. 이 많은 반야경 가운데 필자는 『대품반야경』을 중심으로 하여 본서를 집필했다. 그 이유는 『대품반야경』이야말로 반야경의 사상을 가장 완벽하게 설하고 있는 경전이라고 생각했기 때문이다.

둘째는 대승경전의 모든 사상들은 전부가 반야를 증득하는 데 목표를 두고 있으면서도 나름대로의 수행방법을 설하고 있다는 점이다. 여기에서 불교에는 다양한 신앙행위가 나타난다. 관음신앙으로 현세이익을 추구하는 불교가 있는가 하면 정토신앙으로 왕생극락을 발원하는 불교도 있고, 참선을 하여 견성성불을 서원하는 불교도 있다. 그리고 우리 나라 불교는 신라시대 이래 전승되어 온 통불교 정신에 입각한 것이기 때문에 이러한 다양한 신앙형태가 아무런 마찰 없이 행해지고 있다. 참선을 하다가 염불을 하기도 하고, 염불을 하다가 주력을 하기도 한다. 통불교적 입장에서 보면 용납될 수 없는 것도 아니다. 그러나 때로는 그러한 여러 신앙형태의 혼재가 수행자로 하여금 혼란을 일으키게 할 수도 있다는 것이 필자의 좁은 소견이다. 『법화경』을 소의경전으로 하는 수행자는 법화사상에 입각하여 수행하고, 『금강경』을 소의경전으로 하는 수행자는 반야사상에 입각하여 수행하는 것이 바람직하다고 생각한다. 그런데 불행하게도 현재 우리 불교계에는 많은 종단이 『금강경』을 소의경전으로 하고 있으면서도 반야사상에 입각한 신행이 정립되어 있지 않다. 심지어 반야사상 전반을 다루고 있는 저서조차 찾아보기 힘든 실정이다. 이에 필자는 세인의 비웃음을 무릅쓰고 반야사상에 입각한 신행의 요체를 고찰했기 때문에 신행론이라 이름했다.

그리고 본 『반야불교 신행론』은 신앙론·반야론·방편론의 3편으로 구성되어 있다. 불교신행에는 세 단계가 있다고 생각된다. 첫째는 믿음의 단계이다. 부처님께 귀의하여 무조건 믿어 행하는 단계이다. 반야경에서는 반야바라밀을 믿고 행하라고 설한다. 이 믿음의 단계를 제1편의 신앙론에서 다루었다. 그러나 맹목적인 믿음은 역경과 시련이 닥칠 때 쉽게 좌절하게 된다. 자신의 조그마한 소원이 이루어지지 않을 때 믿음이 불신으로 바뀔 수가 있다. 여기에서 두 번째 단계인 교리에 대한 이해의 과정이 필요하게 된다. 부처님은 어떤 분이고 어떤 과정을 거쳐서 열반에 도달하게 되었는가를 고구정연하게 아는 단계이다. 이런 불교교리에 대한 이해가 완벽하게 되었을 때 첫 단계의 믿음은 더욱 견고해지고 마침내 물러서지 않게 된다. 이 두 번째 단계를 제2편의 반야론에서 다루었다. 마지막인 세 번째는 실천의 과정으로 소위 보살도를 행하는 단계이다. 이 단계에서 비로소 신행은 완성된다. 불교는 이론이 아니고 철학도 아니다. 살아가는 현실이다. 보살이 이렇게 중생 곁에서 실제로 작용하는 모습을 제3편의 방편론에서 다루었다.

끝으로 지면을 통하여 몇몇 어른들에게 감사의 말씀을 표하고 싶다. 부처님 말씀처럼 세상에는 저 홀로 이루어지는 것이 없다. 모든 것이 서로 인이 되고 연이 되어서 존재하게 된다. 이 신행론 역시 많은 분들의 도움 속에 이루어졌다. 우선 필자가 불광법회에서 은사이신 광덕스님의 반야바라밀 법문을 만나지 못했다면 집필을 생각하지 않았을 것이다. 은사스님의 곡진하신 법문 속에서 반야바라밀을 알게 되었고 책을 출판하게 되었으니, 이 보다 더 큰 은혜가 어디 있겠는가. 다음으로 필자가 일본에 유학하고 있을 때 반야사상을 지도해 주셨던 가지야마(梶山雄一) 교수를 비롯한 몇몇 학자들이다. 박학비재한 필자가 이 책을 집필하는 데는 이 분들의 저서가 큰 도움이 되었고, 본문에서 많은 부분을 그 저서에서 인용했으면서도 일일이 출처를 명기하지 않았다. 고마움과 함께 죄송한 마음을 표하면서 독자제현에게도 양해를 구한다. 이 외에도 집필하는 내내 물심양면으로 도움을 주신 여러 불자들이 있었다. 이 졸고가 그 분들을 비롯한 모든 반야행자들의 신행생활에 작은 지침서가 되어 함께 반야용선에 오르기를 부처님 전에 기도하면서, 아울러 모든 선지식의 경책을 바란다.

나무 마하반야바라밀

불기 2541년(정축) 2월
검단산 각화사(覺華寺) 목우실(牧牛室)에서
혜담 지상 합장

차 례

머리말

제 1 편 신앙론(信仰論)

제 1 장 서 론 ─────────────────── 15
  1. 인생과 불교
    1) 인생의 목적과 행복 · 15
    2) 불교와 행복 · 19
  2. 불교의 근본문제
    1) 불교의 의의 · 25
    2) 발고여락(拔苦與樂) · 29

제 2 장 반야바라밀 ─────────────── 37
  1. 반야바라밀의 의의
    1) 반야바라밀의 자의(字義) · 37
    2) 반야바라밀과 육바라밀의 관계 · 42
  2. 반야바라밀의 인격화(人格化)
    1) 불모(佛母)로서의 반야바라밀 · 46
    2) 반야바라밀은 지도원리 · 49
    3) 반야바라밀이 부처님이다 · 54

제3장 반야불교의 지지자(支持者) ──────── 61

　1. 반야바라밀의 신수(信受)
　　　1) 불교 교단의 사부중(四部衆)과 보살 · 61
　　　2) 반야바라밀을 신수하는 두 부류 · 65
　2. 보살마하살
　　　1) 보살 · 마하살의 어의(語義) · 69
　　　　(1) 보살의 어의 · 69
　　　　(2) 마하살의 어의 · 74
　　　2) 대승보살 · 76
　3. 선남자 · 선여인
　　　1) 선남자 · 선여인의 명칭 · 80
　　　2) 선남자 · 선여인의 성격 · 83

제4장 반야바라밀의 신앙 ──────── 87

　1. 선남자 · 선여인의 반야바라밀 신앙
　　　1) 반야바라밀의 신앙형태 · 87
　　　2) 반야바라밀 염송 · 95
　　　3) 반야바라밀의 서사와 공양 · 103
　2. 반야바라밀 신앙의 공덕
　　　1) 불교의 공덕사상 · 113

2) 반야바라밀과 현세이익 · 117
   3) 반야바라밀에 의한 후세이익 · 134
   4) 파법죄(破法罪)의 과보 · 140
 3. 반야바라밀 신앙에 의한 공덕의 근거
   1) 현세이익과 공사상 · 150
   2) 현세이익과 반야행자의 내면세계 · 154
   3) 대명주(大明呪) · 156

제 2 편 반야론(般若論)

제 1 장 반야바라밀의 수습(修習)과 공(空) ─────── 171

 1. 반야바라밀의 실천과 공사상(空思想)
   1) 보살의 반야바라밀 행(行) · 171
   2) 공사상의 전개 · 177
   3) 실체의 부정과 공 · 183
 2. 공의 의미
   1) 공의 일반적인 개념 · 190
   2) 공의 종류 · 194

제 2 장 본래청정(本來淸淨) ──────────────── 211

  1. 법륜(法輪)의 차제(次第)
    1) 최초의 설법(初轉法輪) · 211
    2) 제2의 설법(第二 轉法輪) · 215
  2. 사물의 진실된 모습
    1) 불래불거(不來不去)의 본성 · 221
    2) 『대품반야경』 습응품과 『반야심경』 · 226
    3) 본성의 세 가지 속성 · 229
  3. 본성청정(本性淸淨)
    1) 불생불멸(不生不滅)의 본성 · 232
    2) 불구부정(不垢不淨)의 본성 · 236
    3) 부증불감(不增不減)의 본성 · 246
    4) 내 생명 부처님 무량공덕 생명 · 249

제 3 장 회향(廻向) ──────────────────── 259

  1. 업보(業報)와 회향(廻向)
    1) 업보의 양면성(兩面性) · 259
    2) 회향 · 264
    3) 업보와 반야바라밀 · 269
  2. 반야바라밀과 회향

1) 반야경의 회향사상 · 271
　　2) 보리회향(菩提廻向) · 274
　　3) 수희회향(隨喜廻向) · 278

제 3 편 방편론(方便論)

제 1 장 방편(方便) ─────────── 285

　1. 지혜와 방편
　　1) 반야바라밀의 절대면과 상대면 · 285
　　2) 보살의 두 날개 · 288
　2. 대지(大智)와 대비(大悲)
　　1) 대지방편(大智方便) · 292
　　2) 대비방편(大悲方便) · 294
　　3) 중생과 더불어 · 300

제 2 장 보살의 길 ─────────── 305

　1. 대승불교와 보살
　　1) 대승(大乘)의 선언 · 305
　　2) 상구보리 하화중생(上求菩提 下化衆生) · 308

2. 보살의 4계위(四階位) · 314
    1) 처음 마음을 낸 보살(初發意菩薩) · 316
    2) 마음을 낸 지 오래 된 보살(久發意菩薩) · 321
    3) 물러나지 않는 경지의 보살(不退轉菩薩) · 324
    4) 한 생 동안만 번뇌에 얽매여 있는 보살(一生補處菩薩) · 331
  3. 육바라밀(六波羅蜜) · 332
    1) 보시바라밀 · 333   2) 지계바라밀 · 339
    3) 인욕바라밀 · 344   4) 정진바라밀 · 348
    5) 선정바라밀 · 351   6) 반야바라밀 · 354

제3장 바라밀의 세계 ─────────────── 357
  1. 정불국토 성취중생
    1) 하화중생(下化衆生)의 실현 · 357
    2) 정불국토(淨佛國土)의 완성 · 361
  2. 보살의 서원
    1) 본원사상(本願思想) · 368
    2) 바라밀보살의 30 서원 · 369
    3) 불사(佛事)의 성취 · 377

제 1 편 신앙론(信仰論)

제 1 장 서 론

1. 인생과 불교

1) 인생의 목적과 행복

인간이란 어디로부터 와서 어느 곳으로 가는 것인가. 인생의 목적은 도대체 무엇인가. 이것은 인간에게 있어서는 영원의 문제이다. 이러한 의문은 양(洋)의 동서(東西)를 막론하고 고금(古今)을 통하여 모든 사람들의 머리 속에 있었고, 따라서 여러 가지로 논의되고 혹은 정의(定義)되어 왔다. 이것은 또한 어떤 사상가나 철학자뿐만 아니라 자신의 삶에 대하여 조금이라도 신중하게 생각해 본 사람이라면 적어도 한 번쯤은 만나게 되는 절실한 문제이기도 하다. 따라서 많은 사람들이 이 문제로 번민(煩悶)했고, 일부의 사람들은 자신의 삶을 통해서 그 사람 나름대로의 해답을 구하기도 했다. 그러나 대부분의 사람들은 최후까지 해답을 얻지 못하고 생애(生涯)를 마치는가 하면, 자기 나름대로 해답을 얻었다고 해도 그것이 과연 올바른 결론인가 하는 또 다른 난제(難題)를 가지고 왔다.

불교의 시작이 이 인생문제의 해결에 있었던 것은 두말 할 나위도 없다. 왜냐하면 고오타마·싣달다(Gotama-Siddhartha) 태자가 카필라성(Kapilavastu)을 나와 출가수행을 한 것이 바로 이 문제의 해결에 있었기 때문이다. 물론 고오타마·싣달다의 출가동기에 대하여는 학자에 따라서 여러 가지로 견해를 달리하기도 하지만, 『중아함경』 제56권에서는 부처님께서 다음과 같이 설하고 있음을 전하고 있다.

> 비구들이여, 나는 실로 진리를 구하는 마음을 일으키고 난 뒤에, 아직 젊은 청년으로서 칠흑 같은 머리털이 있었고 즐거운 청춘에 차 있었지만, 인생의 봄에 부모가 원하지 않아 얼굴에 눈물을 적시며 우는데도 머리와 수염을 깎고 가사를 걸치고 집을 나와서 출가행자(出家行者)가 되었다.

고오타마·싣달다 태자가 출가를 하게 된 동기는 진리를 구하고자 하는 것이었다. 이 마음이 마침내 즐거움에 차 있던 청춘을 방기(放棄)하게 하고, 부모와 처자를 뒤로 하게 했다. 그 구하고자 했던 진리가 무엇인가. 그것은 다름 아닌 '인생이란 무엇인가?' 하는 것이다. 고오타마·싣달다 태자는 이렇게 '인생이란 무엇인가?' 하는 문제를 안고 왕궁에서 출가하여 수행한 후에 그 진리를 얻어 부처님이 되었다. 그리고 우리들은 부처님의 가르침을 이어받아 혹은 출가하여 혹은 세속에 살면서 이 문제의 해결을 자신의 것으로 하고자 나름대로의 노력을 하고 있다.

그러나 여기서 간과할 수 없고 또한 우리 인간들이 이 문제에 관해서 깊이 생각하지 않을 수 없는 것은 '인생이란 무엇인가? 무엇 때문에 사는가?' 하는 것이 인생의 종말(終末)에 가서야 비로소 알게 된다면, 이것은 너무나 애석하고 허무한 일이 아닐 수 없다는 데 있다. 여기서 우리들은 보다 진지해지지 않을 수 없게 된다.

그런데도 실제로 우리들의 삶은 어떠한가. '인간은 살기 위해서 먹는가, 먹기 위해서 사는가' 하고 말한다면 조금은 농담 같은 말이 되긴 하지만, 실제로 사람들의 생활을 돌이켜보면 의외로 많은 사람이 거기에 얽매인 생각으로 사는 것은 아닌가 하는 의구심을 갖게 된다. 소위 동물의 두 가지 본능(本能)이라고 일컬어지는 자기보존(自己保存)의 본능과 종족보존(種族保存)의 본능이라는 테두리 안에서만 살다 보니, 인간과 동물을 구별 짓는 '인간다움'을 상실하고 사는 사람들이 예상 외로 많은 것이다. 그 곳에서는 섭식(攝食)과 소유와 투쟁, 그리고 성(性)적 추구만이 존재하고 인생의 이상(理想)이라는 명제는 등한시 된다.

그렇다고 하여 이렇게 인생의 이상을 도외시하고 오직 본능이 시키는 바를 따라서 삶을 영위하는 사람의 생활이 그렇게 즐거운가 하면 결코 그런 것같이 보이지는 않는다. 왜냐하면 거기에는 어떤 목적이라는 것이 없기 때문이다. 물론 모든 사람들이 이러한 인생을 산다는 것은 아니다. 그러나 스스로 확실한 목표를 갖고 있지 않는 사람이라든가 혹은 목표를 가지고 있었지만 지금은 좌절에 빠져 있거나, 아니면 조그마한 목표를 달성했기 때문에 단지 타성적으로 무미건조(無味乾燥)한 인생을 보내고 있는 등의 사람은 대개 이러한 '인간은 살기 위해서 먹는가, 먹기 위해서 사는가' 하는 본능적 생활을 벗어나지 못한 부류에 든다고 할 수 있을 것이다.

그렇지만 사람들이 인간으로서 생활을 영위하는 이상 거기에는 무엇인가 소망이나 희망이 있을 것이고, 거기에 따른 즐거움이나 기쁨을 구하지 않을 수 없을 것이다. 다시 말하면 인간은 누구라도 자신이 원하는 것을 향해서 의식하든 의식하지 않든 혼신의 노력을 기울이고 있는 것은 확실하다. 어떤 이는 자기 집을 마련하는 것에서 마음의 편안함을 구하고, 또 어떤 이는 레저 붐에 의한 여가선용에서 기쁨을 구하는가 하면, 또 다른 어떤 사람은 권력이나 명예를 얻음에 의해서 의기양양해하는 것이다.

그러나 역시 그러한 것에 인생의 목적이 있다고는 할 수 없을 것이다. 그러면 도대체 사람들이 구하고 있는 인생의 목적이라는 것을 한 마디로 표현하여 무엇이라고 할 수 있을까. 사람들은 제각기 원하는 바가 다르다. 그렇지만 거기에는 반드시 공통된 것이 있음에 틀림이 없다. 그래서 이 모든 것을 포함하는 이념(理念)이나 목표야말로 제각기 다른 인생의 목적의 구극에 있는 것이고, 그것을 현실화시키는 것은 인간으로서 사는 보람을 명확히 하는 것이다.

구체적으로 인생의 목적으로 생각하는 것에는 정치가가 되고 싶다든가 혹은 우수한 기업가가 되고 싶다든가 혹은 유명한 과학자가 되고 싶다든가 하는 명확한 이미지가 떠오른다. 아니면 요즈음에는 인생의 가치관이 가지각색이기 때문에 유명한 연예인의 이미지가 떠오를 수도 있다. 혹은 이것보다는 다소 막연하지만 부자가 되고 싶다든가 풍족한 생활을 하고 싶다고 하는 경우도 있을 것이다. 더 나아가 자신이 이렇게 되고 싶다는 구체적인 이미지도 없으며 물질적으로 혜택받은 생활을 하고 싶다는 욕망도 없지만, 하여튼 사람들 속에서 안정된 생활을 한다면 좋다든가 아니면 무엇인가 자신의 힘을 충분히 발휘해서 충실감을 맛보고 싶다는 사람도 있을 것이다.

이러한 것을 종합해 보면 첫째의 부류는 자기 자신에 초점을 맞추어서 그린 인생의 목표상(目標像)이고, 두 번째는 자신을 둘러싸고 있는 물질적 조건에 맞추어서 그린 이상(理想)이며, 세 번째는 자신의 정신적인 상황을 초점에 두어 그린 희망이라고 할 수 있다. 그러나 이러한 것은 어느 것이든 인생의 구극적인 목적이라고 말할 수 없다. 훌륭한 정치가나 기업가가 되었다 해도 가정이 불행하다면, 혹은 인간적으로 파탄이 있다면 진정한 인생의 승리자라고는 할 수 없는 것이다. 또한 인간의 가치는 물질적으로 혜택을 받고 있는가 어떤가로 결정되는 것은 아니다. 하는 일에 혼신을 바쳐 충실한 인생을 보냈다 해도 경제적으로 보증이 없으면 결국 좌절하고 만다. 따라서 이러한 것은 어느 것이든 인생의 구극적인 목표라고는 말할 수 없는 부수적인 목적이다. 바꾸어 말해서 수단이라고 생각하는 것이 타당할 것 같다.

이렇게 보면 모든 사람들이 인생에 있어서 최종적으로 원하고 있는 것은 결국 완전한 행복이 아닐까 하는 생각을 하게 된다. 즉 우리들 인생에 있는 일체의 행동·활동도 궁구해 가면 행복의 추구에 있다고 할 수 있다. 따라서 인생의 구극의 목표는 무너짐이 없는 행복이고, 모든 사람들은 의식하든 의식하지 않든 이것을 마음의 밑바닥에서 원하고 있다고 할 수 있다.

2) 불교와 행복

위에서 살펴본 것처럼 인생의 궁극적인 목적이 행복의 추구에 있다고 할 때, 이 말을 바꾸어 말하면 지금 현재 인간은 모두가 행복과는 거리가 있는 장소에서 근원적으로 불행한 생활을 하고 있다는 것이 된다. 왜 우리가 살고 있는 이 세계가 행복과는 거리가 있는 장소인가? 불교에서는 우리 인간들이 살고 있는 이 세상을 사바세계(娑婆世界 : Sahā-loka-dhātu)라고 부르고 있다. 여기서 말하는 '사바'란 말의 산스크리트 어 '사하(Sahā)'는 의역(意譯)해서 인토(忍土)라고 한다. 인내를 강요당하는 세간, 인내를 하지 않으면 안 되는 세계라는 말이다. 즉 사바세계란 일체가 생각대로 되지 않기 때문에 인내하면서 살지 않으면 안 되는 세계라는 말이다.

다시 말하면 생각대로 되지 않는 것이 이 세간(世間)이기 때문에 거기에 살고 있는 사람은 불행할 수밖에 없다. 이렇게 인내하지 않으면 안 되는 곳에 살면서도 인간은 자기의 생각대로만 일을 처리하기 때문에 충돌이 있고 마찰이 있으며 다툼이 생기는 것이다. 여기에서 사람들은 성을 내고 원한을 가지며 질투를 한다. 그러한 속에서 살고 있는 인생의 실상을 『중경찬잡비유경』 상권에서는 이렇게 비유로써 말하고 있다.

어느 곳에 한 사형수가 감옥에 갇혀 있었다. 그는 사형을 당할 만큼의 큰 죄를 지었는데, 머지않아 닥쳐 올 단두대의 고뇌를 생각하니 죽는다는 것이 너무나 무서워서 탈옥을 결심하고 기어이 도망치고 말았다. 그런데 그 당시의 국법은 탈옥한 사형수는 미친 코끼리로 하여금 뒤쫓게 하여 밟아 죽이도록 되어 있었다. 그의 탈옥이 발각되자 미친 코끼리는 무서운 힘으로 그를 쫓아왔다. 뒤에서 쫓아오는 미친 코끼리를 피하여 사형수는 큰 우물 속으로 들어가려고 한두 발 내려가다가 문득 내려다보니까 거기에는 큰 독룡이 입을 딱 벌리고 한 입에 삼켜 버릴 듯이 도사리고 있었다. 기가 질려서 우물의 사방을 돌아보니 거기에는 네 마리의 독사가 동서남북으로 진을 치고 입에서 독염(毒炎)을 뿜어 내고 있었다.

그러나 그렇다고 돌아서기에는 미친 코끼리가 너무 가까이 쫓아오고 있었으므로, 그는 자기도 모르는 사이에 그 곳에 있는 칡넝쿨을 잡고, '이제는 죽었구나'하고 진땀을 흘리며 떨고 있었다. 그런데 그가 잡고 있는 목숨의 생명선인 칡넝쿨을 두 마리의 흰 쥐와 검은 쥐가 교대로 열심히 갉아먹고 있지 않은가! 그는 일단 미친 코끼리는 피한 셈이지만, 이 쥐가 칡넝쿨을 다 갉아먹으면 그 때는 물 속으로 떨어져 독룡의 밥이 될 것을 생각하니, 마음은 산란할 대로 산란해져서 세상의 무상함이 뼈저리게 느껴지는 것이었다.

그런 와중에 칡넝쿨에 매달려서 문득 위를 쳐다보니, 우물 옆에 서 있는 큰 나무가 가지와 잎을 뻗어서 푸른 하늘을 덮고 있었다. 그리고 그 나무에 매달려 있는 꿀벌집에서 하루에 한 방울씩 꿀이 떨어져 자기의 입으로 들어오는 것이었다.

사형수는 위험한 우물에 드리워져 있는 칡넝쿨에 매달려 있으면서 꿀집에서 떨어지는 꿀 때문에 굶주림과 목마름을 면하고 있었을 뿐더러, 어느 사이에 그 생활에 익숙해져서 다시는 우물에서 나오려고 하지 않았다. 그래서 지금 그의 마음은 하루에 한 방울의 꿀을 기대하고 있는 것이다.

　흔히 안수정등(岸樹井藤)의 비유라고 하여 널리 알려져 있는 이 부처님의 법문에서 말하고 있는 감옥이란, 인간이 윤회하는 세계인 애욕세계(欲界)·물질세계(色界)·정신만의 세계(無色界)의 삼계(三界)이고, 사형수란 바로 우리들 인간이다. 머지않아 죽을 것이 확정된 사형수 같은 인간이 미친 코끼리 같은 덧없는 일상(日常)에 쫓기면서 살아가고 있으며, 목숨이 끊어지면 혹은 심연(深淵) 모를 지옥에 떨어질 수도 있는 것이다.
　그 사이에서 인간은 네 마리 독사에 비유되는 지(地)·수(水)·화(火)·풍(風)의 네 가지 요소(四大)로 된 육체를 자신으로 삼아 칡넝쿨의 굵기와 같은 수명을 받아 살고 있지만, 밤과 낮을 가리키는 흰 쥐와 검은 쥐가 쉴새없이 사람의 생명을 갉아먹어 살아갈 날은 점점 줄어드는 것이다. 그런데도 사형수인 인간은 꿀의 맛과 같이 달콤하게 느껴지는 세상의 온갖 욕락에 집착하여 무상의 고통에서 깨어나지 못하는 것이다. 그러다가 혹 그런 욕락이 남보다 적게 떨어지면 억지로 그것을 먹기 위해서 칡넝쿨로 곡예를 하다가 중간에서 넝쿨이 끊어져 수명을 다 하지 못하고 죽기도 하는 것이다.
　그런데도 인간은 이러한 자신의 모습을 알지 못하고 있다. 알지 못하기 때문에 벗어나고자 하는 생각조차 하지 않는 것이다. 인간으로 하여금 자신의 모습을 알지 못하게 하여 마침내 괴로운 현실을 벗어날 생각조차 하지 못하게 하는 온갖 욕락을 이름하여 다섯 가지 욕락(五欲)이라 한다. 이른바 다섯 가지 감각기관인 눈·귀·코·혀·신체가 그 대상이 되는 빛깔과 소리와 냄새와 맛과 촉각에 집착하여 일으키는 다섯 가지의 욕심인 빛깔에 대한 욕망(色欲)·소리에 대한 욕망(聲欲)·냄새에 대한 욕망(香欲)·맛에 대한 욕망(味欲)·촉각에 대한 욕망(觸欲)이다.
　이러한 욕망들은 좋은 것만을 추구하고 거슬리는 것은 거부하며, 또한 가능한 한 많은 것을 요구하는 것이기 때문에 만족할 줄을 모른다. 이 때문에 부처님께서는 『불유교경(佛遺教經)』에서 다음과 같이 설하시고 있다.

> 너희들 비구가 이미 계에 머물렀다면, 마땅히 다섯 가지 감각기관(五根)을 제어해야 한다. 그것을 방일하게 하여 다섯 가지 욕락에 들어가지 못하게 하라. 마치 소치는 사람이 막대기를 쥐고 단속해서 소가 날뛰어 남의 곡식을 먹지 못하게 하는 것과 같은 것이다. 만일 다섯 가지 감각기관을 제멋대로 놓아 버리면 한갓 다섯 가지 욕락뿐만 아니라 그의 가는 곳이 끝이 없어서 도무지 제어할 수 없을 것이다.

다섯 가지 욕락의 근원인 다섯 가지 감각기관을 제어함이 바로 수행이다. 만약 이 다섯 가지를 제멋대로 놓아 버리면, 그것이 추구하는 것은 끝이 없다. 이러한 인간의 욕망은 우리들의 현실생활에서 구체적으로 활동을 시작한다. 『대명삼장법수(大明三藏法數)』 제24에서는 이 구체적인 욕망활동의 형태를 역시 다섯 가지로 나누고 있다. 이른바 재물에 대한 욕망(財欲), 이성에 대한 욕구(色欲), 음식물에 대한 욕심(飮食欲), 명예를 추구하는 욕망(名欲), 수면에 대한 욕구(睡眠欲) 등 다섯 가지를 말한다.

인간의 삶에는 고통이란 것이 없을 수 없다. 사람들은 그 고통 속에서 부단하게 그것으로부터 벗어나기를 희구한다. 그러나 대부분의 사람들은 고통이 무엇 때문에 있는지에 관하여는 깊이 생각하지 않기 때문에 고통을 없애는 길을 찾지 못하고 있다. 『대지도론(大智度論)』 제17권에서는 고통의 원인이 어디에 있는지를 다음과 같이 말하고 있다.

> 슬픈 일이로다. 중생은 항상 다섯 가지 욕락 때문에 번뇌하는데, 그런데도 역시 그것을 구하여 그칠 줄 모르는구나. 이 다섯 가지 욕락은 그것을 얻으면 다시 더 구하고자 하기가 마치 불 앞에 옴(疥)을 가까

이 함과 같다. 다섯 가지 욕락에 이익이 없음은 개가 마른 뼈를 입에 문 것과 같고, 다섯 가지 욕락을 다투는 것은 새가 고기를 다툼과 같다. 다섯 가지 욕락이 사람을 태우는 것은 역풍으로 횃불을 드는 것과 같고, 다섯 가지 욕락이 사람을 해치는 것은 사나운 독사를 밟는 것과 같다. 다섯 가지 욕락이 실답지 않는 것은 꿈과 같고, 다섯 가지 욕락이 오래지 않는 것은 수유(須臾)와 같다. 세상 사람들이 어리석고 미혹하여 다섯 가지 욕락에 탐착하여 죽을 때까지 버리지 못하고, 이것 때문에 후세에 한량없는 고통을 받는다.

논은 고통의 직접적인 원인이 다섯 가지 욕락의 지나친 추구에 있다고 밝히고 있다. 어리석고 미혹하여 이 만족할 줄 모르는 욕망을 죽을 때까지 버리지 못하기 때문에 지금 괴로워할 뿐만 아니라 후세에까지도 한량없는 고통을 받게 되는 것이다. 이것이 불교에서 정의하고 있는 인생의 현실이다. 그래서 부처님께서는 세속적인 욕망추구의 생활을 혹독하게 비판하고 있다. 다시 한두 경전을 통해서 부처님의 말씀을 들어보자.

　　그대들의 매일매일의 삶은 숲 속의 나뭇가지에서 나뭇가지로 목표도 없이 분주하게 건너다니는 원숭이의 재주와 흡사하다.

　　　　　　　　　　　　　　　　　　　소부경전, 『법구경』 334게

　　그대들이 세속적인 욕망을 추구하는 모습은 마른 풀의 횃불을 들고 바람을 향해서 달리는 모양과 흡사하다. 속히 버리지 않으면 불꽃은 곧 그대들의 전신을 태워 버리고 말 것이다.　　『중아함경』 제55권

사람들이 가지고 있는 다섯 가지 욕락을 근본으로 하여 대립과 갈등·아만과 독선으로 이어지는 세간(世間)의 생활을 싫어하고, 인간이 이 지상(地上)에서 영위하는 삶을 부정하는 것이 석가모니 부처님의 가르침이

라는 것에는 틀림이 없다. 그러나 이렇게 세간적 행복의 길을 가차없이 짓밟는 말씀에도 불구하고, 부처님이 성도(成道) 후에 중생들을 위해서 45년 간 전도(傳道)에 열정을 기울여 설하신 것은 결국 보다 더 행복한 길로 인도하기 위한 것이었다.

  세간적 삶에서 보면 풍요롭게 보이지 않는 출가걸식(出家乞食)의 생활이 행복과는 등지고 있는 것처럼 보일지도 모른다. 끊임없이 떠도는 구름 같은 수행자들의 생활이 행복과는 정말 거리가 있는 것이라고 생각될지도 모른다. 그리고 고오타마·싣달다가 만약 행복을 구하는 사람이었다면, 더 무엇을 바라서 행복에 차 있는 듯한 그 고귀한 생활을 버려야 했는가 하고 생각하는 데도 이유가 없는 것은 아닐 것이다.

  그럼에도 불구하고 부처님은 역시 행복을 추구한 사람이었고, 부처님이 설하신 말씀은 확실히 행복한 길로 인도하는 것이었다. 마음을 기울여 경전에서 전하고 있는 부처님의 말씀을 열람하는 이는, 결국은 거기에 설해져 있는 것이 보다 더 행복한 길로 인도하는 것임을 알 수 있다. 이러한 사실은 무엇보다도 고오타마·싣달다 태자가 출가하는 이유에서부터 확연히 드러나고 있다. 즉 부처님께서는 출가의 시기와 목적에 관하여 『중아함경』 제 56권에서 이렇게 말씀하시고 있다.

> 나는 그 때 연소하고 청정하였으며, 푸른 머리털의 29세 동자였다. 출가를 하여 병이 없어 위없이 편안한 열반·늙음과 죽음과 근심·걱정과 온갖 더러움이 없어 위없이 편안한 열반을 구하고자 아라라·카라마(Alara·kalama)에게 나아가 물었다.

  고오타마·싣달다는 늙음과 죽음과 근심·걱정과 온갖 더러움이 없어서 위없이 편안한 열반(涅槃)인 행복을 구하기 위해서 젊음을 던졌고, 6년 동안 고행(苦行)을 겸한 수행을 통하여 최초의 목적인 열반을 증득하고 비로소 부처님이 되었다. 그리고 이러한 사실을 제자들에게 그대로 말씀하시고 있다.

　능히 스스로를 제어하고 청정한 행을 닦아 네 가지 성스러운 진리를 깨닫고, 마침내 열반을 실현할 수 있다면 그것보다 더한 인간의 행복은 없다. 그 때 사람은 생사(生死)로 인하여 마음을 동요하지 않고, 세상의 헐뜯음과 칭송, 칭찬과 경멸로 인하여 마음이 우울해지지도 않으며, 근심도 없고 성냄도 없어서 단지 더없는 안온 속에 있을 수가 있을 것이다. 인간의 행복은 이것보다 더한 것이 없다.

『대길상경(大吉祥經)』이라는 경전에서 부처님은 위와 같이 설하시고 있다. 다시 말하면 부처님의 법문은 결국 모든 인간으로 하여금 진정한 행복을 얻도록 하는 데 있었고, 진정한 행복이란 다름 아닌 열반을 실현하는 것임을 말씀하고 계시는 것이다.

2. 불교의 근본문제

1) 불교의 의의

　우리들은 지금까지 부처님의 말씀이 결국은 모든 사람들로 하여금 진정한 행복을 얻도록 하는 데 있다는 것을 살펴보았다. 그렇다면 이러한 대 전제와 '불교(佛敎)'라는 말의 관계는 어떠한가. 이 문제를 해결하기 위해서는 먼저 '불교란 무엇인가'라는 것을 더듬어 보아야 할 것 같다.
　그러나 '불교란 무엇인가'라는 것은 불교에 관심을 갖고 거기에 관해서 무엇인가를 알고자 하는 경우에 제일 먼저 봉착되는 문제이긴 하지만, 그럼에도 불구하고 이 문제에 대한 해답은 그렇게 용이하지 않다. 왜냐하면 지금으로부터 2500년이 넘는 옛날에 석가모니 부처님에 의해서 인도에서 생긴 불교는, 전 세계로 널리 퍼져서 시대적으로도 지역적으로도 여러 가지의 형태를 하고 있기 때문이다. 따라서 한마디로 불교란 무엇인가를 정의한다는 것은 그렇게 간단한 문제가 아니다. 그래서 불교라는 명사(名詞)가 지니고 있는 뜻을 해명하는 것에 의해서 우선 불교의 이해와 더불어 두 가지 관계를 살펴보고자 한다.

불(佛)이란 산스크리트 어(梵語)의 붇다(Buddha : 佛陀)를 줄여서 한자로 번역한 것으로 우리말로는 '부처님'이라고 하는데, 붇다란 말은 '깨달음(覺)·깨닫는 것·깨달은 사람(覺者)'이라는 의미를 가지고 있다. 따라서 불교(佛敎)란,

 첫째, 부처님(佛)의 가르침(敎) : 깨달음의 내용을 밝힌 가르침.
 둘째, 부처님이 설한 가르침 : 석가모니 부처님의 설법에 의한 가르침.
 셋째, 부처님이 되는 가르침 : 모든 사람이 부처님이 되는 것을 목적으
   로 하는 가르침.

이라고 할 수 있다.

첫째의 부처님은 깨달음 그 자체를, 둘째의 부처님은 깨달은 사람을, 셋째의 부처님은 깨닫는 것을 의미하고 있다. 여하튼 '깨달음'의 내용 그 자체가 불교의 근원인 것은 위의 어의(語義)에 의해서 드러났다고 할 수 있다. 즉 불교는 석가모니 부처님이 깨달음을 얻음에 의해서 거기에 기초한 교설이 설해진 것이고, 모든 사람들은 이 교설에 인도되어 부처님이 되는 것을 목적으로 한다고 할 수 있다. 다시 말하면 긴 역사를 통해서, 또 널리 세계의 각지에서 여러 가지의 형태나 모습, 특징을 갖고 불교가 전개되었다고 해도 그 근본은 석가모니 부처님이 깨달은 내용을 버리고 달리 구할 수는 없는 것이다.

불교가 '깨달음의 내용을 밝힌 가르침' 혹은 '모든 사람이 부처님이 되는 것을 목적으로 하는 가르침'이라면, 그 '깨달음'이란 무엇을 의미하는가.

석가모니 부처님께서 성도(成道)하신 곳은 우루빈라(Uruvilvā)의 나이란자나(Nairañjanā : 尼連禪) 강가에 있는 보리수(菩提樹) 아래였는데, 『방광대장엄경』 제9권에서는 그 때의 깨달음에 대하여 이렇게 기술하고 있다.

> 보살은 후야(後夜)에 이르러 명성(明星)이 반짝일 때에 불(佛)·세존(世尊)·조어(調御)·장부(丈夫)의 성스러운 지(智)와 알 바, 얻을 바, 깨달을 바, 볼 바, 증득할 바의 일체에 일념으로 상응하는 혜(慧)로써 아뇩다라삼먁삼보리를 증득하여 등정각(等正覺)을 이루고 삼명(三明)이 구족하게 되었다.

고오타마·싣달다는 아뇩다라삼먁삼보리(Anuttarā-samyak-saṁbodhi : 無上正等正覺), 즉 가장 높고 바르며 원만한 깨달음을 얻어서 부처님이 되신 것이다. 그리고 이 아뇩다라삼먁삼보리의 증득은 결코 석가모니 부처님에게만 한정되는 것은 아니다. 『반야심경』에 '삼세의 모든 부처님도 반야바라밀다에 의지한 까닭에 아뇩다라삼먁삼보리를 얻었다'고 설하고 있는 것처럼, 과거·현재·미래의 모든 부처님은 기실 이 아뇩다라삼먁삼보리를 얻어서 부처님이 되는 것이다.

그런데 여기에서 중요한 것은 고오타마·싣달다가 아뇩다라삼먁삼보리를 얻어 '석가모니 부처님'이 되었다고 해서, 그것이 부처님에 의해서 창조되었다거나 혹은 누군가로부터 부여받았다는 의미가 아니라는 것이다. 왜냐하면 아뇩다라삼먁삼보리는 불멸(不滅)의 진리 그 자체여서 부처님이 세상에 오시든 오시지 않든 상관없이 영원히 존재하는 것이기 때문이다.

이렇게 부처님이 세상에 오시든 오시지 않든 상관없이 영원히 존재하는 불멸의 진리를 또한 '다르마(dharma)'라고 부른다. 이 다르마라는 말을 한역(漢譯)의 경전에서는 '법(法)'이라고 번역하고 있는데, 법(法) 그 자체가 바로 부처님인 것을 『상응부경전』 제3에서는 이렇게 밝히고 있다.

> 법(法)을 보는 자는 나를 보고, 나를 보는 자는 법을 본다. 법을 보아서 나를 보고, 나를 보아서 법을 본다.

위의 법문은 법을 깨달은 사람만이 부처님을 볼 수 있고, 부처님이 어떠한 존재인가 하는 것을 안다는 것은 법의 깨달음에 의해서 비로소 가능하다는 것이다. 다시 말하면, 부처님은 이 불멸의 진리인 다르마(dharma), 즉 법의 자각(自覺)에 의해서 부처님이 되었다는 말이다. 그리고 부처님의 교법(敎法)이란 다름 아닌 이 불멸의 진리인 다르마의 내용을 개현한 것이라고 할 수 있는 것이다.

이렇게 '깨달음'이란 '법(法)의 자각(自覺)'이고, 이 법의 자각에 의해서 누구라도 부처님이 될 수 있다는 것은 부처님의 최후의 법문이라고 전해지는 『열반경』에도 그대로 나타나 있다. 부처님께서는 입멸(入滅)의 순간을 앞에 놓고서 저 상수(常隨)의 제자인 아난(Ānanda : 阿難)이 슬픔에 젖어 있는 것을 보시고는 아난을 위하여 이렇게 말씀하셨다.

> 아난아, 지금도 그러하고 내가 죽은 뒤에도 그러하니, 누구라도 자기를 등불로 삼고 자기를 의지처로 하고 타인을 의지처로 하지 말아라. 법을 등불로 삼고 법을 의지처로 하여 다른 것을 의지처로 하지 않고 수행하는 비구는 최고의 경지에 머무를 것이다.
>
> 장부경전 제2 『대반열반경』

불멸의 진리요 법인 부처님에게 귀의하고 법을 자각하면 누구라도 최고의 경지인 부처님이 된다는 위의 법문은, '모든 사람이 부처님이 되는 것을 목적으로 하는 가르침'이라는 명제와 아울러 모든 사람을 행복의 길로 인도하는 불교의 기본적인 성격을 잘 나타내고 있다.

2) 발고여락(拔苦與樂)

사람들이 행복을 추구하는 것, 고오타마·싣달다 태자가 위없이 편안한 열반을 구하여 출가하는 것, 그리고 부처님께서 모든 사람들을 행복한 길로 인도하기 위해서 45년 간 법을 설하는 것, 이 모두는 인간에게는 행복과 반대되는 개념인 불행이라는 것이 있다는 사실을 전제로 하고 있다. 사실 인간은 누구를 막론하고 불행이 뒤따르기 마련이고, 사람들은 이러한 것들을 받아들이지 않으면 안 될 운명에 놓여 있다. 그리고 이것은 비단 불행을 인식하여 표현할 수 있는 성인에게만 해당되는 것도 아니고, 지금 현재 어떤 사람이 더없이 만족한 상태에서 행복을 느끼고 있다고 해서 누구 하나 예외가 될 수 있는 것도 아니다. 즉 '불행하다'는 말조차 모르는 어린아이들까지도 불행 속에 있을 수 있고, 그들은 성장함에 따라서 불쾌감을 표현하는 다른 방법을 가끔씩 발견하는가 하면, 아무리 재산이 많고 명예가 높더라도 필경에는 어떤 불행에 놓여질 여건을 가지고 있는 것이다.

불교에서는 이렇게 인간으로 하여금 불행을 느끼게 하는 직접적인 원인을 통틀어서 '괴로움(苦)'이라고 부르고 있다. 그리고 인간, 더 나아가서는 일체 중생들의 생존 자체가 괴로움이라고 정의한다. 『불본행집경』 제12권에는 중생들의 삶이 괴로움이란 것을 느끼는 부처님의 어린시절에 관해서 다음과 같이 전하고 있다.

어느 때 고오타마·싣달다 태자는 부왕과 함께 봄의 들녘에 나가 농부들이 밭갈이하는 것을 보게 되었다. 옷도 제대로 입지 못한 농부들이 힘들어 하면서 소에 보습을 매어 밭을 가는데, 소가 가는 것이 늦어지면 때때로 고삐를 후려치기도 하는 것이었다. 그 사이에 농부도 소도 헐떡거리고 땀을 흘리며 괴로워했다. 그리고 보습에 흙이 파여 뒤집히자 벌레들이 나왔으며, 뭇 새들이 다투어 날아와 그 벌레들을 쪼아먹었다. 이러한 현상을 본 태자는 모든 중생들에게 이런 일이 있음을 생각하고 신음하며 이렇게 말한다.

"아아. 세간의 중생들은 극심한 괴로움을 받나니 곧 나고 늙고 병들고 죽음이며, 겸하여 가지가지 고뇌를 받으면서 그 가운데 전전하여 떠나지 못하는구나. 어찌하여 이 모든 괴로움에서 벗어나고자 하지 않고, 어찌해서 괴로움을 싫어하고 고요한 지혜를 구하지 않으며, 어찌해서 나고 늙고 병들고 죽음의 괴로움에서 벗어나기를 생각지 않는가."

이렇게 부처님께서는 어린시절에 생존경쟁(生存競爭)과 약육강식(弱肉强食) 속에 존재하는 일체중생의 생존의 본질이 괴로움 그 자체임을 깨닫고, 거기에 놓여 있으면서도 벗어나기를 구하지 않는 것을 가엾이 여긴다. 그러나 대부분의 사람들은 이러한 사실에 눈뜨지 못하고 있다. 왜냐하면 사람들 대부분은 어리석어서 인생을 있는 그대로 인식하는 것이 아니라, 인생의 밝은 면에만 눈을 돌리고 불쾌한 면은 등한시하는 경향이 있기 때문이다.

그래서 사람들은 인생에 있어서 필연적으로 나타나는 고통을 수반하는 비참한 사실을 시야 밖으로 돌린다. 불쾌한 사실에 눈을 감고 그것을 지나치든가 그것들의 중요성을 경시하든가 혹은 그것들을 미화해 버리는 것이다. 중년의 부인은 자신의 나이를 염두에 두는 것이 결코 즐겁지 않다. 인간은 시체를 보면 몸을 떨고 눈을 돌린다. 일상의 대화에서도 인생의 비참한, 마음을 아프게 하는 이야기가 나오면 어떤 사람은 그 자리를 피하려고 한다. 언어생활에서도 고통을 연상하는 죽음, 늙음, 병 등에 대해서는 완곡한 표현을 하려고 한다. 가령 인간이 죽었을 때 사람들은 '죽었다'고 하지 않고 '돌아가셨다, 영면에 들었다, 열반에 들었다'고 한다.

그러나 아무리 사람들이 이 세상에는 무엇인가 행복이 존재한다는 신념을 강하게 고집하여 생존에 있어서의 고통의 보편성을 자명한 사실로 받아들이지 않는다 해도, 그것은 세상을 즐겁게 지낸다면 그뿐이라는 자기 합리화에 지나지 않는다. 즉 인간은 어디에 있더라도, 그리고 어떠한 것에 의해서도 괴로움으로부터 벗어날 수는 없다. 예를 들어 어떤 사람도 늙고 죽음을 면할 수 없고, 죽음의 위험은 항상 다가오고 있다. 지금 그런 위험을 심각하게 느끼지 못한다 해도, 언젠가는 늙음과 병, 죽음이 닥쳐온다. 그리고 수명은 점점 줄어만 간다. 다만 사람들은 정신적으로 성장함에 따라 서서히 이러한 고통이 온갖 것에 존재한다는 사실을 점점 강하게 인식하게 되고, 이 고통이라는 것이 인생의 근원적인 불행의 원인인 것을 발견하게 되는 것뿐이다.

이미 설명한 것처럼 불교에서는 인간으로 하여금 불행을 느끼게 하는 직접적인 원인을 통틀어서 '괴로움(苦 : duḥkha)'이라 하는데, 그렇다면 괴로움이란 무엇인가. 이 문제를 해결하기 위해서는 괴로움이란 말에 대한 개념의 설정이 선행되어야 할 것 같다. 『자설경(自說經 : Udāna)』이라는 경전에는 다음과 같은 법문이 있다.

어느 때 부처님께서 사위성 동쪽에 있는 녹모강당(鹿母講堂)에 계셨는데, 그 때 녹모인 비사거가 송사(訟事) 때문에 교살라국의 파사익왕에게 끌려가게 되었다. 그런데 파사익왕은 법정에서 그녀의 마음에 들지 않는 판결을 내리고 말았다. 그러자 비사거는 한낮에 부처님을 찾아뵙고, 자초지종을 말씀드리면서 그 불쾌한 기분을 극복하고 싶다고 하소연했다. 부처님께서는 모든 사정을 들으시고 이렇게 말씀하신다.

"다른 것(他)에 종속되는 것은 전부가 괴로움이고, 자유는 모두가 즐거움이다. 만약 사람에게 해야 할 일이 있으면 그것에 시달린다. 확실히 속박은 벗어나기 어려운 것이다."

부처님께서는 '다른 것에 종속되는 것이 괴로움'이라고 하셨다. 여기서 말하는 '다른 것(他)'이란 직접적으로는 왕이라는 권력자를 가리키고 있지만, 그것만이 목적은 아니다. 인간을 구속하고 있는 것은 자기 밖에만 있는 것이 아니라 자신의 내부에도 있다는 지적을 포함하고 있다. 이렇게 볼 때, 불교에서 말하는 괴로움이란 '자기가 바라는 대로 되지 않고, 자기의 희망에 부합되지 않는' 육체적·감각적인 고통과 정신적·심리적인 고뇌를 같이 말하고 있는 것으로 볼 수 있다.

이러한 괴로움의 개념에 따라 다음으로 그 유형(類型)에 대하여 살펴보자. 『상응부경전』 23. 15는 이것에 관하여 라타(羅陀)라는 제자의 물음과 부처님의 가르침에 대하여 다음과 같이 기록하고 있다.

어느 때 부처님은 사위성의 급고독원(給孤獨園)에 머물고 계셨는데, 그 때 장노 라타가 부처님께 와서 예배하고 여쭈었다.
"대덕(大德)이시여, 괴로움, 괴로움이라고 말씀합니다만 대덕이시여, 도대체 어떠한 것을 괴로움이라고 합니까?"
"라타야, 물질적 존재(色)는 괴로움이다. 감각(受)은 괴로움이다. 표상(想)은 괴로움이다. 의지(行)는 괴로움이다. 인식(識)은 괴로움이다."

그런데 똑같은 괴로움이라는 문제에 대하여 또 다른 경전에서는 사리불과 외도(外道) 사문(沙門)과의 대화를 이렇게 말하고 있다.

어느 때 장로 사리불은 마가다국(國)의 나가라라는 마을에 머물고 있었다. 그 때 쟘푸카다카라는 유행자(遊行者)가 장로 사리불을 방문하여 토론을 벌였는데, 은근한 대화로 친숙하게 된 두 사람은 가까이 앉게 되었다. 옆에 앉은 쟘푸카다카가 장로 사리불에게 물었다.
"친구 사리불이여, 괴로움(苦), 괴로움이라고 말하는데, 친구여, 도대체 괴로움이란 무엇입니까?"
"친구여, 괴로움에는 세 가지가 있습니다. 즉 고고성(苦苦性)·행고성(行苦性)·괴고성(壞苦性)입니다. 친구여, 이러한 세 가지가 괴로움입니다."
『상응부경전』 38. 14

지금 사리불이 쟘푸카다카에게 설한 괴로움의 설명은 부처님께서 라타에게 설하신 것과는 그 유형을 달리하고 있다. 즉 부처님께서는 '물질적 존재(色)는 괴로움이다. 감각(受)은 괴로움이다. 표상(想)은 괴로움이다. 의지(行)는 괴로움이다. 인식(識)은 괴로움이다'라고 한 데 대하여, 사리불은 '괴로움에는 세 가지가 있습니다. 즉 고고성(苦苦性)·행고성(行苦性)·괴고성(壞苦性)입니다'라고 대답하고 있는 것이다. 왜 부처님과 그 제자인 사리불의 대답에 차이가 있는 것일까. 이 문제를 해결하기 위해서는 역시 사리불이 설하는 세 가지 괴로움을 살펴보아야 할 것 같다.

첫째는 고고성(苦苦性)이다. 이것은 괴로움의 인연, 즉 육체로 느끼는 감각적인 괴로움이다. 혹독한 추위와 찌는 듯한 더위는 말할 것도 없이 괴롭고, 허기와 갈증은 원래로 괴로운 것이어서, 이런 일이 생기면 그것을 받는 사람은 당연히 괴롭지 않을 수 없다. 이렇게 원래부터 괴로움인 조건에 의해서 생기는 괴로움을 고고(苦苦)라고 말하고, 이는 가장 소박하고 직접적인 고라 할 수 있다. 혹은 이것을 추상명사형으로 하여 고고성이라고 하는 것이다.

둘째는 행고성(行苦性)이다. 끊임없이 변멸해 가는 현상세계 자체가 괴로움이라는 것이다. 모든 것은 변하고 만물은 이동하는 존재의 무상한 것을 표현하는 말이다. 가령 언제까지나 젊기를 바라는데 자신도 모르는 사이에 늙어가지 않으면 안 된다. 오래 살고 싶다고 생각하는데 마침내 죽지 않으면 안 된다. 그래서 그것을 조건으로 하여 생기는 괴로움을 행고(行苦), 혹은 이것을 추상명사형으로 하여 행고성이라고 하는 것이다.

셋째는 괴고성(壞苦性)이다. 원래 즐거운 경계는 사람이 애착하는 것인 까닭에 그것이 무너질 때 그것을 조건으로 하여 괴로움이 생긴다. 인간은 누구나 자신이 사랑하고 즐기는 것이 망가지는 것에서 고뇌가 생기기 마련이다. 가령 사랑하는 처자가 죽었을 때, 혹은 아름답다고 생각하는 꽃이 질 때 당연히 슬픔이 일어나고 우수에 잠기며, 부귀를 가진 사람이 망해 갈 때 괴로움이 생긴다. 이렇게 즐거움의 상태가 파괴되고 쇠멸하는 경우에 느껴지는 정신적인 고뇌를 괴고(壞苦)라 하고, 이것을 추상명사형으로 하여 괴고성이라고 하는 것이다.

그러면 이러한 여러 가지의 괴로움, 혹은 괴로움의 성질 가운데 부처님께서 근본문제로 하신 것은 무엇인가. 그것은 말할 것도 없이 '끊임없이 변멸해 가는 현상세계 자체가 괴로움'이라는 것이다. 그리하여 부처님께서는 괴로움을 주관적인 입장에서 '너의 물질적 존재·감각·표상·의지·인식이 바로 괴로움이다'라고 하신 반면에, 사리불은 객관적인 입장에서 고고·행고·괴고라는 세 가지 괴로움을 들고 있는 것이다. 이러한 세 가지 성격의 괴로움은 다시 우리들의 현실생활에서 구체화되어 나타나고, 이것을 부처님께서는 여덟 가지로 말씀하시고 있다.

> 태어나고(生) 늙고(老) 병들고(病) 죽는 것(死)이 고통이다. 사랑하는 사람이나 애착하던 것과 헤어지는 것은 고통(愛別離苦)이다. 미운 사람과 만나야 하는 것이 고통(怨憎會苦)이다. 구하고자 하는 것을 구하지 못하는 것이 고통(求不得苦)이다. 간단히 말해서 오온(五蘊)이 모두 고통(五陰盛苦)이다. 『잡아함경』제18

불교의 근본문제는 인생 자체의 실상(實相), 즉 고뇌에 쌓이고 고통의 어둠 속에서 허덕이고 있는 인생이라는 존재에 대하여 그 현실의 모습을 올바르게 고찰하는 작업으로부터 시작되지 않을 수 없다. 다시 말하면 인생 내지는 온갖 존재의 현실을 여실히 관찰하는 것, 이것이 불교의 출발점인 것이다. 여기에서 우리들은 일체가 고통이라는 사실에 불교의 출발점이 있고, 이 출발점에 의하여 불교의 방향은 이미 결정되어 있음을 알 수 있다. 따라서 부처님의 성도(成道)는 곧 인생이 가지고 있는 일체의 고뇌를 해결하려는 문제에 대한 해결이라고도 할 수 있다. 따라서 불교의 근본적인 관심은 세계의 발생이나 소멸, 인간의 생전(生前)이나 사후(死後)의 문제에 있었던 것이 아니고, 현실의 인생을 여실히 관찰함으로써 어두운 인생으로부터 해탈의 길을 발견함에 있었던 것이다.

『전유경(箭喩經)』이라는 경전에는 이러한 이야기가 있다. 어떤 젊은이가 '세계는 유한(有限)한가 무한(無限)한가? 사후의 세계는 있는가 없는가? 생명과 육체는 동일한 것인가 다른 것인가?' 하는 등의 문제에 몰두하고 있었다. 그 젊은이는 부처님이 이 문제에 대답해 주지 않는다면 부처님 곁에서 수행하지 않겠다고 하며 수행하기를 완고하게 거부했다. 그때 부처님께서는 하나의 비유를 들어서 이 젊은이의 마음을 움직였는데, 그것이 유명한 '독화살의 비유'이다. 그 내용을 요약하면 이러하다.

  어떤 사람이 독화살에 맞아 괴로워하고 있었다. 그의 친족과 친구들은 빨리 의사에게 가기를 권했지만, 그는 이렇게 말했다.
  "나에게 독화살을 쏜 사람은 왕족인가, 바라문인가, 서민인가, 그것도 아니라면 노예계급인가? 그 사람의 이름은 무엇인가? 그 사람은 키가 큰가 작은가? 피부의 색깔은 어떠하고, 어디에 살고 있는가? 이러한 것을 확실히 알기 전에는 의사에게 가서 독화살을 뽑을 수 없다."
  또 이렇게 말했다.
  "이 화살을 쏜 활은 어떤 종류의 활인가? 활 줄은 무엇으로 만들었으며, 화살대는 무엇이고, 화살의 날개는 무엇인가? 이러한 것을 알기 전에는 의사에게 가서 독화살을 뽑을 수 없다."

부처님께서는 이 비유를 말씀하신 뒤에, "만약 그 사람이 독화살을 뽑지 않은 채 이것저것 생각만 하고 있다면, 독이 전신에 퍼져 죽고 말 것이다."라고 그 젊은이에게 이르셨다.

이상이 『전유경』의 대강의 줄거리이지만, 여기에는 대단히 중요한 의미가 숨겨져 있다. 이 젊은이가 세계는 유한한가 무한한가 하는 등의 형이상(形而上)의 문제를 아무리 추구한다고 해도 지금 바로 결론이 나는 문제는 아니고, 그것은 독화살의 존재를 문제로 삼는 것과 마찬가지로 외부의 문제이다. 그것보다도 내부의, 즉 독화살을 맞아서 괴로움에 처해 있는 자신을 어떻게 할 것인가 하는 것이 먼저 해결해야 할 문제인 것이다. 이것을 바로 알려 주는 것이 이 경전의 의도인 것이다. 여기에서 부처님께서는 확실히 말씀하고 계신다.

그러한 형이상의 문제를 아무리 추구한다 해도 수행의 기초가 되는 것은 아닐 뿐더러, 번뇌를 없이하여 마음이 가라앉는 것도 아니다. 바른 수행에 어떤 도움도 되지 않는다.

불교라는 종교가 인도에서 발생되어 2500년이 넘는 동안 없어지지 않고 사람들과 더불어 함께 하고 있는 데는 그만한 이유가 있을 것이다. 그것은 다름 아닌 불교의 수행이 이렇게 인생살이와는 거리가 있는 희론(戱論)을 배척하고, 현재 고뇌에 처해 있는 사람들의 근본문제를 해결한다는 것과 불가분의 관계를 가지고 있기 때문이다. 즉 중생으로 하여금 발고여락(拔苦與樂)의 묘약을 얻을 수 있게 하기 때문이다. 물론 중생의 고통을 없애고 즐거움을 주는 수많은 방법이 경전이라는 이름으로 제시되고 있다. 필자는 이하에서 그 많은 발고여락의 방법 가운데 『반야경』, 특히 『대품반야경』을 통하여 이것을 찾아보고자 한다.

제 2 장 반야바라밀

1. 반야바라밀의 의의

1) 반야바라밀의 자의(字義)

방대한 반야경전은 어느 것이나 '반야바라밀경'이라는 제목을 가지고 있다. 이러한 사실은 경전의 주제가 반야바라밀을 설하는 것에 있다는 것을 말해 주는 증거라고 할 수 있다. 즉 반야경은 반야바라밀을 반복해서 설하고, 이 반야바라밀을 근거로 해서 대승보살의 참 모습을 밝히는 것을 경전의 근본구조로 하고 있다. 그런데 한역(漢譯)되어 있는 반야경을 볼 때 일부를 제외하고는 거의가 산스크리트 어 프라즈냐파라미타(Prajñāpāramitā)를 '반야바라밀(般若波羅蜜)', 혹은 '반야바라밀다(般若波羅蜜多)'라고 음사(音寫)하고 있다. 물론 『대지도론』 권 18에는,

> 묻기를 "무엇 때문에 오직 반야바라밀을 칭해서 마하(摩訶)라 하고, 다섯 가지 바라밀(五波羅蜜)을 (마하라고) 칭하지 않는가?"
> 대답하기를 "마하라는 것은 중국(秦)말로 대(大)라고 말하고, 반야를 혜(慧)라고 말하며, 바라밀을 도피안(到彼岸)이라고 말한다. 능히 끝없는 지혜의 피안에 도달케 하고 일체지혜의 품 속에 안기게 해서, 그것을 능가하는 것이 없기 때문에 도피안이라 이름한다."

라고 마하반야바라밀을 해석하고 있지만, 중국인 혹은 인도인 역경사(譯經師)는 프라즈나파라미타를 반야바라밀, 혹은 반야바라밀다라고 다만 음사하고 있을 뿐 감히 의역(意譯)하지 않았다. 대다수의 대승경전들은 경 제목을 번역하였는데, 무슨 까닭에 유독 반야경만은 경 제목을 음사했는가. 그것은 필시 의역함으로써 반야바라밀이 갖고 있는 원래의 뜻과 어긋날 수도 있다는 것을 두려워했기 때문이 아닐까.

여기에서 반야바라밀이 갖고 있는 여러 가지 사상을 고찰하기에 앞서, 먼저 이러한 점을 염두에 두고 반야바라밀이라는 어휘가 갖고 있는 의미를 살펴보고자 한다.

먼저 반야(般若:Prajña)라는 말을 살펴보자. '반야'는 산스크리트 어 푸라쥬냐의 음역어로 '지혜'라 의역(意譯)되고, 파리어로서는 판냐(pañña)이다. 푸라쥬냐는 '알다'라는 의미의 동사 jñā에 접두사 pra를 붙인 문자이다. 또한 이 말은 일반적으로 'pajanati(널리 안다, 깨닫다)'라는 동사형으로도 사용되고 있다. 그러나 불교에서는 원시불교에서부터 이미 이 말에 불교 나름대로 의미를 부여해서 '최고의 지혜'·'깨달음의 지혜', 즉 부처님의 깨달음의 지혜를 나타내는 것에 사용되었다. 동시에 제자들도 이 반야를 얻어야 한다고 설해지고 있다. 더욱이 대승불교에 이르러서는 대승불교 특유의 내용이 좀더 가미되어서 불교사상 전체를 종합하는 기본 개념을 나타내는 말로 취급되었다. 즉 반야는 불교에서 말하는 깨달음의 지혜를 표현하는 어휘로 사용되었다.

대승불교에서는 이와 같이 반야와 바라밀이 밀접하게 결합하여 거의 하나의 말처럼 이해되고 있는데, 그것은 반야가 단순한 논리적인 이해가 아니라 수행에 기인한 실천적인 지혜이기 때문이다. 따라서 반야는 바라밀 없이는 성립될 수 없는 것이라고도 할 수 있다. 우리들의 마음 가운데는 자아(自我)나 밖의 사물에 대한 집착·탐욕·성냄·질투·교만심·거짓 등의 번뇌가 있다. 이러한 번뇌가 바른 지혜의 활동을 방해하고,

이러한 번뇌가 있는 한 반야의 작용은 충분히 발휘되지 않는다. 이러한 까닭에 번뇌의 힘을 약화시키고, 마침내는 없애기 위한 노력이 바라밀의 수행이다. 때문에 바라밀의 실천은 반야와 하나로 결합되어 있고, 이렇게 수행력에 근거한 지혜가 있을 때 비로소 반야가 되는 것이다. 따라서 반야의 지혜는, 무엇인가를 안다는 '식(識 : vijñāna)'과는 다른 차원이다.

반야는 '사실(事實)'을 아는 지(智)이지만, 식은 개념이나 언어를 적용해서 대상을 이해하는 마음의 작용이다. 만약 개념이나 언어를 적용해서 대상을 이해하면 그 대상은 '사실'로부터 유리(遊離)하여 개념적 존재가 되고 만다. 그러므로 식으로 아는 대상은 개념적 존재여서 '사실'일 수는 없다. 식은 개념지(槪念知)로서 종류를 보이는 것일 뿐, 개물(個物)을 보이는 것은 아니기 때문이다. 예를 들어 '이것은 책상이다'라는 판단은 식의 작용이다. 그래서 거기에 적용된 '책상'이라는 말은 개념을 나타낸다. 이 '책상'이라는 말은 어떠한 책상에도 적용될 수가 있다. 가령 학교에는 몇백 개나 되는 책상이 있지만 동일한 책상은 하나도 없다. 그것은 제각기 형태도 다르고 색깔도 다르고 크기도 다르다. 이처럼 '어떤 것(法)'에 책상이라는 말을 적용해서 '이것은 책상이다'라고 이해하는 것이 식(識)이다. 따라서 '책상'이라는 개념은 책상이라는 종류를 나타내는 것이고, 눈앞의 개물로서의 책상을 충분히 보일 수는 없다. 바꾸어 말하면, '이것은 책상이다'라는 판단은 눈앞에 보이는 물건을 있는 그대로 보일 수 있는 것은 아니라는 것이다.

그럼에도 불구하고 우리들은 이 식의 판단으로 개물을 보고 있다고 생각하고 만다. 거기에 오류가 생긴다. '책상'이라는 개념은 책을 펴서 공부할 때 식이 판단한 이름일 뿐이다. 만약 점심 때가 되어 책을 덮고 대신 식기나 음식물을 놓고 식사를 시작하면 그것은 '식탁'이라 부르게 된다. 그렇기 때문에 그것은 식탁도 아니고 책상도 아니다. 그러면서 또한 책상이기도 하고 식탁이기도 하다. 이 사실을 인식하는 지혜가 반야이다. 그래서 반야의 지혜를 '여실지견(如實知見)'이라고도 한다. 있는 그대로(如實) 사물을 보아서(見) 안다(知)는 것이다. 여기에서는 본다는 것이 중요하다. 왜냐하면 '안다'라고 하는 마음의 작용에는 식의 행위가 들어오기 쉽고, 만약 어떤 행위가 들어오면 이해가 비틀어지게 되어서 반야가 되지 못하는 반면에, '본다'라고 하는 것은 거울에 사물이 비친 것처럼 행위가 들어올 여지가 없어져서 사물을 있는 그대로 알 수 있기 때문이다.

다음으로 바라밀(波羅蜜: pāramitā)이라는 말을 살펴보자. 이 말은 크게 두 종류의 해석이 있다. 첫째는 '최고의'를 의미하는 형용사 parama에서 파생하는 말인 pārami에 상태를 나타내는 접미사 tā가 더해져서 된 추상명사로서 '극치·완성·성취'를 의미하고 있다. 이 해석에 따르면 반야바라밀은 '지혜의 완성', 또는 '극치의 지혜'라고 번역할 수 있다.

둘째는 '저쪽의 언덕'을 의미하는 명사 pāra의 목적격 param에 '간다'라고 하는 어근 i를 붙여서 '저쪽의 언덕에 가는 자'라는 pāramit의 명사를 만들고, 문법규칙에 의하여 최후의 t를 생략하고 접미사 tā를 붙여서 pāramitā라는 복합어를 만들었다는 것으로 '저쪽의 언덕에 가는 것, 간 상태'를 의미하고 있다. 이 둘째의 해석에 의하면, 반야바라밀은 '지혜에 의해서 피안에 가는 것', 혹은 '지혜에 의해서 피안에 간 상태'라고 번역할 수 있다.

부처님은 보살의 수행(육바라밀)을 완성하여 부처님이 되신 까닭에 바라밀다를 완성이라고 해석해도 좋을 것이다. 그러나 완성이라고 하는 것은 직선적인 사고(思考)이다. 사물을 직선적으로 고찰하면 완성한 뒤에는 어떻게 될까 하는 문제가 생긴다. 가령 하나의 문명이 완성된다면 그 문명은 그 뒤에 어떻게 될 것인가.

완성되었다면 거기에서 진보는 멈추고 만다. 가령 완전이라 해도 진보나 변화가 없는 세계 정도로 퇴보해 버리고 말 것이며, 진보가 없다면 필연적으로 생기를 잃어서 쇠퇴로 향하게 되지 않을까. 이 사정은 개인의 완성일 경우에도 마찬가지일 것이다. 진보가 멈춘 사람의 생활은 가령 완성되었다 해도 퇴보한 것이라 할 수 있다. 즉 '완성'을 직선적으로 고찰하면 자기를 부정하는 계기가 그 가운데로부터 나온다. 부처님께서도 보리수 아래서 정각을 얻어 수행을 완성하고는 더 이상 이 세상에서 할 일이 없어졌을 때 허무의 심연에 빠졌다고 한다. 그 때까지 전력을 다해 깨달음을 얻고자 고심했기 때문에 그것이 달성되었을 때 이 목표가 홀연히 사라진 것이다. 즉 허무가 찾아온 것이다. 그래서 그대로 열반에 들려고 하셨다. 그러나 부처님께서는 중생을 교화하는 것으로 생각을 바꾸어 다섯 비구에게 설법하기 위하여 녹야원으로 향하셨다. 부처님은 완성을 얻은 후에 입장을 바꾼 것이다. 다시 말해서 중생교화라는 것이 없을 때, 부처님이 해야할 일은 아직 완성되지 못한 것이다. 여기서 우리들은 중생의 수가 무량무변하기 때문에 우리들을 깨달음으로 인도하는 행도 한이 없음을 알게 된다.

이렇게 바라밀다를 직선적인 완성이라고 이해하면 모순에 떨어지기 때문에 바라밀다는 완성의 의미이긴 하지만, 완성 그대로 어디까지라도 나아가는 것 같은 '완성이 없는 완성'이라고 생각하지 않으면 안 된다. 여기에서 무한히 향상되어 가는 원상을 순환하는 것 같은 수행이 생기게 된다.

위에서 이미 밝힌 것처럼 바라밀다를 『대지도론』에서는 '도피안'이라고 해석하고 있는데, 이 설이 나타난 것도 '완성(完成)'이라는 해석에 만족하지 못한 때문이 아닌가 생각된다. 깨달음의 세계를 '피안(彼岸)'이라고 하는 것은 원시불교에서도 오래전부터 있었다. 이처럼 수행에 의해 미혹의 차안에서 깨달음의 피안으로 건넌다는 생각은 전부터 있었기 때문에, 『대지도론』에서 이것을 바라밀다에 적용하여 해석한 것이 곧 '도피안'이라고 할 수 있다.

2) 반야바라밀과 육바라밀의 관계

주지하는 바와 같이 반야바라밀은 일반적으로 보시・지계・인욕・정진・선정・지혜(반야)라고 하는 육바라밀의 한 덕목으로 설정되어 대승불교에 있어서 보살도의 중요한 실천 이념이 되어 있다. 그러나 『마하반야바라밀경(摩訶般若波羅蜜經)』(이하에서는 『대품반야경(大品般若經)』이라 칭함)에서 설하는 반야바라밀은 결코 육바라밀의 한 덕목에 머물고 있지는 않다. 『대품반야경』 법칭품 제37에는 다음과 같은 경문(經文)이 있다.

> 세존이시여, 어느 삼천대천세계 가운데서 만약 반야바라밀을 받아 지니고, 공양・공경・존중・찬탄함이 있으면, 이 곳은 사람이나 혹은 사람이 아닌 것이 해치려고 해도 기회를 얻을 수 없고, 이 사람은 차츰 열반에 듦을 얻습니다. 세존이시여, 반야바라밀이 큰 이익을 줌이 이와 같으니, 삼천대천세계 가운데서 훌륭하게 불사(佛事)를 이룹니다. 세존이시여, 머물고 있는 곳에 반야바라밀이 있으면 바로 부처님께서 계심이 됩니다.
>
> 세존이시여, 비유컨대 가치를 헤아릴 수 없는 마니보주(摩尼寶珠)가 있는 곳에서는 사람이 아닌 것이 해치려고 해도 기회를 얻을 수 없는 것과 같습니다. 만약 남자나 여인이 열병(熱病)이 있을 때에 이 보배를 몸에 대면 열병이 바로 치유되고, 혹은 냉병(冷病)이 있을 때나 잡열(雜熱)・풍령병(風鈴病)이 있을 때도 보배를 몸에 대면 전부가 치유됩니다. 만약 이 보배가 있으면 어두운 곳은 밝아지고, 더울 때는 시원해지며, 추울 때는 따뜻해져서, 이 보배가 있는 곳은 춥지도 않고 덥지도 않아 항상 온화하고 쾌적합니다. 그 곳에는 또한 온갖 독충이 없으니, 만약 남자나 여인이 독사에게 물리더라도 보배를 가까이하면 독이 바로 소멸됩니다.
>
> 또한 세존이시여, 만약 남자나 여인이 눈이 아프거나 피부가 마르거

나 눈이 멀더라도 보배를 가까이하면 치유되고, 혹은 문둥병이나 나쁜 종창이 있더라도 보배를 몸에 대면 병은 바로 치유됩니다.

또한 세존이시여, 이 마니보를 물 속에 넣으면 물이 한 가지 색으로 변하니 세존이시여, 이 보배에 만약 푸른 물건을 붙이고 물 속에 넣으면 물 색깔이 푸르게 되고, 만약 노랗고 빨갛고 희고 붉고 옥색의 물건을 붙이고 물 속에 넣으면 물도 따라서 노랗고 빨갛고 희고 붉고 옥색으로 변합니다. 이와 같이 갖가지 색깔의 물건을 붙이고 물 속에 넣으면 물도 따라서 갖가지 색깔로 변합니다. 세존이시여, 만약 탁한 물이라 하더라도 보배를 물 속에 넣으면 물이 바로 맑아지니, 이 보배의 위덕이 이와 같습니다.

위의 경문은 반야바라밀의 공능(功能)이 모든 것을 이루어 주는 보배인 여의주(如意珠)와 같다는 것을 비유해서 설하고 있는 한 예문이다. 물론 이와 같은 경문은 반야경의 도처에서 설해지고 있다. 그럼에도 불구하고 그 동안 반야바라밀은 반야경에서 말하고 있는 최고의 칭송과는 걸맞지 않는 육바라밀의 한 덕목으로만 취급되어 왔고, 또한 거기에 수반된 반야바라밀 신앙이 등한시되어 왔다. 그러나 지금 살펴본 것처럼 반야경에서 설하고 있는 반야바라밀은 육바라밀의 하나인 반야(지혜)바라밀과는 그 개념을 달리하고 있다. 이제 그 구체적인 실례를『대품반야경』권학품 제8을 통하여 살펴보자.

그 때 수보리가 부처님께 말씀드렸다.

"세존이시여, 보살마하살이 보시바라밀을 원만히 갖추려고 하면 반드시 반야바라밀을 배워야 합니다. 지계바라밀·인욕바라밀·정진바라밀·선정바라밀·반야바라밀을 원만히 갖추려고 하면 반드시 반야바라밀을 배워야 합니다."

위의 경문은 육바라밀의 하나인 반야바라밀을 원만히 갖추기 위해서는 반야바라밀이라는 법문을 배우지 않으면 안 된다는 의미를 표현하고 있다. 다시 말해서 반야경의 주제인 반야바라밀은 육바라밀의 한 항목인 지혜바라밀과는 차원이 다름을 말하고 있는 것이다. 왜냐하면 만약 반야바라밀과 지혜바라밀이 동일한 개념·동일한 차원이라면 지혜바라밀을 구족하기 위해서 반야바라밀을 배운다는 것은 성립될 수 없다. 따라서 두 가지가 서로 다른 개념과 차원을 갖고 있을 때에만 위와 같은 표현이 가능하기 때문이다.

이처럼 반야경의 주제인 반야바라밀이 육바라밀의 한 덕목인 반야(지혜)바라밀과 같은 개념이 아니라고 의미하는 경문은 『대품반야경』 가운데 자주 설해지고 있다.

> 반야바라밀 가운데는 널리 삼승(三乘)의 가르침 및 보살을 보호하여 가지는(護持) 법인 처음 마음을 낸 경지(初發意地)로부터 내지 열 번째 경지(十地)·보시바라밀 내지 반야바라밀·네 가지 관찰법 내지 여덟 가지 바른 깨달음에 이르는 길(八聖道分)·부처님의 열 가지 지혜의 힘(十力) 내지 열여덟 가지 부처님만이 갖는 특성·보살을 보호하여 가지는 가르침을 설합니다. 보살마하살은 이와 같은 반야바라밀을 행하여 항상 변화하는 몸으로 태어나(化生) 신통을 잃지 않고, 모든 부처님의 나라에 노닐며 착한 뿌리를 원만히 갖추고, 그 바라는 바를 따라 모든 부처님을 공양하며, 소원이 바로 이루어짐을 얻습니다.   환청품 제28

보살마하살이 보시를 행할 때에 반야바라밀은 현명한 인도자(明導)가 되어서 능히 보시바라밀을 원만히 갖추게 한다. 보살마하살이 지계를 행할 때에 반야바라밀은 현명한 인도자가 되어서 능히 지계바라밀을 원만히 갖추게 한다. 보살마하살이 인욕를 행할 때에 반야바라밀은 현명한 인도자가 되어서 능히 인욕바라밀을 원만히 갖추게 한다. 보살마하살이 정진를 행할 때에 반야바라밀은 현명한 인드자가 되어서 능히 정진바라밀을 원만히 갖추게 한다. 보살마하살이 선정을 행할 때에 반야바라밀은 현명한 인도자가 되어서 능히 선정바라밀을 원만히 갖추게 한다. 보살마하살이 모든 법을 관할 때에 반야바라밀은 현명한 인도자가 되어서 능히 반야바라밀을 원만히 갖추게 한다.   법칭품 제37

위의 두 경문에서 설시(說示)하고 있는 것은 분명히 반야바라밀 가운데 반야(지혜)바라밀의 가르침이 있음과 반야바라밀이 반야(지혜)바라밀의 현명한 인도자가 되어 있음을 밝히고 있다. 이와 같은 내용은 비단 『대품반야경』에만 나타나는 것이 아니고, 『대반야경』에 있어서도 같은 내용을 담고 있다. 즉 '제2회'의 입리생품 제7에,

> 그 때 구수선현(具壽善現)이 부처님께 말씀드렸다.
> "세존이시여, 보시바라밀다를 원만히 하려고 하면 반드시 반야바라밀다를 배워야 합니다. 보살마하살이 지계·인욕·정진·선정·반야바라밀다를 원만히 하려고 하면 반드시 반야바라밀다를 배워야 합니다."

라고 설시되어 있는 것을 비롯하여 많은 곳에서 『대품반야경』의 경문과 마찬가지로 반야바라밀 안에 반야(지혜)바라밀이 포함되는 것으로 표현하고 있다. 이러한 사실은 다분히 반야바라밀이 육바라밀의 한 덕목인 지혜바라밀에 한정된 것이 아님을 나타내는 것이라 할 수 있을 것이다.

그러면 이렇게 교리적으로는 육바라밀의 한 항목이면서도, 그 작용은 다른 바라밀에 앞서서 훨씬 초월하고 있는 반야바라밀은 어떤 존재인가에 관해서 살펴보자.

2. 반야바라밀의 인격화(人格化)

1) 불모(佛母)로서의 반야바라밀

우리들이 '불교를 믿는다'고 할 때 그 귀의처로 불보(佛寶)·법보(法寶)·승보(僧寶)라는 삼보를 말하지만, 신앙의 대상으로는 석가모니 부처님을 비롯한 과거·현재·미래의 모든 부처님과 여러 보살마하살이 먼저 숭배의 대상이 되고 있다고 할 수 있다.

그런데 반야경에는 이러한 일반적인 관념을 초월한 신앙사상이 나타나 있다. 이것이 반야바라밀에 관해서는 빠뜨릴 수 없는 '불모(佛母)'의 사상이다. 이미 위에서 밝힌 것처럼 반야바라밀이라는 어휘는 자의(字義)만을 생각할 때는 해석이 가능한 하나의 단어에 불과하다. 그러나 반야경은 이 반야바라밀이라는 어휘에 숭배 대상으로서의 의미를 부여해서 반야바라밀을 완전히 인격화(人格化)하고 있다.

> 반야바라밀은 모든 부처님의 어머니이다. 반야바라밀은 능히 세간의 모습을 보여 준다. 이러한 까닭에 부처님은 이 법에 의지하여 행하고, 이 법을 공양·공경·존중·찬탄하신다. 무엇을 이 법이라고 하는가? 소위 반야바라밀이다. 모든 부처님은 반야바라밀에 의지하여 머물고, 이 반야바라밀을 공양·공경·존중·찬탄하신다. 왜냐하면 이 반야바라밀은 모든 부처님을 출생시키기 때문이다. 『대품반야경』 문상품 제49

반야바라밀은 일체 불·보살의 어머니이다. 그래서 부처님도 어머니인 반야바라밀을 공양하고 공경한다. 어머니인 까닭에 반야바라밀은 인격체로서 신앙의 대상이 되어 우리들의 귀의처가 된다. 즉 '나무 반야바라밀'이 된다. 그리고 반야바라밀은 '불·보살의 어머니'이기 때문에 이것은 또한 일체의 불·보살을 낳아서 키우는 생모(生母)이자 양모(養母)가 되어 중생이 반야바라밀을 받아 지니고 보살행에 노력하면 머지않아 그들을 보살로, 나아가서는 부처님으로 다시 태어나게 하는 것이다. 『대품반야경』 불모품 제48에서는 다시 이렇게 설시하고 있다.

부처님은 항상 부처님 눈(佛眼)으로써 이 깊은 반야바라밀을 보신다. 왜냐하면 이 깊은 반야바라밀이 능히 세간의 모습을 보여 주기 때문이다. 시방에 계시는 현재의 모든 부처님도 또한 부처님 눈으로써 항상 이 깊은 반야바라밀을 보신다. 왜냐하면 이 깊은 반야바라밀이 능히 모든 부처님을 탄생시키고, 능히 모든 부처님에게 일체종지(一切種智)를 주며, 능히 세간의 모습을 보여 주기 때문이다.
이러한 까닭에 모든 부처님은 항상 부처님 눈으로써 이 깊은 반야바라밀을 보시는 것이다. 그리고 반야바라밀에 의하여 능히 선정바라밀 내지 보시바라밀이 생기고, 능히 여섯 가지 감각기관이 공함(內空) 내지 사물이 존재하지 않는다는 견해와 존재한다는 견해가 같이 공함(無法有法空)이 생기며, 능히 네 가지 관찰법(四念處) 내지 여덟 가지 바른 깨달음에 이르는 길(八聖道分)이 생기고, 능히 부처님의 열 가지 지혜의 힘(十力) 내지 일체종지가 생기는 것이다. 이와 같이 반야바라밀은 능히 수다원·사다함·아나함·아라한·벽지불·모든 부처님을 탄생시키는 것이다.
수보리야, 지금 계시는 모든 부처님이 이미 아뇩다라삼먁삼보리를 얻었고, 지금 얻고 있으며, 마땅히 얻음은 모두가 깊은 반야바라밀의 인연에 의하여 얻은 것이라고 마땅히 알아야 한다.

실로 반야바라밀이 부처님의 어머니이기 때문에 부처님의 지혜인 일체종지를 모든 부처님에게 주어서 부처님을 부처님이게 하는 것이다. 뿐만 아니라 일체의 불법(佛法)은 반야바라밀에 의해서 생기고, 모든 성현은 반야바라밀로 말미암아 탄생된다. 이렇게 반야바라밀이 일체의 불·보살을 비롯한 모든 성현과 중생의 어머니이기 때문에 이들은 그들의 어머니인 반야바라밀의 건강과 안녕과 번영을 항상 염원하고 간절히 바라는 것이다. 불모품 제48에서는 이 점을 다음과 같이 설시하고 있다.

비유컨대 어머니에게 자식이 있음과 같다. 다섯 명·열 명·스무 명·서른 명·마흔 명·쉰 명·백 명 혹은 천 명의 자식들은 어머니가 병이 들면, 모든 자식들은 각자가 힘써 치료법을 구하며 이렇게 생각한다. '우리들은 어떻게 하든 어머니를 편안하게 하고, 병고(病苦)로 즐겁지 않은 모든 일들이 없도록 해야 한다. 모질고 찬 바람과 뜨거운 열기·모기·등에·뱀·살무사가 어머니 몸을 침범한다. 이것이 우리들의 걱정거리다.' 자식들은 언제나 안락한 도구를 구하여 어머니를 공양한다. 왜냐하면 우리들을 낳아서 길러 주고, 우리들에게 세상을 보여 주었기 때문이다.

병에 걸린 어머니의 고통과 장애를 없애고, 병을 낫게 해서 장수를 누리게 하려고 수많은 자식들이 일심정성으로 노력하는 것은 인지상정이다. 왜냐하면 어머니가 자신들을 낳아 주었고 숱한 고통을 참아 가며 생명을 있게 했으며, 이 세계를 보여 주었기 때문이다. 마찬가지로 반야바라밀이 부처님의 어머니이기 때문에 반야바라밀의 건강과 번영을 언제나 염원하고 외부의 침입으로부터 반야바라밀을 지켜야 하는 불자의 의무가 있어야 하는 것이다.

여기에서 일체 모든 부처님의 정법인 반야바라밀을 널리 펴는 활동이 시작된다. 반야바라밀의 서사·연구·독송·기억을 종용하고, 이 경에 관하여 사색과 설법을 행하는 일을 장려하는 것이 영원히 계속되는 것이다. 그래서 『대지도론』 권 제69에서는 밝히고 있다.

자식이 은혜를 알기 때문에 어머니를 수호하는 것과 같이 반야바라밀은 시방제불의 어머니인 까닭에 만약 나쁜 무리들이 훼방을 놓아 반야바라밀을 파괴하려고 하는 자가 있으면, 모든 부처님이 비록 적멸상(寂滅相)을 행하고 계시지만 중생을 불쌍히 여기는 까닭에, 은혜를 아는 까닭에 부처님은 반야바라밀을 행하는 중생을 자비심으로 항상 생각하고, 부처님 눈으로써 항상 보며, 그들을 수호하고 증익(增益)하는 것을 얻게 하여 불도를 잃지 않게 하신다.

부처님이 반야바라밀에 정성을 기울이고 수호하여 반야바라밀이 오랫동안 존속할 수 있도록 하는 것은 중생을 위한 자비심이다. 여기에서 우리들에게 책임이 부과된다. 반야바라밀 법문이 그리고 그 법문을 배우는 이들이 나쁜 무리들의 장해를 받지 않도록, 즉 반야바라밀의 정법이 영원히 중생을 이롭게 하도록 하기 위해서 불자들은 반야바라밀의 가르침을 펴야 하는 것이다.

2) 반야바라밀은 지도원리

앞에서 이미 밝힌 것처럼 반야바라밀은 교리상 육바라밀의 한 덕목이지만, 반야경에서는 반야바라밀을 육바라밀의 한 덕목인 지혜바라밀과는 그 차원을 달리하여 반야바라밀이 육바라밀을 포섭하는 것으로 설하고 있다. 즉 반야부(般若部)의 모든 경전은 반야바라밀로 하여금 다른 다섯 가지 바라밀을 인도하는 안내자·지도자로 표현하여 지도원리(指導原理)라고 간주하고 있다. 『대품반야경』 조명품 제40은 다음과 같이 설하고 있다.

교시가여, 보살마하살의 반야바라밀이 보시바라밀·지계바라밀·인욕바라밀·정진바라밀·선정바라밀보다 수승한 것은, 비유컨대 태어나면서 눈이 먼 사람은 가령 백 명, 천 명, 백천 명이 있다고 해도 앞에서 인도하는 사람이 없으면 능히 길을 나서서 성(城)에 들어갈 수 없는 것과 같습니다.

교시가여, 다섯 가지 바라밀(五波羅蜜)도 이와 같아서 반야바라밀을 여의면 맹인이 안내 없이 길을 나설 수 없는 것처럼 일체지(一切智)를 얻을 수 없는 것입니다.

교시가여, 만약 다섯 가지 바라밀이 반야바라밀이라는 인도자를 얻으면, 이 때 다섯 가지 바라밀을 이름하여 눈이 있다(有眼)라고 합니다. 반야바라밀이라는 인도자가 바라밀(波羅蜜)의 이름을 얻게 하는 것입니다.

반야바라밀이 없으면, 다른 모든 바라밀은 어느 곳으로 자기가 향하여 나아가는 것인지, 무엇 때문에 자신이 존재하는지를 자신만으로서는 알지 못한다. 따라서 다섯 가지 바라밀은 반야바라밀의 인도가 없으면 마치 황야에 있는 맹인의 무리와 같아서 길을 잃고 실제로 가고자 하는 곳에 들어갈 수가 없다. 왜냐하면 그들에게는 눈이 없기 때문이다. 눈이 없기 때문에 일체지(一切智)를 인식할 수도 없고, 눈이라는 인도자가 없는 까닭에 그들의 온갖 노력도 무위로 되고 만다. 다시 말하면 다섯 가지 바라밀인 보시·지계·인욕·정진·선정이 바라밀(波羅蜜)이라는 이름을 가질 수 있는 것은 그들의 눈인 반야바라밀이 있기 때문이다.

여기서 우리들은 보시(布施)와 보시바라밀의 차이점을 발견하게 된다. 즉 반야바라밀이 단순한 보시를 보시바라밀화하는 역할을 보게 된다. 그렇다면 반야바라밀은 다른 다섯 가지 바라밀 덕목을 어떻게 바라밀로 인도해 나아가는가. 『대지도론』 권 제58에는 이렇게 말하고 있다.

일체 유위법(有爲法) 가운데 지혜가 첫번째이고, 일체지혜 가운데 반야바라밀이 첫번째이다. 예를 들면 길을 찾아감에 비록 여러 사람이 함께 있다 해도 안내자가 첫번째가 되는 것과 같다.

　반야도 또한 이와 같아서 일체선법(善法)은 각각 힘이 있다고는 하지만, 반야바라밀이 능히 지시하고 인도해서 삼계(三界)를 벗어나 삼승(三乘)에 이른다. 만약 반야바라밀이 없으면 비록 보시 등의 선법을 행한다고 해도 업행(業行)의 과보를 따르고 받음에 끝나고 만다. 끝나기 때문에 거의 소승의 열반도 얻을 수 없는데, 하물며 어찌 무상도(無上道)를 이룰까 보냐.

보시는 단지 복덕을 초래하는 착한 행위일 따름이다. 그것은 아직 '완성'이라는 바라밀의 이름을 얻지 못한다. 그렇기 때문에 윤회 속에서 보시를 하고 그 보시만큼의 공덕에 해당하는 과보의 받음을 벗어나지 못한다. 그러나 불교가 지향하는 곳은 윤회 속에서 이루어지는 생사(生死) 속의 삶이 아니다. 그것은 바로 윤회를 벗어나는 생사의 해탈이다. 보시에 의한 공덕이 윤회를 벗어나는 곳에 도달되기 위해서는 반야바라밀이라는 안내자를 만나야 한다. 이렇게 보시가 반야바라밀의 안내를 받을 때, 보시는 비로소 '보시의 완성'이라는 보시바라밀이 되고 윤회를 벗어나는 행위가 되는 것이다.

　이와 같은 원리는 결코 보시에만 해당되는 것이 아님은 말할 필요도 없다. 『대품반야경』 법칭품 제37에서는 이렇게 설시하고 있다.

　　보살마하살이 보시를 행할 때에 반야바라밀은 현명한 인도자(明導)가 되어서 능히 보시바라밀을 원만히 갖추게 한다. 보살마하살이 지계를 행할 때에 반야바라밀은 현명한 인도자가 되어서 능히 지계바라밀을 원만히 갖추게 한다. 보살마하살이 인욕를 행할 때에 반야바라밀은 현명한 인도자가 되어서 능히 인욕바라밀을 원만히 갖추게 한다. 보살마하살이 정진를 행할 때에 반야바라밀은 현명한 인도자가 되어서 능히 정진바라밀을 원만히 갖추게 한다. 보살마하살이 선정를 행할 때에 반야바라밀은 현명한 인도자가 되어서 능히 선정바라밀을 원만히 갖추게 한다. 보살마하살이 모든 법을 관할 때에 반야바라밀은 현명한 인도자가 되어서 능히 반야바라밀을 원만히 갖추게 한다.

보살이 보시를 행할 때에 반야바라밀이 현명한 인도자(明導)가 되어서 능히 보시바라밀을 원만히 갖추게 하고, 나아가 모든 법을 관할 때에 반야바라밀이 현명한 인도자가 되어서 능히 반야바라밀을 원만히 갖추게 한다. 이러한 까닭에 반야경은 반야바라밀을 다순한 인도자로만 부르지 않는다. 위의 법칭품 제37에서는 '현명한 인도자(明導)'라고 칭했지만, 존도품 제36에서는 '존귀한 인도자(尊導)'라고 부르고 있다.

    비유컨대 대지에 씨앗을 뿌림에 인연의 화합이 맞으면 바로 싹이 트고, 이 온갖 씨앗은 땅을 의지하여 자라는 것과 같다. 이와 같이 아난아, 다섯 가지 바라밀은 반야바라밀에 의지해서 생기게 되고, 네 가지 관찰법(四念處) 내지 일체종지도 반야바라밀에 의지해서 생기게 되는 것이다. 이러한 까닭에 아난아, 반야바라밀은 다섯 가지 바라밀 내지 열여덟 가지 부처님만이 갖는 특성의 존귀한 인도자인 것이다.

반야바라밀은 온갖 초목의 성장을 가능케 하는 대지(大地)와 같은 것이다. 종자가 생장하기 위해서 다른 온갖 조건이 갖추어졌다고 해도 대지가 없으면 결코 생장할 수가 없을 것이다. 반야바라밀도 꼭 이와 같아서 반야바라밀이 없으면 다른 모든 바라밀은 그 능력을 상실하게 되고, 거기에는 생명이 없어진다. 따라서 반야바라밀이 없으면 다른 바라밀 및 제법(諸法)은 생명을 얻을 수 없고 존재할 수 없기 때문에 반야바라밀을 존귀한 인도자(尊導)라고 칭하는 것이다.

또한 다른 다섯 가지 바라밀이 수호되고 파악되며 조직적으로 행해지는 것은 반야바라밀에 의한 것이다. 외도(外道)의 예순두 가지 소견(六十

二見)은 신견(身見), 즉 스스로의 본성이라고 하는 것이 실재한다고 하는 관념으로부터 생기는 것처럼 다섯 가지 바라밀은 전부가 반야바라밀로부터 생긴다. 신체의 온갖 기관이 생명이 있을 때만 그 활력을 유지하는 것처럼 다섯 가지 바라밀은 전부가 반야바라밀이 그 보호의 날개 밑에 그것들을 안을 때 생생하게 움직이는 것이다. 『대품반야경』 등학품 제63에서는 이렇게 설시하고 있다.

> 보살마하살은 이와 같이 깊은 반야바라밀을 배워서 모든 바라밀을 포섭하고, 모든 바라밀로 하여금 늘게 하며, 모든 바라밀을 낱낱이 따르게 한다. 왜냐하면 이 깊은 반야바라밀은 모든 바라밀을 낱낱이 가운데에 들여놓기 때문이다.
> 비유컨대 나라는 소견(我見) 가운데에 예순두 가지 소견(六十二見)을 낱낱이 포섭하는 것과 같다. 이와 같이 수보리야, 이 깊은 반야바라밀은 모든 바라밀을 낱낱이 포섭하는 것이다. 비유컨대 사람이 죽으면 명근(命根)이 없어지는 까닭에 다른 감각기관이 전부 따라서 없어짐과 같다. 이와 같이 보살마하살이 깊은 반야바라밀을 행할 때에 모든 바라밀이 따르는 것이다.

반야바라밀은 불교신행의 전체를 확실하게 바라보고, 보살의 발걸음이 어느 곳으로 어떻게 인도되어야 하는지를 보여 주는 눈이다. 따라서 반야바라밀은 우리들이 존중해야 할 큰 광명이다. 그것은 세간일체의 오염의 힘으로부터 벗어나서 존재한다. 그것은 이 세계의 온갖 암흑을 타파해서 일체중생에게 평화와 안위를 준다. 눈이 먼 사람에게는 광명을 주어서 무명의 어두운 밤을 편안히 가게 한다. 흔들리는 길에서 헤매는 이를 바른 길로 데려다 주는 것이다. 일체존재의 참된 모습을 우리들에게 보여 주는 것이다. 반야바라밀은 또한 일체 중생들이 의지할 바, 그들에게 완전한 무외를 부여한다. 전 세계를 비추는 다섯 가지 눈이다. 생사를 초월하고 갈애를 초월한 진실의 법이다. 그것은 일체의 진리를 함장하는 보고인 것이다.

3) 반야바라밀이 부처님이다

불교신행에 있어서 숭배의 대상이 되는 것 가운데 하나가 사리(舍利)이다. 이 사리를 모신 곳이 탑(塔)이기 때문에 사리신앙은 탑 숭배로 일반화되어 있다. 그런데 반야경에서는 부처님의 물리적 신체로서의 육신(肉身)·유골(遺骨), 즉 사리와 초월적 본질로서의 반야바라밀이 구체적으로 비교되어 전개되고 있다. 『대품반야경』 대명품 제32에서는 석제환인(釋提桓因)과 부처님의 대화가 다음과 같이 설해져 있다.

"세존이시여, 만약 선남자·선여인이 반야바라밀을 서사하고 꽃이나 향·장신구 내지 음악을 가지고 공양함과, 어떤 사람이 부처님께서 반열반(般涅槃)하신 후 사리(舍利)를 공양하거나 혹은 탑을 세워서 공양·공경·존중·찬탄하고, 꽃이나 향·장신구 내지 음악을 가지고 공양한다면, 이 둘 중에 누가 더 많은 복을 얻을 수 있습니까?"
부처님께서 석제환인에게 이르셨다.
"내가 도리어 자네에게 묻겠는데, 자네의 생각대로 나에게 대답해다오. 자네는 어떻게 생각하는가? 부처님은 어떠한 수행을 해서 일체종지와 훌륭한 신체적 특징을 얻었는가?"
석제환인이 부처님께 사루어 말씀드렸다.
"부처님께서는 반야바라밀을 수행하여 일체종지와 훌륭한 신체적 특징을 얻으셨습니다."
부처님께서 석제환인에게 이르셨다.
"그렇다, 정말 그러하다. 교시가야, 부처님은 반야바라밀을 수행하여 일체종지를 얻었다. 교시가야, 훌륭한 신체적 특징을 얻었기 때문에 부처님이라 부르는 것이 아니라, 일체종지를 얻은 까닭으로 부처님이라 부르는 것이다. 교시가야, 이 부처님의 일체종지는 반야바라밀 가운데에서 생기는 것이다. 이러한 까닭에 교시가야, 이 부처님의 신체는 일체종지의 근거가 되는 것이어서 부처님은 이 신체에 의해서 일체종지를 얻는 것이다. 때문에 선남자는 이렇게 사유해야 한다. '이 신체는 일체종지의 근거가 되는 것이다.' 이 까닭에 내가 열반한 뒤에 사리가 공양되는 것이다."

훌륭한 신체적 특징(相好身) 때문에 부처님이라 불리는 것이 아니라는 것은 『금강경』에서도 자주 강조되고 있는 부분으로서, 부처님의 참된 모습은 결코 육신에 있는 것이 아니라는 것을 부처님께서는 강조하고 있다. 부처님이란 반야바라밀을 수행함에 의해 일체를 아는 지혜(一切種智: Sarvakarajñāta)를 얻은 것이어서 부처(佛)라고 이름하는 것이다. 그리고 부처님을 부처님이게 한 근본인 일체를 아는 지혜는 다름 아닌 반야바라밀의 소산인 것이다.

이렇게 부처님의 신체에서 참된 부처님을 찾을 수 없는데, 어찌 그 육신에서 남겨진 사리에서 진실된 부처님을 발견할 수 있겠는가. 그렇다면 부처님의 육신과 그 남겨진 사리는 무엇인가. 『대품반야경』 법칭품 제37에서 다음과 같이 말씀하셨다.

> 부처님께서 석제환인에게 말씀하셨다.
> "교시가야, 만약 염부제(閻浮提)에 가득 찬 부처님 사리(舍利)를 하나로 생각하고, 그리고 어떤 사람이 반야바라밀 경전을 쓴 것을 하나로 생각한다면 너는 이 둘 가운데 어느 것을 취하겠느냐?"
> 석제환인이 부처님께 사루어 말씀드렸다.
> "세존이시여, 만약 염부제에 가득 찬 부처님 사리를 하나로 생각하

고, 그리고 어떤 사람이 반야바라밀 경전을 쓴 것을 하나로 생각한다면, 저는 이 둘 가운데 오히려 반야바라밀 경전을 취하겠습니다. 왜냐하면 세존이시여, 저는 부처님 사리를 공경하지 않는 것도 아니고 존중하지 않는 것도 아닙니다만, 세존이시여, 이 사리는 반야바라밀 가운데서 생기고 반야바라밀에 수훈(修熏)된 까닭에 이 사리는 공양·공경·존중·찬탄되기 때문입니다."

부처님의 신체는 단지 '일체를 아는 지혜의 근거'일 뿐이고, 남겨진 사리는 반야바라밀에 수훈된 것이기 때문에 공양의 대상이 되는 것이다. 따라서 반야바라밀을 공양하는 것과 탑 속의 사리를 공양하는 것을 비교한다면, 반야바라밀을 공양하는 쪽이 훨씬 더 많은 복덕을 얻는 것이다. 달리 표현하면, 부처님의 사리를 공양한다는 것은 결국 부처님의 신체를 통해서 일체를 아는 지혜의 원인인 반야바라밀을 공양하는 것이라고 할 수 있다.

부처님이란 반야바라밀을 수행함에 의해 일체를 아는 지혜(一切種智)를 얻은 것이어서 부처(佛)라고 이름하는 것이다. 그렇다면 반야바라밀과 일체를 아는 지혜의 관계는 어떠한가. 『대지도론』권 제18에는 다음과 같이 밝히고 있다.

> 반야바라밀이 부처님의 마음 가운데 있을 때는 이름을 바꾸어서 일체를 아는 지혜라고 한다.

반야바라밀과 일체를 아는 지혜는 이름만 다를 뿐 사실은 같은 것이다. 이렇게 되면 반야바라밀에 대한 우리들의 생각을 다시 한 번 고치지 않을 수 없다. 왜냐하면 『대품반야경』 법칭품 제37에,

> 과거의 모든 부처님은 이 반야바라밀에 의해서 아뇩다라삼먁삼보리

를 얻으셨고, 과거의 모든 부처님의 제자들도 또한 반야바라밀에 의해서 수다원도(須陀洹道) 내지 아라한·벽지불도를 얻었다. 미래와 현재의 한량없고 헤아릴 수조차 없는 시방의 모든 부처님도 이 반야바라밀에 의해서 아뇩다라삼먁삼보리를 얻고, 미래와 현재의 모든 부처님 제자들도 또한 이 반야바라밀에 의해서 수다원도 내지 벽지불도를 얻는다.

라고 설시되어 있는 것처럼, 지금까지는 반야바라밀이 불교수행의 최고 목표인 정각(正覺)에 도달하기 위한 수단으로 간주되었다. 그러나 이제는 반야바라밀이 바로 목적 그 자체라고 보지 않으면 안 되기 때문이다. 『대품반야경』법칭품 제37에서 이 점을 분명히 밝히고 있다.

　　마땅히 다음과 같이 알아야 한다. 반야바라밀이 바로 부처님이다. 반야바라밀은 부처님과 다르지 않고 부처님은 반야바라밀과 다르지 않다.

　　반야바라밀이 그대로 정각, 즉 아뇩다라삼먁삼보리이고 부처님이다. 여기에서 반야바라밀은 비로소 반야경에서 설하는 최초의 일보를 내딛게 된다. 왜냐하면 정각이 있을 때만이 반야바라밀은 그 본래의 청정성에 있어서 움직일 수 있기 때문이다. 반야바라밀이 그 자체 이외에 무엇인가 목적을 갖는 것이라고 생각하는 한 반야바라밀은 또한 반야바라밀이 아니며, 순수한 상태에 있는 것도 아닌 것이다. 그러므로 반야바라밀이 부처님이라는 분에 의해서 비로소 본래의 목적에 돌아가는 것이 된다.

　　반야바라밀은 모든 부처님을 낳는 어머니이고 일체불법의 지도원리며 나아가 그 자체가 부처님이다. 그렇다면 부처님인 반야바라밀의 모양은 어떠한가.『대품반야경』법칭품 제37에서는 반야바라밀의 모양을 다음과 같이 설하고 있다.

세존이시여, 이 반야바라밀은 형상이 없고 모양이 없으며, 말할 수도 없고 설명할 수도 없습니다. 세존이시여, 형상이 없고 모양이 없으며, 말할 수도 없고 설명할 수도 없는 이것이 반야바라밀이고, 내지 이것이 일체종지입니다. 세존이시여, 반야바라밀이 만약 모양이 있는 것이어서 모양이 없는 것이 아니라고 한다면, 모든 부처님께서는 일체의 모든 것(一切法)이 형상이 없고 모양이 없으며, 말할 수도 없고 설명할 수도 없다고 알아서 아뇩다라삼먁삼보리를 얻고, 제자들을 위하여 모든 것이 형상이 없고 모양이 없으며, 말할 수도 없고 설명할 수도 없다고 설하시지 않을 것입니다. 세존이시여, 반야바라밀은 진실로 형상이 없고 모양이 없으며, 말할 수도 없고 설명할 수도 없는 까닭에 모든 부처님께서는 일체의 모든 것(一切諸法)이 형상이 없고 모양이 없으며, 말할 수도 없고 설명할 수도 없다고 알아서 아뇩다라삼먁삼보리를 얻고, 제자들을 위하여 모든 것이 형상이 없고 모양이 없으며, 말할 수도 없고 설명할 수도 없다고 설하십니다.

반야바라밀은 형상이 없고 모양이 없다. 그리고 그것은 말할 수도 없고 설명할 수도 없다. 소위 언어가 미치지 못하는 절대의 자리이다. 반야바라밀이 바로 부처라는 말은 이렇게 언어가 미치지 못하는 곳의 부처님이다. 이렇게 언어가 끊어진 진리의 부처자리를 불교에서는 화신(化身)이신 색신불(色身佛)과 구별하여 법신불(法身佛)이라고 부른다. 진리이신 부처님이라는 말이다. 『대품반야경』 법칭품 제37에서는 법신(法身)과 색신(色身)의 부처님을 구별하여 설하고 있다.

세존이시여, 선남자·선여인이 반야바라밀을 공양하면 바로 사리까지도 공양함이 됩니다. 세존이시여, 어떤 사람이 시방의 한량없고 헤아릴 수조차 없는 모든 세계 가운데서 현재 부처님의 법의 몸(法身)과 육체의 몸(色身)을 보고자 한다면, 이 사람은 마땅히 반야바라밀을 들고서, 받아 지니고 독송하며, 바르게 사유하고 타인을 위하여 연설해야 합니다. 이렇게 선남자·선여인은 시방의 한량없고 헤아릴 수조차 없는 모든 세계 가운데서 현재 부처님의 법의 몸과 육체의 몸을 보아야 합니다.

법신이란 반야바라밀이고, 색신이란 그 반야바라밀이 형상화되어 석가모니 부처님으로 나투어 반야바라밀을 설하시는 부처님이다. 이 색신의 부처님에 의해서 설법이 베풀어지고, 이것에 의해서 성문과 연각, 그리고 보살이 나타나며, 이러한 성인의 설법교화에 의하여 일체중생은 온갖 고통에서 제도를 받게 된다. 여기에서 우리들은 반야바라밀이 바로 법신불의 다른 이름임을 알 수 있게 된다. 따라서 반야바라밀은 부처님이 세상에 출현하든 하지 않든 관계없이 상주하는 진리이다.『대품반야경』법상품 제89의 다음 경문은 반야바라밀인 법신불의 모습을 잘 보여 주고 있다.

　　모든 부처님은 물질적인 신체(色身)를 갖는 분으로 보아서는 안 된다. 모든 부처님은 진리 그 자체를 신체(法身)로 하고 있고, 그것은 오는 것도 아니고 가는 것도 아니다.

부처님은 물질적인 신체(色身)를 갖는 분이 아니고, 진리 그 자체를 신체(法身)로 하고 있다. 따라서 부처님은 오는 것도 아니고 가는 것도 아니다. 이렇게 거래가 끊어진 자리가 바로 반야바라밀인 부처님이다. 반야바라밀이 부처님이라는 것은 바로 이 자리를 가리킨다. 반야바라밀은 이렇게 반야불교 신행의 귀의처로서 우리 앞에 그 적나라한 모습을 드러낸다.

제3장 반야불교의 지지자(支持者)

1. 반야바라밀의 신수(信受)

1) 불교 교단의 사부중(四部衆)과 보살

불교의 교단을 '승가(僧伽 : saṁgha)'라고 부른다. 이 말은 평화를 실현하는 단체라는 의미이기 때문에 '화합승(和合僧)'이라고 번역하기도 한다. 불교의 목적이 개인적으로는 깨달음을 얻어 진리와 합일한 생활을 하는 것인 까닭에, 이제 그러한 사람들이 모여서 공동생활을 하면 거기에는 진실한 평화가 실현되기 때문이다. 이러한 승가에 소속된 출가수행자를 성문(聲聞)이라 부른다. 성문이라는 말은 가르침을 듣는 사람이라는 의미로, 제자들이 부처님을 스승으로 받들어 귀의하고 절대적으로 신뢰하며 그의 지도를 따랐기 때문이다.

한편 부처님의 제자에는 성문으로 대표되는 출가수행자와 함께 재가(在家)의 신도가 있었다. 그래서 초기의 불교교단은 승가의 조직과는 다른 의미의 비구(比丘)·비구니(比丘尼)·우바새(優婆塞)·우바이(優婆夷)라는 소위 사부중(四部衆)으로 성립되어 있었다. 비구와 비구니는 출가한 남녀이고, 우바새는 재가의 남자신도이며 우바이는 재가의 여자신도를 말한다.

출가자인 비구·비구니는 가정생활과 직업, 즉 사회적인 일체의 의무와 세속적인 행복의 전부를 버리고 유행생활(遊行生活)을 하는 수행자이다. 이들은 또한 철저한 성적금욕을 지키는 등 비구는 250조, 비구니는 348조나 되는 엄한 계율에 따라서 몸을 다스렸다. 그러나 재가신도인 우바새·우바이는 일반사회 속에서 가업에 힘쓰고 가족을 부양하며, 사회적인 의무를 책임지고 사회적인 행복을 추구하면서 수행하는 사람이다. 계율도 살생·도둑질·삿된 음행·거짓말·음주를 삼가한다는 다섯 가지 계율(五戒)을 중심으로 한 것이었다. 성적금욕의 조항은 출가자에 있어서는 절대적인 금욕이지만, 재가자에 있어서는 정당한 배우자 이외 사람과의 성행위를 삼가는 것에 지나지 않았다.

출가수행자와 재가신도 사이의 이러한 생활의 상위는 당연히 학문이나 명상이라는 수행의 정도에 있어서도 두 부류의 차이를 가져왔다. 재가의 신도가 출가자인 비구나 비구니와 같은 정도로 질적으로도 양적으로도 고도의 수행을 한다는 것은 거의 불가능했음에 틀림이 없다. 따라서 불교교단은 초기부터 일정한 계율에 의해서 통제되고 조직된 출가교단(出家敎團)을 중심으로 운영되었다. 이러한 출가교단 중심의 운영체제 속에서 출가수행자는 재가신도의 학문이나 신앙, 혹은 생활태도를 지도하고, 재가신도는 출가수행자를 경제적으로 지지(支持)하고 협력해서 교단을 성장시키고 있었다.

출가중심의 교단에서는 당연히 부처님의 제자들에 대한 지도나 교화방법에서도 출가자와 재가신도에 대해 차이를 두었다. 그것은 출가수행자와 재가신도에 대한 일종의 차별로써, 출가수행자에 대해서는 아라한(阿羅漢)이라고 하는, 부처님과 같이 번뇌를 멸진한 성자(聖者)가 될 수 있다는 것에 기초를 둔 가르침이 설해진 반면에, 재가신도에 있어서는 그것이 달성되지 않는 것을 전제로 하여 가르침이 베풀어졌다. 그래서 재가신도에 대해서는 보시의 공덕이나 도덕적인 생활이 강조되었고, 그 과보로 천상세계에 태어나는 행복 등을 중심으로 가르침이 설해져, 깊은 교의에 들어간다거나 엄한 수도를 요구하는 일은 없었다.

교단이 이렇게 출가수행자를 중심으로 하여 출가자인 비구·비구니와 재가신도인 우바새·우바이라는 네 부류의 구성원에 의해서 유지되던 때를 불교사(佛敎史)의 입장에서는 통칭하여 소승불교(小乘佛敎)시대라고 부른다. 물론 불교를 사상사(思想史)적인 입장에서 분류할 때는 초기의 근본불교(根本佛敎)와 부처님께서 입멸하신 뒤 100여 년부터 시작된 부파불교(部派佛敎), 그리고 부파불교의 소승적인 신행(信行)에 비판을 가하면서 새롭게 등장한 대승불교(大乘佛敎)로 구분할 수 있겠지만, 교단의 구성원을 중심으로 하여 생각해 보면 근본불교시대나 부파불교시대는 별로 다를 것이 없다.

그런데 이와 같은 소승불교의 교단구성원 및 신행에 대하여 하나의 새로운 변혁이 일어난다. 소위 보살(菩薩)이라는 새로운 이름의 교단구성원이 등장하고, 이들의 신행이 반야경을 통하여 불교의 새로운 자리를 만들게 된다. 이 보살의 등장과 더불어 시작된 새로운 불교를 우리들은 대승불교라고 부르는데, 반야경에 등장하는 보살에는 출가한 보살과 재가하는 보살의 두 종류가 보인다.

그러나 이 두 종류의 보살은 소승교단의 구성원인 네 종류의 집단(四部衆)에 포함시킬 수도 있다. 왜냐하면 재가의 보살은 재가의 우바새 혹은 우바이에 속하게 되고, 출가한 보살은 전부 비구 혹은 비구니 가운데 포함된다고 할 수 있기 때문이다. 그럼에도 불구하고 소승교단의 네 종류의 집단 외에 대승교단에서는 보살이 별도의 구성원으로 되어 있다. 그렇다면 반야경에서 말하는 대승불교의 구성원인 보살은 기존의 교단 구성원과 어떠한 차이가 있는가. 이에 대하여 『대지도론』 권 제4에서는 기존의 교단 구성원 외에 보살이 등장하는 이유를 이렇게 밝히고 있다.

보살은 일반적으로는 네 종류의 집단(四衆)에 포함되기는 하지만, 달리 기술하지 않으면 안 될 이유가 있다. 왜냐하면 보살은 반드시 네 종류의 집단 중에 들고는 있지만, 네 종류의 집단의 어느 부류가 꼭 보살은 아니기 때문이다. 어떠한 이가 보살이 아닌가 하면, 성문이나 벽지불 중에 천상에 태어나려고 생각하는 사람이라든가 자신의 생활만을 즐겁게 하려는 사람도 있는데, 그러한 네 종류의 집단은 보살의 부류에 들지 않는다. 왜냐하면 이러한 사람은 자신이 부처님이 되겠다는 그런 깨달음을 원하는 마음을 일으키고 있지 않기 때문이다.

다음으로 보살은 진실한 이치를 깨달아 평온한 마음(無生法忍)을 얻고 있기 때문에, 일체의 말이나 습관이라는 생사(生死)세계의 특징을 끊고 삼계(三界)를 벗어나 중생 가운데 떨어지지 않는다. 그것은 성문이라고 불리는 성자조차도 아라한의 깨달음을 얻어 열반한다면 중생 가운데 떨어지지 않는데, 어찌 보살이 그러하겠는가. 『바라연경(波羅延經)』 중에서 우바시(優波尸)의 물음과 부처님의 대답에 있는 게송에서 말하고 있는 것과 같다.

"한 번 멸해 버린 것은 다시는 나타나지 않는 것입니까?
멸해 버린 사람은 두 번 다시 태어나지 않는 것입니까?
열반에 든 사람은 영원히 거기에 머무는 것입니까?
위대하신 성자시여, 그 진실을 가르쳐 주십시오."
부처님께서 대답하셨다.
"해 버린 것은 그것을 측량할 수 없다.
그것은 원인이나 조건, 그리고 이름이나 특징을 초월해 있다.
그것은 일체의 언어나 표현을 넘어서 있다.
불꽃이 사그라진 것처럼 한 순간에 그것은 전부 다해 버린다."
아라한조차도 모든 언어나 습관을 끊고 있는데, 하물며 어찌 온갖 존재물을 초월하고 진실의 모습(實相)을 알며 진리로서의 불신(法身)을 얻은 보살이 언어나 습관을 끊고 있지 않겠는가. 이러한 까닭에 대승의 가르침에는 네 종류의 집단과는 별도로 보살을 언급하는 것이다.

보살을 보살이게 하는 것은 외형상의 모습이 아니다. 그것은 마음가짐이다. 설령 어떤 사람이 출가수행자의 모습, 즉 성문승으로 수행한다고 해도 개인적인 안락이나 아라한의 지위에 집착한다면 그는 보살이 아니지만, 자신이 부처가 되겠다는 원을 가지고 일체중생을 위하여 수행한다면 그가 바로 보살이다. 또한 재가의 신도라 해도 그가 부처가 되겠다는 깨달음의 원을 갖고 수행한다면 그 사람이 바로 보살이다. 여기에 기존의 교단구성원인 네 종류의 집단과 보살의 차이가 드러난다. 반야불교(般若佛敎)는 이렇게 새롭게 교단구성원으로 등장한 보살들에 의한 신행생활의 의식전환에서 시작된다.

2) 반야바라밀을 신수하는 두 부류

용수(龍樹: Nāgārjuna, 150~250)보살의 저작이라고 전해지는 『대지도론(大智度論)』은 『마하반야바라밀경(摩訶般若波羅蜜經)』의 주석서(註釋書)이다. 물론 옛날부터 '불교백과사전'이라고 불릴 정도로 여기에는 원시불교 경전을 비롯하여 부파불교의 온갖 논서(論書)와 초기 대승경전에 이르기까지 불교의 모든 사상이 망라되어 있다. 이러한 『대지도론』이 경문(經文)의 주석에 들어가기 직전의 부분에서, '부처님께서는 무슨 인연에 의해서 『마하반야바라밀경』을 설하시는가?'라는 물음을 제기하고 있다. 이 물음에 대한 대답으로 논(論) 권 제1에서 모두 23가지의 이유를 들고 있는데, 그 첫번째 이유를 이렇게 밝히고 있다.

부처님께서는 삼장(三藏)을 통해 널리 여러 가지 비유를 들어 성문을 위해서는 법을 설하셨지만, 보살의 도(道)는 설하시지 않았다. 다만 『중아함본말경(中阿含本末經)』 가운데서 부처님께서는, "미륵보살이여, 너는 당래세(當來世)에 반드시 성불하여 호(號)를 미륵(彌勒)이라 할 것이다"라고 설하고 있다. 그렇지만 보살의 여러 가지 행(行)에 관해서는 설하지 않았기 때문에 부처님께서는 이제 미륵보살 등을 위해서 이 보살의 행을 널리 설하시고자 이『마하반야바라밀경』을 설하신다.

불도(佛道)를 성취하기 위하여 수행하는 데는 성문의 길과 보살의 길이라는 두 가지 길이 있는데, 부처님께서는 이 두 가지 수행법 중에 먼저 소승의 경전을 통해서 성문승의 수행에 관해서는 밝히셨다. 그렇지만 보살의 수행에 대해서는 아직 설하시지 않았기 때문에, 이들 보살들의 실천을 밝히기 위해서 반야바라밀을 설하신다는 것이다.

이러한 대 전제 아래서 반야경전은 반야바라밀을 실천하는 인물을 '보살' 혹은 '보살마하살'이라 하고 있다. 그러나 대승의 길을 가고 있는 수행자의 호칭이 수많은 반야경전에서는 보살이라는 말에 국한되어 있지는 않다. 반야경전 가운데서 가장 널리 알려지고, 또한 선종(禪宗)과 더불어 가장 중요시되어 왔던『금강반야바라밀경』에는 다음과 같이 수보리가 부처님께 여쭙는 말이 있다.

희유하십니다, 세존이시여. 여래께서는 모든 보살들을 잘 호념하시며 모든 보살들에게 잘 부촉하십니다. 세존이시여, 선남자·선여인이 아뇩다라삼먁삼보리의 마음을 내고는 마땅히 어떻게 머물며 어떻게 그 마음을 항복받아야 합니까?

보살이라는 수행자와 더불어 '선남자·선여인'이 아뇩다라삼먁삼보리를 닦아 나가는 인물로 등장하고 있다. 또한『대품반야경』에서도 반야바라밀을 수지하는 선남자·선여인이 얻는 공덕과 그들의 수행을 밝히고 있다. 이와 같이 여타 다른 대승경전에서도 마찬가지이지만, 반야경에 등장하는 수행자 중에 큰 비중을 차지하는 인물로 선남자(善男子: Kulaputra)·선여인(善女人: Kuladuhitr)이 있다. 이 선남자·선여인과 관련하여 『대지도론』은 다시 『대품반야경』을 설하는 그 16번째 이유를 다음과 같이 말하고 있다.

당래세의 사람이 반야바라밀을 공양하는 인연과 그들에게 삼승(三乘)의 기별(記別)을 주기 위해서 『마하반야바라밀경』을 설하신다. 예를 들어 부처님께서 아난에게 말씀하시기를,
"내가 반열반(般涅槃)에 든 뒤에 이 반야바라밀은 반드시 남방에 퍼지고, 남방에서 서방으로 퍼질 것이다. 그리고 후 오백 세(後五百歲) 중에는 북방에 퍼질 것이다. 그 사이에 반야바라밀법을 믿는 선남자·선여인은 가지가지 꽃·향·장신구·깃발·음악·등불·진귀한 보배·재물을 가지고 반야바라밀을 공양하고 스스로 경전을 쓰며 혹은 타인에게 쓰기를 가르친다. 또한 독송하고 법문을 들으며 바르게 사유하고 수행해서 반야바라밀법을 공양한다. 이 사람은 이 인연에 의해서 여러 가지 세간의 즐거움을 받고, 말후(末後)에는 삼승을 얻어 번뇌의 여진까지도 없는 열반(無餘涅槃)에 든다."
라고 한 것처럼, 이러한 인연사(因緣事)를 관하기 때문에 반야바라밀경을 설하신다.

부처님께서는 반야바라밀을 공양하고 수행하는, 즉 반야바라밀을 신앙하는 선남자·선여인이 현세에서 여러 가지 행복을 누리고 마침내 번뇌의 여진까지도 없는 열반에 들어감을 밝히기 위해서 이 경을 설한다는 것이다.

이렇게 반야경은 반야바라밀을 신수(信受)하는 인들을 보살과 선남자·선여인으로 크게 둘로 나누어 구별하고 있다. 그러나 같은 반야바라밀의 지지자이긴 하지만 보살마하살과 선남자·선여인 사이에는 수행의 분상에서 차별이 주어지고 있다. 즉 보살마하살은 반야바라밀이 가지는 높고 심원한 진리 그 자체의 지혜를 증득하기 위하여 피나는 수행을 실천해

나가는 수행자의 모범적인 이상형(理想形)으로 나타나는 반면, 선남자·선여인은 같은 반야바라밀 수행자이긴 하지만 반야바라밀을 공양한다든가 혹은 독송하는 등의 일상적이고 쉬운 반야바라밀 수행의 실천자라고 하는 점에 중심이 놓여진다고 할 수 있다.

그런데 여기서 간과해서는 안 될 것은 보살과 선남자·선여인의 내면적인 연관성이다. 선남자·선여인이 보살과 함께 반야바라밀을 신수하는 인물로 등장하는 데는 그에 상응한 이유가 있는 것이다. 『대품반야경』 삼탄품 제30에는 삼천대천세계 가운데의 모든 하늘(諸天)이 부처님께 말씀드리는 다음의 경문이 있다.

> 세존이시여, 이 선남자·선여인이 능히 반야바라밀을 받아 지니고 가까이하며, 독송하고 바르게 사유하여 일체지의 마음을 여의지 않으면, 저희들은 언제나 이들을 반드시 수호하겠습니다. 왜냐하면 세존이시여, 이들은 보살마하살의 인연을 가진 까닭에 세 갈래 나쁜 길(三惡道)을 끊고 천인에게도 있는 빈곤(天人貧)을 끊으며, 모든 재난과 질병과 기아를 끊기 때문입니다.

선남자·선여인이 반야바라밀을 받아 지니고 나아가 그 공덕으로 세 갈래 나쁜 길(三惡道) 등에 떨어지지 않는 것은 보살마하살의 인연을 가지고 있기 때문이다. 즉 선남자·선여인이 소승교단의 구성원과는 그 마음가짐을 달리하는 수행자일 때, 그들이 바로 반야불교의 담당자가 되는 것이고, 이것이야말로 보살과 일체가 되는 것이다.

2. 보살마하살

1) 보살·마하살의 어의(語義)

(1) 보살의 어의

불교 문헌이 중국에 전래되어 한역(漢譯)되는 과정에서 무수한 음사어(音寫語)가 혼합되어 사용되었다. 이러한 음사어들은 처음부터 동일한 말로 표기된 것은 아니어서 경우에 따라서는 두 가지 이상으로 음사되는가 하면 때로는 번역어로 등장하기도 했다. 대승불교의 담당자인 보살(菩薩)이라는 말도 그 중의 하나여서 산스크리트 어(語) 보디삿트바(bodhisattva)의 음사어이다. 그러나 위에서 지적한 것처럼 보디삿트바가 보살이라는 말로만 음사되는 것은 아니고 경우에 따라서는 보리살타(菩提薩唾)라는 말로 표기되기도 한다.

보디삿트바의 두 가지 음사어인 보살과 보리살타의 관계에 대해서는 논란의 여지가 없는 것은 아니지만, 대체로 보리살타의 준말이 보살이라고 보고 있다. 즉 승조(僧:374~414)의 『주유마힐경(注維摩詰經)』 권 제1에는,

> 보살은 정음(正音)으로 보리살타라 한다. 보리는 부처님의 도(道)를 이름함이고, 살타를 진(秦)에서는 대심중생(大心衆生)이라 한다. 대심이 있어서 부처님의 도에 들어감을 보리살타라 이름한다. 바른 이름의 번역은 없다.

라고 하여 보살의 바른 발음이 보리살타라는 것을 밝히고 있는가 하면, 『대지도론』 권 제44에서는 보리살타의 의미를 다음과 같이 설명하고 있다.

천축(天竺)의 어법(語法)은 여러 글자를 화합하여 말을 만들고, 여러 말을 화합해서 구(句)를 만든다. 보(菩)를 한 글자로 하고 리(提)를 한 글자로 해서 이 두 말이 합해지지 않으면 말이 되지 않지만, 이 두 말이 합하면 보리(菩提)가 되는 것과 같다. 진(秦)에서는 무상지혜(無上智慧)라 한다. 살타는 중생을 이름하기도 하고 혹은 대심(大心)이라고도 한다. 무상의 지혜를 행하는 까닭에 대심을 발한다는 이름을 붙여 보리살타가 되고, 중생으로 하여금 무상도(無上道)를 행하게 하고자 원한다. 이것을 보리살타라 이름한다.

그러나 이렇게 보디샷트바는 '보살' 혹은 '보리살타'라는 두 가지 말로 음사되어 사용되고 있긴 하지만, 대승을 보살승(菩薩乘)이라고 말할 정도로 보살이라는 말이 일반화되어 있다. 그렇다면 보살이란 말의 의미는 무엇인가. 보살, 즉 보디샷트바라는 말에는 다양한 의미가 담겨 있다. 왜냐하면 보살이라는 복합어에서 '보디'는 '깨달음', '정각(正覺)'이라는 한 가지 뜻만을 가지고 있지만, '샷트바'는 다양한 의미를 지니고 있기 때문이다. 이러한 까닭에 보살이라는 말의 의미가 문제로 등장할 때는 '샷트바'를 어떤 의미로 취할 것인가가 문제가 된다.

이에 관하여 인도의 불교학자 하르·다얄은 그 어의(語義)로 생각할 수 있는 다음의 일곱 가지를 열거하고 있다.

① '샷트바'는 본질(本質)을 의미한다. 이 경우에 보살이란 '정각을 그의 본질로 하는 사람'이 된다.
② '샷트바'는 '유정(有情)'을 의미한다. 이 경우에 보살이란 '정각을 얻는다고 정해진 유정' 혹은 '정각을 구하고 있는 유정'이 된다.
③ '샷트바'는 '심(心)'·'결의(決意)'·'지원(志願)'을 의미한다. 이 경우에 보살이란 '그 마음·지원이 정각을 향하고 있는 사람'이 된다.
④ '샷트바'는 '태아(胎兒)'를 의미한다. 이 경우에 보살이란 '그 지식이

아직은 잠재적·미발전적인 사람'이 된다.
⑤ '삿트바'는 『요가수트라(Yoga-sūtra)』에서 '뿌르샤'와 대비적으로 사용되어, '의식'·'예지'를 의미한다. 이 경우에 보살이란 '잠재적 예지의 인격화'가 된다.
⑥ '삿트바'에 해당하는 빠리(Pāri)어 삿타(satta)는 산스크리트 어 사크타(sakta)의 대응어이기도 하다. 이 경우에 보디삿타(bodhisatta), 보디사크타(bodhisakta)는 '정각에 헌신하고 있는 사람'이 된다.
⑦ '삿트바'는 '용기(勇氣)'를 의미한다. 이 경우에 보살이란 '용기 있는 사람'이 된다.

다얄은 이 중에서 ②와 ⑥을 적절한 해석이라 하였는데, 특히 ②를 가장 적절한 해석으로 취하고 있다.

이렇게 보살의 의미를 '보디'와 '삿트바'라는 두 개의 말로 나누어서 해석하는 것은 비단 현대의 학자들에 한정된 것은 아니다. 위에서 잠시 언급했지만 『대지도론』 권 제4에서는 보살을 보리살타의 약어(略語)로 보고, '보리'와 '살타'에 대하여 다음과 같이 해석하고 있다.

> 보리(菩提)는 제불의 도(道)를 말함이고, 살타란 중생의 큰 마음(大心)을 말한다. 이 사람은 그 마음에 모든 불도의 공덕을 전부 얻으려고 생각한다. 그 마음은 금강으로 된 산처럼 끊을 수도 파괴할 수도 없다. 이것을 큰 마음이라 한다. 그것은 다음의 게송에서 말하는 것과 같다.
> '일체중생의 이익이 되는 모든 부처님의 법인 지혜(智慧)·계(戒)·정(定)을 보리라고 한다. 그 마음은 움직일 수 없고, 인내를 동반하여 불도를 완성할 수 있으며, 끊을 수도 파괴할 수도 없다. 이 마음을 살타라고 한다.'
> 또한 뛰어난 성격을 칭찬하여 살(薩:sat)이라고 하고, 뛰어난 성격의 본질을 타(唾:tva)라고 한다. 보살의 마음은 자신에게도 타인에게도 이

익이 되는 까닭에, 아뇩다라삼먁삼보리의 도를 행하는 까닭에, 모든 성자에 의해서 칭찬되는 까닭에 이 사람을 보리살타라고 이름한다.

　무슨 이유에서 그런가 하면, 일체의 가르침 중에 부처님의 가르침이 첫째인데, 이 사람은 이 부처님의 가르침을 습득하려고 생각하고 있는 까닭에 성자들에게 찬탄받는 것이다. 다음으로 이러한 사람은 중생들 모두에게 나고 늙고 죽는 고통을 없애 주기 위해서 불도를 구한다. 그래서 그를 보리살타라고 말한다. 또한 부처님의 도·성문의 도·독각의 도라는 세 가지 도는 전부 보리라고 할 수 있다. 그러나 독각과 성문의 도는 보리라고 해도 여기에서 말하는 보리는 아니다. 부처님의 공덕에 포함되는 보리를 여기에서 보리라고 말하는 것이다. 그래서 그를 보리살타라고 한다.

　그에게는 위대한 서원이 있다. 그의 마음은 움직일 수가 없다. 그는 정진을 계속하여 중도에서 퇴타하지 않는다. 이 세 가지 이유에서 그를 보리살타라고 한다. 또한 어떤 사람은 말한다. "처음으로 깨달음을 얻으려고 하는 마음을 일으킬 때, 그는 '나는 부처가 되어서 모든 중생을 구하겠다'고 서원했다. 그는 이 때부터 보리살타라고 말해지는 것이다."라고.

　이렇게 보면 보살이란 자신이 부처가 되어서 모든 중생을 제도하겠다는 서원을 갖고 깨달음을 구하고자 노력하는 중생으로서, 부처님의 지혜를 갖고 있는 까닭에 이것을 구하면 그것이 반드시 성취되도록 되어 있는 사람을 말한다고 볼 수 있다.

　그렇다고는 해도 보살은 이러한 것에 결코 집착하고 있는 사람은 아니다. 보살은 모든 것에 집착하지 않는 것을 배우는 사람이다. 보살은 모든 것을 이해하기 위해서 집착하지 않는다. 그리하여 위없이 완전한 깨달음을 얻는 것이다. 『대품반야경』 구의품 제12에는 수보리와 부처님의 대화 중 보살의 의미에 관한 다음과 같은 대화가 있다.

수보리가 부처님께 사루어 말씀드렸다.

"세존이시여, 보살이란 말은 무슨 의미(句義)입니까?"

부처님께서 수보리에게 이르셨다.

"말의 의미가 없는 이것이 보살이란 말의 의미이다. 왜냐하면 아뇩다라삼먁삼보리에는 의미가 있을 곳이 없고 또한 나(我)라는 것도 없기 때문이다. 이러한 까닭에 말의 의미가 없는 이것을 보살이란 말의 의미라 한다. 수보리야, 비유컨대 새가 허공을 날되 발자취가 없는 것처럼 보살이란 말의 의미가 있을 수 없음도 이와 같다. 수보리야, 꿈속에서 장소를 보되 처소가 없는 것처럼 보살이란 말의 의미가 있을 수 없음도 이와 같다. 수보리야, 비유컨대 환상에 실재의 뜻이 없는 것처럼 아지랑이 같고, 메아리 같고, 그림자 같고, 부처님의 변화한 모습 같은 것에 실재의 뜻이 없듯이 보살이란 말의 의미가 있을 수 없음도 이와 같다."

이렇게 보살은 깨달음에 헌신하면서 또한 거기에 집착하지 않는다. 이것은 마치 허공과 씨름하여 이기는 격이어서 여기에는 불굴의 용기가 요구된다. 그래서 보살의 관념은 한편으로 용맹심을 가진 영웅의 이미지와 결합되어 있다. 『팔천송반야경(八千頌般若經)』은 자주 보살을 '위대한 갑주로 몸을 단단히 하고 있다'고 형용하고 있다. 가령 환술사가 마법에 의해서 대 군중을 만들어 내고, 그리고 나서 그 대 군중을 없애 버린다. 그 때에 누구에 의해서 누가 해침을 받는다든가 죽음을 당하는 것은 아니다.

이처럼 보살은 무수한 중생을 열반에 인도하지만, 실은 열반에 들어간 사람도 열반으로 인도한 어떠한 사람도 존재하지 않는다. 만약 그 보살이 이러한 가르침을 듣고서 두려워하지 않는다면 그것이 바로 위대한 갑주로 몸을 단단히 하고 있는 것이다. 모든 것이 실재하지 않는다고 하는 진리에 공포를 갖지 않고서 모든 중생을 열반에 인도하는 것에 헌신하는 보살이야말로 위대한 갑주로 몸을 단단히 한 영웅이라는 것이다.

(2) 마하살의 어의

앞의 수보리와 부처님의 보살이라는 어의에 관한 문답에 이어서 금강품 제13에서는 마하살(摩訶薩)의 어의에 관한 문답이 계속된다.

> 수보리가 부처님께 사루어 말씀드렸다.
> "세존이시여, 무슨 까닭으로 이름을 마하살(摩訶薩)이라 합니까?"
> 부처님께서 수보리에게 이르셨다.
> "이 보살은 반드시 열반에 드는(必定) 무리 중에서 우두머리가 되니, 이 까닭에 마하살이라 한다."
> 수보리가 부처님께 사루어 말씀드렸다.
> "세존이시여, 무엇을 반드시 열반에 드는 무리라 하며, 이 보살마하살이 왜 우두머리가 됩니까?"
> 부처님께서 수보리에게 이르셨다.
> "수행에 들어갈 수 있는 경지의 사람(性地人)·여덟 가지 인(忍)을 얻은 사람(八人)·수다원·사다함·아나함·아라한·벽지불·처음 마음을 낸 보살(初發心菩薩) 내지 보살의 물러나지 않는 경지(不退轉地)까지의 보살이다. 수보리야, 이들을 반드시 열반에 드는 무리라 하고, 보살이 우두머리이다. 보살마하살은 이들 가운데서 큰 마음(大心)을 내니 무너지지 않는 것이 금강(金剛)과 같고, 반드시 열반에 드는 무리들을 위해서 우두머리가 된다."

경에서는 마하살(mahāsattva)을 반드시 열반에 드는 무리 중에서 우두머리가 되는 사람이라 말하고, 그 이유로 그가 가진 큰 마음을 들고 있다. 즉 경에서는 마하삿트바의 삿트바, 넓게는 보디삿트바의 삿트바를 '심(心)'의 의미로 해석하면서 마하살을 '큰 마음을 가진 최고의 인물'로 규정하고 있다.

이러한 반야경의 규정에 대하여 주석서인 『대지도론』 권 제3에서는 더욱 명확한 정의를 다음과 같이 논하고 있다.

> 마하란 '크다'는 뜻이고, 살타(薩埵)란 '중생' 혹은 '용심(勇心)'의 의미이다. 이 사람은 위대한 일을 할 수가 있는데, 그 마음은 결코 물러서거나 포기하지 않는다. 이 사람은 그러한 큰 용심을 가지고 있기 때문에 마하살이라고 부른다. 또한 많은 중생에 대해서 대자대비를 일으키고 대승의 가르침을 성립시키며, 위대한 길을 전진하고 더우기 광대한 지위에 서는 까닭에 마하살이라 부른다. 또한 위대한 사람의 특징을 갖추고 있는 까닭에 마하살이라 부른다. 마하살의 특징이란 부처님을 찬탄하는 게송에 이렇게 설하고 있다.
> '다만 부처님 한 분만이 탁월하여 첫번째다. 삼계 모든 중생의 부모이고 일체를 아시는 분이다. 모든 중생 가운데 그와 같은 이는 없다. 비교할 자가 없는 세존에게 예배한다.
> 범인은 자신의 이익을 위해서 자선을 행하고 과보를 바라서 재산을 베푼다. 부처님의 위대한 자비에는 이러한 것이 없다. 원수나 친한 이, 미운 사람이나 고운 사람을 돌아보지 않고 동일하게 이익을 준다.'
> 또한 이 사람은 반드시 진리의 가르침을 설하여 모든 중생 및 자신의 잘못된 견해, 큰 욕망, 큰 만심, 큰 자기의식 등의 번뇌를 부수기 때문에 마하살이라 부른다.
> 다음으로 중생은 대해(大海)가 그 처음도 없고 중간도 없고 끝도 없어서 총명한 수학자가 무수한 세월에 걸쳐서 계산해도 구극에 도달할 수 없는 것과 같다. 부처님께서 무진의보살에게 말하는 것과 같다.
> "가령 온갖 시방세계로부터 허공의 변재에 도달하기까지를 합하여 일단의 물을 만들고, 무량무수의 중생에게 한 개의 머리털을 가지고 한 방울의 물을 취하게 한다. 나아가 또한 무량무수의 중생에게 앞에

처럼 한 개의 머리털을 가지고 한 방울의 물을 취하게 한다. 이렇게 하여 그 큰 물이 전부 없어져 남지 않는다 해도 중생은 다하지 않는다."

이런 이유에서 중생은 양이 없고 수가 없으며 생각할 수도 없다. 그렇지만 보살은 그 중생을 전부 구제하여 고뇌를 여의게 하고, 제약이 없는 절대의 편암함에 들게 한다. 이러한 큰 마음을 가지고 중생을 구하려고 생각하기 때문에 이러한 사람을 마하살이라 한다.

2) 대승보살

이미 말한 것처럼 보살과 성문·연각을 본질적으로 구분하는 것이 무엇인가 하면, 보살은 일체중생의 정신적 안녕과 물질적 행복에 관심을 갖는 데 대하여 성문·연각은 자기 자신의 깨달음 혹은 해탈에 만족해 있는 것이다. 성문·연각은 산란함이 없이 자기의 사색을 계속해 나갈 뿐, 고통 중에 있는 다른 중생을 구제하기 위해서 사원의 밖으로 나가는 일이 없다. 이 영적 자아주의는 보살의 자기희생적 충동과 큰 대조를 보이고 있다. 보살은 필요한 경우에는 언제라도 그의 최고 지위로부터 내려와서 깨달음이 없고 번뇌에 차 있으며, 업보에 묶여 있는 다른 중생들 속에 들어가서 그들과 함께 생활하며, 무엇인가의 방법으로써 그들을 이익되게 하는 기회를 얻으려고 하는 것이다.

이러한 까닭에 보살은 고행자·은둔자·승단에 속해 있는 자로서의 생활을 버리고, 세간에 있고 세간과 함께 머물며 세간의 고통을 받으면서 일체세간을 구극의 깨달음에 이르게 하려는 것이다. 따라서 대승의 보살에게는 출가와 재가, 신분의 높고 낮음, 남녀노소의 구별이 있을 수 없다. 그래서 『대품반야경』 봉발품 제2에서는 다음과 같이 설시하고 있다.

사리불이 부처님께 사루어 말씀드렸다.

"세존이시여, 보살마하살에게는 반드시 부모·처자·친족·좋은 벗이 있습니까?"

부처님께서 사리불에게 말씀하셨다.

"어떤 보살에게는 부모·처자·친족·좋은 벗이 있지만, 어떤 보살은 처음 마음을 세울 때부터 음욕을 끊고 동진(童眞)의 행을 닦으며 내지 아뇩다라삼먁삼보리를 얻고 육체적 욕망을 범하지 않는다. 그리고 어떤 보살은 방편의 힘으로 다섯 가지 욕락을 받아들인 후에 출가해서 아뇩다라삼먁삼보리를 얻는다. 마치 요술쟁이나 그 제자가 교묘한 요술법을 알아 다섯 가지 욕망을 요술로써 만들어 놓고 그 가운데서 서로 즐기는 것과 같다. 너는 어떻게 생각하느냐, 이 사람이 그 다섯 가지 욕망을 진실로 받아들였느냐 그렇지 않느냐?"

사리불이 부처님께 말씀드렸다.

"아닙니다, 세존이시여."

부처님께서 사리불에게 말씀하셨다.

"보살마하살이 방편의 힘으로 다섯 가지 욕락을 만들어 놓고, 그 가운데서 즐거움을 누리며 중생의 염원을 이루어 주게 하는 것도 이와 같다. 이 보살마하살은 욕락에 물듦이 없이 갖가지 방법으로 다섯 가지 욕망을 좋은 것이 아니라고 꾸짖는다. 욕락을 사나운 불꽃이라 여기고, 욕락을 더러운 것이라 여기며, 욕락을 망치는 것이라고 여기고, 욕락을 원수같이 여긴다. 사리불아, 이러한 이유에서 보살은 중생을 위해서 다섯 가지 욕락을 받아들인다고 알아야 한다."

이렇게 대승의 보살에게는 부모와 처자가 있는 재가보살과 출가하여 수행하는 출가보살의 두 종류가 있지만, 이들이 지향하는 바는 동일하다. 보살이 그 마음을 움직이고 위없는 깨달음에 이르는 동기는 스스로를 위해서가 아니고 일체중생을 위해서이며, 보살은 일체중생을 무명(無明)

과 업(業)의 속박으로부터 벗어나게 하고, 마침내 그들을 대열반에 안립(安立)시키려고 하는 것이다. 이것은 대단히 어려운 일이다. 생사의 세계에 머물고 있는 보살에게는 특히 그러하다. 그렇기 때문에 경에서는 그 정진을 늦추지 말고 두려워하지 말라고 강조하는 것이다.

이상에서 우리들은 대승보살의 모습을 두 가지 관점에서 파악할 수 있다. 먼저 대승의 보살이란 자기 자신의 완성과 정각을 위하여 세간에서 도망하기를 원하는 은둔적·소극적 존재가 아니라 가장 적극적인 세계의 구제자라는 것이다. 보살은 적극적으로 세간에 작용하고 세간과 접촉하여 원하는 결과를 성취하는 것이다.

『대품반야경』 지식품 제52에서는 다음과 같이 설시하고 있다.

> 수보리가 부처님께 사루어 말씀드렸다.
> "세존이시여, 많은 보살마하살은 능히 어려운 일을 하니, 온갖 성품이 공한 것 가운데서 아뇩다라삼먁삼보리를 구하여 아뇩다라삼먁삼보리를 얻고자 합니다."
> 부처님께서 말씀하셨다.
> "그렇다. 정말 그러하다 수보리야, 보살마하살은 능히 어려운 일을 하니, 온갖 성품이 공한 것 가운데서 아뇩다라삼먁삼보리를 구하여 아뇩다라삼먁삼보리를 얻고자 한다.
> 수보리야, 많은 보살마하살은 세간을 평안하게 하기 위하여 아뇩다라삼먁삼보리의 마음을 일으킨다. 세간을 즐겁게 하기 위하여, 세간을 구제하기 위하여, 세간의 돌아갈 곳이 되기 위하여, 세간의 의지처가 되기 위하여, 세간의 섬(洲)이 되기 위하여, 훌륭한 인도자(將導)가 되기 위하여, 세간의 가장 높은 진리(究竟道)가 되기 위하여, 세간의 나아갈 곳이 되기 위하여 아뇩다라삼먁삼보리의 마음을 일으킨다.
> 수보리야, 무엇을 보살마하살은 세간을 평안하게 하기 위하여 아뇩다라삼먁삼보리의 마음을 일으킨다고 하는가? 수보리야, 보살마하살은

아뇩다라삼먁삼보리를 얻을 때에 여섯 갈래 윤회의 길(六道)에 있는 중생들을 건져 내어 두려움이 없는 언덕인 열반의 장소에 머물게 한다. 수보리야, 이것을 보살마하살은 세간을 평안하게 하기 위하여 아뇩다라삼먁삼보리의 마음을 일으킨다고 한다."

보살의 서원은 세간을 이익케 하는 것이고 세간에 해복을 주는 것이며, 세간에 대해서 연민의 마음을 자기의 내면에서 일으키는 것이다. 이 까닭에 보살이 자기의 내면에 무상정각을 증득할 때, 일체세간을 즐겁게 하고 구제하며, 세간의 돌아갈 곳이 되고 의지처가 되며, 마침내 세간의 나아갈 곳이 되는 사람이 되겠다고 서원하는 것이다.

다음으로 보살이 원하는 것은 일체중생에 대해서 평등의 마음을 일으키고 분별의 마음을 일으키지 않으며, 대비의 마음·이익의 마음·선우(善友)의 마음을 안고 남을 해치는 마음을 갖지 않는 것이다. 『대품반야경』 대여품 제54에서는 이렇게 설시하고 있다.

> 수보리가 부처님께 사루어 말씀드렸다.
> "세존이시여, 만약 보살마하살이 아뇩다라삼먁삼보리를 성취하고자 하면, 마땅히 어떻게 수행해야 합니까?"
> 부처님께서 말씀하셨다.
> "마땅히 평등한 마음(等心)을 일으켜야 하니, 일체 중생들에 대하여 또한 평등한 마음으로써 함께 말하고 편파적인 모임(偏黨)을 갖지 않아야 한다. 일체 중생들 속에서 크게 인자한 마음(大慈心)을 일으키고, 또한 크게 인자한 마음으로 함께 말해야 한다. 일체 중생들 속에서 겸손한 마음(下意)을 가지고, 또한 겸손한 마음으로써 함께 말해야 한다. 일체 중생들 속에서 마땅히 편안함을 주는 마음(安隱心)을 내어야 하고, 또한 편안함을 주는 마음으로써 함께 말해야 한다. 일체 중생들 속에서 마땅히 걸림이 없는 마음(無碍心)을 내어야 하고, 또한 걸림이 없

는 마음으로써 함께 말해야 한다. 일체 중생들 속에서 마땅히 번뇌가 없는 마음(無惱心)을 내어야 하고, 또한 번뇌가 없는 마음으로써 함께 말해야 한다. 일체 중생들 속에서 마땅히 사랑하고 존경하는 마음(愛敬心)을 내어야 하니, 아버지처럼·어머니처럼·형처럼·동생처럼·자매처럼·아들처럼·친족처럼·선지식처럼 여기고, 또한 사랑하고 존경하는 마음으로써 함께 말해야 한다."

일체중생에 대하여 대자대비의 마음과 사랑하고 존경하는 마음을 갖는 것은 대승경전에 있어서 우리가 누누이 보아 온 것인데, 이와 같은 생각으로 중생들을 보는 것이 보살의 마음으로 원하는 유일한 서원이다. 그래서 보살은 일체중생을 자기의 부모나 형제로 보는 것이다.

3. 선남자·선여인

1) 선남자·선여인의 명칭

반야바라밀을 신수하여 수행하는 사람이 보살과 선남자·선여인이라 불리는 두 부류의 수행자라는 것을 앞에서 언급했다. 그리고 이들 가운데 대승불교의 담당자인 보살은 출가보살과 재가보살의 두 가지 신분이 있다는 것도 지적했다. 그러나 우리들이 대승경전을 주의하여 읽어 보면 알 수 있듯이 대승경전에서는 '선남자·선여인'이라는 말이 '보살'이라는 말과는 또 다른 의미를 갖고 중요한 역할을 하고 있는 것을 발견하게 된다. 위에서 살펴본 것처럼 반야바라밀의 수지·독송 등의 일상적인 수행을 하는 사람을 선남자·선여인이라 부르고 있는데, 이들의 실체는 무엇인가.

　이 점에 있어서 먼저 문제가 되는 것은 선남자·선여인이라는 명칭의 의미이다. 즉 선남자(善男子)라는 말의 산스크리트 어인 쿠라푸트라(Kulaputra)의 의미는 '훌륭한 집안의 남자·고귀하고 유덕(有德)한 청년'이지만, 과연 선남자·선여인이 명칭대로 상류계급의 사람들만을 가리키고 있는지, 아니면 하류계급의 천한 사람들이라도 반야바라밀에 입신(入信)하면 모두 이에 포함되는지 문제가 된다.

　그러나 반야경을 비롯한 다른 대승경전의 용례(用例)에서 이 점은 분명하게 밝혀져 있지 않다. 다만 율장(律藏)에 나타나 있는 부처님의 전기 등에 의하면 부처님께서는 성도 후 세 가섭을 교화하여 제자로 삼고 이어서 사리불·목건련을 제자로 삼았으며, 마갈타국의 왕인 빔비사라(Bimbisara)도 귀의하여 신자가 되었기 때문에 부처님의 명성은 순식간에 퍼졌다고 한다. 마갈타국의 쿠라푸트라들이 다투어 출가해서 부처님의 제자가 되었던 것을 이렇게 기술하고 있다.

　　　그 때 마갈국(摩竭國)의 모든 저명한 족성(族姓)의 아들 등이 세존에게 귀의하여 청정행(梵行)을 닦았다. 사람들은 웅성대며 분개하고 비난하기를, '사문(沙門) 고오타마가 와서 아들을 빼앗고, 사문 고오타마가 와서 남편을 빼앗으며, 사문 고오타마가 와서 족성을 단절시킨다.'
　　　　　　　　　　　　　　　　『비나야(Vinaya). 1. Mahāvagga』

　이 경우에는 마가타국의 좋은 집안 자제들이 많이 출가한 것을 보이고 있다고 해도 좋을 것 같다. 이 경우에는 실제로 좋은 가문의 자제들뿐이었는지 모르지만, 그 후의 경우를 보면 불교에 출가한 청년들이 언제나 훌륭한 집안의 자제, 즉 선남자·선여인뿐이었을 리는 없다. 실제로는 노예계급의 출신자도 있었다. 예를 들어 부처님의 십대제자(十大弟子)

중 지계제일(持戒第一)이라 일컬어지는 우바리(優波離) 존자가 이발사 출신이었다는 것은 유명한 이야기이다.

이렇게 보면 출가한 사람들이 처음에는 실제로 훌륭한 집안의 자제들, 다시 말하면 글자 그대로 선남자뿐이었는지 모르지만, 후세에는 부처님께서 이 세상에 계셨던 것을 이상화해서 불교에 출가한 청년은 좋은 집안 출신자뿐이었다고 생각하는 것이 일반화되고, 그 때문에 출가자를 전부 선남자라고 부르게 되었다고 생각할 수 있다. 예컨대『숫타니파아타(Suttanipata)』에서는 깨달음을 얻은 비구를 다음과 같이,

> 모든 선남자가 집을 버리고 출가한 목적인 무상범행(無上梵行)이 최후의 목표라고 하면 현법(現法)에서 자신을 확실히 알고 그것을 지어서 증득하며 구족해서 머무는 것이다.　　　　　　　　　569게

라고 하여 출가하기 전의 신분을 선남자라고 부르고 있다. 이러한 입장은 아함경에서도 정형(定型)으로 나타나 있다. 가령『잡아함경』권2에는 다음과 같은 표현이 있다.

> 신심 있는 선남자는 비록 바른 믿음으로 가정이 없는 신분(非家)에 출가하여 스스로 염(念)하기를, '나는 마땅히 법에 수순(隨順)하리라. 물질적 존재(色)라는 것은 더러움뿐이라고 닦아서 머물고, 감각·표상·의지·인식이라는 것은 더러움뿐이라고 닦아서 머물러야 한다.'라고.

여기에서도 비구를 그대로 선남자라고 부르는 것이 아니고, 비구가 된 사람의 재가시절을 칭해서 선남자라고 부르고 있다. 즉 불교에 출가하는 사람을 선남자로 부르는 것이 정형으로 되어 있다.

2) 선남자·선여인의 성격

다음으로 문제가 되는 것은 만약 원시불교 내지 부파불교에서 출가한 모든 청년들을 선남자라고 불렀다고 하면, 혹은 반야경에서 반야바라밀을 수지·독송하는 일상적인 수행자를 선남자·선여인이라고 부르고 있다고 하면, 선남자·선여인이 재가의 사람들에 한해서 사용한 명칭인가, 그렇지 않으면 출가자까지를 포함해서 사용한 명칭인가 하는 것이다.

『대품반야경』에서 선남자·선여인이라는 호칭의 인물이 최초로 등장하는 곳은 삼탄품 제30이다. 경에서는 이 때의 모습을 이렇게 기술하고 있다.

> 그 때 화합된 네 부류의 대중인 비구(比丘)·비구니(比丘尼)·남자신도(優婆塞)·여자신도(優婆夷) 및 모든 보살마하살, 그리고 사천왕천(四天王天) 내지 색구경천(色究竟天)의 모든 하늘이 전부 자리에 앉아 있는 것을 죽 둘러보신 부처님께서 석제환인에게 말씀하셨다.
>
> "교시가야, 혹시 보살마하살 혹은 비구·비구니 혹은 남자신도·여자신도 혹은 모든 천자(天子)나 천녀(天女)가 이 반야바라밀을 만약 듣고 받아 지니며(受持), 가까이하고(親近) 독송(讀誦)하며, 다른 사람을 위하여 설해 주고 바르게 사유하여(正憶念) 일체지(一切智)의 마음을 여의지 않으면, 여러 천자들아, 이 사람은 마(魔)나 마의 백성(魔民)이 해로움을 끼치려고 해도 그 기회를 얻을 수가 없다. 왜냐하면 이 선남자(善男子)·선여인(善女人)은 분명히 물질적 존재가 공(空)함을 알고 있기 때문이니, 모든 것이 공(空)함은 모든 것이 공한 기회를 얻을 수가 없고, 어떤 특징도 없음(無相)은 어떤 특징도 없는 기회를 얻을 수가 없으며, 원할 것이 없음(無作)은 원할 것이 없는 기회를 얻을 수가 없는 것이다. 분명히 감각·표상·의지·인식이 공함을 알고 있기 때문이니, 모든 것이 공함은 모든 것이 공한 기회를 얻을 수가 없고, 내지 원할

것이 없음은 원할 것이 없는 기회를 얻을 수가 없는 것이다."

회중(會中)에 모인 인물들은 보살마하살을 비롯하여 출가수행자인 비구·비구니와 재가의 남녀신도 및 여러 하늘들이다. 그리고 부처님께서는 이들에게 반야바라밀을 받아 지니고 가까이하며 독송하는 데 따른 이익을 말씀하신다. 그런데 부처님께서는 이 모든 인물들이 얻는 이익을 설하시면서, 이들을 통틀어 '선남자·선여인'이라 부르고 있다.

여기에서는 소승의 출가수행자와 재가신도는 말할 것도 없고, 대승의 담당자인 보살까지도 선남자·선여인으로 그 호칭이 바뀐다. 즉 회중에 있는 모든 사람이 반야바라밀에 마음을 내면 선남자·선여인이 되는 것이다. 그렇다면 반야바라밀의 지지자로 지칭되는 보살과 선남자·선여인은 성격적으로 어떤 차별이 있는가. 이 물음과 관련하여 『대지도론』 권 제56에서는 다음과 같이 말하고 있다.

> 묻기를, "다른 곳에서는 전부 보살마하살이라고 말하는데, 무엇 때문에 이제는 선남자·선여인이라고 말하는가?"
>
> 대답하기를, "앞에서 보살마하살이라고 한 것은 받아들이기 어려운 실상의 지혜를 능히 받아들이기 때문에 그렇게 부른 것이다. 그러나 이제는 공양·수지·독송 등의 잡설(雜說)을 설하는 까닭에 선남자·선여인이라 부르는 것이다. 다음으로 경전 중에, '여인에게 다섯 가지 장애(五碍)가 있다. 석제환인(釋提桓因)·범왕(梵王)·마왕(魔王)·전륜성왕(轉輪聖王)·불(佛)이 될 수 없다'고 설하고 있다. 이 다섯 가지 장애 때문에 부처님이 될 수 없다는 것을 듣고서 여인은 마음이 퇴전하여 능히 뜻을 내지 못한다. 혹 어떤 설법자는 여인을 위해서 불도를 설하지 않는다. 그러므로 부처님께서는 이 사이에 설하시기를, '선남자·선여인이여, 여인도 부처님이 될 수가 있다. 그러나 여자의 몸을 바꾸지 않으면 안 된다'고."

『대지도론』에서 밝히고 있는 선남자・선여인의 호칭에는 두 가지의 관점이 있다. 첫째는 보살과 선남자・선여인의 수행상의 차별이다. 말할 것도 없이 출가와 재가에 관계없이 대승불교를 담당하는 인물은 보살이다. 그러나 보살의 수행생활에는 차별이 없을 수 없다. 어려운 실상의 지혜를 능히 받아들이는 보살이 있는가 하면, 아직은 그러한 수준에는 도달하지 못한 보살도 있을 수 있다. 이제 이들을 위하여 반야바라밀의 공양・수지・독송 등을 통한 수행을 권한다. 이러한 인물들이 바로 선남자・선여인이다.

다음으로 선남자 외에 선여인을 내세우고 있는 점이다. 전통적으로 불교교단은 남성 우위의 입장에 서 있었는데, 이러한 관념은 여인에게는 다섯 가지 장애가 있어서 여자의 몸을 바꾸지 않고는 성불할 수 없다는 소승불교 이래 전승되어 온 사상이다. 따라서 같은 수행자이면서 비구니나 여성신도는 등한시되었고, '보살'이라고 부를 때도 출가・재가를 막론하고 남성의 수행자를 연상하는 경향이 농후했다.

원래 보살이란 말은 석가모니 부처님의 전생, 나아가서는 금생에 이 사바세계에 몸을 나투어 성불을 보이시기 전까지를 지칭하는 말에서 비롯된 것이기 때문에 일반적으로 남성을 가리키는 것이고, 이 까닭에 보살(bodhisattva)이라고 하는 어휘는 남성형(男性形)이며 여성형(女性形)은 나타나지 않는다. 이렇게 '보살'이라는 용어는 여성을 포함하지 않는 데 비해서 선남자・선여인의 용어는 남성형 외에 여성형을 지니고 있다. 이와 같은 점에서 보살이라는 관념은 남성이라고 하는 이미지가 풍기고, 이 말을 사용하는 것은 현실적으로 여성인 신도들에게 어울리지 않게 된다. 따라서 지금까지의 이러한 사고방식을 불식시키기 위해서, 즉 반야바라밀의 수행에 있어서 남성과 여성이 평등함을 밝히기 위해서 등장한 호칭이 곧 선남자・선여인이라는 것이다.

그러나 반야경에 등장하는 선남자・선여인은 단순한 재가의 신도만은 아니다. 이미 지적한 것처럼 그들은 여성을 포함하는 보살들이다. 따라서 그들은 반야불교의 신봉자(信奉者)인 동시에 선설자(宣說者)이다.『대품반야경』무작품 제43에서는 이렇게 설시하고 있다.

> 세존이시여, 만약 선남자·선여인이 이 반야바라밀을 받아 지니며, 가까이하고 바르게 사유하면 내내 눈이 병들지 않고, 귀·코·혀·신체도 또한 내내 병들지 않습니다. 몸을 다쳐 불구가 되지 않고, 쇠약하게 늙지도 않으며, 결코 횡사(橫死)를 당하지 않습니다. 무수한 백천만이나 되는 많은 하늘인 사천왕천 내지 정거천들이 따라다니면서 듣고 받아들입니다.
> 육재일(六齋日)인 매월의 8일·23일·14일·29일·15일·30일에는 많은 하늘이 같이 모여서 법사(法師)가 된 선남자·선여인이 자리에서 반야바라밀을 설하는 곳에 전부가 찾아옵니다.
> 이 선남자·선여인은 대중 가운데서 이 반야바라밀을 설하고, 한량없고 가없으며 헤아릴 수조차 없는, 생각할 수도 없고 측량할 수도 없는 복덕을 얻는 것입니다.

경에서는 법사(法師 : dharmabhāṇaka)가 된 선남자·선여인이 반야바라밀을 설하고, 이 인연으로 한량없는 복덕을 얻는다고 기술하고 있다. 이러한 표현은 비단 반야경에 한정된 것이 아니고,『법화경』법사품에서도 '선남자·선여인은 여래의 방에 들어가 여래의 옷을 입고 여래의 자리에 앉아서 마땅히 사중(四衆)을 위하여 이 경전을 널리 설해야 한다'고 기술하고 있다.

선남자·선여인이 법사가 되어 법을 설한다는 것은 그들이 교단의 주체임을 의미한다고 할 것이다. 출가와 재가, 남녀의 구별이 없이 반야바라밀을 신앙하는 사람들이 곧 선남자·선여인이라고 해도 좋을 것이다.

제4장 반야바라밀의 신앙

1. 선남자·선여인의 반야바라밀 신앙

1) 반야바라밀의 신앙형태

 우리들은 앞의 제3장을 통해서 반야바라밀을 신수(信受)하는 인물로 보살과 선남자·선여인의 두 부류가 있음을 살펴보았다. 그리고 같은 반야불교의 지지자이긴 하지만 보살마하살의 경우에는 반야바라밀이 갖는 높고 심원한 진리 그 자체의 지혜를 증득하기 위하여 피나는 수행을 실천해 나가는 수행자이고, 선남자·선여인의 경우에는 일상적이고 쉬운 수행의 실천자임을 보아 왔다.
 그런데 주지하는 바와 같이 반야경이 무자성공(無自性空)을 내용으로 하는 반야바라밀을 중심축으로 해서 전개되는 보살의 실천을 설하고 있는 것은 말할 필요도 없지만, 한편으로는 반야바라밀을 향한 신앙과 경전수지(經典受持)의 신앙을 설하고 있다. 여기서 전제되어야 할 것은 보살의 반야바라밀 실천과 선남자·선여인이 반야바라밀을 공양하는 등의 신앙은 엄밀한 의미에서 서로 다른 종교형태라는 것이다. 즉 보살이 행하는 반야바라밀의 실천이라는 종교형태와 반야바라밀의 공양이나 경전수지의 신앙형태는 서로 양립될 수 없는 사상을 갖고 있다는 사실이다. 이 두 가지 종교형태 가운데 보살의 반야바라밀 실천에 관해서는 제2편의 반야론(般若論)에서 논하기로 하고, 여기서는 먼저 선남자·선여인의 반야바라밀 신앙에 관해서 고찰해 보고자 한다.

　반야경을 눈여겨 살펴보면 하나의 기이한 현상을 발견하게 된다. 위에서 말한 것처럼 대다수의 사람들 — 불교학자까지도 포함해서 — 은, 반야경은 공사상을 천명한 경전으로만 알고 있지만, 경전의 구성을 보면 결코 그렇지도 않다. 예를 들어 지금 필자가 주교재로 의거하고 있는『대품반야경』은 총 27권 90품으로 되어 있는 반야경전이다. 이 경전의 90품 가운데 삼탄품 제30에서 비유품 제51까지는 보살의 반야바라밀 실천보다 오히려 선남자·선여인의 반야바라밀 공양이나 경전수지가 주로 언급되어 있다. 바꾸어 말하면 반야경에서는 반야바라밀 신앙이나 경전수지의 신앙이 부수적으로 설해져 있는 것이 아니라 오히려 경전의 중심부분이 되어 있다는 것이다.

　물론 경전수지의 신앙은『법화경』을 비롯한 대승경전의 공통된 것이기 때문에 반드시 반야경만의 사상은 아니다. 또한 타력적(他力的) '신앙의 불교'라고 하면 그 대표적인 사상으로 지목되는 것이 아미타불과 관련한 교리라고 할 수 있는데, 이것에 대해서도『대지도론』에는 반야경에 보이는 정토세계와 관련한 주석(註釋)에서 아미타불을 낮게 평가하는 설명이 있다. 즉『대품반야경』서품 제1에는, 보적(寶積)여래로부터 석가모니불에게 공양된 금색연화(金色蓮華)를 석가모니 부처님께서 육방(六方)에 흩어서 모든 불국토를 보배로 충만케 하셨다는 것을 말하는 부분이 있는데, 그 때 그 아름다움이 '화적세계(花積世界)와 같았다'라고 말하고 있다. 이 부분과 관련하여『대지도론』권 제10은 다음과 같이 주석을 가하고 있다.

　　묻기를, 시방에는 수많은 청정세계가 있는데, 그것은 모두가 아미타불의 안락(安樂)세계와 같습니다. 그런데도 불구하고 무엇 때문에 단지 보화(普華)세계만을 들어서 비유하는가?

　대답하기를, 아미타불의 세계는 화적세계에 미치지 못한다. 왜냐하면 법적(法積)비구는 부처님께서 중생을 인도하기 위하여 시방에 나아가시어 청정한 세계를 보이신다고 하지만, 공덕력이 얕아서 최고로 묘한 청정세계는 볼 수가 없다. 이 때문에 아미타불의 세계는 미치지 못한다고 한 것이다. 또한 부처님께서 이 세계를 변화시킴이 바로 화적세계와 닮았기 때문에 예를 들어 화적세계와 같다고 말한다.

아미타불의 극락세계를 화적세계보다 못한 것으로 평가하고 있는 위의 문장은, 말할 필요도 없이 아미타불을 근본으로 하는 교리를 얕게 보고 있는 점을 보인 것이라고 할 수 있다. 여기서 우리들은 반야바라밀 신앙이 불교전체를 통하여 대표적인 신앙불교라고 일컬어지는 아미타불 신앙과는 양립될 수 없는 입장을 가지고 있는 것을 엿볼 수 있다.

이렇게 반야바라밀 신앙이 반야경에 있어서는 중심부분이고, 또한 경전의 수지·독송이라고 하는 대승경전의 보편적인 신앙형태가 반야바라밀의 수지·독송이라는 신앙에 의해서 시작되었음에도 불구하고 신앙불교로 대표되는 아미타불의 정토신앙과 다르다는 사실은 반야경에서 내세우는 신앙형태가 여하튼 어떤 다른 특징을 갖고 있다고 할 수 있다. 이러한 대 전제 아래서 우선 『대품반야경』 가운데서도 신앙적인 측면이 가장 강하게 설시되어 있는 대명품 제32를 통해서 그 특징을 살펴보자.

(1) 만약 어떤 선남자·선여인이 이 깊은 반야바라밀을 듣고서 받아 지니며, 가까이하여 독송하고, 바르게 사유하여 일체지(薩婆若)의 마음을 여의지 않으면, 두 군대가 싸우고 있을 때에 이 선남자·선여인은 반야바라밀을 외우는 한 전투에 휩쓸리게 되어도 결코 목숨을 잃는 일이 없고, 칼이나 화살에 다치지도 않는다.

(2) 반야바라밀을 단지 서사(書寫)해 책으로 만들어 집에서 공양만 하고 기억도 하지 않고 읽지도 않으며, 외우지도 않고 설하지도 않으며 바르게 사유하지 않는다 하더라도, 이 곳에서는 사람이나 혹은 사람이 아닌 것(非人)이 해로움을 끼치려고 해도 그 기회를 얻을 수 없다. 왜냐하면 이 반야바라밀은 삼천대천세계 가운데의 모든 사왕천(四王天)의 하늘들 내지 색구경천(色究竟天)의 모든 천자(天子)들 및 시방(十方)의 한량없고 헤아릴 수조차 없는 세계 가운데의 모든 사왕천의 하늘들 내지 색구경천의 모든 천자들이 수호하기 때문이며, 이 반야바라밀이 안치되어 있는 곳에는 모든 하늘(諸天)이 찾아와서 공양·공경·존중·찬탄·예배하고 돌아가기 때문이다. 이 선남자·선여인은 반야바라밀을 단지 서사해 책으로 만들어 집에서 공양만 하고 기억도 하지 않고 읽지도 않으며, 외우지도 않고 설하지도 않으며 바르게 사유하지 않는다 하더라도, 현세에 이와 같은 공덕을 얻게 된다.

(3) 부처님께서 석제환인(釋提桓因)에게 이르셨다.

"교시가야, 만약 어떤 선남자·선여인이 부처님이 반열반하신 후, 부처님을 공양하기 위해서 일곱 가지 보석으로 된 탑을 세우되, 높이가 일유순(一由旬)이라고 하자. 그리고 하늘 향·하늘 꽃·하늘 장신구·하늘의 가루향·하늘 향수·하늘 옷·하늘 깃발·하늘 일산·하늘 음악을 가지고 공양·공경·존중·찬탄한다면 교시가야, 자네는 어떻게 생각하는가. 이 선남자·선여인은 이러한 인연에 의해서 복을 얻음이 많겠느냐 아니냐?"

석제환인이 부처님께 말씀드렸다.

"세존이시여, 그것은 대단히 많다고 생각합니다."

부처님께서 말씀하셨다.

"그렇지만 이 선남자·선여인이 이 반야바라밀을 듣고서, 서사하고 받아 지니며, 가까이하고 바르게 사유하여 일체지(薩婆若)의 마음을 여의지 않고, 또한 공경·존중·찬탄하며, 혹은 꽃이나 향·장신구·가

루 향·향수·깃발·일산·음악을 가지고 공양한다면 이 선남자·선여
인의 복덕이 훨씬 많은 것이다."

　첫번째 경문은 선남자·선여인이 반야바라밀을 받아 지녀서 외울 때에 일체의 재난을 면할 수 있다는 것이고, 두 번째 경문은 선남자·선여인이 반야바라밀을 기억도 하지 않고 읽지도 않으며 염송도 하지 않고 설하지도 않으며, 바르게 사유하지 않는다 하더라도 반야바라밀경을 책으로 만들어 집에서 공양함에 의해서 현세의 많은 이익을 얻는다는 것이다. 그리고 세 번째 경문은 이러한 반야바라밀의 수지·독송과 반야바라밀경전 공양이 부처님의 사리를 위해서 일곱 가지 보석으로 된 탑을 세워서 공양하는 것보다 훨씬 더 많은 복덕을 얻는다는 것이다.
　여기에서 우리들은 『대품반야경』이 설하는 신앙의 유형(類形)을 발견하게 된다. 먼저 반야경의 신앙은 선남자·선여인이 반야바라밀을 듣고서 수지·독송하고 공양한다는 것이 신앙내용으로 규정되어 있다. 그리고 그 기본적인 형태가 다음과 같이 두 가지로 제시된다.
　첫째는 반야바라밀을 잊지 않고 친근하며 독송하고 바르게 사유하여 부처님의 일체를 아는 지혜의 마음을 여의지 않는 것이며, 둘째는 반야바라밀경을 책으로 만들어 집에서 공양하는 것이다.
　이 두 가지 중 어느 한 가지라도 선남자·선여인이 행할 때 그 공덕으로 현세 이익을 얻는 것이다. 다시 말하면 반야경의 신앙사상은 법신불의 인격체인 불보살에게 귀의하여 그 명호를 부르는 것이 아니라, 법신불이 인격화된 반야바라밀에 귀의하여 반야바라밀을 부르고 공양하는 것이라고 경에서는 밝히고 있다.
　이렇게 반야바라밀의 신앙형태는 먼저 선남자·선여인이 반야바라밀을 듣고서 수지·독송하는 것이다. 여기서 반야바라밀의 수지·독송이라는 것은 어떠한 의미를 가지고 있는가. 이 점에 있어서 우선 문제가 되는

것은 수지·독송하는 선남자·선여인에 의해서 수지·독송되는 반야바라밀이라는 어휘의 실체에 관한 개념규정이다. 왜냐하면 이 경우의 반야바라밀을 '반야바라밀경'이라고 간주할 것인가, 아니면 단지 '반야바라밀'이라고만 볼 것인가 하는 문제가 제기되고, 따라서 이것을 명확히 하지 않으면 신앙행위에 혼란이 생길 수도 있기 때문이다. 먼저 수지·독송되는 반야바라밀이 경전에서는 어떻게 표현되어 있는가를 살펴보자.

앞에서 지적했듯이 반야경의 신앙적 측면을 가장 적극적으로 나타내고 있다고 여겨지는 『대품반야경』 대명품 제32의 아래 경문을 대표로 하여 다른 반야경의 해당 부분과 비교해 보면 다음과 같다.

『대품반야경』 대명품 제32에는,

> 만약 어떤 선남자·선여인이 이 깊은 **반야바라밀**을 듣고서 받아 지니며(受持), 가까이하여(親近) 독송하고(讀誦), 바르게 사유하여(正憶念) 일체지(薩婆若)의 마음을 여의지 않으면······.

이라고 설시(說示)하고 있다. 그리고 이 『대품반야경』의 산스크리트 본인 『이만오천송반야경』의 원문은 다음과 같다.

> yo kaścit Kauśika kulaputro vā kuladuhitā vā imām gambhīram prajñāpāramitām udgṛhṇan vā dhārayan vā vācayan vā paryavāpnuvan vā pravartayan vā svādhyāyan vā yoniśo manasikuvan

『대반야경』 초회에는,

> 만약 선남자·선여인 등이 능히 이와 같은 깊은 **반야바라밀다**를 지심으로 청문(聽聞)·수지·독송하고 ······.

『대반야경』 제2회에는,

　만약 선남자·선여인 등이 능히 이와 같은 **반야바라밀다 심심경전**(甚深經典)을 지심으로 청문·수지·독송하고 …….

『대반야경』 제3회에는,

　만약 선남자·선여인 등이 **반야바라밀다 심심경전**을 무소득(無所得)의 방편으로써 일체지지심(一切智智心)을 여의지 않고 지심으로 청문·수지·독송하고 …….

『대반야경』 제4회에는,

　만약 선남자·선여인 등이 능히 **반야바라밀다**를 지심으로 수지·독송하고 …….

『대반야경』 제5회에는,

　만약 선남자·선여인 등이 능히 **반야바라밀다**를 지심으로 청문·수지·독송하고 …….

『방광반야경』 수행품 제33에는,

　만약 어떤 선남자·선여인이 이 깊은 **반야바라밀**을 받아서 풍송(諷誦)·독지(讀持)·습행(習行)하고 지킴은 …….

『소품반야경』 탑품 제3에는,

　선남자·선여인이 **반야바라밀**을 수지·독송하고 …….

라고 설시하고 있다.

　위 예문의 고딕체 부분에서 알 수 있는 것처럼 수지·독송되는 것이 『대반야경』제2회 및 제3회에서는 '경전'인 것을 분명히 밝히고 있지만, 그 이외의 다른 곳에서는 경전이 아니고 '반야바라밀'로 되어 있다.

　무엇 때문에 『대반야경』제2회 및 제3회에서는 수지·독송되는 것이 경전으로 번역되어 있고, 그 외에는 경전이라는 표현이 없는지 지금으로서는 알 수가 없다. 다만 『이만오천송반야경』의 인용경문에서 알 수 있는 것처럼 산스크리트 본에서는 경전을 의미하는 산스크리트 어 수트라(sūtra)라는 말이 없다는 것과, 반야경에 한해서는 산스크리트 본이 경제(經題) 자체에서부터 푸라쥬냐파라미타(Prajñāpāramitā)라고만 표기한다는 것을 생각할 필요가 있다. 또한 『대반야경』 육백 권이 전부 현장(玄奘)에 의해서 번역되었음에도 불구하고 같은 해당 부분을 '반야바라밀다'와 '반야바라밀다 경전'이라는 두 가지의 말로 표현하고 있음에 주의할 필요가 있을 것 같다. 그리고 '반야바라밀을 수지·독송한다'고 할 때의 반야바라밀이 대부분의 경우 경전을 의미하고 있지 않음에 대해서 다음 제3항에서 밝힌 것처럼 '반야바라밀을 공양한다'라고 할 경우의 공양되는 대상이 반야바라밀의 의미보다는 반야바라밀 경전을 의미하고 있음을 고려해 보아야 할 것 같다.

　이러한 여러 가지 정황으로 미루어 볼 때, 수지·독송되는 대상으로 경전이라는 말이 없을 경우에는 반야바라밀 그 자체만을 가리키고, 경전이라는 말이 있을 경우에만 반야바라밀경을 지칭하는 것으로 이해해야 할 것 같다. 다시 말하면 수지·독송되는 반야바라밀은 경전이 아니라 불모(佛母)이고 지도원리이며 법신불(法身佛)인 반야바라밀이라고 간주하는 것이 적절할 것 같다.

2) 반야바라밀 염송

반야바라밀 신앙의 첫번째 형태가 반야바라밀을 잊지 않고 친근하며, 독송하고 바르게 사유하여 부처님의 일체를 아는 지혜의 마음을 여의지 않는 것이며, 이 때 수지·독송되는 것이 경전이라기보다는 오히려 반야바라밀이라고 하는 것을 앞에서 살펴보았다. 여기에서 다음으로 문제가 되는 것은 경전이 아닌 것을 어떻게 수지·독송하는가 하는 것이다. 다시 말하면 수지·독송, 특히 독송(讀誦)이라고 하는 말의 의미 및 구체적인 방법이 또다시 문제로 제기된다. 왜냐하면 반야경의 첫번째 신앙형태는 앞에서도 보았듯이 여러 반야경전에서 수지·독송을 비롯하여 여러 가지로 표현되고 있다. 따라서 이러한 여러 가지 표현을 우리말로 어떻게 묶어서 표현할 수 있을까 하는 것이 신앙에 있어서 필요하기 때문이다. 이것을 위해서 먼저 『대품반야경』 대명품 제32와 그 산스크리트 본인 『이만오천송반야경』의 같은 부분을 비교해 보면 다음과 같다.

> 만약 어떤 선남자·선여인이 이 깊은 반야바라밀을 듣고서 받아 지니며(受持), 가까이하여(親近) 독송하고(讀誦), 바르게 사유하여(正憶念) 일체지(薩婆若)의 마음을 여의지 않으면 …….

> 카우시카여, 만약 선남자 혹은 선여인이 이 깊은 반야바라밀을 듣고서 받아 지니며 독송하고 암기하며 현현(顯現)하고 송념(誦念)하며 바르게 사유하고 …….

『대품반야경』에는 수지·친근·독송·정억념의 네 가지 표현이 있고, 『이만오천송반야경』에는 수지·독송·암기·현현·송념·정억념의 다섯 가지 표현이 나타나 있다. 그런데 이와 같이 여러 가지 표현이 있음에도 불구하고 『대품반야경』 대명품 제32에는 다음과 같이 설시하고 있다.

만약 어떤 선남자·선여인이 이 깊은 반야바라밀을 듣고서 받아 지니며, 가까이하여 독송하고, 바르게 사유하여 일체지의 마음을 여의지 않으면, 두 군대가 싸우고 있을 때에 이 선남자·선여인은 반야바라밀을 외우는(誦) 한, 전투에 휩쓸리게 되어도 결코 목숨을 잃는 일이 없고 칼이나 화살에 다치지도 않는다.

선남자·선여인은 반야바라밀 신앙에 의하여 전투에 휩쓸리게 되어도 결코 재난을 당하지 않는다. 이렇게 현세의 이익을 얻게 하는 방법으로 반야바라밀을 수지·독송 혹은 바르게 사유하는 등을 설하고 있는데, 여기서 중요한 것은 이 여러 가지 표현을 '외운다'는 말로 묶어서 설시하고 있는 점이다. 즉 반야바라밀을 외우는 한 재난을 멸할 수 있다는 것이다. 그리고 이 부분의 주석과 관련해서『대지도론』권 제57에서는 이렇게 설명하고 있다.

실제로 반야바라밀을 수지하고 독송하는 사람이 전투에 휩쓸릴 때 칼이나 화살에 상처를 입기도 하고 목숨을 잃기도 한다. 그리고 부처님께서는 업인연(業因緣)은 어떠한 곳에서도 피할 수 없는 것이라고 말씀하셨다. 그런데 무슨 까닭에 부처님께서는 반야를 독송하는 이는 전투에 휩쓸리게 되어도 상처를 입지 않고, 또한 목숨을 잃는 일도 없다고 말씀하시는가?

『대품반야경』의 외운다(誦)는 말을 『대지도론』에서는 '반야바라밀을 독송하는 사람'이라고 '독송(讀誦)'의 말만을 채택해서 다른 표현을 대표시키고 있다. 그러나 독송이라는 말이 단지 대표적 성격밖에 갖고 있지 않는 것인가 하는 것은 다시 생각해야 할 문제이다.

예를 들어 '반야바라밀을 독송하는 사람'이라고 하지 않고 바라밀이라는 말을 생략하여 '반야를 독송하는 사람'이라 하는 것처럼, 듣고 수지하고 친근하고 하는 등의 말을 생략해서 간략하게 독송이라는 말만을 채택하고 있는 것인가. 만약 그렇다고 한다면 경전의 설시순서(說示順序)인 수지·친근·독송·정억념 가운데 처음의 수지 혹은 마지막의 정억념이라는 말을 채택하는 것이 이치에 맞는다. 그런데 왜『대지도론』의 저자인 용수(龍樹)보살은 수지·친근·독송·정억념 가운데 다만 독송만을 채택하고 있을까.

그것은 필시 독송이라는 말이 반야바라밀 신앙에 있어서는 기본적이고도 구체적인 방법을 나타내고 있기 때문일 것이다. 반야바라밀을 받아지닌다든가 친근하다는 것은 구체적인 행위가 되지 못하고, 바르게 사유한다는 것도 어느 정도의 수행이 있은 후에나 가능한 일이다. 종교행위라는 것은 결코 관념적인 것이 되어서는 안 된다. 거기에는 실질적인 행위가 요구되고, 그 행위는 종교인으로 하여금 궁극적으로 그 종교가 요구하는 목표지점에 도달시키는 것이어야 한다. 이런 점에서 반야바라밀 독송이라는 행위는 그것을 받아 지니고 친근한 연후에 가능한 것이고, 이것에 의해서 바른 사유가 나오는 것이며, 마침내 불교가 지향하는 깨달음에 도달시킬 수가 있는 것이다.

그렇다면 반야바라밀 신앙의 기본적이고도 구체적 방법인 '독송'이란 어떤 의미를 가지고 있는 것인가. 우선 독송의 자의(字義)를 살펴보면, '책을 읽다, 독서하다, 경문을 읽다'라는 사전적인 해석으로 경전을 읽는 것을 말한다고 할 수 있다. 좀더 불교적인 해석을 가해 보면, '소리를 내어서 경문을 읽는 것으로, 문자를 보고 음독(音讀)하는 것을 독(讀), 문자를 보지 않고서 음독하는 것을 송(誦)이라 하며, 수행승들이 반성·사념(思念)의 자료를 얻기 위해 교단내에서 낮은 음성으로 불전을 읽는 것'이라 하여 역시 경전을 읽는 것을 말하고 있다. 따라서 이 경우는 경전, 즉『반야바라밀경』을 읽는 것을 독송이라고 할 수가 있다.

그러나 이렇게 문자대로 독송이라는 말을 생각할 때는 두 개의 모순에 빠지고 만다. 왜냐하면 '반야바라밀을 독송한다'고 하는 경우에 독송이라는 말에 주안점을 두면 반야바라밀이 반야경이 되어 버리고, 반대로 반야바라밀을 주안점으로 하면 문자대로의 독송의 개념은 성립되지 않는다. 물론 『대품반야경』 삼탄품 제30의,

> 부처님께서 석제환인에게 말씀하셨다.
> "교시가야, 혹시 보살마하살 혹은 비구·비구니 혹은 남자신도·여자신도 혹은 모든 천자(天子)나 천녀(天女)가 이 반야바라밀을 만약 듣고 받아 지니며(受持), 가까이하고(親近) 독송(讀誦)하며, 다른 사람을 위하여 설해 주고 바르게 사유하여(正憶念) 일체지(一切智)의 마음을 여의지 않으면 여러 천자들아, 이 사람은 마(魔)나 마의 백성(魔民)이 해로움을 끼치려고 해도 그 기회를 얻을 수가 없다."

라는 경문(經文)을, 『대지도론』 권 제56에서 주석하는 부분을 보면,

> 이 가운데서 설하는 반야바라밀은 시방의 제불께서 설하신 말씀을 경권에 서사(書寫)해서 실상의 지혜를 널리 전하고 드러내 보인 것이다. 왜냐하면 반야바라밀에는 그것을 볼 수 있는 언어라는 것이 없지만, 글자로 표현된 경권에 의해서 능히 이 반야바라밀을 얻기 때문이다. 이 까닭에 글자로 된 경권을 반야바라밀이라고 부른다.

라고 하여 반야바라밀이 반야경을 의미하는 경우가 있음을 나타내고 있다. 그러나 이미 앞에서 '반야바라밀을 독송한다'고 하는 경우의 반야바라밀은 경전이 아니고 단지 반야바라밀인 것을 분명히 했다. 따라서 이러한 모순이 생길 가능성을 안고 있는 독송이라는 말은, 문자가 의미하는 그대로는 반야바라밀 신앙사상과 일치하지 않는다고 하겠다. 그러나 독송이라는 단어는 '문자를 보고 음독(音讀)하는 것을 독(讀), 문자를 보지 않고서 음독하는 것을 송(誦)이라 함'이라고 설명되는 것처럼 두 개

의 말로 분리해서 고찰할 수가 있다. 따라서 이 경우에 송(誦)이란 '문자를 여의고' 반야바라밀을 외우는 의미를 갖게 된다.

여기서 독송이라는 말과 외운다라는 말이 동일한 의미를 지니고 있음을 알게 된다. 따라서 앞에서 인용한 대명품에는 '반야바라밀을 외우는 한'이라고 설시하고, 이것을 『대지도론』에서는 '반야를 독송하는 이'라고 하여 독송과 외운다는 것을 구별 없이 사용하고 있음을 이해하게 된다. 또한 『대품반야경』 권지품 제34에는,

> 혹은 관서(官署)의 일(官事)이 벌어짐이 있더라도, 이 선남자·선여인은 이 반야바라밀을 독송하는 까닭에 관서에 도착해도 꾸짖고 나무라는 사람이 없다. 왜냐하면 이 반야바라밀은 위력이 있기 때문이다. 혹은 선남자·선여인이 이 반야바라밀을 독송하고 왕의 처소나 태자·대신의 처소에 이르면, 왕이나 태자·대신은 모두가 환희심으로 심문하고 부드러운 말로 함께 말한다.

라고 설시하고 있는데, 『대지도론』 권 제58에서는 o`부분의 주석을,

> 반야바라밀을 외우는 힘 때문에 관서의 일이 벌어져도 바로 모두 해결되어 버린다.

라고 하여, '반야바라밀을 독송한다'는 것을 '반야바라밀을 외운다'고 표현하고 있다. 이것은 말할 것도 없이 독송의 의미가 '외운다'라는 것을 나타내는 하나의 증거라고 할 수 있다.

덧붙여 한 가지 더 지적하고 싶은 것은 『대품반야경』의 독송이라는 말이 『이만오천송반야경』에 표기된 '바짜야(vacaya)'의 번역이라는 사실이다. 산스크리트 어 바짜야는 '외운다'는 의미를 가지고 있는 말이다. 즉 '말하다, 기술(記述)하다, 부르다' 등을 의미하는 산스크리트 어 $\sqrt{vac}$

의 사역형인 바짜야티(vacayati)는 '말시키다, 암송시키다, 외우게 하다'의 의미를 갖고 있다. 따라서 'Prajñāpāramitām …… vācayan ……'은 '반야바라밀을 외우다'라고 번역할 수가 있는 것이다.

이상에서 살펴본 것을 다시 정리해 보면 다음과 같이 말할 수 있을 것이다. 선남자·선여인의 반야바라밀 신앙형태는 그 첫째가 '반야바라밀을 듣고서 수지하고 친근하며 독송하고 바르게 사유하는 것'이며, 이 경우의 반야바라밀은 경전이 아니라 불모(佛母)이며 법신불(法身佛)인 반야바라밀이다. 그리고 '수지·친근·독송·정억념' 가운데 가장 기본적이고 적극적인 방법이 '반야바라밀을 독송하는 것'이며, 이 '독송한다'라고 하는 의미는 '외운다'는 뜻이다. 따라서 반야바라밀 신앙은 '반야바라밀을 외운다'는 것에 의해서 시작된다고 할 수 있다. 이 경우에 선남자·선여인에게 바르게 사유한다는 것이 요구되는 것은 당연한 귀결이라고 할 수 있을 것이다.

그래서 『대품반야경』 권지품 제34에서 부처님께서는 석제환인에게 다음과 같이 말씀하신다.

> 교시가야, 자네는 반드시 이 반야바라밀을 받아 지니고 독송하며, 남을 위하여 설하고 바르게 사유해야 한다. 왜냐하면 모든 아수라가 욕심을 내어서 삼십삼천(三十三天)과 싸우고자 하면 교시가야, 자네는 이 때 반드시 반야바라밀을 송념(誦念)해야 하고, 그러면 모든 아수라의 나쁜 마음이 바로 소멸되고 다시는 생기지 않기 때문이다.

부처님께서는 석제환인에게 아수라의 나쁜 마음을 없애기 위해서 반야바라밀을 송념(誦念)하라고 가르치고 있다. 여기에서는 독송 혹은 송(誦)이 송념으로 표현되어 있지만 행위 그 자체에는 큰 차이가 없다. 왜냐하면 이 권지품의 법문에 의거해서 견이품 제35에는,

그 때 많은 외도(外道)인 범지(梵志)들이 부처님 처소로 다가와 부처님께서 설하시는 반야법문의 허물을 찾으려고 했다. 이 때 석제환인이 마음 속으로 생각했다.

'이 여러 외도인 범지들이 부처님 처소로 다가와 부처님께서 설하시는 반야법문의 허물을 찾으려고 한다. 나는 이제 마땅히 부처님께 받은 반야바라밀을 송념(誦念)해서, 이 여러 외도인 범지들이 끝까지 장애를 주지 못하게 하여 반야바라밀을 설하시게 해야 한다.'

석제환인은 이렇게 생각하고는 바로 반야바라밀을 외웠다. 그러자 많은 외도인 범지들이 멀리서 부처님의 주위를 맴돌다가 길을 바꿔 돌아갔다.

그 때 사리불이 마음 속으로 생각했다.

'지금 여기에 무슨 인연이 있어서, 많은 외도인 범지들이 멀리서 부처님의 주위를 맴돌다가 길을 바꿔 돌아갔는가!'

부처님께서 사리불의 마음을 헤아리시고 사리불에게 이르셨다.

"이것은 석제환인이 반야바라밀을 송념했기 때문이다. 이 인연에 의해서 많은 외도인 범지들이 멀리서 나의 주위를 맴돌다가 길을 바꿔 돌아간 것이다."

라고 설시해서, 석제환인이 반야바라밀을 외움에 의해서 외도범지가 물러갔음을 밝히고 있기 때문이다. 반야경 가운데 이 권지품과 견이품의 두 경문이야말로 반야바라밀의 수지·독송이 어떤 것인가를 보여 주는 가장 구체적인 것이라 여겨진다. 물론 반야바라밀을 송념한다고 해서 꼭 '반야바라밀'이라는 다섯 자를 고집할 필요는 없을 것이다. 한국불교에서는 전통적으로 망자(亡者)를 위하여 영전(靈前)에서 『금강경』 독경을 의식화하고 있는데, 사자(死者)를 위하여 반야경전을 읽는 것을 독송이라 함은 너무나 당연한 것이다.

이렇게 보면 『대품반야경』에 나타나 있는 반야바라밀 신앙의 외형적인 방법은 선남자·선여인, 즉 모든 불자가 염불을 하는 것처럼 반야바라밀을 바르게 사유하면서 '반야바라밀, 반야바라밀, 반야바라밀……'하고 반복해서 반야바라밀을 외우는 것이라고 할 수 있다. 그런데 이 반야바라밀을 외운다는 표현이 그렇게 적절하다고만 할 수는 없다. 물론 송(誦)이라는 말을 우리말로 어떻게 번역하면 적절할까 하는 문제는 있지만, 외운다는 것은 목적을 가지고 기억했던 여러 가지를 소리로 만들어 내는 것을 연상하게 된다. 우리말에 '염불을 외운다'는 표현이 있기는 하지만, 이것 역시 적절한 표현이라고 하기는 어려울 것 같다. 그러면 '반야바라밀을 외운다'는 것을 어떻게 표현하면 적절할까.

이미 위에서 살펴본 것처럼 『대품반야경』에는 '반야바라밀을 송념'한다고 표현하고 있다. 즉 외운다는 것을 송념(誦念)으로 바꾸어 나타내고 있다. 그러나 『대반야경』 권 제428에서는,

> 지극한 마음으로 이와 같이 반야바라밀을 염송(念誦)하기 때문에

라고 하여 외운다는 것을 염송(念誦)이라 표현하고 있다. 물론 '외운다, 송념한다, 염송한다'는 모두 근본적인 의미에서는 같다고 할 수 있다. 그러나 신앙적으로는 하나의 술어로 통일하여 나타낼 필요가 있을 것 같다. 그래서 이 경우에 '송념'보다는 '염송'이라 하는 것이 더 적절하지 않을까 여겨진다. 왜냐하면 불교의 수행법에서 중요한 위치를 차지하고 있는 '염불'을 위시하여 '염법(念法)·염승(念僧)'의 술어가 보편화되어 있기 때문이다. 만약 '염송'으로 통일한다면 반야바라밀 신앙은 '반야바라밀을 듣고 염송'하는 데서 시작된다고 할 수 있을 것이다.

3) 반야바라밀의 서사와 공양

반야경은 단일한 경전이 아니라 많은 계통을 가지면서 하나의 경전군(經典群)을 이루고 있다. 그래서 대승경전 가운데서 가장 방대한 것으로 현재 한문으로 되어 있는 대승경전의 거의 3분의 1을 차지하고 있다. 따라서 반야부경전에 관해서는 그 성립(成立)과 증광(增廣) 및 종류를 열거해도 한 권의 책이 되고도 남을 정도이다. 그러면 반야경이 이렇게 방대한 양으로 된 원인은 어디에 있는가. 여기에는 두 가지 원인이 있다고 생각된다.

첫째로 반야경이 대승불교의 선구경전(先驅經典), 즉 대승불교를 일으킨 경전이라는 사실이다. 주지하는 바와 같이 대승불교의 사상이라는 것은 부처님의 근본사상을 이어받아 사상적으로 부단히 발전해 왔다. 이러한 불교의 새로운 사상이 태동될 때마다 새로운 경전의 성립은 불가피했고, 이 때 새롭게 성립되는 경전은 그 때마다 반야경이라는 이름을 갖게 되었다. 다시 말해서 대승불교에 새롭게 첨가되는 사상들은 저마다 반야경이라는 이름 아래서 그 정통성을 인정받았고, 이것이 수많은 반야경을 성립시키면서 증광되어 가는 계기를 마련한 것이다.

이러한 사실을 전제로 하여 다시 한 번 반야경의 모든 계통을 살펴보면, 먼저 원시반야경(原始般若經)이라고 할 수 있는 경전이 성립되어 유포되고, 이것이 중국에 전래되면 그 때마다 거기에 상당한 경전으로 번역된다. 이어서 기존의 원시반야경을 모태로 하여 다른 새로운 사상을 첨가한 반야경이 다시 성립되어 유포되면 또다시 이것이 전래되어 다른 이름으로 중국에서 번역되었다.

둘째는 반야경을 향한 신앙심이다. 앞에서 반야경에 나타나 있는 신앙의 기본적인 방법이 '반야바라밀 염송'이라고 했다. 그러나 반야경의 신앙에는 이렇게 반야경에 보여지는 신앙과는 별도로 소위 경전을 서사(書

寫)하고 공양(供養)한다고 하는 반야경전을 향한 신앙이 있는데, 이것이 반야경으로 하여금 편찬과 한역(漢譯)의 반복을 초래한 것이다.

다시 말하면 『대품반야경』에서 말하는 신앙은 '대품반야경의 신앙'과 '대품반야경을 향한 신앙'이라는 두 가지 형태로 나누어 생각할 수가 있다. 먼저 '대품반야경의 신앙'이란 『대품반야경』의 구성요소에 기초한 것, 즉 경에서 설한 내용대로 행동하는 신앙이다. 다음으로 '대품반야경을 향한 신앙'이란 『대품반야경』의 존재성에 대한 신앙, 즉 경전 그 자체가 신앙의 대상이 되는 것이다.

그러나 여기에서 간과할 수 없는 것은 경전을 향한 신앙의 경우에도 경전 그 자체가 신앙의 대상이 되어야 한다는 교리적 전개가 항상 경전의 구성요소로 되어 있다는 점이다. 예를 들어 반야바라밀 신앙의 두 번째 형태는 '선남자·선여인이 반야바라밀을 기억도 하지 않고 읽지도 않으며 염송도 하지 않고 설하지도 않으며 바르게 사유하지 않는다 하더라도 반야바라밀경을 책으로 만들어 집에서 공양하는 것'인데, 이것은 『대품반야경』에 나타나 있는 신앙, 즉 대품반야경의 신앙이면서 동시에 대품반야경을 향한 신앙인 것이다.

한편 '반야바라밀 염송'이 무형적(無形的)·개인적인 것이기 때문에 역사성을 갖지 못하는 데 비해서 '경전의 신앙'과 '경전을 향한 신앙'이 동시에 성립하는 '반야바라밀의 서사·공양신앙'은 사회성과 역사성을 갖는 유형적(有形的)인 것이라 할 수 있다. 즉 '반야바라밀 염송의 신앙'은 그것을 실천했던 개인 혹은 신앙단체가 없어져 버릴 때 그것은 경전의 한 사상으로밖에 남아 있지 않아 실제로는 실천되지 않을 염려가 있다. 그러나 '반야바라밀을 서사'하는 행위는 그것을 실천하는 그 자체가 신앙의 대상물을 만드는 행위이기 때문에 사회의 변화뿐만 아니라 역사의 변천에도 관계없이 영원히 사회의 가운데, 그리고 역사의 한 가운데 남아서 살아 있을 수 있다.

이러한 사경신앙(寫經信仰)은 반야경에서는 항상 경전을 공양한다고 하는 '경전공양신앙(經典供養信仰)'과 결합되어 있다. 여기에서 경전의 서사와 경전공양의 관계가 문제가 된다. 즉 현재에도 행해지고 있는 '사경신앙'의 사경(寫經)이란 말은 '공양을 위해서 경문을 서사하는 것'이기 때문에 처음부터 경전공양의 의미를 포함하고 있다. 그러나 『대품반야경』에는 사경이라는 말은 보이지 않고, 또 서사라는 말은 꼭 공양을 전제로 하는 것은 아니라고 할 수 있다. 인쇄술의 발달로 경전이 대량 생산되는 현대에 단지 '경전공양'만을 위해서라면 스스로 경전을 쓰지 않아도 공양을 위한 경전은 손쉽게 구할 수 있으므로, '경전의 서사·공양신앙'은 어떠한 형태를 취해야 하는가의 문제가 대두된다.

다시 말하면 『대품반야경』에 나타나 있는 두 번째 신앙형태인 '반야바라밀을 기억도 하지 않고 읽지도 않으며 염송도 하지 않고 설하지도 않으며 바르게 사유하지 않는다 하더라도 반야바라밀 경권을 서사하고 공양하면 모든 공덕이 얻어진다'의 '서사하고 공양한다'는 것이 선남자·여인에게 있어서 하나의 신앙적 행위인가 그렇지 않으면 두 개의 행위인가, 혹은 그것이 만약 하나의 신앙행위라고 하면 서사와 공양 가운데 어느 하나가 빠질 경우에 신앙적 행위로서 성립되는가 성립되지 않는가 하는 등이 문제가 된다. 이것을 규명하기 위해서 우선 경전에 나타나 있는 경문을 다시 한 번 돌이켜볼 필요가 있을 것 같다.

반야바라밀을 단지 서사(書寫)해 책으로 만들어 집에서 공양만 하고 기억도 하지 않고 읽지도 않으며, 외우지도 않고 설하지도 않으며 바르게 사유하지 않는다 하더라도, 이 곳에서는 사람이나 혹은 사람이 아닌 것(非人)이 해로움을 끼치려고 해도 그 기회를 얻을 수 없다. 왜냐하면 이 반야바라밀은 삼천대천세계 가운데의 모든 사왕천(四王天)의 하늘들 내지 색구경천(色究竟天)의 모든 천자(天子)들 및 시방(十方)의 한량없고 헤아릴 수조차 없는 세계 가운데의 모든 사왕천의 하늘들 내지 색구경천의 모든 천자들이 수호하기 때문이며, 이 반야바라밀이 안치되어 있는 곳에는 모든 하늘(諸天)이 찾아와서 공양·공경·존중·찬탄·예배하고 돌아가기 때문이다. 이 선남자·선여인은 반야바라밀을 단지 서사해 책으로 만들어 집에서 공양만 하고 기억도 하지 않고 읽지도 않으며, 외우지도 않고 설하지도 않으며 바르게 사유하지 않는다 하더라도, 현세에 이와 같은 공덕을 얻게 된다.

위의 경문은 『대품반야경』 대명품 제32에 설시되어 있는 것인데, 여기에서 알 수 있는 것은 경전의 서사와 공양이라는 두 행위가 불가분리(不可分離)의 관계를 가지고 있는 점이다. 즉 반야바라밀을 공양하기 위한 수단으로써 경전의 서사라는 것이 요구되는 입장을 취하고 있다. 따라서 경전의 서사 그 자체가 공덕을 초래하는 것이 아니고 경전이 안치되어 있는 장소가 공덕의 근거가 되는 입장을 밝히고 있다. 대명품 제32에는 이어서 다음과 같이 설하고 있다.

 부처님께서 말씀하셨다.
 "선남자·선여인이 이 반야바라밀을 듣고서, 서사하고 받아 지니며, 가까이하고 바르게 사유하여 일체지(薩婆若)의 마음을 여의지 않고, 또한 공경·존중·찬탄하며, 혹은 꽃이나 향·장신구·가루 향·향수·깃발·일산·음악을 가지고 공양한다면 이 선남자·선여인의 복덕이 훨씬 많은 것이다."
 부처님께서 교시가에게 이르셨다.
 "하나의 일곱 가지 보석으로 된 탑에 관해서는 그렇다고 치고, 만약 선남자·선여인이 부처님을 공양하기 위해서 부처님이 반열반하신 후, 염부제에 가득 차게 일곱 가지 보석으로 된 탑을 세우되, 높이가 일유순이라고 하자. 그리고 공경·존중·찬탄하며, 꽃이나 향·장신구·깃발·일산·음악을 가지고 공양한다면 교시가야, 자네는 어떻게 생각하는가.

이 선남자·선여인은 복을 얻음이 많겠느냐 아니냐?"

석제환인이 말씀드렸다.

"세존이시여, 그 복은 대단히 많다고 생각합니다."

부처님께서 말씀하셨다.

"이 선남자·선여인이 앞에처럼 반야바라밀을 공양한다고 하면 복덕이 훨씬 많은 것이다."

지금의 경우에는 경전의 서사와 공양은 별개의 신앙행위인 것을 나타내고 있다. 경전의 서사는 오히려 수지·독송과 같은 수행이며 그에 따른 공덕이 초래되는 것은 사실이지만, 반야바라밀을 공경하고 찬탄하며 꽃이나 향 등으로 공양해서 얻는 공덕과는 차원이 다른 것이다.

또한 『대품반야경』에는 상제보살(常啼菩薩) 구도(求道) 이야기라고 말할 수 있는 상제보살품이 있다. 여기에 의하면 상제보살은 반야바라밀을 구하기 위하여 동방으로 여행하고 마침내 중향성(衆香城)에 이르게 되며, 그 도성의 담무갈보살(曇無竭菩薩) 궁전에서 반야바라밀경을 보게 되는데, 그 정황(情況)을 이렇게 설시하고 있다.

그 때 담무갈보살마하살이 계신 곳에는 일곱 가지 보석으로 장식된 누각이 있어 붉은 전단향으로 장식되고, 진주로 만들어진 망으로 누각 위를 덮었으며, 네 모퉁이에는 전부 마니주보(摩尼珠寶)를 걸어서 등불을 대신하고 있었다. 그리고 네 가지 보석으로 된 향로에서는 끊임없이 명향(名香)이 타고 있었다. 반야바라밀을 공양하기 위해서이다.

그 누각 안에는 일곱 가지 보석으로 된 큰 상(床)이 있고, 그 위에 네 가지 보석으로 된 작은 상이 놓여 있었다. 작은 상 위에는 황금 종이에 반야바라밀을 써서 안치하고 있었다. 그 위에는 가지가지 깃발이 늘어져 덮여 아름답게 장식되어 있었다. 살타파륜보살과 모든 여인들은 이 절묘한 누각이 많은 보석으로 아름답게 장식되어 있는 것을 보고, 또 석제환인이 한량없이 많은 하늘과 함께 천상의 만다라꽃과 미세한 전단 가루와 보석 가루를 누각 위에 뿌리고, 천상의 음악을 연주해서 공중으로부터 이 누각을 즐겁고 기쁘게 하는 것을 보았다.

그 때 살타파륜보살은 석제환인에게 물었다.

"교시가여, 어떤 이유에서 한량없는 백천만의 많은 하늘과 함께 천상의 만다라꽃과 미세한 전단 가루와 보석 가루를 누각 위에 뿌리고, 천상의 음악을 연주해서 공중으로부터 이 누각을 즐겁고 기쁘게 하고 있습니까?"

석제환인이 대답했다.

"그대 선남자여, 정말 모르겠는가? 여기에 있는 것은 마하반야바라밀이다. 이것은 모든 보살마하살의 어머니여서 능히 모든 부처님을 낳고, 보살을 기르고 보호하는 것이다. 보살은 이 반야바라밀을 배워서 일체의 모든 공덕을 완성하고, 모든 부처님의 법과 일체종지를 얻는 것이다."

이 때 살타파륜보살은 마음 속으로부터 끓어오르는 기쁨과 깊은 감동을 안고서 석제환인에게 물었다.

"교시가여, 이 반야바라밀은 모든 보살마하살의 어머니여서 능히 모든 부처님을 낳고, 보살을 기르고 보호합니다. 보살은 이 반야바라밀을 배워서 일체의 모든 공덕을 완성하고, 모든 부처님의 법과 일체종지를 얻습니다. 그런데 그 반야바라밀은 도대체 어디에 있습니까?"

석제환인이 말했다.

"선남자여, 이 누각 가운데 일곱 가지 보석으로 된 큰 상이 있고, 그 위에 네 가지 보석으로 된 작은 상이 놓여 있다. 그 작은 상 위 황금 종이에 반야바라밀을 써서 안치하고 있다. 담무갈보살은 일곱 가지 보석으로 만들어진 도장으로 이것을 봉인하고 있다. 그래서 우리들은 이것을 열어서 그대에게 보여줄 수가 없다."

이 때 살타파륜보살은 부호의 딸 및 오백 명의 시녀들과 함께 공양물인 꽃·향·장신구·깃발을 두 개로 나누어서 한 개는 반야바라밀에 공양하고, 한 개는 법좌에 계시는 담무갈보살에게 공양하기로 했다.

   그 때 살타파륜보살은 오백 명의 여인들과 함께 꽃·향·장신구·깃발·음악·진귀한 보물을 반야바라밀에 공양하고 나서 그런 후에 담무갈보살에게로 갔다. 그리고 법좌 위에 앉아 계시는 담무갈보살을 뵙고, 많은 꽃·향·장신구·바르는 향·향수·금과 은으로 된 꽃·깃발·보석을 누빈 옷을 담무갈보살 위에 흩으며 반야바라밀의 가르침을 위해서 공양했다.

이 부분은 『대품반야경』에 나타나 있는 반야바라밀 경전공양의 구체적인 방법을 보여 주는 곳이라 할 수 있다. 이 경문에서도 분명히 알 수 있는 것은 반야바라밀 경전공양이란 반야경을 예배·공양하는 것이라는 점이다.

이렇게 보면 반야바라밀의 서사·공양신앙은 서사의 행위와 공양의 행위로 나누어서 생각할 수 있지만 이것은 공덕의 입장에서 생각한 경우이고, 신앙의 입장에서 볼 때는 '반야바라밀을 공양한다'라는 하나의 신앙행위로 귀결된다고 할 수 있다. 바꾸어 말하면 경전을 독송하면 공덕을 얻을 수 있는 것처럼 경전을 서사하는 것과 경전을 공양하는 것에 의해서도 같은 공덕이 얻어진다. 그러나 서사된 경전이 교리적으로 공양되지 않을 경우에는 그것은 단지 공덕을 얻게 하는 것일 뿐, 더 이상 신앙으로서는 성립되지 않는 것이다. 여기에 비해서 경전을 공양한다고 하는 것은 상제보살이 반야바라밀경을 공양하는 것처럼 자기 자신이 경전을 서사하지 않았다 하더라도 경전을 구해서 혹은 경전이 안치되어 있는 장소에서만 가능한 신앙적 행위인 것이다. 물론 스스로 서사해서 공양하면 더욱 좋다는 것은 말할 필요도 없다.

이렇게 『대품반야경』에 나타나 있는 두 번째 신앙형태가 선남자·선여인이 반야바라밀 경전을 공양하는 것이고 이 '경전공양'이란 경전을 예배·공양하는 것이 분명하다면, 예배·공양의 방법은 어떤 것인가. 이것과 관련해서는 먼저 공양되는 경전이 안치되는 장소를 둘러싸고 생각해야 할 몇 가지 점이 벌어진다. 이미 앞에서 인용한 부분이지만 『대품반야경』 대명품 제32에는,

> 경권을 서사해서 집에서 공양한다. (書寫經卷於舍供養)

라고 설시하여, 자기 집의 어느 장소에 경전을 안치하는 것을 밝히고 있다. 『소품반야경』 및 『도행반야경』의 해당 부분에서는 안치되는 장소의 개념은 확실히 표현되어 있지 않지만, 『대반야경』에서는 안치되는 장소가 '청정처(淸淨處)'라고 표현되어 있다. 즉 『대반야경』 제2회에는,

> 이 반야바라밀 대신주왕(大神呪王)을 써서 청정한 곳에 안치하고 공경·공양·존중·찬탄해야 한다.

라고 설시하여 경권을 청정한 곳에 안치할 것을 말하고 있다.

다음으로 경권을 안치시키는 방법 및 공양하는 구체적인 모습이 문제가 되는데, 이것은 앞에서 말한 상제보살품 인용문에서 자세하게 보인다. 다만 공양이라는 말이 '일반적으로 불·법·승 삼보나 사자(死者) 등에 대해서 신(身)·구(口)·의(意)의 세 가지 방법에 의해 공물(供物)을 올리는 것으로, 초기교단에서는 의복·음식·와구·탕약이 주된 것으로써 승단에 시여되었다. 한편 재물과 법(法)의 두 종류로 구별되어 공경공양·찬탄공양·예배공양에 보여지는 것처럼 정신적 숭경의 태도도 공양이다'라고 설명되어 정신적 숭경의 의미를 포함하고 있다. 이와 같이 반야바라밀경을 공양함에 있어서는 꽃·향·장신구 등의 물질적인 것을 갖고 공양하는 것뿐만 아니라 끊임없이 공경·찬탄 등의 정신적 공경이 저면에 깔려 있음을 경은 분명히 하고 있다.

여기서 빠뜨릴 수 없는 것은 경문을 인용해서 이미 기술한 것처럼 경권공양이 자주 사리탑공양(舍利塔供養)과 비교되고 또 공양방법이 사리탑공양과 꼭 닮아 있다는 점이다. 부처님 사리탑 공양의 신앙은 석가모니 부처님께서 입멸하신 것과 동시에 시작되었다. 그 신앙내용은 현세에서는 무병장수(無病長壽)를 누리고 내세에서는 악도(惡道)에 떨어지지 않는 등의 좋은 과보의 인간으로 태어나든가 혹은 천상(天上)에 태어나는 것을 주로 하였다. 그러나 이러한 사리신앙이 『법화경』 권3에서는,

> 가지가지 진귀한 공양물로써 제불을 공양해야 한다. 제불이 입멸하신 후에는 칠보탑을 세우고, 꽃이나 향으로써 공양하면 최후의 생애에 부처님의 지혜를 얻어 등정각(等正覺)을 이룬다.

라고 설시되어 사리탑 공양에 의해서 성불할 수 있다고 밝히고 있다. 그러나 『대품반야경』은 이러한 불탑신앙(佛塔信仰)에 반대하여 반야바라밀 경권을 공양하여 얻는 공덕은 불탑을 공양해서 얻을 수 있는 공덕보다 비교할 수 없을 정도로 많다는 것을 반복해서 설하고 있다. 그렇다고 불탑공양에 의한 공덕이 전혀 무시되는 것은 결코 아니다. 그래서 법칭품 제37에는 다음과 같이 설하고 있다.

> 부처님께서 석제환인에게 말씀하셨다.
> "교시가야, 만약 염부제(閻浮提)에 가득 찬 부처님 사리(舍利)를 하나로 생각하고, 그리고 어떤 사람이 반야바라밀 경전을 쓴 것을 하나로 생각한다면 너는 이 둘 가운데 어느 것을 취하겠느냐?"
> 석제환인이 부처님께 사루어 말씀드렸다.
> "세존이시여, 만약 염부제에 가득 찬 부처님 사리를 하나로 생각하고, 그리고 어떤 사람이 반야바라밀 경전을 쓴 것을 하나로 생각한다면 저는 이 둘 가운데 오히려 반야바라밀 경전을 취하겠습니다. 왜냐

하면 세존이시여, 저는 부처님 사리를 공경하지 않는 것도 아니고, 존중하지 않는 것도 아닙니다만 세존이시여, 이 사리는 반야바라밀 가운데서 생기고 반야바라밀에 수훈(修熏)된 까닭에 이 사리는 공양·공경·존중·찬탄되기 때문입니다."

사리와 사리탑을 공양하고 공경하며 찬탄하는 이유는 그 사리가 반야바라밀에 의해서 생성되었기 때문이다. 그러나 공양이나 공경에 의한 복덕의 양을 따지자면 사리는 반야바라밀에 도저히 미치지 못한다고 밝히고 있다. 또한 『대지도론』 권 제57에서는 다음과 같이 주석하고 있다.

   묻기를, 부처님께서는 이미 가지가지 반야공덕을 찬탄하셨는데, 무엇 때문에 석제환인은 사리로써 반야바라밀과 공덕의 많고 적음을 비교하는가?
   대답하기를, 신근(信根)이 많은 이는 사리를 공양하는 것을 즐기고 혜근(慧根)이 많은 이는 경법(經法)을 독송하는 것을 좋아한다. 이 까닭에 어떤 사람은 경을 써서 공양하고 어떤 사람은 사리를 공양하는데, 석제환인은 이것을 모르고 어느 쪽이 공덕이 많은가를 묻는 것이다. …… 혹은 어떤 사람은 사리를 공양해서 많은 복덕을 얻고 혹은 어떤 사람은 반야바라밀을 공양해서 또한 많은 복덕을 얻는다. 이것은 사람의 마음에 따른 것이기 때문에 부처님께서는 일정하게 대답하시지 않는다.

사리공양은 믿음의 바탕이 많은 사람이 행하는 것이고, 경권공양은 지혜의 바탕이 많은 사람이 행하는 것이다. 이 때문에 일률적으로 공덕의 많고 적음을 논할 수 없지만, 믿음의 목적은 필경 지혜의 증득에 있는 것을 생각할 때 사리공양보다는 반야바라밀 공양의 우위를 엿볼 수 있게 된다.

이렇게 반야바라밀 경권 공양은 반야경을 부처님의 사리와 마찬가지로 예배의 대상으로 해서 꽃이나 향 등을 바쳐서 예배·공양하는 '신앙불교'이다. 따라서 신앙형태로는 불탑신앙과 마찬가지로 되어 있지만, 사상적으로는 사리탑공양에 의한 공덕이 많음을 인정해서 그것을 훨씬 능가하는 반야바라밀 경권 공양의 공덕을 사리탑공양의 공덕과 비교해서 보여 주고 있다. 그리고 신앙의 대상이 사리가 아니고 반야경인 점은 말할 필요가 없을 것이다.

2. 반야바라밀 신앙의 공덕

1) 불교의 공덕사상

불교의 궁극적인 목적이 성불(成佛)에 있다는 것은 재론(再論)의 여지가 없다. 그러나 출가·재가를 막론하고 불자들이 오직 일체중생의 성불만을 위해서 부처님께 공양을 올리고 보시를 행하며 기도를 하는 것은 아닐 것이다. 적어도 그렇게 보는 것은 한 단면만을 보는 것이고, 교리적인 견해일 따름이다. 일반 신도들의 입장에서 보면 오히려 불교를 믿음으로 해서 얻을 수 있는 공덕, 즉 현세와 후세의 행복을 원하는 경향이 더 강하다는 것을 부정할 수는 없다. 또한 불교가 2500년이 넘는 긴 세월 동안 인류와 더불어 함께 하고 있다는 사실은 무엇인가 사람들에게 현실적으로 이익을 주었기 때문에 가능했을 것이다. 물론 수많은 경전에서도 이 점은 분명히 설해져 있다.

교시가야, 이 반야바라밀을 받아 지니고, 가까이하고 독송하며, 다른 사람을 위하여 설하고 바르게 사유하는 이 선남자·선여인이 얻게 되는 금세의 공덕을 너는 일심으로 분명히 들어라.

위의 경문은 『대품반야경』 멸쟁품 제31에 설시되어 있는 한 부분인데, 이 멸쟁품 제31은 이 경문을 시작으로 해서 전품(全品)을 통해 반야바라밀에 의해서 얻을 수 있는 많은 현세공덕을 설하고 있다. 즉 선남자·선여인이 반야바라밀을 받아 지니고, 가까이하고 독송하며, 다른 사람을 위하여 설하고 바르게 사유함에 의해서 얻게 되는 '금세의 공덕'이라는 사고방식은 반야바라밀 신앙과는 뗄 수 없는 관계를 가지고 있는 것으로 나타나 있다. 여기서 말하는 '금세의 공덕'이라는 의미는 공덕이라는 말이 '훌륭한 덕성, 좋은 결과를 가져오게 하는 능력, 선행의 결과로써 받는 과보나 이익'이라는 의미이기 때문에, '현세이익'이라고 바꾸어 부를 수 있다. 다시 말하면 반야경에서는 현세이익 사상이 반야바라밀 신앙과 깊게 결부되어 설해지고 있는 것이다.

그런데 현세이익 사상이 이렇게 반야바라밀 신앙의 중요한 부분임에도 불구하고 현세이익 사상은 지금까지 종교 본래의 형태는 아니라고 해서 소위 지식층으로부터 부정적으로 취급되었던 것도 사실이다. 또한 일반적으로도 천박한 것으로 멸시되어 그다지 좋은 의미로는 사용되지 않았다고 할 수 있다. 왜냐하면 일반적으로 종교적 현세이익을, 인간이 갖는 이상적 욕구를, 현실적이고도 합리적인 방법으로 달성할 수 없는 사람이 신이나 혹은 부처님의 절대적 힘을 빌려 현실문제를 타개하려는 것으로 말하고 있기 때문이다.

그래서 반드시 이러한 두 가지 사고방식, 즉 현세이익에 관한 부정적인 시각과 긍정적인 시각의 두 가지 논리에 기인했다고 생각되지는 않지만, 불교학자들 사이에도 현세이익 사상을 보는 사고방식에 두 가지

흐름이 있는 것처럼 보인다. 먼저 현세이익을 부정적 시각에서 보는 사람들은 초기불교의 현세이익 사상에 관해서 "불교는 '인생은 고(苦)다'라는 세계관에 입각해 연기설(緣起說)을 전개시키고, 인과사상(因果思想)에 입각해 윤회설(輪廻說)을 타파하려고 하는 것이었다. 그러나 현세이익 사상은 윤회설을 무시하고 있는 것이 사실이라고 해도 역시 인과사상에 입각하고 있음은 분명한 것이고, 따라서 불교에는 처음부터 현세이익 사상이 끼여들 여지가 없었다"라고 말한다. 즉 부처님 자신에 있어서는 현세이익적인 신앙이나 행법(行法)은 없었다고 보는 것이다.

다음으로 현세이익을 긍정적 시각에서 보는 사람들은, "고오타마·싯다르타 태자가 출가해서 육년 간 수행한 끝에 현재의 붓다가야 보리수 아래서 깨달음을 얻어 부처님이 되었다. 즉 인간적 고뇌의 문제를 해결한 것이다. 이 때부터 입멸하시기까지 사십오 년 동안 석가모니 부처님은 인간적 고뇌를 극복하는 길을 사람들에게 설하고 그것에 의해서 많은 사람을 구제했다. 이것이 불교다. 불교가 역사와 함께 가령 어떻게 변화해도 현실의 인간적 고뇌의 해결을 떠나서 불교는 존재할 의미가 없다"라고 말한다. 즉 현세이익이야말로 불교의 기본적인 요청이라고 보는 것이다.

그러나 어떻든지 부처님께서 그의 제자가 6명이 되었을 때, 그들로 하여금 적극적인 전도의 길에 나설 것을 말씀하시고 있다. 그 때의 제자들에게 하신 말씀을 후세의 학자들은 '전도선언(傳道宣言)'이라 이름하고 있는데, 이 때의 말씀을 남전『상응부경전』4·5에서는 이렇게 기술하고 있다.

비구들이여, 나는 하늘과 사람의 일체속박에서 벗어났다. 비구들이여, 너희들도 또한 하늘과 사람의 일체속박에서 벗어났다. 비구들이여, (전도의) 길을 떠나라. 중생의 이익과 중생의 안락을 위해서 세간을 불쌍히 여기는 까닭에 인간과 하늘의 의리(義利)·이익·안락을 위해서 길을 떠나라.

두 사람이 함께 가지 말아라. 비구들이여, 처음도 좋고 가운데도 좋고 끝도 좋으며, 내용도 있고 말도 조리 있게 갖추어져 있는 법을 설하라. 순수해서 원만하고, 완전청정한 범행(梵行)을 실제로 보여라. 중생 가운데는 마음에 더러운 티끌이 적은 이도 있긴 하지만, 만약 법을 듣지 못하면 타락하겠지만 (들으면) 법을 깨달을 것이다.

부처님께서는 분명하게 중생의 이익과 중생의 안락을 위해서 전도의 길을 떠나라고 말씀하고 있다. 즉 불교의 근본목적이 사람들의 이익과 사회의 행복을 실현하는 것에 있음을 분명히 하고 있다. 물론 이익과 안락이라는 말이 많은 의미를 내포하고 있기 때문에 이것을 바로 현세이익이라고 단정하기는 어렵지만, 그렇다고 현세이익을 도외시한 것이 아님은 확실하다고 할 것이다. 왜냐하면 이익이라는 것은 물질적인 측면에서, 그리고 안락이라는 말은 정신적인 측면에서 행복을 주는 것을 생각할 수 있기 때문이다. 또한 이러한 초기경전의 힘찬 선언은 대승경전에도 그대로 계승되어 『대품반야경』 문지품 제45에서는 다음과 같이 설시하고 있다.

많은 보살마하살이 아뇩다라삼먁삼보리의 마음을 내는 것은 많은 중생들을 편안하게 하고, 한량없는 중생들로 하여금 즐거움을 얻게 하며, 많은 하늘과 사람들을 불쌍히 여겨 이익을 주기 위함이다. 이 많은 보살들은 보살도(菩薩道)를 행할 때에 네 가지 행동(四事)으로써 한량없는 백천(百千)의 중생들을 거두어 드리니, 소위 보시(布施)·부드러운 말(愛語)·도움이 되는 행동(利行)·협력하는 일(同事)이다. 또한 열 가지 착한 행위(十善道)로써 중생을 제도하여 해탈케 한다.

대승의 보살이 깨달음을 얻고자 함은 중생을 편안하게 하고 중생을 이익되게 하기 위해서라는 위의 경문은, 반야경 역시 현실적인 중생이익을 강조하고 있는 것으로 부처님의 초기 말씀과 다름이 없다. 또한 이러한 반야경의 현세이익 사상은 『대품반야경』에서 살펴볼 때 총 90품 중 경전의 중간부분인 삼탄품 제30에서부터 설해지고 있다. 그 이유는 물론 앞에서 지적한 것처럼 선남자·선여인에 의한 반야바라밀 신앙이 이 부분에 해당되기 때문에 필연적인 결과이긴 하지만, 현세이익 자체로만 생각한다면 『대품반야경』에서는 현세이익 사상이 부수적으로 설해진 것이 아니라, 적어도 경전의 중요한 사상이 되어 있음을 보여 주고 있는 한 증거라고 할 것이다.

이렇게 보면 불교의 최고 목적이 중생으로 하여금 깨달음을 얻게 하는 것에 있음은 물론이지만, 그것과 병립해서 현세이익이라는 것도 교리상 대·소승불교를 불문하고 빠뜨릴 수 없는 중요한 사상인 것은 분명하다고 단정할 수 있다.

2) 반야바라밀과 현세이익

『대품반야경』 서품 제1에는 다음과 같은 때에 반야바라밀을 배워야 한다고 해서 도합 70개의 경우를 열거하고 있다.

(1) 보살마하살이 일체종지(一切種智)를 얻어 온갖 법(一切法)을 알려고 할 경우.
(2) 널리 부처님의 열 가지 지혜의 힘(十力)·네 가지 두려움 없는 자신(四無所畏)·네 가지 걸림 없는 지혜(四無碍智)·열여덟 가지 부처님만이 갖는 특성(十八不共法)·큰 인자함과 크게 가엾이 여김(大慈大悲)을 알려고 할 경우.

(3) 도혜(道慧)를 원만히 갖추려고 할 경우.
(4) 도혜로써 도종혜(道種慧)를 원만히 갖추려고 할 경우.
(5) 도종혜로써 일체지(一切智)를 원만히 갖추려고 할 경우.
(6) 일체지로써 일체종지(一切種智)를 원만히 갖추려고 할 경우.
(7) 일체종지로써 번뇌의 습기를 끊으려고 할 경우.
(8) 보살의 지위에 오르려고 할 경우.
(9) 성문(聲聞)이나 벽지불의 경지(辟支佛地)를 지나 보살의 물러나지 않는 지위(不退轉地)에 머물고자 할 경우.
(10) 여섯 가지 신통(六神通)에 머물고자 할 경우.
(11) 일체 중생들이 뜻하는 바 마음을 알려고 할 경우.
(12) 일체성문이나 벽지불보다 수승한 지혜를 원할 경우.
(13) 모든 다라니문(陀羅尼門)과 모든 삼매문(三昧門)을 얻고자 할 경우.
(14) 모든 성문이나 벽지불을 구하는 사람이 보시를 할 때 함께 기뻐하는 마음을 가지면서 그것보다 뛰어나고자 할 경우.
(15) 모든 성문이나 벽지불을 구하는 사람이 계를 가질 때 함께 기뻐하는 마음을 가지면서 그것보다 뛰어나고자 할 경우.
(16) 모든 성문이나 벽지불을 구하는 사람이 삼매·지혜·해탈·해탈지견(解脫知見)을 행할 때 함께 기뻐하는 마음을 가지면서 그것보다 뛰어나고자 할 경우.
(17) 모든 성문이나 벽지불을 구하는 사람이 모든 선정(禪定)·해탈삼매(解脫三昧)를 행할 때 함께 기뻐하는 마음을 가지면서 그것보다 뛰어나고자 할 경우.
(18) 적은 보시·행하기 쉬운 지계·외형상의 인욕·눈에 보이는 정진·함이 있는 선정·함이 있는 지혜를 행하고도, 방편의 힘으로 회향(廻向)에 의해서 한량없고 가없는 공덕을 얻으려고 할 경우.
(19) 보시바라밀·지계바라밀·인욕바라밀·정진바라밀·선정바라밀을 실천하고자 할 경우.

⑳ 태어날 적마다 신체가 부처님과 닮기를 원하고, 서른두 가지 거룩한 모습(三十二相)과 여든 가지 잘 생긴 모습(八十隨形好)을 원만히 갖추고자 할 경우.
㉑ 보살의 집에 태어나 동진의 지위(童眞地)에 머물러 모든 부처님을 여의지 않기를 원할 경우.
㉒ 온갖 착한 뿌리(善根)와 공양으로 모든 부처님을 공양·공경·존중·찬탄하되 생각한 대로 성취하고자 할 경우.
㉓ 일체 중생들이 원하는 음식·의복·침구·수레·좌구(坐具)·등불 등을 만족하고자 할 경우.
㉔ 항하의 모래알같이 많은 모든 부처님 국토의 중생들을 보시·지계·인욕·정진·선정·반야바라밀에 머물게 하고자 할 경우.
㉕ 하나의 착한 뿌리를 부처님의 복전(福田)에 심어서 아뇩다라삼먁삼보리를 이룰 때까지 다함이 없으려고 할 경우.
㉖ 시방의 모든 부처님으로부터 칭찬받기를 원할 경우.
㉗ 한 번 세운 뜻이 항하의 모래알같이 많은 시방의 모든 부처님 국토에 다다르게 하고자 할 경우.
㉘ 한 번 소리를 내어 그 음성이 항하의 모래알같이 많은 시방의 모든 부처님 국토에 들리게 하고자 할 경우.
㉙ 모든 부처님의 국토가 끊이지 않게 하고자 할 경우.
㉚ 여섯 가지 감각기관은 공(內空)·여섯 가지 감각기관의 여섯 가지 대상은 공(外空)·여섯 가지 감각기관과 여섯 가지 대상이 같이 공(內外空)·공 그 자체는 공(空空)·시방세계가 공(大空)·실상의 진리도 공(第一義空)·함이 있는 공(有爲空)·함이 없는 공(無爲空)·하나도 남김이 없는 공(畢竟空)·비롯함이 없이 나고 죽는 모든 것은 공(無始空)·모든 것을 분리하는 공(散空)·모든 것의 본질은 공(性空)·사물의 고유 형태가 공(自相空)·모든 존재가 공(諸法空)·사물에 사로잡힘이 없는 공(不可得空)·사물이 존재하지 않는다는 견해가 공(無法空)·사물이 존재한다는 견해

가 공(有法空)·사물이 존재하지 않는다는 견해와 존재한다는 견해가 같이 공(無法有法空)에 머물고자 할 경우.

(31) 결과를 낳는 바로 그 원인의 연(因緣)·끊어짐이 없는 연(次第緣)·반연하는 연(緣緣)·다른 법이 생기는 연(增上緣)을 알고자 할 경우.

(32) 사물의 진실된 모습(如)·진실의 본성(法性)·참된 실상(實際)을 알고자 할 경우.

(33) 삼천대천국토의 대지와 모든 산의 티끌 수를 알고자 할 경우.

(34) 한 터럭을 쪼개어 백 개로 나누고, 그 하나를 가지고 삼천대천국토의 큰 바다·강·하천·못·우물에 있는 모든 물을 흔들림 없이 들어 올리고자 원할 경우.

(35) 삼천대천국토의 모든 불이 일시에 타올라 마치 세계의 존속기간이 끝나서 전부가 타 버릴 때와 같을 때, 보살마하살이 한 번 불어서 그 불을 꺼 버리고자 할 경우.

(36) 삼천대천국토에 큰 바람이 일어나서 썩은 풀을 꺾어 버리듯 삼천대천국토 및 모든 수미산을 휩쓸 때, 보살마하살이 손가락 하나로 그 바람을 막아 일어나지 않게 하고자 할 경우.

(37) 한 번 결가부좌를 해서 삼천대천국토의 허공에 가득히 차고자 할 경우.

(38) 한 개의 터럭으로 삼천대천국토의 모든 수미산왕을 들어서 한량없고 헤아릴 수조차 없는 다른 곳의 여러 부처님 국토에 던지되, 중생을 해치지 않고자 할 경우.

(39) 일식(一食)으로 항하의 모래알같이 많은 시방의 여러 부처님과 스님들을 공양하고자 할 경우.

(40) 한 벌의 옷·한 송이의 꽃·향·장신구·가루 향·바르는 향·태우는 향·등불·깃발·꽃 일산으로 모든 부처님과 스님들을 공양하고자 할 경우.

(41) 항하의 모래알같이 많은 시방의 모든 국토 중생들로 하여금 전부 계

· 삼매 · 지혜 · 해탈 · 해탈지견을 갖추게 하고, 수다원과(須陀洹果) · 사다함과(斯陀含果) · 아나함과(阿那含果) · 아라한과(阿羅漢果)를 얻게 하며, 내지 번뇌의 여진까지 없는 열반(無餘涅槃)을 얻게 하고자 할 경우.

(42) 보시를 할 때 큰 과보를 얻고, 이러한 보시는 왕족이나 귀족(刹利大姓) · 바라문(婆羅門大姓) · 대 부호(居士大家)의 집에 태어나게 되며, 이러한 보시는 사왕천처 · 삼십삼천 · 야마천 · 도솔천 · 화락천 · 타화자재천에 태어나게 되고, 이 같은 보시에 의해서 첫째 선정(初禪) · 둘째 선정(二禪) · 셋째 선정(三禪) · 넷째 선정(四禪)과 무변공처(無邊空處) · 무변식처(無邊識處) · 무소유처(無所有處) · 비유상비무상처(非有想非無想處)에 들어가게 되고, 이 같은 보시에 의해서 능히 여덟 가지 바른 깨달음의 길에 마음을 내며, 이 같은 보시에 의해서 능히 수다원도 내지 불도(佛道)를 성취하려고 할 경우.

(43) 반야바라밀을 행해서 보시를 할 때, 지혜의 방편력(慧方便力)으로써 능히 보시바라밀 · 지계바라밀 · 인욕바라밀 · 정진바라밀 · 선정바라밀 · 반야바라밀을 원만히 갖추게 된다.

(44) 과거 · 미래 · 현재의 모든 부처님의 공덕을 얻으려고 할 경우.

(45) 함이 있고 함이 없는 법(有爲無爲法)의 저 언덕에 다다르고자 할 경우.

(46) 과거 · 미래 · 현재 모든 사물의 진실된 모습 · 진실의 본성(法相) · 참된 실상(無生際)을 알려고 할 경우.

(47) 일체성문이나 벽지불의 앞에 있고자 하고, 모든 부처님을 모시고자 하며, 모든 부처님의 내권속(內眷屬)이 되고자 하고, 대권속(大眷屬)이 되고자 하며, 보살의 권속이 되고자 하고, 큰 보시를 깨끗이 받고자 할 경우.

(48) 아끼는 마음 · 계를 범하는 마음 · 성내는 마음 · 게으른 마음 · 어지러운 마음 · 어리석은 마음을 일으키지 않으려고 할 경우.

(49) 일체 중생들을 보시의 복이 있는 곳 · 지계의 복이 있는 곳 · 수정(修

定)의 복이 있는 곳・권도(勸導)의 복이 있는 곳(勸導福處)에 있게 하고
자 하고, 중생을 재복(財福)과 법복(法福)이 있는 곳에 있게 하고자 할
경우.
(50) 여섯 가지 눈(五眼)인 육안(肉眼)・천안(天眼)・혜안(慧眼)・법안(法眼)・
불안(佛眼)을 얻고자 할 경우.
(51) 모든 것을 다 보는 눈으로써 항하의 모래알같이 많은 시방의 국토에
계시는 모든 부처님을 친견하고자 하고, 모든 소리를 전부 듣는 귀(天
耳)로써 시방의 모든 부처님께서 설하시는 법을 듣고자 하며, 모든 부
처님의 마음을 알고자 할 경우.
(52) 시방의 모든 부처님께서 설하시는 법을 다 듣고는 아뇩다라삼먁삼보
리에 이를 때까지 잊지 않고자 할 경우.
(53) 과거・미래의 모든 부처님의 국토와 시방의 현재 모든 부처님의 국
토를 보고자 할 경우.
(54) 시방의 모든 부처님께서 설하신 십이부경(十二部經)인 계경(契經)・중
송(重頌)・수기경(受記經)・송(頌)・자설경(自說經)・인연경(因緣經)・비유경
(譬喩經)・여시어경(如始語經)・본생경(本生經)・방광경(方廣經)・미증유경
(未曾有經)・논의경(論議經)을 듣고자 하고, 모든 성문 등이 들은 것도
듣지 못한 것도 전부 받아 지녀 외우기를 원할 경우.
(55) 항하의 모래알같이 많은 시방세계의 모든 부처님께서 설하시는 법도
이미 설하셨고 지금 반드시 설하실 것을 전부 듣고, 일체를 믿어 지니
고 스스로 행하며, 또한 다른 사람을 위하여 설하려고 할 경우.
(56) 과거의 모든 부처님께서 이미 설하셨고, 미래의 모든 부처님께서 반
드시 설하실 것을 듣기를 원하고, 다 듣고는 스스로를 이롭게 하고 또
다른 사람을 이롭게 하고자 할 경우.
(57) 항하의 모래알같이 많은 시방의 모든 세계의 중간인 어두운 곳, 해
와 달이 비추지 않는 곳을 광명을 가지고 널리 비추고자 할 경우.
(58) 항하의 모래알같이 많은 시방세계 가운데 부처님 명호와 법의 이름

과 스님이라는 말이 없는 곳의 일체 중생들로 하여금 전부 올바른 견해를 얻게 하여 삼보(三寶)의 이름을 듣게 하고자 할 경우.

(59) 항하의 모래알같이 많은 시방의 모든 세계 중생들에게 자기 힘으로써 눈이 먼 사람은 보게 하고, 귀먹은 사람은 듣게 하며, 미친 사람은 바른 정신이 들게 하고, 벌거벗은 사람에게 옷이 있게 하며, 굶주리고 목마른 사람을 포만하게 하고자 할 경우.

(60) 항하의 모래알같이 많은 시방세계 가운데 세 갈래 나쁜 곳(三惡趣)에 있는 중생들로 하여금 자기 힘으로써 전부 사람의 몸을 얻게 하고자 할 경우.

(61) 항하의 모래알같이 많은 시방세계 중생들을 자기 힘으로써 계·삼매·지혜·해탈·해탈지견에 머물게 하여 수다원과 내지 아뇩다라삼먁삼보리를 얻게 하고자 할 경우.

(62) 모든 부처님의 위의를 배우고자 할 경우.

(63) 코끼리 왕처럼 보는 자세를 얻고자 할 경우.

(64) 자신이 땅을 밟지 않고 발이 땅에서 네 손가락만큼 떨어져 갈 수 있게, 그리고 마땅히 사천왕천 내지 색구경천(色究竟天)과 함께 한량없는 천만억 모든 하늘(諸天)들에게 둘러싸여 공경받으며 보리수 아래에 도달하기를 원할 경우.

(65) 자기가 보리수 아래에 앉음에 사천왕천 내지 색구경천의 옷을 자리로 삼기를 원할 경우.

(66) 자기가 아뇩다라삼먁삼보리를 얻을 때 가고·머물고·앉고·눕는 곳을 전부 금강(金剛)으로 하기를 원할 경우.

(67) 출가하는 날 바로 아뇩다라삼먁삼보리를 이루고, 바로 그 날 진리의 수레바퀴를 굴리며, 진리의 수레바퀴를 굴릴 때 한량없고 헤아릴 수 없는 중생들이 번뇌의 티끌과 때를 멀리 여의고 모든 법문을 들어 그 진리를 이해함(法眼淨)을 얻고, 한량없고 헤아릴 수 없는 중생들이 일체 모든 것을 받지 않는 것으로 모든 번뇌의 마음이 해탈을 얻으며, 한량

없고 헤아릴 수 없는 중생들이 아뇩다라삼먁삼보리에서 물러서지 않음을 얻게 하고자 할 경우.

(68) 자기가 아뇩다라삼먁삼보리를 얻을 때 한량없고 헤아릴 수 없는 성문들이 스님이 되고, 자기가 한 번 법을 설함에 바로 그 자리에서 전부가 아라한이 되게 하고자 할 경우.

(69) 자기가 한량없고 헤아릴 수 없는 보살마하살로써 스님을 삼고, 한 번 법을 설함에 한량없고 헤아릴 수 없는 보살이 전부 불퇴전의 경계를 얻고 수명이 무량하며 광명을 원만히 갖추게 하고자 할 경우.

(70) 자기가 아뇩다라삼먁삼보리를 이룰 때, 그 세계에는 음욕과 성냄과 어리석음이 없을 뿐만 아니라 세 가지 독소(三毒)라는 말조차 없으며, 일체 중생들에게 이와 같은 지혜가 있게 하여 훌륭한 보시·훌륭한 지계·훌륭한 선정·훌륭하고 청정한 행·훌륭하게 중생을 어지럽히지 않음을 성취하게 하고자 할 경우.

(71) 자신이 입멸한 후에도 법이 멸해 없어지지 않고, 없어진다는 말조차 없기를 원할 경우.

(72) 자신이 아뇩다라삼먁삼보리를 얻을 때, 항하의 모래알같이 많은 시방세계의 중생들 중에 자기 이름을 듣는 이는 반드시 아뇩다라삼먁삼보리를 얻는 등 이와 같은 공덕을 얻고자 할 경우.

이상에서 열거한 사항들은 불교의 신행생활에서 생각할 수 있는 현세와 후세를 통한 모든 공덕이라고 해도 좋을 것이다. 이러한 공덕사상이 반야경에서는 다시 반야바라밀의 신앙과 결부되어 현세이익 사상으로 구체화되는데, 경에서는 이것을 크게 두 가지 측면으로 구분하고 있다. 즉 인간의 현세이익이라는 것은 눈에 보이는 것과 눈에 보이지는 않지만 느낄 수 있는 것으로 분리되어 인식된다. 반야바라밀 신앙은 이 점을 그대로 보여 주고 있다.

다시 말하면 인간이 삶을 영위해 나가는 과정에서 취하고자 하는 행복이라는 것은 물질적인 풍요와 정신적인 안녕이라는 두 가지가 원만히 되었을 때 가능하다고 할 수 있는데, 반야경의 공덕사상은 반야바라밀 신앙과 결부되어 이 점을 제시하고 있다. 그래서 경전은 우리들이 인식하는 현세이익을 눈앞에 바로 보이는 소위 물질적·유형적(有形的)인 것과 일상생활 가운데서 느껴지는 소위 정신적·무형적(無形的)인 것의 두 가지로 크게 구별하여 나타내고 있다.

그러면 먼저 『대품반야경』에 설해져 있는 정신적·무형적 현세이익에 관해서 살펴보자.

삼탄품 제30

모든 선남자·선여인이 이 반야바라밀을 듣고 받아 지니며, 가까이 하고 독송하며 바르게 사유하여 일체지의 마음을 여의지 않으면, 이 모든 선남자·선여인은 혼자서 빈 집에 있거나 혹은 무서운 황야를 가거나 혹은 많은 사람이 있는 곳에 있게 되어도 마침내 두려워하거나 겁내지 않는다.

멸쟁품 제31

중생을 제도하여 해탈시키고(成就衆生) 부처님의 국토를 맑히며(淨佛國土), 한 부처님의 나라에서 다른 부처님의 나라에 이르러서 모든 부처님을 공양함에 바라는 공양의 종류를 마음대로 바로 얻고, 모든 부처님을 따라 법을 듣고 아뇩다라삼먁삼보리를 얻을 때까지 마침내 중간에서 잊지 않습니다.

또한 집안을 성취하고 어머니를 성취하며, 권속을 성취하고 원만한 신체를 성취하며, 광명을 성취하고 눈과 귀를 성취하며, 삼매(三昧)를 성취하고 다라니(陀羅尼)를 성취하게 됩니다.

만약에 어떤 외도(外道)나 모든 범지(梵志)·혹은 마(魔)나 마의 백성(魔民)·혹은 열반을 얻지 못하고서 얻었다고 잘난 체하는 사람(增上慢

人)이 보살의 반야바라밀의 마음을 어지럽히고 무너뜨리려 하며, 이 모든 사람들이 자주 이 마음을 낼지라도 바로 없어져 버리고 마침내 소원대로 하지 못한다.

만약 선남자·선여인이 이 반야바라밀을 듣고서 받아 지니고, 가까이하고 독송하며, 다른 사람을 위하여 설하고 바르게 사유하면, 가령 가지가지로 투쟁을 일으켜 파괴하려고 찾아온 사람이 있다 해도, 반야바라밀의 위력에 의해서 그 나쁜 마음은 바로 소멸되고, 그 사람은 오히려 착한 마음을 내어서 공덕을 더하게 된다.

권지품 제34

혹은 관서(官署)의 일(官事)이 벌어짐이 있더라도, 이 선남자·선여인은 이 반야바라밀을 독송하는 까닭에 관서에 도착해도 꾸짖고 나무라는 사람이 없다. 왜냐하면 이 반야바라밀은 위력이 있기 때문이다. 혹은 선남자·선여인이 이 반야바라밀을 독송하고 왕의 처소나 태자·대신의 처소에 이르면, 왕이나 태자·대신은 모두가 환희심으로 심문하고 부드러운 말로 함께 말한다.

견이품 제35

염부제 사람들이 반야바라밀을 받아 지녀서, 이것이 머물 때는 불보가 이와 같이 머물고, 법보와 승보도 이와 같이 머문다. 그리고 머물고 있는 곳에서 선남자·선여인이 반야바라밀 경전을 써서 가짐이 있으면, 이 곳은 바로 광명의 비춤이 되기 때문에 모든 어둠을 여의게 된다.

존도품 제36

이 선남자·선여인이 반야바라밀을 받아 지니고, 내지 바르게 사유하여 일체지의 마음을 여의지 않으면 한량없는 계율이라는 덕목(戒衆)을 성취하고, 한량없는 선정이라는 덕목(定衆)·지혜라는 덕목(慧衆)·해탈이라는 덕목(解脫衆)・해탈지견이라는 덕목(解脫知見衆)을 성취한다.

　이 선남자・선여인 반야바라밀을 받아 지니고, 내지 바르게 사유하여 일체지의 마음을 여의지 않으면, 이 사람은 부처님과 같이 된다고 마땅히 알아야 한다.

　이 선남자・선여인이 이 반야바라밀을 독송하고, 타인을 위해서 설하고자 할 때는 한량없는 백천의 모든 하늘이 전부 와서 법을 듣는다. 그리고 이 선남자・선여인이 반야바라밀법을 설하도록 모든 천자들이 담력(膽力)을 더해 준다. 이 여러 법사(法師)들이 혹시 심히 피로하여 법을 설하지 않으려고 해도, 모든 하늘이 담력을 더해 주는 까닭에 바로 다시 훌륭하게 설하게 된다.

　이 선남자・선여인은 많은 사람들(四部衆) 가운데서 법을 설할 때에 마음에 겁(怯弱)이 없고, 혹은 어려운 질문(論難)이 있다고 해도 두려운 생각이 없다.

　선남자・선여인은 반야바라밀을 받아 지니고, 내지 바르게 사유할 때에 마음에 침몰함이 없으며, 두려워하지 않고 겁내지 않는다.

　선남자・선여인으로서 반야바라밀을 받아 지니고 내지 바르게 사유하며, 경전을 써서 지니고, 꽃이나 향 내지 깃발・일산을 가지고 공양하면, 이 사람은 부모에게 사랑받고, 친척이나 친구에게 기억되며, 모든 사문(沙門)이나 바라문에게 존경받고, 시방의 모든 부처님 및 보살마하살・벽지불・아라한 내지 수다원에게 사랑과 존경을 받으며, 일체 세간의 하늘(天)이나 마(魔)・범(梵)・아수라 등이 전부 사랑하고 존경한다.

　이 사람은 보시바라밀을 행하여 보시바라밀을 단절할 때가 없고, 지계바라밀・인욕바라밀・정진바라밀・선정바라밀・반야바라밀도 또한 단절할 때가 없다. 여섯 가지 감각기관이 공함을 닦아 중단하지 않고, 내지 사물이 존재하지 않는다는 견해와 존재한다는 견해가 같이 공함을 닦아 중단하지 않으며, 네 가지 관찰법을 닦아 중단하지 않고, 내지 열여덟 가지 부처님만이 갖는 특성을 닦아 중단하지 않으며, 모든 삼매문(三昧門)을 닦아 중단하지 않고, 모든 다라니문(陀羅尼門)을 닦아 중단하지 않으며, 모든 보살의 신통을 닦아 중단하지 않고, 중생을 제도하여 해탈시키고 부처님의 국토 맑힘을 중단하지 않으며, 내지 일체종지를 닦아 중단하지 않는다. 이 사람은 또한 비난하는 질문으로 훼방하는 것을 항복받는다. 선남자·선여인이 반야바라밀을 받아 지니고 내지 바르게 사유하여 일체지의 마음을 여의지 않으며, 경전을 써서 지니고, 꽃이나 향 내지 깃발·일산을 가지고 공양하면 또한 이러한 현세의 공덕을 얻게 된다.

선남자·선여인은 법을 설할 때에 절대로 피로해지는 일이 없으니, 스스로 몸이 가볍고 마음이 즐거움을 깨닫게 된다. 법에 따라 누워서 쉬고, 잠잘 때나 깨어 있을 때나 안온하여 온갖 악몽(惡夢)이 없고, 설령 꿈을 꾼다 해도 서른두 가지 거룩한 모습(三十二相)과 여든 가지 잘 생긴 모습(八十隨形好)을 갖추신 모든 부처님께서 비구 스님(比丘僧)에게 공경받으며 둘러싸여서 법을 설하는 것만을 본다.

이상의 다섯 품(品)에 설해져 있는 내용을 종합해서 살펴보면, 우선 정신적·무형적 현세이익이라는 것이 세간적(世間的)인 것과 출세간적(出世間的)인 것의 두 가지로 나타나 있는 것을 알 수 있다. 여기서 말하는 세간적 이익이라는 것은 우리들이 세속적(世俗的) 일상생활에서 얻을 수 있는 것들이다. 이것은 종교적인 생활과 관계없이 누구나가 원하는 생활의 안녕이고 평화이다. 그러나 이것은 또한 덧없는 것이어서 영원하지 않다. 반면에 출세간적 이익이라는 것은 불교의 수행에서만 가능한 영원한 행복이다. 인간이 삶의 가치를 어디에다 두는가 하는 것은 개인적인 취향이지만, 불교신행의 목적 내지는 불자(佛子)들이 추구하는 삶의 최고 가치는 바로 이 출세간적인 행복이다.

그럼 먼저 출세간적인 현세이익에 관해서 정리하여 열거해 보자.

(1) 중생을 제도하여 해탈시키고 부처님의 국토를 맑힌다.
(2) 아뇩다라삼먁삼보리를 얻을 때까지 중간에서 잊지 않는다.
(3) 삼매와 다라니를 성취한다.
(4) 한량없는 계율이라는 덕목(戒衆)을 성취하고, 한량없는 선정이라는 덕목(定衆)·지혜라는 덕목(慧衆)·해탈이라는 덕목(解脫衆)·해탈지견이라는 덕목(解脫知見衆)을 성취한다.
(5) 육바라밀을 비롯해서 불도(佛道)를 이루기 위한 모든 수행문을 단절하지 않는다.
(6) 부처님과 같이 된다.

다음으로 세간적인 현세이익에 관해서 정리하여 열거해 보자.

(1) 선남자·선여인이 반야바라밀을 염송하면 혼자서 빈 집에 있거나 무서운 황야를 가거나 많은 사람이 있는 곳에 있게 되어도 두려움이 생기지 않는다.
(2) 보살의 마음을 어지럽히고 산란하게 하려는 무리의 나쁜 마음이 소멸된다.
(3) 여러 가지로 투쟁을 일으켜 파괴하려고 찾아온 사람도 그 나쁜 마음이 소멸되고 다시는 생기지 않게 된다
(4) 관공서에 관계된 일이 벌어졌을 때도 심문하는 투로 말하지 않고, 서로 부드러운 말로 이야기한다.
(5) 모든 어둠을 여의게 된다.
(6) 제천(諸天)이 사물에 놀라지 않는 기력을 준다.

(7) 많은 사람들 가운데서 겁약의 마음도 두려운 생각도 생기지 않는다.
(8) 마음에 침몰함이 없다.
(9) 모든 사람들이 사랑하고 존경한다.
(10) 비난하는 질문으로 훼방하는 것을 항복받는다.
(11) 신체적인 피로도 정신적인 피곤도 생기지 않고, 악몽을 꾸는 일도 없다.

두 번째로 『대품반야경』에 설해져 있는 물질적·유형적 현세이익에 관해서 살펴보자.

삼탄품 제30

보살마하살 혹은 비구·비구니 혹은 남자신도·여자신도 혹은 모든 천자(天子)나 천녀(天女)가 이 반야바라밀을 만약 듣고 받아 지니며(受持), 가까이하고(親近) 독송(讀誦)하며, 다른 사람을 위하여 설해 주고 바르게 사유하여(正憶念) 일체지(一切智)의 마음을 여의지 않으면 여러 천자들아, 이 사람은 마(魔)나 마의 백성(魔民)이 해로움을 끼치려고 해도 그 기회를 얻을 수가 없다.

선남자·선여인이 능히 반야바라밀을 받아 지니고 가까이하며, 독송하고 바르게 사유하여 일체지의 마음을 여의지 않으면, 저희들은 언제나 이들을 반드시 수호하겠습니다. 왜냐하면 세존이시여, 이들은 보살마하살의 인연을 가진 까닭에 세 갈래 나쁜 길(三惡道)을 끊고 천인에 있어서도 있는 빈곤(天人貧)을 끊으며, 모든 재난과 질병과 기아를 끊기 때문입니다.

멸쟁품 제31

중생을 제도하여 해탈시키고(成就衆生) 부처님의 국토를 맑히며(淨佛國土), 한 부처님의 나라에서 다른 부처님의 나라에 이르러서 모든 부처님을 공양함8에 바라는 공양의 종류를 마음대로 바로 얻고, 모든 부처님을 따라 법을 듣고 아뇩다라삼먁삼보리를 얻을 때까지 마침내 중간에서 잊지 않습니다.

또한 집안을 성취하고 어머니를 성취하며, 권속을 성취하고 원만한 신체를 성취하며, 광명을 성취하고 눈과 귀를 성취하며, 삼매(三昧)를 성취하고 다라니(陀羅尼)를 성취하게 됩니다.

삼천대천세계 가운데의 모든 사천왕천·모든 석제환인·모든 범천 내지 색구경천은 능히 반야바라밀을 듣고서 받아 지니며, 공양하고 독송하며, 타인을 위하여 설하고 바르게 사유하는 이 선남자·선여인을 항상 수호한다. 시방에 계시는 현재의 모든 부처님께서도 또한 함께 반야바라밀을 듣고서 받아 지니며, 공양하고 독송하며, 타인을 위하여 설하고 바르게 사유하는 이 선남자·선여인을 옹호한다.

대명품 제32

만약 어떤 선남자·선여인이 이 깊은 반야바라밀을 듣고서 받아 지니며, 가까이하여 독송하고, 바르게 사유하여 일체지(薩婆若)의 마음을 여의지 않으면, 두 군대가 싸우고 있을 때에 이 선남자·선여인은 반야바라밀을 외우는 한, 전투에 휩쓸리게 되어도 결코 목숨을 잃는 일이 없고 칼이나 화살에 다치지도 않는다.

선남자·선여인이 이 깊은 반야바라밀을 듣고서 받아 지니며, 가까이하여 독송하고, 바르게 사유하여 일체지의 마음을 여의지 않으면 독약 냄새를 맡게 해도, 혹은 사악한 요술을 사용해도, 혹은 불구덩이에 떨어뜨려도, 혹은 깊은 물 속에 빠뜨려도, 혹은 칼로 죽이려고 해도, 혹은 독약을 먹여도 이와 같은 온갖 나쁜 것들이 다치게 할 수 없다.

반야바라밀을 단지 서사(書寫)해 책으로 만들어 집에서 공양만 하고 기억도 하지 않고 읽지도 않으며, 외우지도 않고 설하지도 않으며 바르게 사유하지 않는다 하더라도, 이 곳에서는 사람이나 혹은 사람이 아닌 것(非人)이 해로움을 끼치려고 해도 그 기회를 얻을 수 없다.

권지품 제34
만약 어떤 선남자·선여인이 반야바라밀을 받아 지니고 내지 바르게 사유하면 자신의 실수로 독약을 먹고 죽는 일도 없고, 칼에도 다치지 않으며, 물이나 불의 위험에 떨어지지도 않고, 내지 온갖 질병(四百四病)도 침범할 수가 없다.

무작품 제43
만약 선남자·선여인이 이 반야바라밀을 받아 지니며, 가까이하고 바르게 사유하면 내내 눈이 병들지 않고, 귀·코·혀·신체도 또한 내내 병들지 않습니다. 몸을 다쳐 불구가 되지 않고, 쇠약하게 늙지도 않으며, 결코 횡사(橫死)를 당하지 않습니다.

이상의 다섯 품 속에 설해져 있는 내용을 종합해서 정리하여 열거해 보면,

첫째 반야바라밀을 염송하는 선남자·선여인은 제천(諸天)이 수호하고 모든 부처님께서 옹호한다.
둘째 반야바라밀을 염송하는 선남자·선여인은 악마가 해롭게 할 수 없다.
셋째 반야바라밀을 염송하는 선남자·선여인은 사람이나 혹은 사람이 아닌 것이 해롭게 할 수 없다.

위와 같은 세 가지 전제 하에서 갖가지 현세이익이 초래되는데, 그 현세이익은 크게 네 가지로 분류된다.
첫째는 반야바라밀을 염송하면 지옥·아귀·축생과 같은 고통이 없다는 것인데 구체적으로는,

(1) 집안이 융창하고 가족이 원만하며 결손가정(缺損家庭)이 되지 않는다.
(2) 신체상 결함이 생기지 않는다.

둘째는 반야바라밀을 염송하면 빈곤이 없다.
셋째는 반야바라밀을 염송하면 재난과 질병과 기아를 만나지 않는다는 것인데 구체적으로는,

(1) 전투에 휩쓸려도 결코 목숨을 잃는 일이 없고 다치지도 않는다.
(2) 독약 냄새를 맡게 해도 다치지 않는다.
(3) 사악한 요술에 걸려도 장애받지 않는다.
(4) 활활 타는 불구덩이에 밀어 넣어도 다치지 않는다.
(5) 깊은 물 속에 떨어뜨려도 다치지 않는다.
(6) 칼로 죽이려 해도 다치지 않는다.
(7) 독약을 먹여도 다치지 않는다.
(8) 자기의 실수에 의해서 독약을 마신다든가 불구덩이에 떨어진다든가 물 속에 빠진다든가 칼에 다친다든가 하는 일은 결코 일어나지 않는다.
(9) 온갖 질병에 걸리지 않고 눈·귀·코·혀·신체가 청정하다.
(10) 몸을 다쳐 불구가 되지 않는다.
(11) 쇠약하게 늙지 않는다.
(12) 횡사를 당하지 않는다.

넷째는 반야바라밀을 염송하면 바라는 바 공양의 종류를 생각대로 얻을 수 있다.
이상에서 『대품반야경』에 나타나 있는 현세이익 사상을 유형적인 것과 무형적인 것으로 나누어서 그 구체적인 종류를 살펴보았다. 이상에서 알 수 있는 것처럼 반야바라밀의 염송과 공양에 의해서 얻어지는 현세이익은 인간생활 전반에 걸친 좌절로부터의 극복과 순조로운 생활의 희구를 도모하는 것임을 알 수 있다.

3) 반야바라밀에 의한 후세이익

인간의 삶은 금생이라는 단 1회로 끝나는 것이 아니라는 것이 불교의 주장이다. 즉 불교는 다른 종교와는 달리 과거·현재·미래의 삼세(三世)를 통한 여섯 갈래 윤회의 길(六道輪廻)을 말하게 되고, 이 윤회로부터의 해탈을 목표로 하고 있다. 왜냐하면 윤회 그 자체가 바로 고통의 연속이기 때문이다. 그런데도 대부분의 사람들은 고통의 보편성이 자명한 사실로 나타나는 것이 아닐 뿐 아니라, 이 세상에는 무엇인가 행복이 존재한다는 신념을 강하게 고집하기 때문에 윤회하는 전체가 고통인 것을 명확히 인식하지 못하고 있다. 따라서 현세에서 추구하는 한정된 행복감이 다음 생애에도 이어지기를 희구하게 된다. 이것은 어쩌면 깨닫지 못한 범부에게는 당연한 염원일지도 모른다. 바로 이 중생들의 생각을 대변이라도 하듯이 『대품반야경』 권지품 제34에는 다음과 같이 설시하고 있다.

> 만약 선남자·선여인으로서 반야바라밀을 듣고서, 받아 지니며 가까이하고, 내지 바르게 사유하면 이 사람은 반드시 금세와 후세에 공덕을 성취하게 된다.

이것은 반야바라밀 신앙에 의해서 얻어지는 공덕이 현세에 한정된 것이 아니라 후세에도 연결되고 있음을 밝히고 있는 것이다. 여기서 말하는 후세의 공덕이란 『대지도론』의 말을 빌리면 '세세생생에 태어나는 곳에서의 공덕', 즉 세세생생을 통해서 몸을 바꾸어 태어나는 국토에서 얻어지는 공덕을 말한다. 권지품 제34에서는 이어서 반야바라밀에 의한 후세공덕을 이렇게 말하고 있다.

> 무엇이 이 선남자·선여인이 후세에 얻는 공덕인가 하면, 이 선남자·선여인은 마침내 열 가지 착한 행위(十善道)·네 가지 선정(四禪)·네

가지 한량없는 이타의 마음(四無量心)·네 가지 형상을 떠난 선정(四無色定)·육바라밀(六波羅蜜)·네 가지 관찰법(四念處) 내지 열여덟 가지 부처님만이 갖는 특성(十八不共法)을 여의지 않는다. 이 사람은 결코 세 갈래 나쁜 길(三惡道)에 떨어지지 않고, 신체적으로 결함이 없는 사람의 몸을 받으며, 마침내 빈궁한 집·천한 집·고달픈 직업의 집(工師)·비천한 직업의 집(除厠人)·사람들이 싫어하는 직업의 집(擔死人)에 태어나지 않는다. 항상 서른두 가지 거룩한 모습(三十二相)을 얻고, 언제나 변화로 태어남(化生)을 얻어서 모든 현재의 부처님 나라에 태어나며, 결코 보살의 신통을 여의지 않는다. 만약 한 부처님 나라에서 다른 부처님 나라로 다니면서 모든 부처님을 공양하고, 모든 부처님 법을 듣고자 하면 곧바로 뜻과 같이 노닐 수 있는 부처님 나라를 만나고, 능히 중생을 제도하여 해탈시키고 부처님의 국토를 맑히며, 언젠가는 아뇩다라삼먁삼보리를 얻게 된다. 교시가야, 이것을 후세의 공덕이라고 부른다.

이러한 까닭에 교시가야, 선남자·선여인은 반드시 이 반야바라밀을 받아 지니고 가까이하며, 독송하고 설하며 바르게 사유해야 하고, 꽃이나 향 내지 음악을 가지고 공양하며, 항상 일체지의 마음을 여의지 않아야 한다. 이 선남자·선여인은 곧 아뇩다라삼먁삼보리에 이르르니, 금세와 후세의 공덕을 성취하게 되는 것이다.

경에서는 후세공덕 역시 세간적인 이익과 출세간적인 이익으로 구분해서 밝히고 있다. 먼저 출세간적인 후세이익을 정리해서 열거해 보자.

(1) 열 가지 착한 행위을 비롯해서 불도(佛道)를 이루기 위한 모든 수행문을 여의지 않는다.
(2) 변화로 태어남을 얻어서 부처님 나라에 태어난다.
(3) 보살의 신통을 여의지 않는다.
(4) 불법을 듣고자 하면 바로 들을 수 있는 자재를 얻게 된다.

(5) 중생을 제도하여 해탈시키고 부처님의 국토를 맑힌다.
(6) 마침내 아뇩다라삼먁삼보리를 성취한다.

다음으로 세간적인 후세이익을 정리해 보자.

(1) 삼악도라고 하는 지옥·아귀·축생으로 태어나지 않는다.
(2) 신체적으로 결함이 없는 사람의 몸을 받는다.
(3) 결코 빈궁한 집·천한 집·고달픈 직업의 집·비천한 직업의 집·사람들이 싫어하는 직업의 집에 태어나지 않는다.
(4) 항상 서른두 가지 거룩한 모습을 얻는다.

이상 반야바라밀 신앙에 의한 후세의 공덕에 대해서 살펴보았는데, 여기에서 한 가지 특이한 것은 불교수행의 최고 목표인 성불(成佛), 즉 아뇩다라삼먁삼보리의 성취가 현세공덕이 아닌 후세공덕으로 명확하게 표현되어 있는 점이다. 이 문제에 관해서는 멸쟁품 제31에 보이는 부처님과 석제환인과의 다음과 같은 대화에서 더욱 분명히 드러난다.

　　부처님께서 석제환인에게 이르셨다.
　　"교시가야, 반야바라밀을 지니면 이미 다섯 가지 바라밀 내지 열여덟 가지 부처님만이 갖는 특성을 모두 거두어들임이 된다. 또한 교시가야, 이 반야바라밀을 받아 지니고, 가까이하고 독송하며, 다른 사람을 위하여 설하고 바르게 사유하는 이 선남자·선여인이 얻게 되는 금세의 공덕을 너는 일심으로 분명히 들어라."
　　석제환인이 말씀드렸다.
　　"그렇게 하겠습니다 세존이시여, 가르침을 받들겠습니다."
　　부처님께서 석제환인에게 말씀하셨다.
　　"만약에 어떤 외도(外道)나 모든 범지(梵志)·혹은 마(魔)나 마의 백성(魔民)·혹은 열반을 얻지 못하고서 얻었다고 잘난 체하는 사람(增上

慢人)이 보살의 반야바라밀의 마음을 어지럽히고 무너뜨리려 하며, 이 모든 사람들이 자주 이 마음을 낼지라도 바로 없어져 버리고 마침내 소원대로 하지 못한다. 왜냐하면 교시가야, 보살마하살은 기나긴 세월(長夜)에 걸쳐서 보시바라밀을 행하고, 지계·인욕·정진·선정·반야바라밀을 행했기 때문이다.

…… (중략) ……

중생들이 기나긴 세월에 걸쳐서 애욕의 번뇌(愛結)를 지은 까닭에 나고 죽음에 헤매이니, 이 보살마하살은 방편의 힘으로써 중생의 애욕의 번뇌를 끊고, 중생을 네 가지 선정·네 가지 한량없는 이타의 마음·네 가지 형상을 떠난 선정·네 가지 관찰법 내지 여덟 가지 바른 깨달음에 이르는 길(八聖道分)·모든 것은 공(空)과 어떤 특징도 없음(無相)과 원할 것이 없음(無作)의 삼매에 일으켜 세운다. 중생을 수다원과 내지 아라한과·벽지불도·불도에 일으켜 세운다.

교시가야, 이것을 보살마하살이 반야바라밀을 행하여 현세의 공덕과 후세의 공덕을 얻음이라고 한다. 아뇩다라삼먁삼보리를 얻어 진리의 수레바퀴(法輪)를 굴리고, 소원을 만족히 하고 번뇌의 여진까지 없는 열반(無餘涅槃)에 든다. 교시가야, 이것을 보살마하살의 후세의 공덕이라고 한다."

선남자·선여인이 반야바라밀을 염송함에 의해서 현세에 얻는 공덕과 후세에 얻는 공덕은 여러 가지 면에서 일치하고 있다. 그러나 아뇩다라삼먁삼보리를 얻어 진리의 수레바퀴를 굴리고 번뇌의 여진까지 없는 열반에 드는 것은 후세의 공덕으로 설하시고 있다. 이러한 점은 앞에서 이미 말한 것처럼 반야경에 있어서는 반야바라밀의 실천이라는 보살마하살의 수행과 반야바라밀의 신앙이라는 서로 다른 두 개의 사상이 동시에 나타나 있어서, 일체중생의 불과획득(佛果獲得)이라는 불교의 근본문제를 둘러싸고도 양자 사이에 현격한 차이를 보이고 있는 것이라 할 수 있다. 가령 산화품 제29에서는 다음과 같이 설하고 있다.

> 이 마하바라밀(摩訶波羅蜜)은 이것이 보살마하살의 반야바라밀이고, 무량바라밀(無量波羅蜜)·무변바라밀(無邊波羅蜜)은 이것이 보살마하살의 반야바라밀이며, 이 가운데서 수다원과 내지 아라한과·벽지불도를 배워 성취합니다. 모든 보살마하살은 이 반야바라밀 가운데서 배워 성취하고, 능히 중생을 제도하여 해탈시키고 부처님의 국토를 맑히며, 아뇩다라삼먁삼보리를 얻으니, 이미 얻었고 지금 얻으며 마땅히 얻을 것입니다.

보살마하살은 반야바라밀 가운데서 배워 성취하고 아뇩다라삼먁삼보리를 얻으니, 이미 얻었고 지금 얻으며 마땅히 얻는다. 즉 경에서는 보살이 반야바라밀을 배워서 현세에 아뇩다라삼먁삼보리를 성취함을 분명히 밝히고 있다.

그러나 선남자·선여인의 반야바라밀 신앙에 의한 아뇩다라삼먁삼보리의 증득이 후세공덕으로 명확히 나타나 있다고 해서 그것이 현세공덕으로 부정되고 있는 것은 결코 아니다. 법칭품 제37에는 다음과 같이 설하고 있다.

> 선남자·선여인이 이 반야바라밀을 듣고서, 받아 지니고 독송하며, 바르게 사유하고 타인을 위하여 말해 주면, 이 사람은 지옥이나 축생에 떨어지지 않고, 성문이나 벽지불의 경지에도 떨어지지 않습니다. 왜냐하면 마땅히 알아야 하니, 이 선남자·선여인은 바로 보살의 물러나지 않는 경지(不退轉地)에 머물고 있는 까닭이며, 이 반야바라밀은 일체의 고뇌와 쇠퇴와 질병을 멀리 여의었기 때문입니다.

> 또한 세존이시여, 어느 삼천대천세계 가운데서 만약 반야바라밀을 받아 지니고, 공양·공경·존중·찬탄함이 있으면, 이 곳은 사람이나 혹

은 사람이 아닌 것이 해치려고 해도 기회를 얻을 수 없고, 이 사람은 차츰 열반에 듦을 얻습니다. 세존이시여, 반야바라밀이 큰 이익을 줌이 이와 같으니, 삼천대천세계 가운데서 훌륭하게 불사(佛事)를 이룹니다. 세존이시여, 머물고 있는 곳에 반야바라밀이 있으면 바로 부처님께서 계심이 됩니다.

이렇게 선남자·선여인이 반야바라밀 염송으로 물러나지 않는 경지의 보살(不退轉菩薩)이 되고, 그것이 현세든 아니면 후세든 차츰 열반에 듦을 얻는다고 밝히고 있다. 또한 권지품 제34에는 부처님께서 석제환인에게 말씀하시는 다음과 같은 경문이 있다.

> 교시가야, 만약 모든 천자(天子)나 천녀(天女)에게 다섯 가지 죽음의 모양(五死相)이 나타날 때는 반드시 나쁜 곳(不如意處)에 떨어지게 된다. 그 때 자네는 반드시 그들 앞에서 반야바라밀을 송독(誦讀)해야 하니, 이 모든 천자나 천녀가 반야바라밀을 들은 공덕에 의해서 다시 제자리에 태어나기 때문이다. 왜냐하면 반야바라밀을 들음에 큰 이익이 있기 때문이다.
> 또한 교시가야, 어떤 선남자·선여인이나 혹은 모든 천자나 천녀가 이 반야바라밀경을 들은 것만으로도, 이 공덕에 의해서 언젠가는 반드시 아뇩다라삼먁삼보리를 얻게 된다. 왜냐하면 교시가야, 과거의 모든 부처님과 제자들이 전부 이 반야바라밀을 배워서 아뇩다라삼먁삼보리를 얻고, 번뇌의 여진까지도 없는 열반(無餘涅槃)에 들었기 때문이다. 교시가야, 미래의 모든 부처님과 지금 현재 시방의 모든 부처님과 제자들도 전부 이 반야바라밀을 배워서 아뇩다라삼먁삼보리를 얻고, 번뇌의 여진까지도 없는 열반에 들기 때문이다. 왜냐하면 교시가야, 이 반야바라밀은 일체의 훌륭한 법인 성문법(聲聞法)·벽지불법(辟支佛法)·보살법(菩薩法)·불법(佛法)을 포섭하기 때문이다.

이렇게 경전은 선남자·선여인이 반야바라밀경을 듣는 것만으로도 그 공덕에 의해서 장차 틀림없이 아뇩다라삼먁삼보리를 얻을 수 있음을 밝히고 있다. 다시 말해서 『대품반야경』에는 성불하기 위한 수행의 방법과 그 시기에 대하여 여러 가지로 차이가 보이고는 있지만, 선남자·선여인이 반야바라밀경을 듣고 반야바라밀을 염송하며 공양하는 것에 의해서, 가령 금생에 성불하지 못한다 하더라도 후세에는 반드시 성불이 약속되어 있는 것이다.

4) 파법죄(破法罪)의 과보

이상에서 반야바라밀경을 듣고 반야바라밀을 염송하며 공양하는 것에 의해서 얻는 현세와 후세의 이익에 관해서 살펴보았지만, 반야경에서는 아울러 반야바라밀을 신앙하여 얻는 이익이 큰 만큼 그 반대급부로 반야바라밀을 비방하는 사람들이 받게 되는 과보 또한 엄청남을 상세히 설하고 있다. 즉 반야바라밀을 신앙할 때는 여러 가지 공덕이 초래되지만, 반대로 반야바라밀을 비방하고 그 신앙을 훼방할 때는 재앙을 면할 수 없다는 것을 경은 밝히고 있다.

여기에서 우선 중요시되는 것은 반야바라밀을 듣고 믿는 것이다. 믿지 않으면 아무런 이익이 없는 것이다. 『금강경』 지경공덕분 제15에서는 이렇게 설하고 있다.

> 만약 어떤 선남자·선여인이 아침에 갠지스강의 모래 수와 같은 몸으로써 보시하고, 낮에 다시 갠지스강의 모래 수와 같은 몸으로써 보시하며, 다시 저녁 때에도 또한 갠지스강의 모래 수와 같은 몸으로 보시하여 이와 같이 무량백천만억 겁 동안을 몸으로써 보시하더라도, 만약 다시 어떤 사람이 이 경전을 듣고 믿는 마음으로 거슬리지 아니하

면(信心不逆), 그 복이 저보다 수승하다.

반야경의 말씀을 믿고 따르는 것이 무량백천만억 겁 동안을 몸으로써 보시하는 공덕보다 수승하다는 법문은 반야바라밀에 대한 믿음을 무엇보다 우위에 두고 있음을 보여 주고 있다. 그러나 반야바라밀에 대한 믿음이나 혹은 거역의 마음은 우연히 생기는 것이 아니라 이것이야말로 전생으로부터의 지중한 인연이다.『대품반야경』신훼품 제41에서는 설하고 있다.

> 그 때 혜명 사리불이 부처님께 사루어 말씀드렸다.
> "세존이시여, 이 반야바라밀을 믿어 이해하는 보살마하살은 어디에서 죽어서 이 세간에 와서 태어났고, 아뇩다라삼먁삼보리의 마음을 낸 지가 얼마나 되었으며, 몇 분의 부처님을 공양하였고, 보시바라밀·지계바라밀·인욕바라밀·정진바라밀·선정바라밀·반야바라밀을 행하면서 몇 분의 부처님을 공양하여 왔으며, 얼마 동안 능히 중생을 수순하고 이 깊은 반야바라밀의 의미를 이해하였습니까?"
> 부처님께서 사리불에게 이르셨다.
> "이 보살마하살은 시방의 많은 부처님을 공양하고 이 세간에 와서 태어났으며, 이 보살이 아뇩다라삼먁삼보리의 마음을 낸 지도 한량없고 가없으며 헤아릴 수조차 없는 백천억 겁이나 되었다. 이 보살마하살은 처음 마음을 내어서부터 육바라밀을 행하였으며, 한량없고 가없으며 불가사의한 헤아릴 수조차 없는 많은 부처님을 공양하고 이 세간에 와서 태어났다.
> 사리불아, 이 보살마하살은 이 반야바라밀을 보고 들으면 이렇게 생각한다. '나는 부처님을 친견하고, 부처님을 따라서 가르침을 들었다.'
> 사리불아, 이 보살마하살은 능히 중생을 수순하고 깊은 반야바라밀의 의미를 이해하였으니, 형상이 없고 대립하는 두 가지가 없으며 붙

잡을 수가 없음인 까닭이다."

반야바라밀을 믿어 이해하는 보살마하살은 처음 마음을 내어서부터 육바라밀을 행하였으며, 한량없고 가없으며 불가사의한 헤아릴 수조차 없는 많은 부처님을 공양하고 이 세간에 와서 태어났고, 그래서 반야바라밀을 듣는 즉시 믿는 마음을 내는 것이다.

그러나 이렇게 반야바라밀을 신앙하여 많은 복덕을 얻고 마침내 아뇩다라삼먁삼보리를 증득하는 선남자·선여인이 있는 반면에 반야바라밀을 믿지 않을 뿐만 아니라 오히려 비방하는 이도 있으니, 그러한 사람은 어떤 숙세의 인연을 지은 결과인가. 신훼품 제41은 이 점에 관하여 다음과 같이 설시하고 있다.

어떤 보살마하살은 여러 부처님을 친견하기가 한량없는 백천만억 정도로 많지만, 여러 부처님을 따라서 행한 보시·지계·인욕·정진·선정·지혜가 전부 붙잡을 수가 있음인 까닭에, 이 보살은 깊은 반야바라밀을 말하는 것을 듣게 되면 바로 대중 가운데서 일어나 가 버리고, 깊은 반야바라밀 및 많은 부처님을 공경하지 않는다.

이 보살은 당장 대중 가운데 앉아서 이 심히 깊은 반야바라밀을 듣게되더라도 즐겁지 않은 까닭에 바로 자리를 박차고 가 버리는 것이다. 왜냐하면 이 선남자·선여인 등은 전생에 깊은 반야바라밀을 듣게 되었을 때에 자리를 박차고 가 버렸기 때문에, 금생에도 깊은 반야바라밀을 듣게 되었지만 자리를 박차고 가 버리는 것이다. 몸과 마음이 반야바라밀과 조화를 이루지 못한 이 사람은 어리석은 인연의 업(業)을 심었고, 이러한 어리석은 인연의 죄(罪)를 심은 까닭에 깊은 반야바라밀을 말하는 것을 듣고는 비방하고 헐뜯는 것이다.

전생에 많은 부처님을 친견하고 비록 법문은 들었지만, 참다운 반야바라밀의 가르침에 신심을 내지 못하고 현상계에 집착된 신행을 한 까닭에 반야바라밀과 이 법을 설하는 부처님을 공경하지 않았다. 그 까닭에 반야바라밀이 설해지는 곳을 떠나는 것이고, 이러한 어리석은 인연들 때문에 마침내 금생에는 반야바라밀을 비방하고 헐뜯는 것이다.

신훼품 제41에서는 부처님과 수보리의 대화를 통하여 이렇게 어리석은 사람이 반야바라밀을 비방하고 헐뜯으며 파괴함에는 네 가지 인연이 있다고 설하시고 있다.

> 이 어리석은 사람은 악마의 시킴을 받아서 깊은 반야바라밀을 비방하고 헐뜯으며 파괴하고자 하니, 이것을 첫째의 인연이라 말한다. 이 어리석은 사람은 깊은 법을 믿지 않는다. 믿지 않고 알지 못하면 마음에 청정함을 얻을 수 없으니, 이러한 두 번째 인연에 의해서 이 어리석은 사람은 깊은 반야바라밀을 비방하고 헐뜯으며 파괴하고자 한다. 이 어리석은 사람은 악지식(惡知識)과 어울려 마음을 침몰하고 게으르며, 다섯 가지 모임(五受陰)에 몹시 집착하니, 이러한 세 번째 인연에 의해서 이 어리석은 사람은 깊은 반야바라밀을 비방하고 헐뜯으며 파괴하고자 한다. 이 어리석은 사람은 자주 화를 내고, 스스로 높은 체하여 다른 사람을 깔보니, 이러한 네 번째 인연에 의해서 이 어리석은 사람은 깊은 반야바라밀을 비방하고 헐뜯으며 파괴하고자 한다.
> 수보리야, 이 네 가지 인연에 의해서 어리석은 사람은 깊은 반야바라밀을 파괴하려고 한다.

첫째는 악마의 시킴을 받아서 반야바라밀을 비방하고 헐뜯는 인연이다. 여기서 말하는 악마에는 오중마(五衆魔)·번뇌마(煩惱魔)·사마(死魔)·자재천마(自在天魔)의 네 종류가 있는데, 이 가운데 지금의 경우는 번뇌마의 시킴을 받아서 반야바라밀을 비방하고 파괴하려고 하는 것, 즉 부처님의 가르침을 믿지 않는 것이다.

둘째는 불법을 믿지 않고 알지 못한 결과로 마음에 청정함을 얻지 못하여 반야바라밀을 비방하고 헐뜯으며 파괴하고자 하는 인연이다.

셋째는 나쁜 벗과 어울려 다섯 가지 모임에 집착하기 때문에 반야바라밀을 비방하고 헐뜯으며 파괴하고자 하는 인연이다. 소위 오중마에 걸려 현상적·육체적인 것이 전부라고 믿어서 이것을 얻기에 급급하고 정진에 게으름을 내는 것이다.

넷째는 자주 화를 내고 스스로 잘난 체하여 남을 깔보는 것에서 반야바라밀을 비방하고 헐뜯으며 파괴하고자 하는 인연이다. 소위 자재천마에 걸린 것이다. 자재천은 부족함이 없는 천상세계이다. 따라서 자기 이상의 사람은 없다고 여긴다. 설법하는 법사에게도 제까짓 것이 무엇이라고 하며 자만하고 자기가 최고라고 여긴다. 이러한 생각이 받아들여지지 않을 때 화를 내고 반야바라밀을 비방하는 것이다.

이렇게 숙세를 두고 네 가지 인연들이 쌓여서 금생에 반야바라밀을 비방하고 헐뜯으며 파괴하고자 하기 때문에 이런 사람은 당연히 좋지 못한 과보를 피할 수 없다.

깊은 반야바라밀을 비방하고 헐뜯은 까닭에 곧 과거·미래·현재의 모든 부처님의 일체지(一切智)와 일체종지(一切種智)를 비방하고 헐뜯게 되었다. 이 사람이 삼세(三世) 많은 부처님의 일체지를 비방하고 헐뜯는 까닭에 바른 법을 파괴한 업(破法業)을 일으키고, 바른 법을 파괴한 업의 인연이 모이는 까닭에 한량없는 백천만억 년 동안 대지옥(大地獄)에 떨어지는 것이다.

이 바른 법을 파괴한 사람들은 하나의 대지옥에서 다른 대지옥으로 옮겨 다닌다. 가령 화겁(火劫)이 일어날 때는 다른 곳에 있는 대지옥에 가서 태어나 그 곳에서 하나의 대지옥에서 다른 대지옥으로 옮겨 다니고, 그 곳에서 화겁이 일어날 때는 다시 다른 곳에 있는 대지옥으로 옮겨져 태어나 그 곳에서 하나의 대지옥에서 다른 대지옥으로 옮겨 다니는 것이다.

  이와 같음을 시방세계에서 두루하게 되니, 저 곳에서 만약 화겁이 일어나 죽었다 해도 바른 법을 파괴한 업의 인연이 아직 다 하지 않은 까닭에 오히려 이 곳의 대지옥에 와서 태어나 또한 하나의 대지옥에서 다른 대지옥으로 옮겨 다니면서 한량없는 고통을 받게 되는 것이다. 이 곳에서 화겁이 일어날 때는 다시 시방의 다른 국토에 이르러 축생으로 태어나 바른 법을 파괴한 죄업(罪業)의 고통을 받게 되니, 지옥 가운데서 설함과 같다.

  무거운 죄가 점점 가벼워져서 혹은 사람의 몸을 받는다 해도 맹인의 집에 태어나고, 백정의 집에 태어나며, 빈천한 직업의 집(除厠)·사람들이 싫어하는 직업의 집(擔死人)·갖가지 하천한 집안에 태어나니, 혹은 눈이 없거나 한 개인 집·눈병으로 보지 못하는 집·혀가 없고 귀가 없으며 손이 없는 집안이다.

  태어난 곳에는 부처님이 계시지 않고, 가르침이 없으며, 부처님의 제자들이 없다. 왜냐하면 바른 법을 파괴한 업을 심어서 모은 것이 무겁게 누르기 때문이니, 이 까닭에 이러한 과보(果報)를 받는 것이다.

신훼품 제41

  반야바라밀을 비방하고 욕하며 헐뜯는 것을 바른 법을 파괴한 업(破法業)이라 하고, 이렇게 바른 법을 파괴한 업을 짓는 사람은 세계의 생성과 종말이 몇 번이고 반복될 정도로 긴 세월 동안 하나의 대지옥 ― 이것을 『대지도론』에서는 아비지옥(阿鼻地獄)이라 칭하고 있다 ― 과 다른 대지옥으로 옮겨 다니면서 심신의 괴로움을 받는 것이다. 또한 대지옥의 업보(業報)를 받음에 의해 무거운 죄가 차츰 가벼져서 다행히 사람의 몸을 받는다 해도 그가 태어난 곳은 인간의 행복과는 거리가 먼 맹인의 집·백정의 집·빈천한 직업의 집·사람들이 싫어하는 직업의 집·갖가지 하천한 집이고, 신체적으로도 불구의 몸이 되는 것이다.

그러면 무엇 때문에 바른 법을 파괴한 업을 지은 사람, 즉 반야바라밀을 욕하고 헐뜯은 사람이 이렇게 혹독한 고통을 받지 않으면 안 되는가. 그것은 반야바라밀을 비방하고 훼방하는 것이 과거·미래·현재의 모든 부처님의 일체지(一切智)와 일체종지(一切種智)를 비방하고 헐뜯은 죄가 되고, 따라서 이 사람은 삼세(三世) 많은 부처님의 일체지를 비방하고 헐뜯은 죄를 지은 것이 되기 때문이다.

불교에서는 악업(惡業)을 짓는 것을 이름하여 죄라고 하고, 이 가운데 가장 무거운 죄악을 다섯 가지 가장 큰 죄(五逆罪)라고 부르고 있다. 『아사세왕문오역경(阿闍世王問五逆經)』에는,

> 다섯 가지 가장 큰 죄(五逆罪)가 있으니, 만약 남자나 여인으로서 이 다섯 가지 구제가 되지 않는 죄를 짓는 자는 반드시 지옥에 떨어짐을 의심할 수 없다. 무엇을 다섯 가지라 하는가. 아버지를 살해하는 것, 어머니를 살해하는 것, 아라한을 살해하는 것, 화합된 승단을 혼란시키는 것, 부처님의 처소에서 나쁜 생각을 일으키는 것이다. 이와 같은 다섯 가지는 구제가 불가능한 죄여서, 만약 어떤 남자나 여인이 이 죄를 저지르면 반드시 지옥에 떨어짐을 의심할 수 없다.

라고 설하여 다섯 가지 가장 큰 죄를 지으면 반드시 지옥에 떨어짐을 의심할 수 없다고 밝히고 있다. 또한 『구사론(俱舍論)』제 17권에서는 이 다섯 가지 가장 큰 죄가 무간지옥(無間地獄)에 떨어지는 업(業)이라는 의미에서 오무간업(五無間業)이라 부르고 있다.

『대품반야경』은 이렇게 당시에는 가장 큰 무거운 죄라고 인식되고 있는 다섯 가지 가장 큰 죄를 들어서 반야바라밀을 파괴하는 파법죄(破法罪)와 비교하고 있다.

사리불이 부처님께 사루어 말씀드렸다.

"세존이시여, 다섯 가지 가장 큰 죄(五逆罪)와 바른 법을 파괴한 죄(破法罪)는 서로 같습니까?"

부처님께서 사리불에게 이르셨다.

"서로 같다고 말할 수 없다. 왜냐하면 만약 어떤 사람이 이 심히 깊은 반야바라밀을 말하는 것을 듣고는 비방하고 헐뜯으며, 반야바라밀을 믿지 않고서 말하기를, '이 가르침을 배우지 말라. 이것은 바른 법이 아니고 선(善)이 아니며 부처님의 가르침이 아니다. 많은 부처님께서는 이러한 말을 설하시지 않았다.'고 한다면, 이 사람은 스스로도 반야바라밀을 비방하고 헐뜯으며 또한 타인을 시켜서 반야바라밀을 비방하고 헐뜯은 것이기 때문이다. 스스로 그 몸을 파괴하고 타인의 몸을 파괴하며, 스스로 독을 마셔 몸을 죽이고 타인에게도 독을 마시게 하며, 스스로도 몸을 잃고 타인의 몸을 잃게 하며, 스스로도 깊은 반야바라밀을 알지 못하고 믿지 못하여 비방하고 헐뜯으며, 타인으로 하여금 믿지 못하고 알지 못하게 하기 때문이다.

사리불아, 나는 이와 같은 사람들의 이름조차 듣지 않는데, 어찌 하물며 눈으로 보거나 같이 머물겠느냐! 왜냐하면 마땅히 알아야 하니, 이러한 사람을 이름하여 바른 법을 더럽힌 사람이라 하고, 쇠약하고 혼탁함에 떨어진 나쁜 사람(黑性)이라 하기 때문이다. 어떤 사람이 만약 이러한 사람의 말을 듣고서 신용한다면, 그 사람 역시 이러한 고통을 받게 된다.

사리불아, 어떤 사람이고 반야바라밀을 파괴하면, 이 사람을 이름하여 바른 법을 파괴한 사람(壞法人)이라 한다고 마땅히 알아야 한다."

신훼품 제41

반야바라밀을 비난하고 그 광포(廣布)를 방해하는 것은 바른 법을 파괴한 행위여서 다섯 가지 가장 큰 죄를 계속 범하는 것보다 훨씬 무겁다. 왜냐하면 다섯 가지 가장 큰 죄를 저지르는 것은 자기 자신의 업과

(業果)에 국한된 문제이지만, 반야바라밀을 비방하고 헐뜯으며 훼방하는 것은 자신이 죄업을 지을 뿐만 아니라 타인으로 하여금 바른 법을 파괴하는 중죄(重罪)를 짓게 하는 결과를 가져오기 때문이다.

여기에서 중요하게 대두되는 것이 말로 짓는 업(口業)의 문제이다. 왜냐하면 반야바라밀을 비방하고 헐뜯는 것이 바로 말에 의해서 이루어지기 때문이다.

> 수보리가 부처님께 사루어 말씀드렸다.
> "세존이시여, 선남자·선여인은 마땅히 몸과 말과 생각으로 짓는 업을 잘 가다듬어서, 이와 같은 많은 고통인 부처님을 친견할 수 없고, 가르침을 들을 수 없으며, 스님네를 가까이할 수 없고, 혹은 부처님이 계시지 않는 국토에 태어나고, 사람으로 태어난다 해도 빈궁한 집에 떨어지며, 혹은 사람들이 그 말을 믿지 않는 고통을 받지 않게 해야 하겠습니다."
> 수보리가 거듭 부처님께 사루어 말씀드렸다.
> "세존이시여, 말로 짓는 업(口業)이 모이는 까닭에 이와 같은 바른 법을 파괴한 무거운 죄가 있는 것입니까?"
> 부처님께서 수보리에게 이르셨다.
> "말로 짓는 업이 모이는 까닭에 이러한 바른 법을 파괴한 무거운 죄가 있는 것이다. 수보리야, 이러한 어리석은 사람은 불법(佛法) 가운데에 출가하여 계(戒)를 받는다 해도, 깊은 반야바라밀을 파괴하고, 비방하고 헐뜯으며 받아들이지 않는다.
> 수보리야, 반야바라밀을 파괴하고, 반야바라밀을 비방하고 헐뜯으면 바로 시방 모든 부처님의 일체지를 파괴함이 된다. 일체지를 파괴하는 까닭에 바로 불보(佛寶)를 파괴함이 되고, 불보를 파괴하는 까닭에 법보(法寶)를 파괴하고, 법보를 파괴하는 까닭에 승보(僧寶)를 파괴한다. 삼보(三寶)를 파괴하는 까닭에 바로 세간의 바른 견해(正見)를 파괴하

고, 세간의 바른 견해를 파괴하는 까닭에 바로 네 가지 관찰법을 파괴하고 나아가 일체종지의 법을 파괴한다. 일체종지의 법을 파괴하는 까닭에 바로 한량없고 가없으며 헤아릴 수조차 없는 죄를 짓고, 한량없고 가없으며 헤아릴 수조차 없는 죄를 짓고 나면, 바로 한량없고 가없으며 헤아릴 수조차 없는 근심과 고통을 받게 되는 것이다."

신훼품 제41

부처님께서는 말로 짓는 업이 모이는 까닭에 다섯 가지 가장 큰 죄보다 더 무거운 반야바라밀을 비방하는 죄를 짓는다고 설하시고 있다. 왜냐하면 말로써 바른 법을 파괴하기 때문이다. 세상 사람들은 몸으로 짓는 업(身業)을 중요시하고 말로 짓는 업을 가볍게 여기는 경향이 있지만, 반야경의 입장에서는 말로 짓는 업을 더 중요하게 취급하고 있다.

그러나 몸으로 짓는 업이든 말로 짓는 업이든 그 근본은 바로 생각으로 짓는 업(意業)이다. 어리석은 업을 일으키는 까닭에 비록 출가하여 수행한다고 하면서도 혀끝으로 반야바라밀을 비방하고 헐뜯어 중죄를 짓는 것이다. 그리고 이렇게 반야바라밀을 비방하고 헐뜯음이 결국 삼보를 비방함이 되고 나아가 세간의 바른 견해를 파괴하여 한량없는 죄를 범하고 근심과 고통을 받는 것이다.

3. 반야바라밀 신앙에 의한 공덕의 근거

1) 현세이익과 공사상

지금까지 반야바라밀을 듣고 이것을 염송하며 반야바라밀 경전을 공양하는 것에 의해서 얻어지는 여러 가지 공덕과 반야바라밀을 비방하고 욕하는 행위 때문에 받게 되는 과보에 대해서 살펴보았다. 그 결과 반야바라밀 신앙에 의해서 현세에서는 일체의 난관이 없어지고 원하는 바는 모두 성취되며, 후세에서는 틀림없이 성불한다는 것이 『대품반야경』에 나타나 있는 신앙사상이라는 것이 밝혀졌다.

그런데 이와 같이 반야바라밀 신앙에 의해서 얻게 되는 현세이익 및 후세이익이 맹목적인 신앙심에 의해서 얻어지는 것이 아니라, 불교 본래의 사상 가운데 하나라는 것을 천명하기 위해서는 그것을 뒷받침할 수 있는 교리상의 근거가 확실히 있어야 하고, 지금의 경우에는 『대품반야경』에 그 근거가 설해져 있어야 한다. 이 점을 밝히기 위해서 우선 경에는 공덕의 근거가 어떻게 설해져 있는가를 살펴보도록 하자. 『대품반야경』 삼탄품 제30에는 다음과 같이 설하고 있다.

> 보살마하살 혹은 비구·비구니 혹은 남자신도·여자신도 혹은 모든 천자(天子)나 천녀(天女)가 이 반야바라밀을 만약 듣고 받아 지니며(受持), 가까이하고(親近) 독송(讀誦)하며, 다른 사람을 위하여 설해 주고 바르게 사유하여(正憶念) 일체지(一切智)의 마음을 여의지 않으면 여러 천자들아, 이 사람은 마(魔)나 마의 백성(魔民)이 해로움을 끼치려고 해도 그 기회를 얻을 수가 없다. 왜냐하면 이 선남자·선여인은 분명히 물질적 존재(色)가 공(空)함을 알고 있기 때문이니, 모든 것이 공(空)함은 모든 것이 공한 기회를 얻을 수가 없고, 어떤 특징도 없음(無相)은

어떤 특징도 없는 기회를 얻을 수가 없으며, 원할 것이 없음(無作)은 원할 것이 없는 기회를 얻을 수가 없는 것이다. 분명히 감각·표상·의지·인식이 공함을 알고 있기 때문이니, 모든 것이 공함은 모든 것이 공한 기회를 얻을 수가 없고, 내지 원할 것이 없음은 원할 것이 없는 기회를 얻을 수가 없는 것이다.

내지 일체종지가 공함을 알고 있기 때문이니, 모든 것이 공함은 모든 것이 공한 기회를 얻을 수가 없고, 내지 원할 것이 없음은 원할 것이 없는 기회를 얻을 수가 없는 것이다. 왜냐하면 이 모든 법은 자신의 성품(自性)을 붙잡을 수가 없고 해치려는 기회를 얻을 수 없기 때문이니, 누가 번뇌를 받아들이겠는가!

…… (중략) ……

또한 교시가야, 모든 선남자·선여인이 이 반야바라밀을 듣고 받아 지니며, 가까이하고 독송하며 바르게 사유하여 일체지의 마음을 여의지 않으면, 이 모든 선남자·선여인은 혼자서 빈 집에 있거나 혹은 무서운 황야를 가거나 혹은 많은 사람이 있는 곳에 있게 되어도 마침내 두려워하거나 겁내지 않는다. 왜냐하면 이 선남자·선여인은 여섯 가지 감각기관이 공함에 있어서 분명한 때문이니, 붙잡을 수가 없음인 까닭이다. 감각기관의 여섯 가지 대상이 공(外空)함 내지 사물이 존재하지 않는다는 견해와 존재한다는 견해가 같이 공(無法有法空)함에 있어서 분명한 때문이니, 붙잡을 수가 없음(無所得)인 까닭이다.

경에서는 반야바라밀 신앙에 의하여 현세이익이 초래되는 첫번째 이유로 선남자·선여인이 반야바라밀을 통해서 공을 터득하기 때문이라고 밝히고 있다. 우리들에게 늙고 병들고 죽는 근본적인 괴로움을 비롯하여 갖가지 고난과 고통이 따르는 것은 기본적으로 인간에게 나(我)라는 것이 있기 때문이다. 이 나라는 것이 없을 때 고통은 있을 수 없다. 가령 어떤 사람이 간암(肝癌)에 걸려서 심신의 고통을 받는다고 했을 때, 거기에는 간(肝)이라는 물질과 그것을 느끼는 마음이 같이 있다는 것이 전제된다. 만약 간이라는 물질이든 그것을 느끼는 마음이든 그 가운데 한 가지만 빠진다면 간암에 걸릴 이유도 그것 때문에 괴로워할 이유도 없어진다. 이러한 것은 푸줏간에 걸려 있는 쇠고기 덩이를 보아도 확인할 수 있다. 우리들은 아직 푸줏간의 쇠고기가 감기에 걸렸다는 말을 들어본 적이 없다. 왜냐하면 이미 그 쇠고기 덩이는 자기라는 것이 없기 때문이다. 자기라는 것이 없는데 어찌 병이 들며, 여타 다른 고통이 찾아들겠는가.

이와 같은 이치는 우리들의 삶에도 그대로 적용된다. 불교에서는 인간을 형성하고 있는 요소를 다섯 가지로 분류하여 이것을 오온(五蘊)이라 부른다. 소위 물질적인 존재(色)·감각(受)·표상(想)·의지(行)·인식(識)이다. 앞의 물질적인 존재는 육체를 말하고 나머지 넷은 정신을 네 가지로 분류한 것이다. 따라서 인간이 육체와 정신의 결합에 의해서 존재한다고 해도 크게 어긋나는 말은 아니다. 우리들은 이 정신과 육체가 결합되어 있을 때 살아 있다고 말하고, 고통이라는 것은 살아 있을 때 있을 수 있는 것이다. 죽은 시체가 늙을 수는 결코 없는 것이다. 왜냐하면 거기에는 이미 나라는 것이 없기 때문이다.

선남자·선여인은 반야바라밀을 통해서 공의 이치를, 즉 자신이 본래 없음을 터득한다. 따라서 아무리 마나 혹은 마의 백성이 해로움을 끼치려고 해도 결코 성취할 수가 없다. 왜냐하면 해로움을 끼칠 상대가 없기 때문이다. 상대가 공이기 때문이다. 이것을 또한 무소득(無所得)이라고 말하는데, 무소득을 『대지도론』권 제18에서는 이렇게 설명하고 있다.

> 제법실상(諸法實相) 중에는 결정되어 있는 모양을 붙잡을 수 없기 때문에 무소득이라고 한다.

대상을 인지(認知)하지 않는 것이 무소득이다. 그렇다고 해서 그 대상이 있다고 생각하고 거기에 사로잡혀 집착하지 않는 것이 아니라, 어떠한 의미에 있어서도 유소득(有所得)인 것을 허락하지 않는 것이다. 그래서 『대품반야경』 장엄품 제17에는 다음과 같이 설시하고 있다.

"수보리야, 비유컨대 교묘한 요술쟁이나 그 제자가 사거리 가운데서 대중(大衆)을 만들어 내고, 그들이 밥을 구하면 밥을 주고 물을 구하면 물을 주며, 내지 갖가지 구하는 바를 전부 주는 것과 같다. 수보리야, 너는 어떻게 생각하느냐. 이 요술쟁이는 실로 중생이 있어서 주는 것인가 아닌가?"
수보리가 말씀드렸다.
"아닙니다, 세존이시여."
"수보리야, 보살마하살도 또한 이와 같이 전륜성왕으로 변화하여 가지가지를 원만히 갖추며, 밥을 구하면 밥을 주고 물을 구하면 물을 주며, 내지 구하는 갖가지를 전부 그들에게 준다. 그러나 베푸는 것이 있다고 해도 실제로 주는 것은 없다. 왜냐하면 수보리야, 모든 것의 모양은 환상과 같은 것이기 때문이다."

무소득인 공에 있어서는 아(我)도 없고 타(他)도 없으며, 번뇌를 받아야 할 심신도 없고 해로움을 끼치는 타인도 없다. 우리들이 어떤 대상이나 환경에 대하여 두려움을 느낀다든가 공포심을 갖는 것은 나(我)라는 것이 있고 그 대상이나 환경이 있을 때 벌어진다. 만약 나라는 존재가 없든지 혹은 대상이나 환경이 없다면 그러한 감정은 결코 생길 수 없다. 선남자·선여인은 반야바라밀을 통해서 이러한 공의 이치를 터득하여 자신의 내면 세계로 하기 때문에 혼자서 빈 집에 있거나 혹은 무서운 황야를 가거나 혹은 많은 사람이 있는 곳에 있게 되어도 결코 두려워하거나 겁내지 않는 것이다.
이렇게 공의 체득에 의해서 비로소 현실적인 모든 고난이 없어진다는 것을 무엇보다 잘 말해 주고 있음과 동시에 가장 널리 알려져 있는 경전으로 우리들은 『반야심경』의 다음 귀절을 생각해 볼 수 있다.

> 관자재보살이 깊은 반야바라밀다를 행할 때에 오온 모두가 공함을 비쳐 보고 일체고액을 건넜다. (觀自在菩薩 行深般若波羅蜜多時 照見五蘊皆空 度一切苦厄)

우리들의 삶 전체를 둘러싸고 있는 일체의 괴로움이나 재난을 극복하여 행복을 얻고자 하는 것은 누구나 바라고 있는 최대의 소망이다. 이 소망을 관세음보살은 반야바라밀을 행하여 성취하였음을 경전은 말하고 있다. 반야바라밀을 행한다는 것은 무엇인가. 그것은 다름 아닌 물질적·정신적 모든 현상이 전부 공이라는 사실을 사무쳐 보는 것이다. 반야바라밀을 행하여 그 결과로 '나'를 형성하고 있는 다섯 가지 요소인 물질적인 존재(色)·감각(受)·표상(想)·의지(行)·인식(識)이 공함을 비로소 아는 것이 아니다. 반야바라밀을 행한다는 것이 바로 일체가 공인 것을 바로 보는 것이다. 여기에서 온갖 괴로움은 소멸된다. 왜냐하면 거기에는 이미 괴로움을 받을 현상계가 없기 때문이다.

2) 현세이익과 반야행자의 내면세계

반야바라밀 신앙에 의해서 공덕이 초래되는 두 번째 이유로 생각할 수 있는 것이 반야바라밀을 염송하는 선남자·선여인이 이것을 통해서 터득하고 있는 내면의 세계이다. 『대품반야경』에 설시되어 있는 경문을 보자.

> (반야바라밀을 염송하는) 선남자·선여인은 사람이나 사람이 아닌 것

(非人)이 해로움을 끼치려고 해도 그 기회를 얻을 수가 없다. 왜냐하면 이 선남자·선여인은 일체 중생들 가운데서 훌륭하게 즐거움을 주는 마음(慈心)·가엾이 여기는 마음(悲)·함께 기뻐하는 마음(喜)·온갖 집착을 버리는 마음(捨心)을 닦았기 때문이니, 붙잡을 수가 없음인 까닭이다. 삼탄품 제30

두 군대가 싸우고 있을 때에 이 선남자·선여인은 반야바라밀을 외우는 한, 전투에 휩쓸리게 되어도 결코 목숨을 잃는 일이 없고 칼이나 화살에 다치지도 않는다. 왜냐하면 이 선남자·선여인은 기나긴 세월(長夜) 동안 육바라밀을 행하여, 스스로도 음욕(婬欲)이라는 칼이나 화살을 없앰과 함께 타인의 음욕이라는 칼이나 화살까지도 없앴기 때문이다. 또한 스스로도 성냄이라는 칼이나 화살을 없앰과 함께 타인의 성냄이라는 칼이나 화살까지도 없앴기 때문이다. 또한 스스로도 어리석음이라는 칼이나 화살을 없앰과 함께 타인의 어리석음이라는 칼이나 화살까지도 없앴기 때문이다. 또한 스스로도 삿된 소견이라는 칼이나 화살을 없앰과 함께 타인의 삿된 소견이라는 칼이나 화살까지도 없앴기 때문이다. 또한 스스로도 나타나 있는 번뇌(纏垢)라는 칼이나 화살을 없앰과 함께 타인의 나타나 있는 번뇌라는 칼이나 화살까지도 없앴기 때문이다. 또한 스스로도 잠재하고 있는 번뇌(結使)라는 칼이나 화살을 없앰과 함께 타인의 잠재하고 있는 번뇌라는 칼이나 화살까지도 없앴기 때문이다. 교시가야, 이러한 인연으로써 이 선남자·선여인은 칼이나 화살에 의해서 다치는 일이 없는 것이다. 대명품 제32

선남자·선여인이 이 반야바라밀을 독송하고 왕의 처소나 태자·대신의 처소에 이르면, 왕이나 태자·대신은 모두가 환희심으로 심문하고 부드러운 말로 함께 말한다. 왜냐하면 이 모든 선남자·선여인은 언제나 즐거움을 주는 마음(慈心)·가엾이 여기는 마음(悲)·함께 기뻐하는 마음(喜)·온갖 집착을 버리는 마음(捨心)을 가지고 중생을 대하기 때문

이다.　　　　　　　　　　　　　　　　　　　　　　　권지품 제34

　반야바라밀을 신앙하는 선남자·선여인은 단지 입으로만 반야바라밀을 염송하는 것은 아니다. 경에서는 항상 반야바라밀을 바르게 사유하라는 것을 잊지 않는다. 반야바라밀을 바르게 사유하면서 염송하기 때문에 선남자·선여인의 내면세계는 반야바라밀화되어 있다. 여기서 자연스럽게 자신을 맑히고 타인을 성숙시켜 나가는 자세가 갖추어지고, 따라서 온갖 공덕이 나타난다. 위의 경문에 의거해서 살펴보면, 반야바라밀을 염송하는 선남자·선여인의 내면세계는 두 가지로 충만되어 표출되고 있다.

　첫째는 네 가지 한량없는 이타의 마음(四無量心)인 즐거움을 주는 마음(慈心)·가엾이 여기는 마음(悲)·함께 기뻐하는 마음(喜)·온갖 집착을 버리는 마음(捨心)을 항상 닦아서 이 마음으로 중생을 대하는 것이다.

　둘째는 끊임없는 육바라밀의 실천을 통해 삼독(三毒)이라는 탐욕·성냄·어리석음을 없애고, 나아가 삿된 소견과 온갖 번뇌를 제거한 것이다.

　다시 말하면 반야바라밀의 염송으로 선남자·선여인의 내면세계가 바뀜에 의해서 현세이익은 얻어지는 것이다. 만약 입으로 반야바라밀을 염송하면서도 스스로의 마음이 바뀌지 않으면 공덕은 기대할 수 없는 것이다.

　3) 대명주(大明呪)

　반야바라밀 신앙에 의해서 공덕이 초래되는 세 번째 이유로 생각할 수 있는 것은 반야바라밀 그 자체의 위력이다. 우선 『대품반야경』에 설시되어 있는 경문을 통하여 반야바라밀의 위력으로 현세이익이 나타나는 예를 보자.

만약 어떤 선남자·선여인이 반야바라밀을 받아 지니고 내지 바르게 사유하면 자신의 실수로 독약을 먹고 죽는 일도 없고, 칼에도 다치지 않으며, 물이나 불의 위험에 떨어지지도 않고, 내지 온갖 질병(四百四病)도 침범할 수가 없다. 그러나 전생에 지은 업보(宿命業報)는 어쩔 수 없다.

또한 교시가야, 혹은 관서(官署)의 일(官事)이 벌어짐이 있더라도, 이 선남자·선여인은 이 반야바라밀을 독송하는 까닭에 관서에 도착해도 꾸짖고 나무라는 사람이 없다. 왜냐하면 이 반야바라밀은 위력이 있기 때문이다.   권지품 제34

반야바라밀에 위력이 있기 때문에 이것을 염송하는 선남자·선여인은 일체의 재앙을 피할 수 있다. 이렇게 위력이 있는 반야바라밀을 경에서는 다시 다음과 같이 설하고 있다.

(반야바라밀을 염송하는 사람이) 머무는 곳에서는 마(魔)나 마의 백성·혹은 외도나 범지·증상만인이 반야바라밀을 함부로 비방하고 어렵게 하여 무너뜨리려고 해도 결코 이룰 수가 없다. 오히려 그 사람의 나쁜 마음이 차츰 없어지고 공덕을 더하며, 이 반야바라밀을 들은 까닭에 삼승의 도(三乘道)로써 온갖 고통이 점점 없어짐을 얻는다.

교시가야, 비유컨대 마기(摩祇)라고 하는 약초가 있다. 뱀이 배가 고파 먹이를 찾아다니다가 어떤 벌레를 발견하고는 그것을 잡아먹으려고 했을 때, 그 벌레가 이 약초 근방에 가 버리면 뱀은 약초의 냄새 때문에 더 이상 다가서지 못하고 물러나 버리는 것과 같다. 왜냐하면 그 약초에는 독사를 이기는 힘이 있기 때문이다. 교시가야, 마기라는 약초에는 이와 같은 힘이 있다.

…… (중략) ……

만약 선남자·선여인이 이 반야바라밀을 듣고서 받아 지니고, 가까이하고 독송하며, 다른 사람을 위하여 설하고 바르게 사유하면, 가령 가지가지로 투쟁을 일으켜 파괴하려고 찾아온 사람이 있다 해도, 반야바라밀의 위력에 의해서 그 나쁜 마음은 바로 소멸되고, 그 사람은 오히려 착한 마음을 내어서 공덕을 더하게 된다. 왜냐하면 이 반야바라밀은 능히 모든 것(諸法)의 쟁란(諍亂)을 없애기 때문이다.

멸쟁품 제31

마치 마기라는 약초에 독사를 이기는 힘이 있기 때문에 독사가 범접하지 못하는 것처럼 반야바라밀에 일체의 재난을 없애는 힘이 있는 까닭에 온갖 재앙은 가까이 오지를 못한다.

반야바라밀에 이와 같은 위력이 있기 때문에 온갖 하늘(諸天)이 반야바라밀이 있는 곳을 지키고, 반야바라밀을 염송하는 선남자·선여인을 옹호한다.

 반야바라밀을 단지 서사(書寫)해 책으로 만들어 집에서 공양만 하고 기억도 하지 않고 읽지도 않으며, 외우지도 않고 설하지도 않으며 바르게 사유하지 않는다 하더라도, 이 곳에서는 사람이나 혹은 사람이 아닌 것(非人)이 해로움을 끼치려고 해도 그 기회를 얻을 수 없다. 왜냐하면 이 반야바라밀은 삼천대천세계 가운데의 모든 사왕천(四王天)의 하늘들 내지 색구경천(色究竟天)의 모든 천자(天子)들 및 시방(十方)의 한량없고 헤아릴 수조차 없는 세계 가운데의 모든 사왕천의 하늘들 내지 색구경천의 모든 천자들이 수호하기 때문이며, 이 반야바라밀이 안치되어 있는 곳에는 모든 하늘(諸天)이 찾아와서 공양·공경·존중·찬탄·예배하고 돌아가기 때문이다.

대명품 제32

세존이시여, 만약 선남자·선여인이 이 반야바라밀을 받아 지니며, 가까이하고 바르게 사유하면 내내 눈이 병들지 않고, 귀·코·혀·신체도 또한 내내 병들지 않습니다. 몸을 다쳐 불구가 되지 않고, 쇠약하게

제 4 장 반야바라밀의 신앙 159

늙지도 않으며, 결코 횡사(橫死)를 당하지 않습니다. 무수한 백천만이나 되는 많은 하늘인 사천왕천 내지 정거천들이 따라다니면서 듣고 받아 들입니다.　　　　　　　　　　　　　　　　　　　　　무작품 제43

온갖 하늘이 반야바라밀이 있는 곳을 지키고 이것을 염송하는 사람을 옹호하기 때문에 재앙은 그 곳을 침범할 수 없고, 그 사람에게 범접할 수 없다. 이러한 까닭에 경은 반야바라밀을 대명주(大明呪)라 부르고 있다.

선남자·선여인이 이 깊은 반야바라밀을 듣고서 받아 지니며, 가까이하여 독송하고, 바르게 사유하여 일체지의 마음을 여의지 않으면 독약 냄새를 맡게 해도, 혹은 사악한 요술을 사용해도, 혹은 불구덩이에 떨어뜨려도, 혹은 깊은 물 속에 빠뜨려도, 혹은 칼로 죽이려고 해도, 혹은 독약을 먹여도 이와 같은 온갖 나쁜 것들이 다치게 할 수 없다. 왜냐하면 이 반야바라밀은 크게 밝은 주문(大明呪)이며, 위없이 밝은 주문(無上明呪)이기 때문이다.　　　　　　　　　　　　대명품 제32

반야바라밀 염송으로 일체의 재앙을 막을 수 있는 것은 반야바라밀이 크게 밝은 주문(大明呪)이며, 위없이 밝은 주문(無上明呪)이기 때문이다. 지금 살펴본 것처럼 반야바라밀을 염송함에 의해서 현세이익이 초래되는 것에는 여러 가지 원인이 있지만, 신앙적인 측면에서 볼 때는 '반야바라밀은 밝은 주문(明呪)이다'라고 하는 것에 이익 초래의 근거가 귀결되어 있다. 그리고 이렇게 이익을 초래하는 신앙적 근거인 밝은 주문에 관한 내용이 『대품반야경』에서는 지금 인용한 대명품 제32 외에 권지품 제34에도 나타나 있는데, 그 내용에는 조금의 차이점이 보이고 있다.

반야바라밀은 크게 밝은 주문(大明呪)이고, 위없이 밝은 주문(無上明呪)이며, 비교할 수 없이 밝은 주문(無等等明呪)입니다. 왜냐하면 세존이시여, 이 반야바라밀은 능히 일체의 좋지 않은 법(不善法)을 없애고, 능히 일체의 훌륭한 법(善法)을 더하기 때문입니다.　　권지품 제34

권지품 제34에서는 반야바라밀이 크게 밝은 주문(大明呪)과 위없이 밝은 주문(無上明呪), 그리고 비교할 수 없이 밝은 주문(無等等明呪)이라는 세 가지 표현을 하고 있다. 또한 반야경 가운데 가장 널리 독송되고 있는 현장(玄奘：600~664)이 번역한 『반야심경』에는,

반야바라밀다는 이것이 큰 신기로운 주문(大神呪)이고 크게 밝은 주문(大明呪)이며 위없는 주문(無上呪)이고 등에 등 없는 주문(無等等呪)이다. 능히 일체고액을 없앤다.

라고 설시하여 일체고액을 없애는 반야바라밀이 밝은 주문(明呪) 외에 신기로운 주문(神呪)이라고 표현되어 있다. 그렇다면 현세이익의 근원으로 표현되고 있는 주문(呪)이란 무엇인가.

주(呪)란 본래 중국에서는 비밀어(秘密語)를 의미하는 말이었다. 그러나 그 용례(用例)가 범어(梵語) 다라니(dharani：陀羅尼)에 닮아 있는 까닭에 다라니의 역어(譯語)로 사용된 말이다. 따라서 주는 다라니와 같은 의미로 취급되어 왔다. 그러나 불교사상의 발전과 거기에 따른 산스크리트본(本) 경전의 한역(漢譯)이 진행됨에 따라 주(呪)는 여러 가지 의미를 가지게 되었다.

이러한 현상은 동일 계통인 반야경전에서도 예외는 아니어서, 『대품반야경』에서 한역된 주(呪)와 『반야심경』에서 한역된 주의 산스크리트 어(語)는 서로 다른 의미를 내포하고 있다. 즉 『대품반야경』 대명품 제32에서 설시하고 있는 '이 반야바라밀은 크게 밝은 주문(大明呪)이며, 위없이 밝은 주문(無上明呪)이기 때문이다'라는 경문의 '밝은 주문'은 산스크리트 본인 『이만오천송반야경』에서는,

mahā-vidyaiṣā kauśika yad uta Prajñāpāramitā, anuttaraiṣā kauśika vidyā yad uta Prajñāpāramitā.

라고 설시하고 있다. 이는 명주(明呪)가 '비드야(vidya)'의 번역임을 말하는 것이다.

그러나 『반야심경』의 '반야바라밀다는 이것이 큰 신기로운 주문(大神呪)이고 크게 밝은 주문(大明呪)이며 위없는 주문(無上呪)이고 등에 등 없는 주문(無等等呪)이다.'라는 경문의 '밝은 주문'은 산스크리트 본에서는,

Prajñāpāramitā-mahāmantro mahāvidyā mantro 'nuttaramantro 'samasamamantraḥ

라고 설시해서 명주가 '비드야 만트라(vidya mantra)'의 번역임을 보이고 있다.

이렇게 '비드야'와 '만트라', 그리고 '다라니'가 함께 주(呪)라고 한역되어 있어서 주라는 것을 고찰하는 경우에는 이 세 가지의 관계에 주의할 필요가 있다. 다시 말하면 명주의 주를 비드야로 간주할 경우와 만트라로 간주할 경우, 그리고 다라니로 간주할 경우에 주(呪)의 해석에 차이가 나는 것이다.

그러면 먼저 '다라니'에 관하여 살펴보자. 비단 반야경전에서 뿐만 아니라 모든 대승경전에서는 다라니가 중요시되어 있고, 거기에는 대승불교의 담당자인 보살이 다라니를 구족하고 있는 것을 설하고 있다.

가령 『대품반야경』 서품 제1에서도,

보살마하살이 있었으니, 이들도 모두 다라니(陀羅尼) 및 삼매(三昧)를 얻어 모든 것이 공(空)·어떤 특징도 없음(無相)·원할 것이 없음(無作)을 행하여, 이미 평등의 진리(等忍)를 얻었고 최상의 다라니를 얻었다.

라고 설하고 있다. 보살의 여러 가지 덕성을 열거하는 것이 아니라 다라니를 얻은 것을 말하고 있다. 즉 보살이 갖추어야 할 중요한 덕목의 하나로서 다라니가 설해져 있는 것이다. 이 밖에도 『대품반야경』에는 보살이 갖추어야 할 덕성으로 여러 곳에서 다라니가 등장하고 있는 까닭에 그 주석서인 『대지도론』에는 여러 가지 다라니와 해설이 설해져 있다.

먼저 『대지도론』 권 제5에서는 다라니에 '능지(能持)'와 '능차(能遮)'의 의미가 있다고 하여 다음과 같이 말하고 있다.

> 능지(能持)란 가지가지 훌륭한 법(善法)을 거두고 능히 가져서 버리지 않고 잃지 않는 것이다. 예를 들어 온전한 그릇에 물을 채울 때는 물이 새지 않는 것과 같은 것이다.
> 능차(能遮)란 착하지 않는 마음이 생기는 것을 차단하여 일어나지 않게 하는 것이니, 만약 죄악을 짓고자 하는 마음이 일어날 때는 이것을 가져서 짓지 않게 하는 것이다. 이것을 다라니라 한다.

지금의 『대지도론』 설명에 의하면 다라니란 마음 속에 착한 것을 키우고 악한 것이 생기지 않게 하는 힘이라고 할 수 있다.

다음으로 다라니의 종류에 관하여 마찬가지로 권 제5에서는 문지(聞持)다라니・분별지(分別知)다라니・입음성(入音聲)다라니가 있다고 하여 다음과 같이 말하고 있다.

> 문지다라니란 이 다라니를 얻은 이는 언어로 표현된 일체 모든 것을 한 번 들으면 결코 잊어버리지 않는 것이다.
> 분별지다라니란 이 다라니를 얻은 이는 모든 중생과 모든 법의 대소(大小)・호추(好醜)를 분별해서 전부 알 수 있는 것이다. 게송에서 말하는 '모든 코끼리・말・금(金)・나무・돌・옷・남녀 및 물은 여러 가지 종류가 있어서 같지 않고, 모든 사물의 이름은 하나지만 귀천(貴賤)의

제4장 반야바라밀의 신앙 163

이치는 서로 다르다. 그러나 이 총지(總持)를 얻으면 모두 능히 분별할 수가 있다'는 것과 같다.

입음성다라니란 이 다라니를 얻은 보살은 일체언어의 소리를 듣고서 기뻐하지도 않고 화내지도 않는다. 일체중생이 아무리 많은 악언(惡言)과 욕설을 해도 미워하거나 원망하는 마음이 없다.

그러나 『유가사지론(瑜伽師地論)』 권 45에는 '다라니에 모두 네 종류가 있다'고 하여, 법(法)다라니·의(義)다라니·주(呪)다라니·능득보살인(能得菩薩認)다라니를 말하고 있다.

이 가운데 첫째의 법(法)다라니는 수없이 많은 경전을 한량없는 세월 동안 가져서 결코 잊어버리지 않는 다라니이다. 즉 불법에는 명구문(名句文)으로 모아져 수록된 한량없이 많은 경전이 있는데, 보살이 염혜력(念慧力)을 획득해서 그 힘에 의하면 이것을 기억하여 잊어버리지 않는 것이 법다라니이다.

두 번째의 의(義)다라니는 법다라니와 비슷하지만, 다른 것은 마음으로 아직 익히지도 않았고, 불법을 통달해서 얻게 되는 이익으로써는 아직 되어 있지 않는, 그러한 법의 무량한 의미를 한량없는 세월 동안 잊어버리지 않게 되는 다라니이다.

세 번째의 주(呪)다라니는 보살이 삼매자재(三昧自在)를 획득해서 이 자재에 의해 주문(呪文)을 얻어 가피를 입히면, 그 주문이 중생의 재환(災患)을 없애는 최고로 신령스러운 영험을 나타내어 모든 재난을 없앤다는 다라니이다.

네 번째의 능득보살인(能得菩薩認)다라니는, 보살은 스스로 견고한 인행(因行)을 성취해서 지혜를 구족하고 조용하고 한적한 곳에서 명상에 전념하며, 부처님께서 설한 보살의 인(認)을 얻기 위한 주문의 의미를 자세히 사유하며 예측하고 관찰하는 다라니이다. 즉 보살은 주문에는 어떠한 의미도 성취되어 있지 않으며, 이 무의미성(無意味性)이야말로 이러한 것의 의미라는 것을 통달한다. 그들은 그러한 주문의 의미를 바르게 통달해서 그 의미에 따라서 모든 것의 의미에도 스스로 바르게 통달한다. 그리고 모든 것의 본의(本義)는 어떠한 말에 의해서 성취되는 것이 아니고, 이러한 언설(言說)로 할 수 없는 본성이야말로 이러한 것의 본의임을 바르게 통달해서 그 이상의 의미를 구하지 않고, 이 의미에 통달한 것에 의해서 광대한 환희를 얻는다. 이것이 능득보살인다라니인데, 이것은 자기의 깨달음에 도움이 되는 다라니라고 할 수 있다.

다음으로 '만트라'란 무엇인가.

위에서 살펴본 것처럼 『대지도론』에 나타나 있는 세 종류의 다라니는 후기에 이르러서는 진언(眞言)과 결부되어 복잡한 양상을 가지게 되었다. 그 대표적인 예가 『유가사지론』에 나타나 있는 네 종류의 다라니 가운데 세 번째의 주다라니라고 할 수 있다. 즉 주다라니는 재난을 없애고 복(福)을 부르는 것을 목적으로 하고 있기 때문에 진언과 같은 다라니라고 할 수 있다.

다시 말하면 만트라(眞言)는 주다라니(呪陀羅尼)와 동일시되는 것으로 나쁜 귀신이나 나찰(羅刹) 혹은 재해(災害)로부터 몸을 지킨다는 보호주(保護呪, 守護呪)의 의미를 가지고 있다.

그러나 『대품반야경』 견고품 제56에는,

> 물러나지 않는 경지에 있는 보살은 일심으로 항상 불도(佛道)를 생각하고 청정한 삶(淨命)을 사는 까닭에 주문(呪術)을 사용하거나 약(藥)을 만들지 않으며, 귀신을 부려 남녀에게 붙게 하여 길흉(吉凶)이나 남녀의 팔자(祿相)·수명의 장단(長短)을 묻지 않는다. 왜냐하면 수보리야, 이 보살마하살은 모든 것의 고유형태가 공인 것을 알아서 모든 것의 모양을 보지 않는 까닭이며, 삿된 삶(邪命)을 살지 않고 청정한 삶을 살기 때문이다.

라고 설시하여 반야경의 기본적인 입장에 있어서는 주다라니나 만트라의 개념이 있을 수 없다는 것을 나타내고 있다. 또 같은 품에,

> 보살은 문지(聞持) 등의 다라니를 얻는 까닭에 부처님께서 말씀하신 모든 경전을 듣고서 잊어버리지 않고 잃어버리지 않으며, 의심하지 않고 후회하지 않는 것이다.

라고 해서 『대품반야경』에 설하는 다라니가 문지다라니 등인 것을 나타내고 있다. 즉 명주라는 것은 『유가사지론』의 네 종류 다라니 가운데 주다라니를 제외한 법다라니와 의다라니에 상당하는 것을 밝히고 있다.

마지막으로 '비드야'란 무엇인가.

『유가사지론』 권38에는 '오명처(五明處)'를 설하고 있다. 인도에서 사용한 학문과 기예(技藝)의 분류법으로 성명(聲明: 언어나 문학 등을 분명히 밝히는 학문)·인명(因明: 바르고 삿됨을 연구해서 참됨과 거짓됨을 분명히 하는 논리학)·내명(內明: 불교의 진리, 특히 자기 종파의 종지를 밝히는 학문)·의방명(醫方明: 의학이나 약업 등을 알게 하는 학문)·공교명(工巧明: 여러 가지 공예나 기술에 관한 학문)의 다섯 가지를 말한다. 여기서 말하는 명(明)이 바로 '비드야'의 번역이다. 가령 인명이란 말은 산스크리트 어 헤투비드야(hetu-vidya)를 번역한 것이다.

이렇게 비드야라는 것은 본래 '학문(學問)'의 의미를 갖는 말이다. 따라서 대명주(大明呪)의 산스크리트 어 마하비드야(mahā-vidya)는 '위대한 학문'으로 번역할 수가 있을 것이다. 이러한 입장을 취하고 있는 경문 역시 대명품 제32에 보이고 있다.

> 만약 선남자·선여인이 이 밝은 주문(明呪) 가운데서 배우면 자신을 괴롭힘이 없고 타인을 괴롭히지 않으며, 또한 자타(自他)를 함께 괴롭히지 않는다. 왜냐하면 이 선남자·선여인은 나(我)라는 것에 사로잡히

지 않고, 중생(衆生)이라는 것에 사로잡히지 않으며, 오래 산다는 것(壽命)에 사로잡히지 않고, 내지 아는 것이라는 관념(知者)·보는 것이라는 관념(見者) 등 전부에 사로잡히지 않기 때문이다. 그리고 물질적 존재(色)·감각·표상·의지·인식에 사로잡히지 않고, 내지 일체종지(一切種智)에도 사로잡히지 않기 때문이다. 이렇게 사로잡히지 않기 때문에 자신을 괴롭힘이 없고 타인을 괴롭히지 않으며, 또한 자타를 함께 괴롭히지 않는다. 이 크게 밝은 주문을 배우는 까닭에 아뇩다라삼먁삼보리를 얻고, 일체 중생들의 마음을 관찰하며, 생각대로 설법할 수가 있다. 왜냐하면 과거의 모든 부처님도 이 크게 밝은 주문을 배워서 아뇩다라삼먁삼보리를 얻었고, 미래의 모든 부처님도 마땅히 이 크게 밝은 주문을 배워서 아뇩다라삼먁삼보리를 얻을 것이며, 지금 현재의 모든 부처님도 이 크게 밝은 주문을 배워서 아뇩다라삼먁삼보리를 얻기 때문이다.

그러나 『대품반야경』에서는 명주(明呪), 즉 비드야(vidya)가 분명하게 재앙을 물리치고 복을 불러들이는 주문의 의미로 표현되고 있다. 다시 말하면 명주가 『유가사지론』에서 말하는 주다라니(呪陀羅尼)의 의미로 사용되고 있을 뿐만 아니라, 『반야심경』에서는 '반야바라밀'을 만트라(mantra : 眞言)로 표현하고 있다. 그러면 무엇 때문에 대명주가 모든 재난을 피하게 하는 주문의 의미로 설시되어 있는가. 여기에 대해서 『대지도론』 권 제58에는 반야바라밀을 대명주라고 부르는 이유를 다음과 같이 밝히고 있다.

> 모든 외도(外道)의 성인들은 여러 가지 주술(呪術)을 가지고 사람들을 이롭게 한다. 이 주문을 외우는 까닭에 소원을 성취하고, 모든 귀신과 선인(仙人)으로 하여금 이 주문을 지니게 해서 크게 명성을 얻고 사람들을 조복하여 귀의케 한다. 그래서 주술을 귀하게 여긴다. 이러한

이유 때문에 제석은 부처님께 말씀드리기를, "모든 주술 가운데 반야바라밀은 대주술(大呪術)입니다. 왜냐하면 언제나 중생에게 도덕의 즐거움을 훌륭하게 주기 때문입니다. 나머지 주술은 즐거움의 인연에 의해 번뇌를 일으키고 또 불선업(不善業)이기 때문에 삼악도(三惡道)에 떨어집니다."고.

그리고 나머지 주술은 자주 탐욕과 진애(瞋恚)를 수반하기 때문에 자연적으로 악을 짓지만, 이 반야바라밀이라는 주문은 선정과 불도·열반의 집착까지도 없앤다. 하물며 어찌 탐욕과 번뇌라는 병의 티끌이겠는가! 이 때문에 크게 밝은 주문(大明呪)이고, 위없이 밝은 주문(無上明呪)이며, 비교할 수 없이 밝은 주문(無等等明呪)이라고 한다.

『대지도론』은 반야바라밀에 외도의 성인들이 사용하는 주술 혹은 만트라의 개념을 훨씬 능가하는 위력이 있기 때문에 명주라 한다고 밝히고 있다. 반야바라밀은 외도들이 사용하는 주술보다 더 큰 위력이 있기 때문에 단순한 주문이 아니다. 반야바라밀은 번뇌를 일으키는 인연을 완전히 없앤 일체의 공덕을 가지고 있기 때문에 이것을 염송한다든가 반야바라밀 경전을 독송하면 재앙을 면할 수 있기 때문에 명주라고 하는 것이다.

그렇다고 하여 반야바라밀이라는 명주가 현세이익을 초래하는 데 한정된 것은 물론 아니다. 경에서 '과거의 모든 부처님도 이 크게 밝은 주문을 배워서 아뇩다라삼먁삼보리를 얻었고, 미래의 모든 부처님도 마땅히 이 크게 밝은 주문을 배워서 아뇩다라삼먁삼보리를 얻을 것이며, 지금 현재의 모든 부처님도 이 크게 밝은 주문을 배워서 아뇩다라삼먁삼보리를 얻는다'고 설하고 있듯이, 반야바라밀이라는 명주는 무상정등각(無上正等覺)을 얻게 하는 당체이다.

여기에서 반야바라밀을 향한 갖가지 칭송이 나온다. 반야바라밀은 능히 사람들로 하여금 늙고 병들고 죽는 고통을 여의게 하고, 능히 중생을 대승(大乘)에 머물게 하며, 반야바라밀을 행하는 이를 일체중생 가운데 가장 위대하게 하기 때문에 크게 밝은 주문(大明呪)이라고 하는 것이다. 반야바라밀은 이와 같은 이익이 있기 때문에 위없이 밝은 주문(無上明呪)이라고 하는 것이다. 선인(仙人)들이 사용하는 주술에는 다른 사람의 마음을 아는 억차니(抑叉尼), 하늘을 날고 몸을 변화하는 건타리(揵陀梨), 수명을 마음대로 연장할 수 있는 까닭에 견줄 데가 없는 것이 있는데, 반야바라밀은 이렇게 비교할 수가 없다는 주술보다도 더 큰 공덕이 있기 때문에 비교할 수 없이 밝은 주문(無等等明呪)이라고 하는 것이다.

제2편 반야론(般若論)

제 1 장 반야바라밀의 수습(修習)과 공(空)

1. 반야바라밀의 실천과 공사상(空思想)

1) 보살의 반야바라밀 행(行)

종교가 철학과 다른 점은 여러 가지로 고찰될 수 있겠지만, 가장 현격한 차이는 철학이 이론적인 것에만 매달리는 것에 비해서 종교는 철학적인 이론을 근거로 하여 거기에 입각한 실천이 수반되는 것에 있지 않나 생각된다. 그래서 불교의 신행생활에도 수행(修行)이라는 실천이 무엇보다 강조되어 있고, 그 실천을 위해서 철학적인 이론이 뒷받침을 하고 있다.

그런데도 불구하고 많은 사람들은 대승불전(大乘佛典), 특히 『반야경』에서 설하고 있는 공사상(空思想)이 철학적 이론에 치중된 것이라고 생각하는가 하면, 심지어 불교학자를 포함하여 대다수 사람들은 『반야경』이 공(空)의 철학만을 가르치는 것으로 생각하여 그 실천에 대하여는 등한시하는 경향이 있다. 그러나 초기 대승불교를 일으킨 『반야경』은 그 선구경전(先驅經典)답게 대승불교에서 주창하는 거의 모든 사상을 망라하고 있고, 거기에는 또한 이론적인 체계와 그에 따른 실천이 강하게 부각되어 있다. 따라서 『반야경』에서 설하는 철학과 실천을 통해서 우리들은 비로소 대승의 보살로서 새롭게 태어날 수 있는 것이다.

『반야경』에서 설하고 있는 철학적인 이론이나 실천은 철저하게 그 근거를 공사상에 두고 있다. 심지어 경 전체를 통하여 '공(空)'이라는 말이 한 번도 언급되지 않은 『금강경』조차도 공사상의 이해 없이는 그 해석과 실천이 불가능하다는 것이 그와 같은 사실을 여실히 보여 주고 있다. 그러나 많은 사람들이 이와 같이 반야사상(般若思想), 나아가서는 대승사상(大乘思想)의 핵심을 이루고 있는 공(空)이라는 것이 실제로 무엇을 의미하고 있고, 그 구체적인 실천이 무엇인가에 관하여는 정확한 견해를 갖고 있지 않는 것 같다.

그렇다면 무엇 때문에 대승불교의 핵심인 공사상을, 승속(僧俗)을 막론하여 많은 사람들이 그 의미와 실천에 관해서 분명한 인식을 갖지 못하게 되었는가. 그 가장 큰 이유의 하나가 우리들이 '반야(般若)의 공사상'은 어려운 것이라고 생각하는 점이다. 물론 어렵다고 생각하는 것을 잘못되었다고 말할 수는 없다. 왜냐하면 공사상에서는, 예를 들어 우리들이 아침마다 일어나서 분명히 보게 되는 서울 한가운데의 남산(南山)이나 유유히 흐르고 있는 한강이 실제로는 없는 것(空)이라고 하기 때문이다. 자고 나면 들려 오는 저 거리의 자동차 소리가 실은 없는 것이라고 하기 때문이다. 우리들의 눈에 보이고 귀에 들리는 저 분명한 사실들을 실제로는 없는 것이라고 했을 때, 누구인들 그것을 어렵다고 하지 않을 수 있겠는가.

그러나 그렇다고 해서 물러설 수만은 없는 것이 우리들의 당면 과제이다. 왜냐하면 앞에서 지적한 것처럼 이 공의 입장을 통과했을 때 보살에게는 비로소 반야바라밀이라는 삼계(三界)를 헤쳐 나갈 수 있는 눈이 생기기 때문이다. 고통의 바다인 세상을 헤쳐 나갈 수 있는 불자(佛子)로서의 안목이 생기기 때문이다.

『대품반야경』 습응품 제3에는 다음과 같은 사리불과 부처님의 대화가 있다.

사리불이 부처님께 사루어 말씀드렸다.

"세존이시여, 보살마하살이 어떻게 반야바라밀을 닦으면(習應) 반야바라밀에 상응(相應)합니까?"

부처님께서 사리불에게 말씀하셨다.

"보살마하살이 물질적 존재(色)는 공(空)이라고 닦으면, 이것을 반야바라밀과 상응하는 것이라 한다. 감각·상·의지·인식은 공이라고 닦으면, 이것을 반야바라밀과 상응하는 것이라 한다.

또한 사리불아, 보살마하살이 눈은 공이라고 닦으면, 이것을 반야바라밀과 상응하는 것이라 한다. 귀·코·혀·신체·마음은 공이라고 닦으면, 이것을 반야바라밀과 상응하는 것이라 한다. 형태는 공이라고 닦으면, 이것을 반야바라밀과 상응하는 것이라 한다. 음성·냄새·맛·촉각·마음의 대상은 공이라고 닦으면, 이것을 반야바라밀과 상응하는 것이라 한다. 눈의 영역(領域)은 공이고 형태의 영역도 공이며, 눈으로 인식하는 것도 공이라고 닦으면, 이것을 반야바라밀과 상응하는 것이라 한다. 귀로 음성을 듣는 것·코로 냄새를 맡는 것·혀로 맛을 보는 것·신체로 촉각을 인식하는 것·마음으로 대상을 인식하는 것이 공이라고 닦으면, 이것을 반야바라밀과 상응하는 것이라 한다.

고통(苦)은 공이라고 닦으면, 이것을 반야바라밀과 상응하는 것이라 한다. 고통의 원인(集)·고통을 제거하는 것(滅)·고통을 제거한 곳에 이르는 길(道)은 공이라고 닦으면, 이것을 반야바라밀과 상응하는 것이라 한다. 근원적 무지(無明)는 공이라고 닦으면, 이것을 반야바라밀과 상응하는 것이라 한다. 잠재적인 행위와 습관력(行)·잠재적인 의식(識)·개념과 물질적 존재(名色)·여섯 가지 감각기관(六入)·감관과 대상의 접촉(觸)·느낌(受)·욕망(愛)·집착(取)·생존(有)·생김(生)·늙고 죽음(老死)이 공이라고 닦으면, 이것을 반야바라밀과 상응하는 것이라 한다. 일체의 존재는 공이어서 변화하는 것도 변화하지 않는 것도 공이라고 닦으면, 이것을 반야바라밀과 상응하는 것이라 한다."

이 습응품은 우리 나라 뿐만 아니라 대승불교권에서는 종파를 초월하여 불자들에게 가장 친근한 경전인 『반야심경』이 바로 이것을 요약한 것이라고 말해질 정도로 표현과 내용이 비슷한데, 여기서 말하는 반야바라밀을 닦는다(習應)는 것을 『대지도론』 제36권에서는 이렇게 설명하고 있다.

> 반야바라밀에 따라서 닦아 익히고 행하여 쉬지 않는 것이 습응이니, 가령 제자가 스승의 가르침에 따라 그 뜻에 어긋나지 않도록 하는 것과 같은 것이다. 보살은 바로 이 반야바라밀의 모양에 따라 지혜로써 관(觀)하여 늘지도 않고 줄지도 않음을 성취하니, 이것을 상응이라 한다.

반야바라밀의 실천, 즉 반야바라밀을 닦아 익히고 행하는 것이란 일체의 존재는 공이어서 변화하는 것도 변화하지 않는 것도 공이라고 닦고 행하여 쉬지 않는 것이다. 여기에서 우리들은 공과 반야바라밀이 별개의 것이 아니라 바로 한 몸인 것을 알게 된다. 바꾸어 말하면 공이란 다름 아닌 반야바라밀의 모습이요 표현인 까닭에 보살이 반야바라밀을 행한다는 것은 바로 그 공의 이치를 잘 체득해서 이것을 실천에 옮기는 행동이라고 할 수 있다. 이렇게 반야바라밀의 행인 공에 눈뜬 보살의 지혜를 '반야지(般若智)'라 부른다.

그렇다면 보살은 공인 반야바라밀을 어떻게 체득하고 어떻게 실천하는가. 『대품반야경』 봉발품 제2에,

> 사리불이 부처님께 사루어 말씀드렸다.
> "보살마하살은 어떻게 반야바라밀을 행해야 합니까?"
> 부처님께서 사리불에게 말씀하셨다.
> "보살마하살이 반야바라밀을 행할 때 보살을 보지 않고 보살이란 이

름을 보지 않으며, 반야바라밀을 보지 않고 내가 반야바라밀 행함을 보지 않으며, 또한 내가 반야바라밀을 행하지 않음을 보지 않는다. 왜냐하면 보살이란 것도 보살이란 이름도 본성이 공(空)이고, 공 가운데는 물질적 존재(色)도 없고 감각(受)·표상(想)·의지(行)·인식(識)도 없으며, 물질적 존재를 여의고 또한 공이 없고 감각·표상·의지·인식을 여의고 공이 없기 때문이다. 물질적 존재는 바로 공이고 공은 바로 물질적 존재며, 감각·표상·의지·인식은 바로 공이고 공이 바로 인식이다. 왜냐하면 사리불아, 단지 이름만을 가지고 깨달음(菩堤)이라 하기 때문이며, 단지 이름만을 가지고 보살이라 하기 때문이며, 단지 이름만을 가지고 공이라 하기 때문이다. 그 이유는 모든 사물의 실다운 성품은 생김도 없고 없어짐도 없으며, 더러움도 없고 깨끗함도 없기 때문이다. 보살마하살은 이와 같이 행하되, 또한 생김도 보지 않고 없어짐도 보지 않으며, 더러움도 보지 않고 깨끗함도 보지 않는다. 왜냐하면 이름이란 것은 인연의 화합으로 된 것이어서, 단지 분별과 생각으로 거짓되게 이름을 붙인 때문이며, 이 때문에 보살마하살은 반야바라밀을 행할 때 일체의 이름을 보지 않고, 보지 않기 때문에 집착하지 않는다."

라고 설시되어 있다. 보살이 반야바라밀을 행한다고 하는 것은 스스로 반야바라밀을 행한다고도 행하지 않는다고도 보지 않는 것이다. 즉 그렇게 집착하지 않는다는 것이다. 왜냐하면 보살 자체가 단순한 이름에 불과하여 실체를 갖지 않는 공이기 때문이다. 보살 자체가 공한 것이라면 반야바라밀을 행하고 행하지 않는 것은 논할 필요도 없을 것이다.

이렇게 보살이 단순히 명칭에 불과하며, 공한 것이라고 규정은 되었으나 공하다는 이유는 아직 확실하지 않다. 여기에서 존재하는 것은 실체가 없기 때문에 공하다는 것을 말하기 위해서 '모든 사물의 실다운 성품은 생김도 없고 없어짐도 없으며, 더러움도 없고 깨끗함도 없다'고 그 이유를 설명한다. 그리고 그런 실체가 없다는 것을 보이기 위해서 다시 존재하는 것은 '인연의 화합으로 된 것이어서, 단지 분별과 생각으로 거짓되게 이름을 붙인 때문이다'라고 설하고 있다.

여기서 우리들은 보살이 '반야바라밀을 행한다'는 것이 무엇인가를 알게 된다. 그것은 다름 아닌 사물에 대한 집착을 여의는 것이다. 그리고 이 '집착을 여읜다'라는 것에 의해서 반야바라밀은 있는 그대로의 세계를 볼 수가 있고, 있는 그대로의 모양으로 사물을 볼 수가 있는 것이다. 이것이야말로 반야바라밀의 작용의 특질을 가장 잘 표현한 것이다. 그의 눈이 이 진리에 한 번 눈뜨면 세계는 그 모든 것과 함께 진실로 있는 그대로의 모습으로 그의 앞에 전개되는 것이다. 이 사이의 소식을 『대품반야경』 불모품 제48에서는 다음과 같이 설시하고 있다.

> 수보리야, 모든 부처님은 이 깊은 반야바라밀에 의하여 한량없고 가없으며 헤아릴 수조차 없는 모든 중생들이 마음으로 행하는 것을 아신다. 수보리야, 이 깊은 반야바라밀 가운데는 중생도 없고 중생이라는 이름도 없으며, 물질적 존재도 없고 물질적 존재라는 이름도 없으며, 감각·표상·의지·인식도 없고 감각·표상·의지·인식이라는 이름도 없으며, 눈도 없고 나아가 마음도 없으며, 눈으로 인식하는 것도 없고 나아가 마음으로 인식하는 것도 없으며, 나아가 일체종지도 없고 일체종지라는 이름도 없다.
>
> 이와 같이 수보리야, 이 깊은 반야바라밀은 능히 세간의 모습을 보인다. 수보리야, 이 깊은 반야바라밀은 또한 물질적 존재를 보이지도 않고, 감각·표상·의지·인식도 보이지 않으며, 나아가 일체종지도 보이지 않는다. 왜냐하며 수보리야, 이 깊은 반야바라밀 가운데는 반야바라밀 역시 없기 때문이니, 어찌 하물며 물질적 존재 내지 일체종지이겠느냐!
>
> 또한 수보리야, 온갖 중생의 이름과 숫자인 형상이 있는 것이든 형

상이 없는 것이든·생각이 있는 것이든 생각이 없는 것이든·생각이 있는 것이 아니든 생각이 없는 것이 아니든·이 세간의 국토에 있든·시방의 넓은 국토에 있든 이 모든 중생들이 마음을 가다듬거나 혹은 마음을 산란하게 한다면, 이 가다듬은 마음과 산란한 마음을 부처님은 여실하게 아신다.

수보리야, 어찌하여 부처님은 중생들의 가다듬은 마음과 산란한 마음의 모양을 아시는가? 있는 그대로의 모양(法相)에 의하여 아는 것이다. 무엇을 있는 그대로의 모양에 의하여 안다고 하는가? 수보리야, 이 있는 그대로의 모양 가운데는 역시 있는 그대로의 모양이라는 모습이 없는 것이다. 어찌 하물며 가다듬은 마음과 산란한 마음이 있겠느냐! 수보리야, 이 있는 그대로의 모양에 의하여 부처님은 중생들의 가다듬은 마음과 산란한 마음을 아는 것이다.

보살은 반야바라밀의 눈으로써 일체중생의 마음을 철견한다. 중생이 그 성격이나 능력·경험에 있어서 혹은 도덕적 가치나 영성에 있어서 실로 여러 가지임을 안다. 그렇지만 여실하게 사물을 보는 보살의 눈은 이러한 표면적 차이를 관찰하되 모든 중생에게는 자성이 있는 것이 아니고, 취할 바 상(相)이 없으며, 또한 분별의 상이 없는 것을 보는 것이다. 거기에서는 온갖 형상의 개체는 그 모습을 소멸하고 반야바라밀의 광명을 받아서 있는 그대로의 모습을 드러내는 것이다.

2) 공사상의 전개

위에서 우리들은 보살이 행하는 반야바라밀이 무엇인가를 살펴보았다. 그것은 공을 행하는 것이었다. 그렇다면 공(空)은 어떤 과정을 거쳐서 우리들 앞에 등장하는가. 반야경을 비롯하여 초기 대승경전이 나타나기 시작한 것은 부처님께서 입멸하신 후 대략 3·4백 년경이라고 추정된다. 공이란 이러한 대승경전이 특히 강조한 사상이긴 하지만, 그것이 결코 부처님의 가르침과는 다른 새로운 설을 내세운 것은 아니었다. 오히려 부처님의 가르침에 대한 본질이 이 공사상(空思想)에 의해서 새롭게 전개되고, 또 그 진의(眞意)가 밝혀졌다고 할 수 있다. 물론 이렇게 공사상에 의해서 부처님의 가르침에 대한 본질이 새롭게 규명되기 시작하는 데는 거기에 상응한 이유가 있었을 것이다.

우선 생각할 수 있는 것으로 부처님께서 입멸하신 후 이미 수백 년 이상이 경과한 당시로서는 역사적으로도 사회적으로도 사정은 변화하고, 종교나 철학 등의 사상계가 부처님 당시와는 현저하게 달랐다는 점이다. 당연히 거기에는 새로운 문제도 생기고 또한 과제도 제출되었다. 따라서 반야경을 선구경전으로 하는 대승불교의 공사상은 오히려 원시불교와 어느 부분에서는 일맥상통하면서 원시불교를 계승한 부파불교, 즉 소승불교의 잘못된 점을 비판하고 공격하는 형식을 취하고 있다.

예를 들어 구별의 철학에 대한 비판이다. 구별의 철학은 범주를 갖고 존재를 분석하고 사물을 구별하는 견해이다. 성스러운 것과 속된 것은 완전히 다른 것, 번뇌와 해탈이나 깨달음, 혹은 생사와 열반은 전혀 다른 것, 혹은 선은 악과 다른 것이라고 하는 형식으로 사물을 항상 구별하고 있다. 그렇기 때문에 종교적인 세계와 세속적인 세계는 전혀 별개의 것이라고 구별한다. 이러한 사고방식이 어떻게 성립되었는가.

부처님의 가르침 중에는 기본적인 원칙이 되는 것이 있다. 그것은 '모든 것은 무상(無常)하고 고(苦)이며 무아(無我)이다'라는 것으로, 이 세 가지 명제는 『아함경(阿含經)』 가운데에 빈번히 나오고 있다. 이것은 병렬적(竝列的)으로 모든 것은 무상하고, 모든 것은 고이고, 모든 것은 무아다라는 형식으로 말하는 것도 있지만, 모든 것은 무상하고 무상하기 때문에 고이고 자신의 고통을 어쩔 수 없는 우리들 속에 자재한 주체로서의 자아(自我)·영혼(靈魂)·아트만(atman)이 있을 수 없다는 형식으로, 즉 무상이 고와 무아의 근거로 취급된 것도 있다.

어떻든 모든 것이 무상하다는 것은 부처님의 기본적인 가르침인데, 원시불교에서는 다섯 가지 모임(五蘊)이 전부라고 하기 때문에 모든 것이 무상하다고 하는 것은 '다섯 가지 모임은 무상하다'는 형식으로 바꾸어 말할 수 있다.

다섯 가지 모임이란 색(色)·수(受)·상(想)·행(行)·식(識)이라는 다섯 가지 범주 아래 일체의 존재를 분류하는 것이다. 색이란 '색체·형태', 즉 시각의 대상이 되는 것의 의미와 그에 의하여 대표되는 물질적 존재 일반의 두 가지 의미를 갖는 말이지만, 다섯 가지 모임의 범주 속에서는 색은 후자, 즉 물질적 존재를 말한다. 마지막의 식(識)은 마음을 말한다. 이렇게 보면 다섯 가지 모임의 범주란 물질적 존재와 마음을 끝에 놓고 그 중간에 물질적 존재와 마음의 교섭이나 접촉에 의하여 생기는 심적 작용의 대표로 수(受)·상(想)·행(行)의 세 가지를 들었거나, 혹은 물질적 존재와 마음을 먼저 나누고 마음을 다시 세분해서 수(受)·상(想)·행(行)으로 하고, 그것을 색(色)과 더불어 일렬로 배열해서 수·상·행·식으로 한 일종의 중복분류로 했는지도 모른다. 고대인도의 철학서에서는 이런 종류의 중복분류가 나타나는 예가 흔히 있기 때문이다.

아무튼 수(受)는 감수(感受), 즉 감각이고, 상(想)은 표상작용(表象作用), 그리고 행(行)은 의욕(意欲), 즉 의지를 말하며, 식(識)은 마음이나 인식을 나타내는 것으로 여기서는 판단·추리 등을 포함한 사유라고 할 수 있다. 따라서 다섯 가지의 분류는 간단히 말해 물질과 마음 혹은 정신과 신체라고 정리할 수 있는데, 이 다섯 가지 모임이 무상하다고 한 것이다.

그런데 부처님께서는 단지 모든 것은 무상하다고 할 뿐만 아니라, 무상한 것은 전부 고통이고 무아이다. 그렇기 때문에 무상한 세계를 초월해서 열반의 세계에 가지 않으면 안 된다, 절대의 평안에 도달하지 않으면 안 된다고 하는 것이다. 그렇다면 거기에 한편에서는 모든 것은 무상하다고 하면서 그 무상하고 고통인 세계를 초월한 열반, 즉 항상(恒常)의 세계를 설하고 있는 것이 된다. 즉 부처님께서는 모든 것은 무상하다고 말하면서 동시에 무상이 아닌 열반세계의 존재도 가르치고 있다.

부파불교가 되면 사람들은 이 모든 것이 무상한 것과 무상하지 않은 세계는 서로 모순을 가지고 있다는 데 관심을 갖게 된다. 그래서 지금까지의 '모든 것은 무상하다. 모든 것은 무아다'라는 형식의 말을 바꾸어서 '제행무상(諸行無常) 제법무아(諸法無我)'라고 말하게 된다. 행(行: saṃskāra)이라는 것은 '만들어진 것'의 의미이기 때문에 '제행무상'이란 '모든 만들어진 것은 무상하다'라는 것으로 된다. 한편 법(法: dharma)은 '존재하는 것'의 의미로 이것은 '만들어진 것'보다도 외연(外延)이 큰 개념이다. 존재하는 것에는 만들어진 것과 만들어진 것이 아닌 것의 두 종류가 있다. 그 가운데 만들어진 것, 즉 유위(有爲)의 존재는 무상하지만 만들어진 것이 아닌 것, 즉 무위(無爲)의 존재는 무상하지 않고 항상하다. 그러나 무아라는 것은 유위와 무위의 양쪽에 해당된다. 그렇기 때문에 유위이든 무위이든 모든 존재(法)는 무아다. 이런 의미에서 '제행무상 제법무아'라고 말하지 '제법무상'이라고는 결코 말하지 않는다. 여기에서는 사람들이 이미 유위와 무위, 다시 말하면 무상(無常)과 항상(恒常)이라는 두 세계의 존재에 눈을 돌리게 된 것이다.

부파불교는 일반적으로 아비달마라고 불리는 분석적 사고의 철학을 발전시킨 것이지만, 그 대표적인 것으로 설일체유부(說一切有部)라는 학파가 있다. 이 학파는 위에서 말한 것처럼 일종의 두 세계론을 전개하고, 그 경향이 구별의 철학으로 발전하여 법(法)의 이론을 완성하게 된다. 법이라는 말에는 여러 가지 의미가 있으나 여기서는 '물질'·'존재'를 의미한다. 중요한 것은 여기에 무상한 세계 외에 항상한 세계가 발견된 것이며, 무상과 항상의 두 세계에 공통되는 본질, 존재 그 자체에 대한 안목이 열린 사실이다. 불교의 존재론(存在論)은 이 시점에서 시작되어 설일체유부에 의하여 발전되어 간다.

원시불교에 있어서 다섯 가지 모임과 같이 잘 쓰여지는 범주에 열두 가지 영역(十二處)·열여덟 가지 요소(十八界)라는 것이 있다. 열두 가지 영역이란 눈(眼)·귀(耳)·코(鼻)·혀(舌)·신체(身)·마음(意), 즉 다섯 가지 감각기관에다 생각하는 마음을 합친 여섯 가지 인식기관과 색(色)·성(聲)·향(香)·미(味)·촉(觸)·법(法)이라고 하는 각 기관의 대상을 합친 것이다. 즉 눈의 인식에 관해서는 색깔이나 형태, 귀의 인식에 관해서는 음성, 코에 대해서는 향기, 혀에 대해서는 맛, 신체는 육체적 감각으로써 거기에 대해서 접촉되는 것, 그리고 마음에 대해서는 법(法) — 이 경우의 법은 앞의 제법의 법과는 범주가 전혀 다르고 현재의 말로 하면 '생각되어 지는 것'이라는 가장 협소한 의미로 사용되어 있다 — 이라는 것이다.

열여덟 가지 요소라는 것은 예컨대 시각에 있어서 보는 마음(眼識)이 시감관(視感官·眼根)을 매개로 하여 색깔이나 형상이라는 대상(色境)을 포착하는 것과 같이 기관(根)·대상(境)·심식(識)의 삼분법에 의하여 여섯 가지 인식을 열거하므로 합계 열여덟 가지가 된다.

여기에서 이 '법(法)', 즉 '생각되어지는 것'이라는 것이 문제가 된다. 확실히 색·성·향·미·촉이라는 것은 전부 물질이기 때문에 이것은 무상하다. 그렇지만 생각되어지는 것이 되면 우리들은 열반이라는 것을 생각할 수가 있고, 항상한 것을 생각할 수 있다. 물론 무상한 것도 생각할 수 있지만, 무상이 아닌 항상한 것, 열반이라든가 공간(空間) — 설일체유부는 공간도 항상한 실체라고 생각한다 — 이라든가 하는 것을 우리들은 충분히 생각할 수 있게 된다. 그렇기 때문에 열두 가지 영역(十二處)·열여덟 가지 요소(十八界)의 범주를 면밀히 음미해 가면 법의 대상, 즉 생각되어지는 것 가운데는 무상한 것뿐만 아니라 항상한 것도 들어 있는 것이 된다.

그것을 깨달은 설일체유부는 이것을 어떻게 해결할 것인가에 몰두하게 된다. 모든 것이 무상하다고는 할 수 없는 항상된 것이 있다는 것에 눈이 뜨인 상황에서 그것을 단지 두 개의 세계로 방치하는 것에 설일체유부는 만족하지 않았다. 그것을 어떤 방법으로든 통일하지 않으면 안 되었다. 거기에서 설일체유부는 다섯 가지 모임·열두 가지 영역·열여덟 가지 요소의 범주를 좀더 치밀한 것으로 변형하여 소위 다섯 가지로 분류되는 일흔 다섯 가지 법(五位七十五法)의 범주를 새롭게 만들었다.

법(法)이란 말은 많은 의미를 함축하고 있어서 해석하기가 곤란한 점이 있지만, 대체로 (1) 법칙·법·기준 (2) 도덕·종교 (3) 속성·성격 (4) 가르침 (5) 진리·최고의 실재 (6) 경험적 사물 (7) 존재의 형태 (8) 존재의 요소 등의 의미로 쓰여지고 있다. 지금 설일체유부에서 일흔 다섯 가지 법이라고 할 때의 법은 (6)(7)(8) 중의 어느 하나로 사용하고 있는데, 그렇게 되면 일흔 다섯 가지 법은 경험적 사물의 범주이고, 본체로서 실재하는 일흔 다섯 가지의 존재 요소를 의미한다고 할 수 있다. 즉 설일체유부의 논서에는 법을 정의해서 '독자(獨自)의 성질을 유지하기 때문에 법이다'라고 말하고 있는데, '독자의 성질'이란 '타와 공통하는 성질'과 대비해서 사용되는 말로 다른 것에는 없는 그 자신의 특성을 말한다.

다시 말하면 설일체유부에서 말하는 법이란 '그 자신의 특징' 혹은 '본질'의 의미를 담고 있고, 이것을 달리 표현하면 실체·자성이라고 할 수 있다. 따라서 사물의 본체는 일흔 다섯 가지 요소로 구성되어 있고, 그 일흔 다섯 가지의 존재요소가 각자 한 개의 실체라는 것이다. 그리고 실체는 그 자신의 본질, 다른 것과는 공통하지 않는 그 자신에 고유의 특징과 그 자신의 작용을 가지고 있는 것이 된다. 가령 물질의 요소는 모두 열한 가지가 있는데, 그 최초의 것이 지(地)·수(水)·화(火)·풍(風)의 지(地)로서 이 지의 본질은 견성(堅性), 단단함이라는 것이고 그 작용은 사물을 지탱하는 것이다. 그리고 이 지라는 것은 본질도 작용도 다른 것과는 절대로 공통하지 않는다. 수(水)는 단단함도 없고 사물을 지탱하는 작용도 물론 없다. 그러나 수에는 수만의 본질인 습성(濕性), 수만의 작용인 점착(粘着)이 있다고 생각하는 것이다.

3) 실체의 부정과 공

반야경은 기본적으로는 부처님의 근본정신에 돌아간다는 입장을 가지고 있었지만, 그것은 단순히 부처님의 가르침에 따라서 그것을 재현해 간다는 정도에 멈추고 있었다는 것은 아니다. 시대와 사회가 요청하는 새로운 사상적 과제에 부응한다는 적극적인 자세를 가지고 있었다. 따라서 반야경의 이러한 자세는 설일체유부로 대표되는 소승불교의 실재론(實在論), 즉 원시불교에는 원래 없었던 실체의 관념을 정면에서 비판하고 있다.

『대품반야경』도수품 제71에는 다음과 같이 설하고 있다.

> 모든 것은 인연이 화합해서 생기는 까닭에 사물어는 제 성품이(自性) 없는 것이다. 만약 제 성품이 없다면 이것을 법이 없음이라고 말한다. 이러한 까닭에 수보리야, 보살마하살은 마땅히 일체 모든 것(一切法)은 본성이 없다고 알아야 하는 것이다. 왜냐하면 일체 모든 것은 본성이 공한 때문이니, 이러한 까닭에 일체 모든 것은 본성이 없다고 마땅히 알아야 하는 것이다.

일체 모든 것은 인연의 모임에 의해서 생긴 것이기 때문에 그것은 자신의 성품, 즉 그것을 형성하고 있는 어떤 실체가 있는 것이 아니라고 『대품반야경』은 밝히고 있다. 그래서 모든 것의 본성은 공이라고 단언하여 소승불교의 실재론을 부정하고 있다. 그리고 구체적인 사항을 십무품 제25에서는 이렇게 설하고 있다.

> 무엇을 화합으로 생긴 까닭에 스스로의 성품이 없다고 하는가?
> 사리불이여, 물질적 존재는 화합으로 생겼음으로 스스로의 성품이 없고, 감각·표상·의지·인식도 화합으로 생겼음으로 스스로의 성품이 없습니다. 눈은 화합으로 생겼음으로 스스로의 성품이 없고, 내지 생각도 화합으로 생겼음으로 스스로의 성품이 없습니다. 형상(色) 내지 마음의 대상(法)·눈의 영역(眼界) 내지 마음의 대상이라는 것(法界)·땅의 성질(地種) 내지 인식의 성질(識種)·눈앞의 상황(眼觸) 내지 마음 속에 있는 것(意觸)·눈앞에 전개되는 모든 것들에 대한 느낌 내지 마음 속에 있는 모든 것들에 대한 느낌도 화합으로 생겼음으로 스스로의 성품이 없습니다.

이러한 사실은 우리 자신을 돌이켜보아도 알 수가 있다. 가령 사람이라는 실체가 과연 있는 것인가. 우선 사람이란 정신과 육체라는 두 인연이 함께 있을 때 존재하는 것이다. 이 두 가지 요소가 분리되면 그 사람을 시체라 하고 그 정신을 영혼이라고 달리 부르게 된다. 육체라는 것도 마찬가지다. 머리와 몸체와 두 팔과 두 다리가 합해 있을 때 사람이라는 이름을 갖지만, 이것들이 따로 흩어져 있을 때는 단지 머리는 머리일 따름이고 팔은 팔일 따름이지 사람이 될 수는 없는 것이다. 그래서 『대품반야경』 삼가품 제7에서 부처님께서는 수보리에게 말씀하신다.

> 수보리야, 예를 들어 신체의 한 부분을 머리라고 하지만 이것 역시 이름만 있는 것처럼, 목덜미·어깨·팔·등·겨드랑이·넙적다리·종아리·발뒤꿈치도 전부가 여러 가지 요소가 모여서 된 것이어서, 이러한 부분 및 이름은 나는 것도 아니고 없어지는 것도 아닌데도 불구하고

세간의 이름을 가지고 그렇게 부를 뿐이니, 이 이름은 안에 있는 것도 아니고, 밖에 있는 것도 아니며, 중간에 있는 것도 아니다.

반야경에서 밝히고 있는 이러한 실재론의 부정은 용수의 『중론(中論)』에서 그 의미가 더욱 명확하게 정리된다. 용수는 『중론』의 머리에서 이렇게 말하고 있다.

```
불생이며 또한 불멸이며          (不生亦不滅)
불상이며 또한 부단이며          (不常亦不斷)
불일이며 또한 불이이며          (不一亦不異)
불래이며 또한 불출인            (不來亦不出)
능히 이러한 인연을 설하고       (能說是因緣)
여러 희론을 훌륭히 멸하신       (善滅諸戲論)
부처님께 나는 머리 숙여 예배드린다 (我稽首禮佛)
여러 설 중에 제일인 <그에게>   (諸說中第一)
```

보통 『중론』의 귀경게(歸敬偈)라고 일컬어지는 위의 한문으로 된 게송이 산스크리트 본(本)에는 다음과 같이 되어 있는데, 한문으로 번역되어 있는 것보다 이해하기가 쉽다.

```
소멸되지도 않고 생기하지도 않으며,
단절되지도 않고 항상되지도 않으며,
단일하지도 않고 복수도 아니며,
오지도 않고 가지도 않는 의존성(연기)을,
언어의 허구를 초월하여
지복(至福)한 부처님께서 말씀하셨다.
그 설법자 중 가장 위대한 분을
나는 예배한다.
```

이것이 유명한 용수의 팔불설(八不說)이다. 여기에는 부처님 가르침의 본질이 연기(緣起)에 있음을 지적하고 있다. '연기'란 모든 것은 '인연(원인·조건)에 의해서 생기(生起)하는 것'을 의미하는 것으로, 원시경전에서는 이 연기를 알았다고 하는 것이 존재의 참된 모습을 깨달았다고 하는 것임을 설하고 있다. '연기를 보는 이는 법(法)을 본다. 법을 보는 이는 연기를 본다'라는 말이 바로 그것을 보이고 있다. 또한 이 말에서 부처님의 깨달음의 내용이 연기인 것을 알 수가 있다. 다시 말하면 부처님이 부처님이 되었다고 하는 것은 그가 이 연기를 보았기 때문이라고 하겠다. 여기에서 부처님의 제자들은 부처님 가르침의 중심은 연기를 설하는 것에 있다고 이해하고, 이것에 의해서 깨달음의 내용을 파악하려고 한 것이다.

그런데 용수는 그 연기는 '소멸하는 것이 아니고 생기하는 것이 아니며, 오는 것이 아니고 가는 것이 아니다'라고 정의하고 있다. 즉 연기의 입장에서 볼 때 일체의 존재는 '나지도 않고 없어지지도 않으며, 가는 것도 아니고 오는 것도 아니다'라는 것이다. 이러한 전제 아래서 용수는 연기하는 것에 실체가 없음을 밝히고 있는데, 『중론』 제15장 관유무품(觀有無品)의 첫머리에서 다음과 같이 말하고 있다.

자성이 많은 원인과 조건에 의해	(衆緣中有性)	
생기는 일은 불가능하다.	(是事則不然)	
원인과 조건에 의해 생긴 자성은	(性從衆緣出)	
만들어진 것이 되어 버린다.	(卽名爲作法)	15. 1
그러나 자성이	(性若是作者)	
어떻게 만들어진 것일 수 있겠는.	(云何有此義)	
자성이란 다른 것에 의존하지 않으며,	(性名爲無作)	
만들어지는 것이 아니기 때문이다.	(不待異法成)	15. 2

용수는, 실체는 먼저 자립적(自立的)이라고 말한다. 실체가 다른 것에 의존하는 것은 있을 수 없다. 실체는 항상된 것이기 때문에 그것이 타에 의존해서 생하거나 멸하는 일은 없다. 그렇기 때문에 자립적이다. 자립적이라는 것은 불교의 연기와는 대립개념이 된다. 즉 자립적이라는 것은 실체가 연기한 것이 아니며, 다른 것에 의하지 않고 존재한다는 것이 되어 결국 부처님의 사상과는 어긋나게 된다.

만약 자성으로서 존재하는 것이 있다면,   (若法實有性)
그것은 무존재가 되는 일은 없을 것이다. (後則不應異)
자성이 변하는 일은   (性若有異相)
결코 있을 수 없기 때문이다.   (是事終不然)   15. 8

만약 자성이 있다고 하면   (若法實有性)
변화라는 것은 어떠한 것의 변화인가. (云何而可異)
만약 자성이 없다고 하여도   (若法實無性)
변화란 것은 무엇의 변화인가   (云何而可異)   15. 9

다음으로 용수는, 실체는 항상(恒常)하여 변하지 않는 것이라고 한다. 실체가 변화한다는 것은 이상하다. 그리고 나아가 실체는 단일(單一)하다고 한다. 하나의 사물에 본질이 두 개 있다고 하는 것은 이상하다. 본질이 복합체라고 하는 것은 있을 수 없기 때문에 어디까지나 단일한 것이라는 사고방식이다.

가령 사람이라는 존재에 실체적인 성품이 있는 것도 아니다. 우리는 한 사람의 여자를 두고 그 호칭이 경우에 따라 달라지는 것을 본다. 남편에 대해서는 아내가 되고 자식에 대해서는 어머니가 되며, 부모에게는 자식이 되는 것이다. 만약 사람에게 어떤 실체적인 성품이 있다면 어떻게 한 사람의 여자가 딸도 되고 어머니도 되며, 아내가 되기고 하고 때로는 누이가 되기도 하겠는가.

또한 그 한 여자를 대하는 사람에 따라 감정이나 평가는 달라진다. 즉 남편이 보았을 때는 사랑스런 사람인가 하면 시어머니가 보았을 때는 미운 감정이 될 수도 있다. 그러나 보통 사람이 보았을 때는 평범한 여자에 지나지 않는다. 만약 그 여자에게 한 개의 본질이 있다고 한다면 어떻게 사람에 따라 천자만별의 평가가 나올 수 있겠는가.

용수는 이렇게 자립적이고 항상불변 ― 단지 영속한다는 것이 아니고, 영속함과 동시에 절대로 변하지 않는 ― 이며, 복합적인 것이 아니고 단일한 것이라고 하는 이 세 개의 성질에 의해서 실체라는 것을 규정하고 있다.

그런데 용수가 말하는 것에 의하면 이러한 것은 말의 세계에서밖에 존재하지 않는다는 것이다. 실제로 우리들이 보고 있는 이 사실의 세계는 무상하다. 가령 책상을 예로 들면 이것은 목재와 목수와 칠쟁이 등에 의존해서 생기고, 그밖의 존재와의 관계에 의해서 존재한다. 때문에 이것은 연기한 것이고, 자립적으로 존재하고 있는 것이 아니다. 또한 이 책상이라고 말해지는 것은 부수면 장작이 되고, 태우면 재가 되고, 바람이 불면 날아가 사라져 버린다. 결코 항상된 것도 아니고 변하지 않는 것도 아니다. 모든 것은 단일한가 하면 또한 복합체로서 존재한다. 예를 들면, 책상이라는 것도 하나의 전체성이 있는 것이 아니고, 많은 부분이 모여서 된 복합적인 것으로, 그것은 결코 단일한 것이라고 말할 수 없다. 부분의 최소단위는 원자이지만, 흑판은 무수한 원자의 집합으로 성립한다고 생각하면, 책상은 복합적이라는 것이 바로 이해된다.

말하자면 사실의 세계에 존재하고 있는 것은 자립적인 것이 아니라 연기한 것이고, 항상불변한 것이 아니라 어디까지나 무상해서 변화하는 것이며, 단일한 것이 아니라 복합적인 것이다. 그렇다면 자립적이고 항상불변, 단일한 것이 어딘가에 있는가. 즉 사람이나 책상을 형성하고 있는 어떤 최소한의 요소, 가령 원자나 분자 같은 것은 있는 것인가. 있다고 하면 그것은 말뿐이다. 여기에 관하여 『대품반야경』 습응품 제3에서 다음과 같이 설하고 있다.

> 보살마하살은 반야바라밀을 행할 때에 이와 같이 사유해야 한다. 보살이란 단지 이름만 있고, 부처님이란 것도 단지 이름만 있으며, 반야바라밀도 또한 단지 이름만 있고, 물질적 존재(色)도 단지 이름만 있고, 감각(受)・표상(想)・의지(行)・인식(識)도 단지 이름만 있다. 사리불아, 나(我)라는 것도 또한 마찬가지로 이름만 있고, 일체의 나라는 것은 결코 잡을 수가 없는 것이다. 중생・나이・생명・태어남・양육(養育)・숫자의 구성요소・개아(個我)・행위・일을 시키는 것・후세의 업을 짓는 것・업을 짓게 하는 것・과보를 받는 것・과보를 받게 하는 것・아는 것・보는 것, 이러한 모든 것은 잡을 수가 없는 것이다. 이렇게 잡을 수가 없는 공인 까닭에 단지 이름만을 가지고 말할 뿐이다.

일체 모든 것은 단지 이름만 있을 뿐이다. 말은 불변이다. 책상이 사라지고 내가 죽어도 책상이라는 우리말이 존속하는 한 있는 것이다. 말을 개념이라는 관념적 존재의 차원으로 환원하면, 항상하고 물질이 아니기 때문에 분할되지 않는 단일한 존재이며 우리들에게 의존하지 않기 때문에 자립적이라고 말할 수 있다. 그러나 과거・현재・미래에 걸쳐서 변하지 않고 존재하는 것은 없다고 경은 밝히고 있다. 우리들이 실재하는 것이라고 생각하는 모든 것은 사실은 언어에 불과한 것이고, 개념의 실체화에 불과한 것이다. 그러한 실체는 인간의 사유의 세계에만 존재하는 것으로 사실의 세계에서는 있을 수 없는 것이다. 그런데도 불구하고 우리들이 이 사실에 쉽게 접근하지 못하는 이유는 인간의 삶에 있어서 언어의 역할이 너무나 크기 때문이다.

우리들은 무엇인가 있는 것을 본다든가 듣고 있을 때, 실은 그 사물은 본다든가 듣는다는 것이 아니라 그 말의 의미를 보고 있는 것이다. 그리고 말의 의미가 가지고 있는 보편성과 항상성을 그 대상에 부여하고 있다. 우리들이 사물에 애착하는 것은 실은 그 사물을 나타내는 말의 보편성과 항상성에 붙잡히기 때문이다. 30년 전의 '나'와 지금의 '나', 그리고 30년 뒤의 '나'는 과연 같은 '나'일까. 만약 같은 '나'라면 어떻게 30년 전에는 젖먹이였고 지금은 장년이며, 30년 후에는 머리에 백발을 하고 있을 것인가. 우리가 자기 자신에 애착하는 것도 본래 없는 자기라는 말에 붙잡혀 있기 때문이다. 마찬가지로 다른 사람을 보고, 집을 보고, 산이나 강을 보고 있을 때, 사람들은 그러한 것이 어제도 오늘도 내일도 변함없이 존재한다고 생각해 버린다. 그러나 그것은 원래부터 사실이 아니다. 그래서 일체는 공(空)이라고 한다.

2. 공의 의미

1) 공의 일반적인 개념

지금까지 살펴본 바에 의하면 공이란 모든 형태로 생각되고 예상되는 일체의 실체적인 것을 모두 부정하는 것이라고 생각할 수도 있다. 좀더 쉽게 말하면 일체의 현상적 존재는 본래 '없다'는 것이 공을 규정하는 말이 된다고 할 수 있다. 그러나 여기에서 분명히 하지 않으면 안 될 것은 공(空)이 일체의 실체적인 것을 부정한다고 해서, 이것을 일종의 허무(虛無)와 같은 것으로 생각해서는 안 된다는 것이다. 공은 분명히 세상에서 말하는 허무와는 차원을 달리하며, 결코 절망을 부르짖는 것이 아니다.

반야불교의 핵심인 공은 단순한 부정이 아니다. 이 공은 부정만으로 그치지 않고 절대적인 긍정으로 전향된다. 다시 말하면 부정이 부정으로 끝나는 한 그것은 우리들에게 아무것도 줄 수가 없다. 거기에는 오직 정지(靜止)가 있을 뿐이며, 판단의 단절과 침묵이 있을 따름이다. 그러나 앞에서도 이미 언급했지만 반야의 공은 우리에게 모든 집착을 던진 진정한 자유와 해방을 가져다 주고, 따라서 공에 의하여 진정한 의미의 보살도(菩薩道)가 실천되는 것이다. 그렇다면 공이란 구체적으로 무엇인가.

공(空)이란 산스크리트 어 슈냐(śūnya)를 번역한 말이다. 공이라는 말 외에도 모든 존재의 본성이 공(空)이라는 입장에서 공성(空性 : śūnyatā)이라는 말을 사용하기도 한다. 공의 산스크리트 어인 슈냐는 수학(數學)의 0(零 : zero)을 의미하는 말이기 때문에, 공에는 무(無)의 의미가 내포되어 있다. 따라서 공이란 일체의 현상적 존재는 '없다'라는 의미를 가지고 있다.

그러나 여기서 우리가 주의해야 할 점은, '공이란 없다'는 의미를 가지고 있다고 해서 이것을 '있다(有)'와 '없다(無)'라는 두 측면에서 생각하여 '있다(有)'의 반대개념인 '없다(無)'라는 것을 가지고 공(空)을 파악해서는 안 된다는 것이다. 공의 개념을 파악함에 있어서 우리들이 봉착하게 되는 일차적인 어려움이 바로 여기에 있다.

가령 나는 지금 책상 위에 놓여 있는 컴퓨터를 이용하여 이 글을 쓰고 있다. 따라서 내 방에는 컴퓨터가 있고, 내 방을 방문하는 사람은 컴퓨터가 있음을 기억하게 된다. 며칠 뒤 내가 컴퓨터를 다른 곳으로 옮긴 후, 그 사람이 다시 내 방을 찾아왔다면 그는 필시 컴퓨터가 없다고 생각할 것이다. 그 사람이 생각할 수 있는 것은 컴퓨터라는 존재를 상정해 두고 거기에 대해서 보이면 있다고 하고 보이지 않으면 없다고 한다. 그렇다고 해서 그 사람이 '컴퓨터가 없음이 있다'라고 말하지도 않을 것이다. 만약 그 사람이 '컴퓨터가 없음이 있다'는 등의 '무(無)'를 마음에 떠올렸다고 한다면 그것은 무(無)를 일종의 유(有)로 취급하고 있는 것이어서 무(無)가 의미하는 본래의 성격과는 맞지 않는 것이다. 왜냐하면 없다(無)는 것은 있다(有)는 것과 모순되는 개념이기 때문이다.

그러나 만약 같은 날 내 방을 방문한 사람이라 할지라도 내가 컴퓨터를 다른 곳으로 옮긴 후에 찾아온 사람이라면 어떻게 될까. 그는 컴퓨터에 관해서는 그 자체를 연상할 수 없기 때문에 거기에는 있다와 없다는 생각이 없을 것이다. 따라서 먼저 왔던 사람이 '이 방에 컴퓨터가 없다'고 하면 그는 필시 '본래 없는 컴퓨터를 무엇 때문에 끄집어 내어 없다고 말하는가'하고 의아해할 것이다.

이렇게 우리는 매사에 어떤 존재를 설정해 두고 그것을 붙잡고 유무(有無)를 따지고, 그래서 생각으로 붙잡고 있는 그 존재가 인식되면 있다고 하고 인식되지 않으면 '없다'고 말한다. 그렇지만 지금 살펴본 것처럼 붙잡고 있는 어떤 존재가 없을 때는 있다·없다고 하는 관념이 생기지 않는 상태에 놓이게 되는데, 이 때에도 우리는 '없다'라고 말한다. 이 있다·없다는 관념이 있을 수 없는 상태의 없음을 이름하여 '공(空)'이라 한다. 여기서 우리는 언어(言語)의 허구성을 발견하게 된다. 같은 '없다'라는 표현이지만 어떤 존재를 붙잡고 그 유무를 따져 없다고 하는가 하면, 존재의 관념이 끊어진 상태도 없다고 말하는 것이다. 이러한 언어의 허구성 속에서 우리는 일상생활을 통해서 일체의 존재를 유무(有無)의 상태로만 받아들이고, 따라서 유무를 초월한 세계를 쉽게 경험할 수 없기 때문에 '없다'고 하면 유(有)의 반대개념인 무(無)만을 생각한다.

여기에 무(無)인 공(空)을 취급하는 어려움이 있다. 무를 논의하는 이상 어떤 의미에서든 그 존재성을 인정하지 않으면 안 되는 것이지만, 무는 존재하는 것을 거부하는 것이다. 다시 말하면 '없다는 것'과 '있다는 것'은 서로 대립되는 개념이다. 그렇지만 무(無)를 유(有)와 같은 차원에서 대립시킨다면 그 무(無)는 일종의 유(有)가 되고 말아서 무(無)가 갖고 있는 본래의 의미가 상실되어 버리는 것이다. 즉 유(有)는 개념화할 수 있지만, 무(無)는 개념화할 수 없는 것이다.

우리가 공(空)에 관해서 말할 때도 마찬가지의 문제에 봉착한다. 즉 우리가 공을 논의하면서 '공(空)은 공이라는 것이 있다, 공은 결코 허무를 의미하는 것은 아니다'라고 해석하여 '있다(有)'와 '없다(無)'라는 두 측면에서 생각하려고 한다. 그러나 위에서 지적한 것처럼 확실히 공은 허무는 아니지만, 그렇다고 일종의 유(有)일 수도 없다.

월칭(月稱: Candrakirti, 600~650)은 그의 『중론(中論)』 주석서인 『입중론(入中論)』에서 이러한 '있다(有)'와 '없다(無)'라는 두 측면을 여읜 공에 관해서 그 기본적인 입장을 다음과 같은 비유로써 설명하고 있다.

> 눈에 병이 있는 사람은 눈앞에 무엇인가가 항상 어른거린다. 인도에서는 이러한 상태를 발망(髮網)이라 부르는데 환영(幻影), 환각(幻覺)이라고 해도 좋을 것이다. 거기서 무엇인가 이상하다고 느낀 그 사람은 친구에게 '나는 눈앞에 어른어른하는 것이 보이는데 자네에게도 보이는가?'하고 물었다. 친구는 '그렇지 않다, 네가 보고 있는 머리카락과 같은 것은 실제로 있는 것이 아니고, 네가 눈에 병이 있기 때문에 어른거릴 뿐이다'라고 설명해 준다. 그러면 눈병이 있는 사람은, '아 그런가!'하고 머리카락이 있는 것이 아니라는 것 등을 우선 안다. 그러나 그 사실이 이해되었다고 해서 어른어른하는 것이 보이지 않게 된 것은 아니다. 역시 보이고 있다. 뒷날 의사에게 가서 눈을 치료하고 나니, 머리카락은 완전히 보이지 않게 되었다.

이 경우 머리카락은, 이 사람이 눈병이 들었기 때문에 있는 것처럼 보이지만 그것은 본래 실재하는 것이 아니다. '그런가!'하고 말하여 머리카락이 보이지 않게 된 까닭에 그것이 없어졌다는 것도 아니다. 없어졌다고 하는 것은 무엇인가가 없어지지 않으면 말할 수 없는 것이고, 처음에 존재하고 있던 것이 사라졌기 때문에 없어졌다고 말하는 것이다. 원래 눈앞에 어른거리던 머리카락은 실재하던 것이 아니기 때문에 그것이 사라졌다고 해서 없어졌다고는 말할 수 없는 것이다.

　존재의 실체라고 하는 것은 우리가 환각으로 보고 있는 머리카락과 같은 것으로서 본래 실체라고 하는 것은 없다. 있는 것은 아니지만 그렇다고 해서 존재가 없다고 하는 것도 있을 수 없다. 무(無)라는 것이 성립하기 위해서는 그것이 본래 있었던 것이 아니면 무라고 말할 수 없기 때문에 무도 아니다. 따라서 공이라는 것은 유와 무라는 개념에서는 파악될 수 없는 것이고, 공의 입장에서 존재는 '유라고도 무라고도 말할 수 없는 어떤 것'이라 할 수 있다.

2) 공의 종류

　반야사상의 핵심이 되는 공을 『대품반야경』은 일곱 가지 공(七空), 열네 가지 공(十四空), 열여덟 가지 공(十八空)의 세 가지 종류로 설하고 있다. 먼저 일곱 가지 공을 설하는 부분으로 습응품 제3에는,

> 사리불아, 보살마하살이 사물의 본질은 공(性空)이라고 닦으면, 이것을 반야바라밀과 상응하는 것이라 한다. 이와 같이 사리불아, 보살마하살은 반야바라밀을 행하여 일곱 가지 공, 즉 모든 것의 본질은 공(性空)·사물의 고유형태가 공(自相空)·모든 존재가 공(諸法空)·사물에 사로잡힘이 없는 공(無所得空)·사물이 존재하지 않는다는 견해가 공(無法空)·사물이 존재한다는 견해가 공(有法空)·사물이 존재하지 않는다는 견해와 존재한다는 견해가 같이 공(無法有法空)이라고 닦으면, 이것을 반야바라밀과 상응하는 것이라 한다.

라고 설하고 있다.

다음으로 열네 가지 공을 설하는 부분으로는 섭오품 제68에,

> 보살은 반야바라밀에 머물러서 여섯 가지 감각기관이 공(內空)함은 여섯 가지 감각기관이 공함을 붙잡을 수가 없고, 여섯 가지 감각기관의 여섯 가지 대상이 공(外空)함은 여섯 가지 감각기관의 여섯 가지 대상이 공함을 붙잡을 수가 없다. 여섯 가지 감각기관과 여섯 가지 대상이 같이 공(內外空)함은 여섯 가지 감각기관과 여섯 가지 대상이 같이 공함을 붙잡을 수가 없고, 공 그 자체가 공(空空)함은 공 그 자체가 공함을 붙잡을 수가 없다. 나아가 일체 모든 것이 공(一切法空)함은 일체 모든 것이 공함을 붙잡을 수가 없다.
> 보살은 이러한 열네 가지 공(十四空) 가운데 머물러서 물질적 존재의 모양을 공이라거나 혹은 공이 아니라고 붙잡지 않고, 감각·표상·의지·인식의 모양을 공이라거나 혹은 공이 아니라고 붙잡지 않는다.

라고 설하고 있다.

세 번째로 서품 제1과 문승품 제18에는 공의 종류에 열여덟 가지가 있음을 보이고 있다.

> 보살마하살이 여섯 가지 감각기관은 공(內空)·여섯 가지 감각기관의 여섯 가지 대상은 공(外空)·여섯 가지 감각기관과 여섯 가지 대상이 같이 공(內外空)·공 그 자체는 공(空空)·시방세계가 공(大空)·실상의 진리도 공(第一義空)·함이 있는 공(有爲空)·함이 없는 공(無爲空)·하나도 남김이 없는 공(畢竟空)·비롯함이 없이 나고 죽는 모든 것은 공(無始空)·모든 것을 분리하는 공(散空)·모든 것의 본질은 공(性空)·사물의 고유형태가 공(自相空)·모든 존재가 공(諸法空)·사물에 사로잡힘이 없는 공(不可得空)·사물이 존재하지 않는다는 견해가 공(無法空)·사물이 존재한다는 견해가 공(有法空)·사물이 존재하지 않는다는 견해와

존재한다는 견해가 같이 공(無法有法空)에 머물고자 하면 반드시 반야
바라밀을 배워야 한다. 　　　　　　　　　　　　　　　　　서품 제 1

　보살마하살에게는 다시 대승이 있다. 소위 여섯 가지 감각기관은 공
(內空)·여섯 가지 감각기관의 여섯 가지 대상은 공(外空)·여섯 가지
감각기관과 여섯 가지 대상이 같이 공(內外空)·공 그 자체는 공(空空)·
시방세계가 공(大空)·실상의 진리도 공(第一義空)·함이 있는 공(有爲
空)·함이 없는 공(無爲空)·하나도 남김이 없는 공(畢竟空)·비롯함이
없이 나고 죽는 모든 것은 공(無始空)·모든 것을 분리하는 공(散空)·
모든 것의 본질은 공(性空)·사물의 고유형태가 공(自相空)·모든 존재
가 공(諸法空)·사물에 사로잡힘이 없는 공(不可得空)·사물이 존재하지
않는다는 견해가 공(無法空)·사물이 존재한다는 견해가 공(有法空)·사
물이 존재하지 않는다는 견해와 존재한다는 견해가 같이 공(無法有法
空)이다. 　　　　　　　　　　　　　　　　　　　　　　문승품 제 18

그러나 『대품반야경』이 이렇게 일곱 가지 공·열네 가지 공·열여덟
가지 공을 열거하고는 있지만, 지금 경문(經文)을 통해서 알 수 있는 것
처럼 일곱 가지 공과 열네 가지 공은 열여덟 가지 공에 포섭되어 있다.
따라서 열여덟 가지 공을 이해함에 의해서 『대품반야경』에서 설하고 있
는 공의 의미를 짐작할 수 있고, 이것이야말로 공의 관념에 확실히 도달
하는 열여덟 가지 방법이라고도 할 수 있다. 그래서 이하에서는 문승품
제 18에서 설하고 있는 각 공(空)의 특징과 의의를 경문과 『대지도론』의
주석을 참고하여 살펴보기로 한다.

(1) 여섯 가지 감각기관은 공(內空)

　안(內)이란 것은 눈·귀·코·혀·신체·마음을 말한다. 눈을 눈이라고
함은 공이니, 항상하지도 않고 없어지지도 않는 까닭이다. 왜냐하면 본

래의 성품이 그러하기 때문이다. 귀를 귀라고 함은 공이고, 코를 코라고 함은 공이며, 혀를 혀라고 함은 공이고, 신체를 신체라고 함은 공이며, 생각을 생각이라고 함은 공이니, 항상하지도 않고 없어지지도 않는 까닭이다. 왜냐하면 본래의 성품이 그러하기 때문이다.

이 여섯 가지 감각기관은 공(內空)에 관하여 『대지도론』 권 제31에서는 '눈은 공이어서 나와 나의 것이 없고 눈이라는 것(眼法)도 없으며, 귀·코·혀·신체·마음도 또한 이와 같다'라고 주석하고 있다. 즉 우리의 마음을 움직이는, 배후에 감추어져 있다고 보통 생각하는 자아(自我)라는 것이 존재하지 않는다는 것이다. 따라서 이것은 바로 무아(無我)의 교의를 다른 말로 표현한 것이라고 할 수 있다.

(2) 여섯 가지 감각기관의 여섯 가지 대상은 공(外空)

밖(外)이란 것은 형상·소리·냄새·맛·느낌·마음의 대상을 말한다. 형상을 형상이라고 함은 공이니, 항상하지도 않고 없어지지도 않는 까닭이다. 왜냐하면 본래의 성품이 그러하기 때문이다. 소리를 소리라고 함은 공이고, 냄새를 냄새라고 함은 공이며, 맛을 맛이라고 함은 공이고, 느낌을 느낌이라 함은 공이며, 마음의 대상을 마음의 대상이라고 함은 공이니, 항상하지도 않고 없어지지도 않는 까닭이다. 왜냐하면 본래의 성품이 그러하기 때문이다.

밖이라는 것은 여섯 가지 감각기관에 대한 여섯 가지 대상인 형상·소리·냄새·맛·느낌·마음의 대상이다. 『대지도론』 권 제31에서는 '형상이 공이라고 하는 것은 나도 없고 나의 것도 없으며 형상이 없다는 것이다'라고 주석하고 있다. 즉 감각기관에 대한 경계의 배후에 그것을 주관하는 실체가 존재하지 않는다는 것이다. 우리의 마음을 움직이는 배후에 나라는 것이 존재하지 않는 것처럼 그 대상의 배후에도 또한 나라는 것이 존재하지 않는다는 것으로 소위 '법무아(法無我)'를 말하고 있다.

(3) 여섯 가지 감각기관과 여섯 가지 대상이 같이 공(內外空)

안팎(內外)이란 것은 안의 여섯 가지 감각기관(六入)과 밖의 여섯 가지 감각기관을 말한다. 안(內)이란 것을 안이라 함은 공이니, 항상하지도 않고 없어지지도 않는 까닭이다. 왜냐하면 본래의 성품이 그러하기 때문이다. 밖(外)이란 것을 밖이라 함은 공이니, 항상하지도 않고 없어지지도 않는 까닭이다. 왜냐하면 본래의 성품이 그러하기 때문이다.

우리는 일반적으로 안과 밖을 구별한다. 그러나 이 안과 밖이라는 것은 실재성(實在性)을 가진 것이 아니고 시설이 건립되는 한 형식에 지나지 않는다. 그렇기 때문에 이 내외의 관계는 언제라도 역으로 될 수 있는 것이다. 절대적 부동성은 없고, 위치를 바꾸면 안의 사물이 밖이 되고 밖의 사물이 안이 된다. 이 상관성을 공이라고 하고 있다.

(4) 공 그 자체가 공(空空)

모든 것은 공이며 이 공도 또한 공이니, 항상하지도 않고 없어지지도 않는 까닭이다. 왜냐하면 본래의 성품이 그러하기 때문이다.

안팎의 전부가 공이라고 할 때, '그 공의 관념만은 참된 실재의 것이다' 혹은 '그 공의 관념만이 객관적으로 달성되는 무엇인가다'라고 생각하게 된다. 공 그 자체가 공이라는 것은 이러한 집착을 깨뜨리기 위한 것이다. 그래서 『대지도론』 권 제31에서는 '공 그 자체가 공(空空)이라는 것은 여섯 가지 감각기관은 공(內空)·여섯 가지 감각기관의 여섯 가지 대상은 공(外空)·여섯 가지 감각기관과 여섯 가지 대상이 같이 공(內外空)을 깨뜨리는 것이니, 이 세 가지 공을 깨뜨리기 때문에 공 그 자체도 공이라고 한다. 또한 먼저 법공(法空)으로써 안팎의 법을 깨뜨리고 다시 이 공으로써 세 가지 공을 깨뜨리기 때문에 공 그 자체도 공이라 한다'라고 주석하고 있다.

다시 말하면 공의 관념을 어디까지라도 가지고 가면 모든 것이 불식되어 깨끗해져도 역시 한 조각의 티끌을 남긴 것이 되기 때문에 이것까지도 버린 것이 공 그 자체도 공인 것이다. 비유하자면 환자가 약을 복용하여 병이 나았다고 하면 그 약도 몸 밖으로 나와야 하는 것과 같다. 만약 약이 몸 밖으로 나오지 않으면 이것이 다시 병이 된다. 마찬가지로 공으로써 모든 번뇌의 병을 없애고 나면 공이 다시 병이 될까 염려하여 공으로써 공을 버린 것이다.

(5) 시방세계가 공(大空)

동방(東方)을 동방이라고 하는 모양은 공이니, 항상하지도 않고 없어지지도 않는 까닭이다. 왜냐하면 본래의 성품이 그러하기 때문이다. 남·서·북방과 네 간방(間方)과 상·하를 남·서·북방과 네 간방과 상·하라고 함은 공이니, 항상하지도 않고 없어지지도 않는 까닭이다. 왜냐하면 본래의 성품이 그러하기 때문이다.

시방세계가 공(大空)이라는 것은 공간의 비실재성(非實在性)을 의미한다. 부파불교에서는 공간이라는 것이 객관적으로 실재하는 것이라고 생각하고 있었다. 그러나 반야경은 이것을 공이라고 생각한 것이다. 무엇 때문에 공간의 비실재성을 대공(大空)이라고 부르는지에 관해서 『대지도론』 권 제31에서는 다음과 같이 밝히고 있다.

성문법(聲聞法) 중에서는 법공(法空)을 대공이라 한다. 잡아함(雜阿含)의 『대공경(大空經)』에서는 '생(生)은 노사(老死)를 인연하고 있다'고 설하는데, 어떤 사람이 '이것이 노사이다, 이 사람은 노사한다'라고 말하면 두 가지 모두 사견(邪見)이다. 이 사람의 노사는 바로 중생공(衆生空)이고 이 노사는 법공(法空)이다. 『마하연경(摩訶衍經)』에서 시방(十方)을 설하여 '시방의 모양은 공이다'라고 설하고 있는데, 이것을 대공이라 한다.

공간 가운데에 존재하는 모든 것은 인과에 지배되고 생멸의 법칙에 따른다는 것은 대·소승을 불문하고 인정하고 있다. 그러나 소승은 공간 그 자체는 영원히 거기에 존재하는 것이라고 생각하여 중생공과 법공에 국집한다. 그런데 반야경은 이 광대한 공간도 어떤 객관적 실재성을 갖지 않는다고 하여 공간이라든가 넓어짐이라든가 하는 관념은 허구에 지나지 않는다고 설하고 있다.

(6) 실상의 진리도 공(第一義空)

실상의 진리(第一義)란 열반을 말한다. 열반을 열반이라고 함은 공이니, 항상하지도 않고 없어지지도 않는 까닭이다. 왜냐하면 본래의 성품이 그러하기 때문이다.

실상의 진리도 공(第一義空)이라는 것에 대하여 『대지도론』권 제31에서는 '제일의(第一義)는 제법실상(諸法實相)을 말하니, 파괴할 수 없기 때문이다. 이 제법실상도 또한 공이다. 왜냐하면 받을 수도 없고 잡을 수도 없기 때문이다'라고 설하고 있다. 여기서 말하는 제법실상이란 모든 것의 진실한 존재 모습을 의미한다. 온갖 형상의 주관성을 여의어 그것이 정말로 있는 것의 상태를 의미한다. 따라서 실상의 진리는 괴멸함이 없는 어떤 것이다. 이것이라든가 저것이라든가 하여 측량할 수 없는 어떤 것이다. 어떠한 것도 거기에 부가할 수 없는 어떤 것이다. 이러한 까닭에 실상의 진리는 공이다. 공이 아니라면 한정되고 인과의 법칙에 연관지어지는 하나로 되고 만다. 열반이라는 것이 이 실상의 진리의 다른 이름이다.

(7) 함이 있는 공(有爲空)

함이 있는 것이란 애욕의 세계(欲界)·물질의 세계(色界)·정신만의 세계(無色界)를 말한다. 애욕의 세계를 애욕의 세계라고 함은 공이고, 물질의 세계를 물질의 세계라고 함은 공이며, 정신만의 세계를 정신만의 세계라고 함은 공이니, 항상하지도 않고 없어지지도 않는 까닭이다. 왜냐하면 본래의 성품이 그러하기 때문이다.

(8) 함이 없는 공(無爲空)

함이 없는 것이란 남이 없는 모양(無生相)·머무름이 없는 모양(無住相)·없어짐이 없는 모양(無滅相)을 말한다. 함이 없는 것을 함이 없는 것이라고 함은 공이니, 항상하지도 않고 없어지지도 않는 까닭이다. 왜냐하면 본래의 성품이 그러하기 때문이다.

함이 있는 공(有爲空)과 함이 없는 공(無爲空)은 함께 취급하여 설명하는 것이 좋을 것 같다.『대품반야경』구의품 제12에는 함이 있는 법(有爲法)과 함이 없는 법(無爲法)에 대하여 다음과 같이 정의하고 있다.

"무엇을 함이 있는 법(有爲法)이라 합니까?"
"만약 법에 나고 머물고 멸함과 애욕의 세계·물질의 세계·정신만의 세계가 있으면, 다섯 가지 모임(五陰) 내지 마음 속에 있는 것들에 대한 느낌(意觸因緣生受)·네 가지 관찰법(四念處) 내지 열여덟 가지 부처님만이 갖는 특성(十八不共法) 및 일체지(一切智), 이것을 함이 있는 법이라 말한다."

"무엇을 함이 없는 법(無爲法)이라 합니까?"

"나지 않고 머물지 않고 멸하지 않으며, 혹은 물듦이 없고 성냄이 없으며 어리석음이 없고, 사물의 진실된 모습(如)·다름이 없음(不異)·있는 그대로의 모양(法相)·진실된 본성(法性)·모든 것의 변하지 않는 위치(法位)·참된 실상(實際), 이것을 함이 없는 법이라 말한다."

유위(有爲)란 인과법칙의 조건에 따라서 생긴 사물을 의미하는 것으로 곧 '만들어진 것'이다. 무위(無爲)란 허공 등과 같이 인과의 법칙에 따르지 않는 것이다. 유위가 공이라는 것은 안의 세계도 밖의 세계도 공이라는 것을 표현하는 다른 방법이다. 존재는 때로는 유위와 무위로 나누어지고, 때로는 안팎으로 구분되며, 때로는 다섯 가지 요소 등으로 구분된다. 그러나 이러한 구별은 전부가 상대적인 것에 지나지 않는다. 그것에 상응하는 객관성은 없는 것이다. 따라서 그러한 것은 모두가 공이다.

무위는 유위와 대조되기 때문에 존재하는 것이다. 그래서 『대지도론』 권 제31에서는 '만약 유위를 제하면 무위는 존재하지 않는다. 유위의 실상이 바로 무위이다. 유위가 공인 것처럼 무위도 또한 공이다. 왜냐하면 두 가지가 다르지 않기 때문이다'라고 설하고 있다. 즉 유위가 실재성을 갖지 않는 경우에는 무위도 또한 실재성을 갖지 않는다. 그것은 비록 둘일지라도 하나의 이름을 갖는다. 무위 자체도 따라서 공인 것이다.

(9) 하나도 남김이 없는 공(畢竟空)

하나도 남김이 없음이란 모든 것은 마침내 붙잡을 수 없음을 말하니, 항상하지도 않고 없어지지도 않는 까닭이다. 왜냐하면 본래의 성품이 그러하기 때문이다.

이것은 일체의 존재가 절대적으로 공이라고 하는 것을 강조한 것이다.

『대지도론』 권 제31에서는 '하나도 남김이 없는 공(畢竟空)이란 함이 있는 공(有爲空)과 함이 없는 공(無爲空)으로써 모든 것을 남김없이 깨뜨린 것을 말한다. 번뇌가 다한 아라한을 필경청정(畢竟淸淨)이라 하고 아나함으로부터 무소유처(無所有處)의 욕망을 여읠 때까지는 필경청정이라 하지 않는 것과 같다'고 설명한다.

여기에서는 일체의 존재에 대한 그 객관적 실재성의 부정이 무조건적으로 거양되어 있다. 가령 빗자루로 방을 청소한다고 할 때, 빗자루가 남아 있으면 절대 공은 아니다. 아니 나아가 빗자루와 함께 청소하는 사람까지도 나가지 않으면 안 된다. 거기에서 비로소 하나도 남김없는 공의 관념에 도달하는 것이다. 한 법이라도 남아 있는 한 일점의 집착과 분별이 있는 것이 된다. 그렇게 되면 거기에서 개체의 세계가 벌어지고 또한 고난과 우수의 세계가 만들어지는 것이다. 온갖 조건이 붙여지는 것을 초월한 공, 무한의 연관관계의 끈을 넘어선 공이다.

(10) 비롯함이 없이 나고 죽는 모든 것은 공(無始空)

법에 있어서는 처음으로 온 곳을 붙잡을 수 없으니, 항상하지도 않고 없어지지도 않는 까닭이다. 왜냐하면 본래의 성품이 그러하기 때문이다.

존재라는 것에는 시작이라는 것이 없다고 할 때, 그 시작이 없다는 것이 있다고 생각하여 그 관념에 집착한다. 이 집착을 없애기 위하여 이 비롯함이 없이 나고 죽는 모든 것은 공(無始空)이 말해진다. 『대지도론』 권 제31에서는 이 공에 대하여 다음과 같이 설명하고 있다.

비롯함이 없이 나고 죽는 모든 것은 공(無始空)이란 중생이든 법이든 세간은 모두 그 시초가 없다. 금생이라는 것은 전생의 인연에 의해서 존재하고 전생 또한 그보다 앞선 전생의 인연에 의하여 존재하니, 이와 같이 전전해서 중생의 시초는 있을 수 없으며 법 또한 이와 같다. 왜냐하면 만약 먼저 생(生)해서 후에 죽는다고 하면, 이것은 죽음이 없더라도 생하는 것이기 때문에 생에도 역시 죽음이 없는 것이 된다. 만약 먼저 죽음이 있고 후에 생이 있다면 곧 인(因)도 없고 연(緣)도 없는 것이고, 또한 생하지 않았는데도 죽음이 존재하게 된다. 이 까닭에 일체법은 시초가 있을 수 없다. 경(經) 중에서 부처님께서 여러 비구들에게 말씀하시기를, '중생에게는 시초가 있을 수 없으니, 무명(無明)이 덮고 애욕이 감아서 생사를 왕래하고 있으나 이 시초는 붙잡을 수가 없다'라 하셨다. 이렇게 시작이 없는 법을 파하므로 비롯함이 없이 나고 죽는 모든 것은 공(無始空)이라 한다.

인간의 지성은 항상 대립의 사이를 왕래하는 것이다. 시작이라는 관념이 깨뜨려지면 그 대신에 시작이 없다고 하는 관념이 나타난다. 공의 큰 진리는 이러한 대립을 초월하지 않으면 안 된다. 그러나 또한 이러한 대립의 밖에 있어서는 안 된다. 따라서 반야경은 고심하여 중도(中道)를 세우나, 거기에도 붙잡히지 않는다. 공의 논리는 이렇게 해서 모든 견지로부터 명확하게 되는 것이다.

(11) 모든 것을 분리하는 공(散空)

분리함이란 모든 것은 없어짐이 없음을 말하니, 항상하지도 않고 없어지지도 않는 까닭이다. 왜냐하면 본래의 성품이 그러하기 때문이다.

이 세계에는 완전히 단일(單一)한 사물은 존재하지 않고, 모든 존재는 결국에는 분해되는 운명임을 밝힌 것이 모든 것을 분리하는 공(散空)이다. 『대지도론』권 제31에서는 이 공에 대하여 다음과 같이 설명하고 있다.

산공(散空)에서의 산(散)은 별리(別離)의 모양을 말한다. 모든 것은 화합하기 때문에 존재하니, 가령 수레는 바퀴살·바퀴테·끌채·바퀴통 등이 함께 모여서 수레가 되는 것과 같다. 만약 분리되어 각각 다른 한 곳에 있게 되면 수레라는 이름을 잃는다. 다섯 가지 요소가 모인 인연에 의해서 사람이라 이름하지만 만약 다섯 가지 요소가 별리하면 사람은 붙잡을 수가 없다.

어떤 사물이 한 개의 단위로서 존재하고 그 형식을 유지하며 그것 자체가 실체인 것처럼 보이지만, 결국은 그 구성요소인 부분부분으로 환원되지 않으면 안 되는 것이다. 분산은 필연적이다. 사상(思想)의 세계에 속하는 것은 분해의 운명을 만나지 않는 것처럼 보일지 모르지만, 여기에는 변화가 다른 형식으로 생기는 것이다. 시간은 흐르고 영원성은 지배하지 않는다. 감각·표상·의지·인식의 네 가지도 또한 궁극에는 흩어지고 없어진다. 그러한 것은 어디로부터 보아도 공이다.

(12) 모든 것의 본성은 공(性空)

일체 모든 것의 본성인, 혹은 함이 있는 것들의 성품, 혹은 함이 없는 것들의 성품은, 이것을 성문이나 벽지불이 만든 것이 아니고 부처님이 만든 것이 아니며, 더구나 나머지 사람들이 만든 것이 아니다. 이 본성을 본성이라 함은 공이니, 항상하지도 않고 없어지지도 않는 까닭이다. 왜냐하면 본래의 성품이 그러하기 때문이다.

본성이란 불을 열나게 하고 물을 차게 하는 것이다. 그것은 각각의 사물이 가지고 있는 근원적인 성질이다. 이 본성이 공이라고 하는 것은 이 본성을 형성하는 아(我)가 없다는 것이다. 그리고 또한 본성이라고 생각하는 그것이 공이라는 것이다. 『대지도론』 권 제31에서는 이 공에 대하여 다음과 같이 설명하고 있다.

모든 것의 본성은 공(性空)이란 모든 것의 본성은 항상 공하지만 거짓된 행위가 상속하기 때문에 공이 아닌 것 같다. 비유하자면 물의 성품은 차거운 것이지만 불로 데우면 열이 나고, 불을 멈추고 오래 두면 물은 다시 차거워지는 것처럼 모든 것의 본성도 이와 같다. 아직 생기지 않았을 때는 공이어서 있는 바가 없음이 물의 성품이 항상 찬 것과 같다. 모든 것은 많은 인연이 모여서 존재하게 되는데, 이는 물이 불을 얻어 열을 내는 것과 같다. 많은 인연이 적거나 없으면 그것이 존재하지 못하는 것은 불이 꺼지고 나면 끓던 물이 식는 것과 같다.

우리가 개체라고 생각하는 사물의 배후에는 그것의 자성이 존재하지 않는다는 것은 이미 보아 온 것이다. 왜냐하면 일체의 사물은 전부가 여러 가지 인과 연의 결과로 된 것이고, 독립·고립·자기 발생적인 근원적 성질이라고 불리는 그러한 것은 전혀 존재하지 않기 때문이다. 전부가 결국 공이다. 만약 본성이라는 것이 있다고 하면 그것은 곧 공이라고 할 것이다.

(13) 사물의 고유형태가 공(自相空)

사물의 고유형태란 물질적 존재의 무너지는 모양·감각의 느끼는 모양·표상의 취하는 모양·의지의 작용하는 모양·인식의 인식하는 모양을 말한다. 이와 같은 함이 있고 함이 없는 것들은 각자의 고유형태가 공이니, 항상하지도 않고 없어지지도 않는 까닭이다. 왜냐하면 본래의 성품이 그러하기 때문이다.

고유형태란 낱낱의 사물이 가지고 있어서 그것이라고 인식시켜 줄 수 있는 모양이나 형식이다. 경우에 따라서는 모양과 본질이 구별되지 않을 정도로 불가분리적으로 연관되어 있는 것도 있다. 가령 불의 본성은 그것의 열에 의해서, 물의 본성은 그것의 차가움에 의해서 알 수 있는 것이다. 사물의 고유형태가 공(自相空)이라고 하는 것은 사물의 이런 외적으로 볼 수 있는 모양이 공이라고 하는 것이다. 왜냐하면 그것은 단순히 갖가지의 인연화합의 결과로 생기는 나타남에 지나지 않으며, 상대적인 것으로서 실재성을 갖지 않는 것이기 때문이다.

(14) 모든 존재가 공(諸法空)

모든 존재란 물질적 존재·감각·표상·의지·인식, 눈·귀·코·혀·신체·마음, 형상·소리·냄새·맛·느낌·마음의 대상, 눈의 영역·형태의 영역·눈으로 인식하는 것, 내지 마음의 영역·마음의 대상이라는 것·마음으로 대상을 인식하는 것을 말한다. 이 모든 존재를 모든 존재라 함은 공이니, 항상하지도 않고 없어지지도 않는 까닭이다. 왜냐하면 본래의 성품이 그러하기 때문이다.

모든 존재가 공(諸法空)이라는 단정은 가장 포괄적인 것이라 할 수 있다. 왜냐하면 법이라는 말은 감각의 대상뿐만 아니라 사상의 대상도 포함하기 때문이다. 이렇게 모든 존재가 공이라고 할 때, 그것 이상 세밀한 주석은 없다고 말할 수도 있다. 위에서 이미 살펴본 것처럼 모든 존재의 어떠한 특질을 보아도 그것에 영원성이나 변하지 않는 성품을 발견할 수는 없다. 전부가 상대적이고 현상적이다. 거기에는 공이 아닌 것으로 파악되는 것은 아무것도 존재하지 않는다.

(15) 사물에 사로잡힘이 없는 공(不可得空)

모든 것을 구함에 붙잡을 수가 없다. 이 붙잡을 수 없음은 공이니, 항상하지도 않고 없어지지도 않는 까닭이다. 왜냐하면 본래의 성품이 그러하기 때문이다.

불가득(不可得)이라는 것은 지성이 그것을 붙잡을 수 없다는 것이 아니라 객관적으로 불가득이라는 것이다. 공이라는 것은 무(無)라는 것을 시사한다. 그러나 공이 불가득이라고 말해질 경우에는 단순히 부정적인 것만은 아니다. 공이 불가득이라고 하는 것은 바로 그것이 지성의 상대적 사유의 대상이 될 수 없기 때문이다. 지성이 반야바라밀에까지 올라가면 불가득은 이해되는 것이다. 따라서 현명한 사람에게 이 공은 실재이다.

가령 사자가 포효(咆哮)하면 수많은 짐승이 두려워한다고 하지만, 그것은 다른 짐승들이 사자의 포효에 무엇인가 대단한 위력 같은 것이 있다고 느끼기 때문이다. 백수의 왕인 사자가 무엇인가 특별한 의미로 얻은 어떤 것이 있다고 느끼기 때문이다. 그러나 사자에게 울부짖음은 특별한 의미가 있는 것이 아니고, 특히 얻은 것이 있다는 생각은 더욱더 없는 것이다. 현자에 있어서도 특히 얻은 것으로 생각해야 할 공, 사색의 대상인 공은 전혀 존재하지 않는다.

(16) 사물이 존재하지 않는다는 견해가 공(無法空)

사물이 없다는 이것은 또한 공이니, 항상하지도 않고 없어지지도 않는 까닭이다. 왜냐하면 본래의 성품이 그러하기 때문이다.

(17) 사물이 존재한다는 견해가 공(有法空)

사물이 있다는 것은 모든 것이 화합한 가운데 본래 성품의 모양이 있음을 말한다. 이 사물이 존재한다는 것은 공이니, 항상하지도 않고 없어지지도 않는 까닭이다. 왜냐하면 본래의 성품이 그러하기 때문이다.

(18) 사물이 존재하지 않는다는 견해와 존재한다는 견해가 같이 공
(無法有法空)

　모든 것 가운데는 어떤 것도 없다는 것과, 모든 것이 화합한 가운데는 본래 성품의 모양이 있다는 것의 이 사물이 존재하지 않는다는 견해와 존재한다는 견해는 공이니, 항상하지도 않고 없어지지도 않는 까닭이다. 왜냐하면 본래의 성품이 그러하기 때문이다.

사물이 존재하지 않는다는 견해가 공(無法空)·사물이 존재한다는 견해가 공(有法空)·사물이 존재하지 않는다는 견해와 존재한다는 견해가 같이 공(無法有法空)이라는 것은 같이 취급하는 것이 좋다고 생각한다. 『대지도론』권 제31에서는 이 세 가지 공에 대하여 다음과 같이 설명하고 있다.

　　사물이 존재하지 않는다는 견해가 공(無法空)에 관해서 어떤 사람은 '무법(無法)은 법(法)이 이미 멸한 것을 말한다. 이 멸 또한 존재하지 않으므로 사물이 존재하지 않는다는 견해가 공이라 한다'고 말한다.
　　사물이 존재한다는 견해가 공(有法空)이란 모든 것은 인연이 화합하여 생김으로 유법(有法)이라 하는데, 이 유법이 존재하지 않으므로 사물이 존재한다는 견해가 공이라 한다.
　　사물이 존재하지 않는다는 견해와 존재한다는 견해가 같이 공(無法有法空)이란 무법유법(無法有法)의 모양을 취하여도 붙잡을 수 없으므로, 이는 사물이 존재하지 않는다는 견해와 존재한다는 견해가 같이 공이다. 또한 무법유법이 공함을 관(觀)하므로 사물이 존재하지 않는다는 견해와 존재한다는 견해가 같이 공이라 한다.

여기에서는 존재가 있다는 견지(見地)와 없다는 견지로부터 보여진다. 그래서 이 견해는 갖가지 개개로 생각해도, 또한 상대적으로 생각해도

함께 공이라는 것이다. 무성(無性)은 있는 것의 부정으로 다른 의미의 공이다. 자성(自性)은 그것 자체만으로 존재한다는 의미로 그러한 것은 없기 때문에 그것은 역시 공이다. 그러면 유와 무의 대립은 실재인가. 아니다. 그것 또한 공이다. 왜냐하면 대립하는 유와 무가 같이 공이기 때문이다.

제2장 본래청정(本來淸淨)

1. 법륜(法輪)의 차제(次第)

1) 최초의 설법(初轉法輪)

일반적으로 석가모니 부처님의 생애에 관한 전기를 불타전(佛陀傳), 또는 불전(佛傳)이라고 하는데, 그 불전 중에는 범천권청(梵天勸請)이라는 부분이 있다. 여기서 범천이라고 하는 것은 그 당시 바라문교(婆羅門敎)의 최고신으로 높이 숭앙되고 있던 신의 이름이다. 그 신(神)인 브라흐마(Brāhma)가 부처님께 '사람들에게 부처님께서 깨달은 진리를 설하여 주십시오'라고 권청했다는 것이 범천권청이다. 여기에 담겨 있는 사정에 관하여 남전(南傳) 『상응부(相應部)』 6.1 권청(勸請)에서 기술하고 있는 내용을 요약해서 말하면 이러하다.

어느 때 부처님께서는 우루벨라의 네란자라강 기슭에 서 있는 한 그루의 보리수 아래에 계셨는데, 그것은 정각(正覺)을 성취하신 지 얼마 되지 않았을 때의 일이었다. 그 때 부처님께서는 혼자 앉아서 조용히 다음과 같이 생각하셨다.

내가 지금 증득한 이 법은 매우 심오하여 보기 어렵고 깨닫기 어려운 것이다. 적정미묘(寂靜微妙)하여 사념의 영역을 넘어 심묘(深妙)하므로 현자만이 가까스로 알 수 있을 것이다. 그런데 사람들은 온갖 욕락만을 즐기고 욕락만을 기뻐하며 욕락 속에 날뛴다. 이렇게 욕락만을 즐기고 욕락만을 기뻐하며 욕락 속에 날뛰는 사람으로서는 이 법을 보기가 어렵다. 그것은 연(緣)에 의한다는 것, 즉 연기(緣起)라는 법이다. 이 연기의 이치는 알기 어렵고, 그들은 이 열반의 이치를 깨닫기 어려울 것이다. 내가 만약 설법을 한다 해도 사람들이 이것을 이해하지 못한다면 나는 그저 피곤하고 고통스러울 따름일 것이다.

이렇게 부처님은 설법의 문제를 앞에 놓고 우선 주저하였다. 왜냐하면 부처님께서 깨달은 진리는 세상의 상식을 뒤엎은 것이었고, 여기에다 세상 사람들은 탐욕과 분노에 사로잡히고 걱정과 무명에 덮여 있기 때문이었다. 따라서 그 진리를 설해 보았자 스스로만 지치고 말 것이라는 생각이 들었기 때문이다.

그러나 그 때 부처님이 설법을 주저하고 있음을 알아차린 범천은 '아아, 세상은 멸망하겠구나. 진정 세상은 멸망하겠구나. 지금 부처님의 마음은 침묵으로 기울어 설법하시기를 원치 않으신다'고 걱정한 나머지 급히 부처님 앞에 나타나 합장하여 예를 올리고 다음과 같이 세 번이나 말씀드렸다.

세존이시여, 법을 설하시옵소서. 원컨대 법을 설하시옵소서. 이 세상에는 눈이 티끌로 가려짐이 적은 사람도 있습니다. 그들은 법을 듣지 못한다면 타락할 것이지만, 그러나 그들도 법을 듣는다면 필시 깨달음을 얻을 것입니다.

범천왕의 청함을 듣고서 부처님은 다시 한 번 중생들에 대한 연민의 마음이 생겨 불안(佛眼)으로 세상 사람들의 모습을 관찰했다. 거기에는 더러움이 많은 사람도 있고 더러움이 적은 사람도 있었다. 선천적으로 영리한 사람도 있고 어리석은 사람도 있었다. 훌륭한 모습을 지닌 사람도 있고 흉한 모습을 지닌 사람도 있었다. 가르치기 쉬운 사람도 있고 가르치기 어려운 사람도 있었다.

그 중에는 내세의 죄과(罪過)에 대한 두려움을 알고 있는 사람도 보였다. 그 모습은 예를 들면 연못에 피는 청련화(靑蓮華)·황련화(黃蓮華)·백련화(白蓮華)가 물 속에서 생겨나고 자라서 물 속에 머물러 있는 것도 있고, 혹은 물 속에서 생겨나고 자라서 물 위로 솟아올라 꽃이 피어 있지만, 모두가 물에 젖지 않는 것과 같았다. 이렇게 중생의 모습을 관찰하신 부처님께서는 다음과 같은 게송으로 범천왕의 간청에 답함으로써 설법하기로 결심하셨다.

그들에게 감로(甘露 : 죽지 않는다는 뜻)의 문이 열렸다.
귀 있는 자들은 듣고
낡은 믿음을 버려라.
범천이여,
나는 미혹한 사람들이
미묘하고 훌륭한 법을
손상하지 않을까 생각하여
설하지 않으려 했을 뿐이다.

부처님께서 진리를 깨달았다는 것은 불교에 있어서는 가장 중요한 일이다. 만약 그러한 사실이 없었다면 오늘의 불교는 있을 수 없기 때문이다. 그러나 그 깨달음의 내용이 설법이라는 형식을 통해서 객관화되지 않았다면 어떻게 되었을까. 아마도 부처님은 연각(緣覺)의 한 분으로 기억되었을 따름이고, 따라서 불교는 성립되지 않았을 것이다. 이렇게 볼 때 부처님께서 설법을 결심하셨다는 사실은 불교의 입장에서는 부처님의 탄생이나 성도(成道) 못지 않는 중요한 의미를 갖는 것이다.

이렇게 범천의 권청을 받았던 부처님은 깨달음의 내용을 설하기 위하여 성도의 땅 붓다가야를 떠나 베나레스로 여행하신다. 그리고 그 곳에 있는 녹야원(鹿野園)에서 교진여(憍陳女)를 비롯한 다섯 사람의 제자들에게 최초의 설법을 하셨다. 이 최초의 설법을 초전법륜(初轉法輪)이라 부른다. 처음으로 진리의 수레바퀴를 굴렸다는 뜻이다.

이 초전법륜의 내용에 대해서는 여러 경전에서 자세히 전하고 있는데, 그 중의 하나인 남전(南傳) 『상응부(相應部)』 56. 11 여래소설(如來所說)에서 부처님께서는 다섯 명의 비구들에게 이렇게 말씀하셨다.

> 비구들이여, 출가자는 두 가지의 극단을 가까이해서는 안 된다. 그 두 가지란 무엇인가. 애욕에 탐착하는 것은 하열(下劣)하여 비천하니 범부나 하는 짓이다. 성스러운 짓이 아니며 도움이 되지 않는 것이다. 또한 고행(苦行)을 일삼는 것도 괴로울 따름이어서, 성스러운 짓이 아니며 도움이 되지 않는 것이다. 비구들이여, 여래는 이 두 가지 극단을 버리고서 중도(中道)를 깨달았다. 그것은 눈을 뜨게 하고 지혜가 생기게 하며, 적정(寂靜)·증지(證智)·등각(等覺)·열반(涅槃)에 이르게 한다.
>
> 비구들이여, 그러면 여래가 눈을 뜨고 지혜가 생기고 적정·증지·등각·열반에 이르게 하는 중도를 깨달았다고 하는 것은 어떤 것인가. 그것은 여덟 가지 바른 깨달음에 이르는 길(八支聖道)을 말하는 것이다. 즉 올바른 견해(正見)·올바른 사유(正思惟)·올바른 말(正語)·올바른 행위(正業)·올바른 직업(正命)·올바른 노력(正精進)·올바른 주의력(正念)·올바른 정신 통일(正定)이다. 비구들이여, 이것이 여래가 깨달을 수 있었던 중도여서, 이것이 눈을 뜨게 하고 지혜가 생기게 하고 적정·증지·등각·열반에 이르게 한 것이다.
>
> 비구들이여, 고통이라는 성스러운 진리(苦聖諦)란 이런 것이다. 태어난다는 것은 괴로움이다. 병드는 것은 괴로움이다. 죽는 것은 괴로움이다. 한탄과 슬픔, 근심과 걱정도 괴로움이다. 싫은 사람을 만나는 것은

괴로움이다. 사랑하는 사람과 이별하는 것은 괴로움이다. 구해도 얻지 못하는 것은 괴로움이다. 통틀어 말해서 인간의 존재를 구성하는 그 자체가 괴로움이다.

비구들이여, 고통의 원인이라는 성스러운 진리(集聖諦)는 이러하다. 미혹의 삶을 불러일으키고 기쁨과 탐욕을 수반하며, 이것저것 얽혀 드는 갈애(渴愛)가 그것이다. 욕(欲)의 갈애, 유(有)의 갈애, 무유(無有)의 갈애가 그것이다.

비구들이여, 고통이 멸진한 성스러운 진리(滅聖諦)는 이러하다. 말하자면 그 갈애를 남김없이 떨쳐 없애고 버리며, 뿌리치고 해탈해서 집착 없음에 이르는 것이다.

부처님께서 최초로 설한 이 법문을 우리들은 네 가지 성스러운 진리(四聖諦)라고 부른다. 이 법문에는 우선 인생 그 자체가 고통이라고 전제하고, 그 고통이 생기는 원인의 분석과 고통을 없애는 여덟 가지 방법, 그리고 고통이 사라진 열반을 말하고 있다.

이 장면은 흡사 환자를 치료하고 있는 훌륭한 의사를 연상케 한다. 병이 든 사람은 괴로워하고 의사는 병의 상태를 진단한다. 그리고는 마침내 병의 원인을 발견하게 되고 병이 완쾌한 후의 건강체에 대하여 의사가 환자에게 설명한다. 그러나 설명만으로써 환자의 고통이 없어질 수는 없다. 여기에 필수적으로 치료방법과 양생법이 제시되고, 환자가 거기에 따라 행동할 때 고통에서 벗어날 수 있는 것이다. 바로 이러한 점 때문에 부처님을 대의왕(大醫王)이라고 부른다.

2) 제2의 설법(第二 轉法輪)

부처님의 성도와 설법의 주저, 그리고 진리의 수레바퀴를 굴리는 초기

경전(初期經典)의 모습은 그대로 대승경전에도 이어져 나타나고 있다. 『대품반야경』 대여품 제54에는 설법을 주저하는 부처님의 마음을 이렇게 설시하고 있다.

> 여러 천자들아, 물질적 존재가 바로 일체지(一切智)이고, 일체지가 바로 물질적 존재이다. 나아가 일체종지(一切種智)가 바로 일체지이고, 일체지가 바로 일체종지이다. 물질적 존재의 진실된 모양 내지 일체종지의 진실된 모양은 하나의 진실된 모습이어서 둘이 없고 다름이 없다.
>
> 여러 천자들아, 뜻이 이러한 까닭에 부처님은 처음 성도(成道)를 했을 때에 마음 속에서 가만히 있으려고 하여 설법하는 것이 내키지 않았다. 왜냐하면 이 모든 부처님의 아뇩다라삼먁삼보리는 심히 깊어서 보기 어렵고 알기 어려우며, 사유로써 알 수가 없기 때문이다. 미묘하고 영원히 평안한 지혜로운 이는 능히 알겠지만, 일체의 세간으로서는 믿을 수가 없는 것이기 때문이다. 왜냐하면 아뇩다라삼먁삼보리는 얻는 이도 없고, 얻는 장소도 없으며, 얻는 시간도 없기 때문이다. 이것을 모든 법의 심히 깊은 모양이라고 말하니, 소위 두 가지 법이 있을 수 없다.

부처님께서 성도 후에 설법을 주저하셨다는 것에 대해서는 남전(南傳)의 『상응부경전』이나 지금의 『대품반야경』 사이에 별 차이가 없다. 단지 여기에는 설법을 주저하시는 부처님의 마음을 움직이는 범천이 등장하고 있지 않을 뿐이다. 그러나 부처님께서 왜 설법을 주저했는지에 관해서는 그 표현에 차이를 보이고 있다. 즉 초기경전에서는 '연기(緣起)의 법'이 매우 심오하여 보기 어렵고 깨닫기 어렵기 때문에 온갖 욕락만을 즐기고 욕락 속에 날뛰는 사람들을 상대로 설법을 해도 소용 없을 것이라고 생각했다. 그리고 대승의 선구경전인 반야경에서는 '아뇩다라삼먁삼보리'가 심히 깊어서 보기 어렵고 알기 어려우며, 사유로써 알 수가 없기 때문에 일체의 세간으로서는 믿을 수 없을 것이라는 것이 그 이유로 나타나 있다.

여기서 우리들은 부처님이 깨달으신 법이 바로 연기이고, 이것을 달리 표현한 것이 아뇩다라삼먁삼보리임을 알 수 있다. 그런데 문제는 이 아뇩다라삼먁삼보리라는 것이 '얻는 이도 없고, 얻는 장소도 없으며, 얻는 시간도 없다'는 데 있다. 왜 아뇩다라삼먁삼보리는 얻는 이가 있을 수 없는가. 그것은 바로 일체 모든 것의 진실된 모양이 하나의 진실된 모습이어서 둘이 없고 다름도 없기 때문이다. 즉 부처님의 깨달으신 분상에서 볼 때, 일체는 하나의 진실된 모습밖에 없다는 것이다. 이 하나의 진실된 모습을 연기라 하고 혹은 아뇩다라삼먁삼보리라 부르는 것이다.

그런데 일체 모든 것은 하나의 진실된 모습밖에 없다는 것이 진실이라면, 초기경전에서 설해진 최초설법(初轉法輪)의 네 가지 성스러운 진리(四聖諦)와는 모순을 갖게 된다. 즉 최초의 설법에서는 고통이 설해졌고, 그 고통을 멸한 뒤의 열반이 제시되었다. 달리 표현하면 번뇌와 깨달음(菩提), 생사(生死)와 열반이 엄연히 구별되었다. 그러나 반야경에서 설하는 아뇩다라삼먁삼보리는 이러한 구별을 넘어서 있다. 여기서는 번뇌와 깨달음, 생사와 열반이 둘이 아닌 한 모양이라는 것이 된다. 생사가 바로 열반인 것이다. 따라서 반야경에서 설하고 있는 설법의 내용은 최초의 설법 때와는 차원을 달리하고 있는 것이다.

이와 같은 사실을 증명이라도 하듯이 『대품반야경』 무작품 제43에는 이렇게 설시하고 있다.

부처님께서 수보리에게 이르셨다.
"수보리야, 이 반야바라밀은 모든 것에 있어서 힘이 있음도 없고, 힘이 아님도 없다. 또한 받는 것도 없고 주는 것도 없으며, 생기지도 않고 없어지지도 않으며, 더럽지도 않고 깨끗하지도 않으며, 늘지도 않고 줄지도 않는다. 이 반야바라밀은 또한 과거도 아니고, 미래도 아니며, 현재도 아니다. 애욕의 세계(欲界)를 버리지도 않고 애욕의 세계에 머물지도 않으며, 물질의 세계(色界)를 버리지도 않고 물질의 세계에 머물지도 않으며, 정신만의 세계(無色界)를 버리지도 않고 정신만의 세계에 머물지도 않는다.

…… (중략) ……

이 반야바라밀은 아라한의 법을 주지도 않고, 범인의 법을 버리지도 않는다. 벽지불의 법을 주지도 않고, 아라한의 법을 버리지도 않는다. 불법을 주지도 않고, 벽지불의 법을 버리지도 않는다. 이 반야바라밀은 또한 함이 없는 법을 주지도 않고, 함이 있는 법을 버리지도 않는다. 왜냐하면 많은 부처님이 계시든, 혹은 많은 부처님이 계시지 않든 이 모든 것의 모양은 항상 머무는 것이어서 다름이 없고, 있는 그대로의 모양·참된 이치의 머무름·모든 것의 변하지 않는 위치는 항상 머무는 것이어서 잘못됨이 없고, 잃음이 없기 때문이다."

그 때 많은 천자(天子)들이 허공 가운데 서서, 큰 음성을 내어 춤을 추며 기뻐하고, 청련화(靑蓮華)·홍련화(紅蓮華)·황련화(黃蓮華)·백련화(白蓮華)를 가지고 부처님 위에 뿌리면서 이와 같이 말했다.

"저희들은 염부제(閻浮提)에서 두 번째 진리의 수레바퀴(第二法輪)가 구르는 것을 봅니다."

이러한 가운데서 한량없는 백천의 천자들이 진실한 이치를 깨달아 평온한 마음(無生法忍)을 얻었다.

경에서는 최초의 설법 때와는 다르게 설해지는 부처님의 설법을 두 번째 진리의 수레바퀴(第二 法輪)가 구르는 것이라고 말하고 있다. 네 가지 성스러운 진리라는 설법으로 최초의 진리의 수레바퀴가 구르기 시작했다면, 반야바라밀이라는 설법은 두 번째 진리의 수레바퀴가 구르는 것이다.

 제2의 설법인 반야바라밀이란 무엇인가. 그것은 받는 것도 없고 주는 것도 없으며, 생기지도 않고 없어지지도 않으며, 더럽지도 않고 깨끗하지도 않으며, 늘지도 않고 줄지도 않는 것이다. 또한 과거도 아니고, 미래도 아니며, 현재도 아닌 것이다. 이렇게 되면 반야바라밀은 사실은 아뇩다라삼먁삼보리다. 단지 그 이름이 다를 뿐이다. 따라서 아뇩다라삼먁삼보리는 생기지도 않고 없어지지도 않으며, 더럽지도 않고 깨끗하지도 않으며, 늘지도 않고 줄지도 않는 것이다. 또한 아뇩다라삼먁삼보리가 바로 연기(緣起)이기 때문에 연기란 생기지도 않고 없어지지도 않으며, 더럽지도 않고 깨끗하지도 않으며, 늘지도 않고 줄지도 않는 것이다.

 다시 말하면 부처님의 깨달음이란 사물의 본성이 '생기지도 않고 없어지지도 않으며, 더럽지도 않고 깨끗하지도 않으며, 늘지도 않고 줄지도 않는다는 것'의 체득이고, 이것을 달리 표현하여 연기라 말하기도 하고 아뇩다라삼먁삼보리라 부르기도 하며, 혹은 반야바라밀이라 하기도 하는 것이다. 그리고 부처님의 깨달음의 내용이 최초의 설법에서는 미혹한 중생을 위해서 방편상 네 가지 성스러운 진리라는 이름으로 생사와 열반을 분별하여 설하였고, 제2의 설법에서는 부처님의 본래 견처(見處)를 방편 없이 반야바라밀이라는 이름으로 생사가 바로 열반임을 설하고 있는 것이다.

 이렇게 생사와 열반을 분별하여 설해진 부처님의 최초의 설법인 네 가지 성스러운 진리와는 차원을 달리해서, 생사와 열반이 둘이 아닌 것을 밝힌 반야바라밀 법문을 우리들은 대승불교라 부른다. 따라서 대승불교의 선구경전인 반야경은 곳곳에서 이 점을 반복하여 강조함과 동시에 생사와 열반을 구별하는 것을 성문승(聲聞僧)이라 하여 비하(卑下)하고 있다.

보살마하살도 또한 이와 같이 반야바라밀을 행해서 나를 보지 않고 중생을 보지 않으며, 내지 아는 것·보는 것도 보지 않고, 말해지는 이름도 또한 보지 않아야 한다. 보살마하살이 이와 같이 반야바라밀의 행을 닦으면, 모든 것은 잡을 수가 없는 공인 까닭에 부처님의 지혜를 제하고는 일체의 성문이나 벽지불의 그것보다도 훨씬 뛰어난다. 왜냐하면 이 보살마하살은 세속의 모든 것의 이름도 법도, 그리고 집착하는 바도 잡을 수가 없다고 하기 때문이다.

사리불아, 보살마하살이 이렇게 훌륭하게 행하는 것을 반야바라밀을 행한다고 한다. 예를 들어 염부제(閻浮提)에 대·삼·벼·잔디가 가득 차 있는 것처럼 스님들의 수가 그만큼 많고, 지혜가 사리불이나 목건련(目健連) 등과 같다고 해도, 보살이 반야바라밀을 행하는 지혜에 비교하면 백분의 일에도 미치지 못하고, 천분의 일·백천억분의 일 내지 숫자로 나타낸다든가 비교한다든가 하는 것으로는 미치지 못한다. 왜냐하면 보살마하살은 이 지혜로써 일체중생을 제도하기 때문이다.

사리불아, 염부제에 가득 찰 정도의 사리불이나 목건련 등이 있다고 해도, 혹은 삼천대천국토에 가득 찰 정도의 지혜 있는 사리불이나 목건련 등이 있다고 해도, 혹은 항하의 모래알같이 많은 시방세계에 가득 찰 정도의 지혜 있는 사리불이나 목건련 등이 있다고 해도 보살이 반야바라밀을 행하는 지혜에 비교하면 백분의 일에도 미치지 못하고, 천분의 일·백천억분의 일 내지 숫자로 나타낸다든가 비교한다든가 하는 것으로는 미치지 못한다. 또한 사리불아, 보살마하살이 반야바라밀을 행해서 가령 하루만이라도 지혜를 닦으면 일체의 성문이나 벽지불보다 훨씬 뛰어난다. 『대품반야경』 습응품 제3

주지하는 바와 같이 사리불과 목건련은 성문승을 대표하는 인물로서 부처님의 십대제자(十大弟子) 가운데서 각각 지혜제일(智慧第一)과 해공제일(解空第一)이라는 칭송을 듣고 있다. 그러나 이들의 지혜를 아무리 합친다 해도 보살의 지혜에는 미치지 못한다. 하물며 다른 성문이나 벽지불은 말해서 무엇하랴. 왜냐하면 성문이나 벽지불의 지혜는 단지 모든 것이 공임을 관하는 것일 뿐 생사와 열반이 하나인 것을 보지 못하기 때문이다. 이에 비해 보살의 반야바라밀은 일체 모든 것이 공임을 알지만, 공도 또한 보지 않아 생사와 열반이 하나여서 다르지 않음을 알고 이것으로써 일체중생을 제도하기 때문이다.

2. 사물의 진실된 모습

1) 불래불거(不來不去)의 본성

『대품반야경』의 말미에는 살타파륜(薩陀波崙)보살과 담무갈(曇無竭)보살의 이야기가 있다. 살타파륜보살은 드물게 보는 구도심(求道心)으로 신체나 생명을 돌보지 않고 반야바라밀의 가르침을 추구하는데, 한적한 산 속에서 수행하고 있는 어느 날 공중의 소리가 '동쪽으로 가라'고 하는 것을 듣는다. 더욱이 눈앞에 여래의 모습이 나타나 중향성(衆香城)에 가서 담무갈보살의 가르침을 들으라고 권고한다.

살타파륜보살은 무한의 환희에 휩싸여 갖가지 삼매에 들고, 그 장소에서 떠나지 않은 채 담무갈보살이 설법하는 것을 듣는가 하면 여래들이 자신을 칭찬하고 격려해 주는 것을 본다. 그 여래들이 사라지고 난 후, 삼매에서 깨어나자 공중의 소리대로 동쪽으로 간다. 도중에 갖가지 곤란과 신고를 견딘 후에 마침내 담무갈보살을 만날 수가 있었다. 그는 담무갈보살을 만나자마자 자신을 인도하기 위하여 격려해 주신 '이러한 여래는 어디로부터 와서 어디로 가는 것인가?'라고 지금까지 품고 있던 의문에 대해 담무갈보살에게 물었다. 그러자 담무갈보살은 대답한다.

"선남자여, 여러 부처님은 어디로부터 온다는 것도 없고 또한 어디로 간다는 것도 없다. 왜냐하면 모든 것(諸法)의 진실된 모습(如)은 동요하지 않는 모양(不動相)이고, 모든 것의 진실된 모습이야말로 부처님 바로 그것이기 때문이다.

선남자여, 나지 않는 것은 올 수도 없고 갈 수도 없으니, 나지 않는 것이야말로 부처님 바로 그것이기 때문이다. 소멸하지 않는 것은 올 수도 없고 갈 수도 없으니, 소멸하지 않는 것이야말로 부처님 바로 그것이기 때문이다. 참된 실상(實際)은 오는 것도 아니고 가는 것도 아니니, 참된 실상이야말로 부처님 바로 그것이기 때문이다.

공(空)은 오는 것도 아니고 가는 것도 아니니, 공이야말로 부처님 바로 그것이다. 선남자여, 물듦이 없는 것(無染)은 오는 것도 아니고 가는 것도 아니니, 물듦이 없는 것이야말로 부처님 바로 그것이다. 영원한 평안(寂滅)은 오는 것도 아니고 가는 것도 아니니, 영원한 평안이야말로 부처님 바로 그것이다. 허공의 성품은 오는 것도 아니고 가는 것도 아니니, 허공의 성품이야말로 부처님 바로 그것이다.

선남자여, 이러한 모든 것을 여의고 달리 부처님이 있을 리 없다. 모든 부처님의 진실된 모습과 온갖 사물의 진실된 모습은 하나여서 어떤 구별이 없는 것이다.

선남자여, 이 사물의 진실된 모습은 언제나 하나여서 둘도 아니고 셋도 아니다. 그것은 헤아릴 수 없는 성질인 것이니, 실제로 존재하는 것은 아니기 때문이다. 마치 봄이 끝나가는 달의 어느 날, 뜨거운 햇살 속에서 어떤 사람이 아지랑이가 피어오르는 것을 보고 이것을 향해서 물을 얻겠다고 바라는 것과 같다.

그대는 어떻게 생각하는가. 이 물은 도대체 어떤 연못·어떤 산·어떤 샘에서 솟아나온 것일까? 그리고 지금 어디로 흘러가고 있는 것인가? 동쪽 바다인가, 서쪽 바다인가, 남쪽 바다인가, 북쪽 바다인가?"

살타파륜보살은 아지랑이 가운데 물 같은 것이 있을 '리가 없기 때문에 그 수원(水源)과 흘러가는 곳을 알 수가 없다고 대답한다. 담무갈보살의 대답은 계속된다.

"선남자여, 어리석어 지혜가 없는 범부는 단지 더위와 갈증을 이기지 못해 아지랑이가 피어오르는 것을 보고서 물이 없는데도 물이 있다고 생각하는 것이다.
선남자여, 만약 어떤 사람이 많은 부처님은 어딘가에 있는 곳으로부터 와서 어딘가 있는 곳으로 사라져 간다고 생각한다면, 정말 이러한 사람은 모두 어리석은 자라고 하지 않을 수 없다. 왜냐하면 선남자여, 모든 부처님은 물질적인 신체(色身)를 갖는 분으로 보아서는 안 되기 때문이다. 모든 부처님은 진리 그 자체를 신체(法身)로 하고 있고, 그것은 오는 것도 아니고 가는 것도 아니다. 모든 부처님이 어딘가에서 와서 어딘가로 가는가 하는 것도 또한 이와 같다.
선남자여, 마치 요술쟁이가 코끼리·말·소·양·남자·여자 등의 가지가지 물건을 만들어 내어 보여 주는 것과 같다. 이러한 여러 가지 물건을 그대는 어떻게 생각하는가. 이렇게 요술에 의해 만들어진 것이 도대체 어딘가에서 와서 어딘가로 소멸되어 가는 것인가?"

살타파륜보살은 요술에 의해 만들어진 것에 실다움이 없기 때문에 그 생겨남과 행방을 알 수가 없다고 대답한다. 담무갈보살의 대답은 계속된다.

"선남자여, 만약 어떤 사람이 부처님은 어딘가에 있는 곳에서 와서 어딘가 있는 곳으로 사라져 간다고 생각한다면, 또한 이와 같다. 선남자여, 마치 꿈속에서 코끼리·말·소·양·남자·여자를 보는 것과 같은 것이다. 그대는 어떻게 생각하는가. 꿈속에서 보는 것에 어디에서 와서 어디에로 간다는 것을 알 수 있는 것인가?"

살타파륜보살은 꿈속에서 보는 사물은 진실이 아니기 때문에 온다든가 간다든가 할 수가 없다고 답한다. 담무갈보살의 대답은 계속된다.

"선남자여, 만약 어떤 사람이 부처님은 어딘가에 있는 곳에서 와서 어딘가 있는 곳으로 사라져 간다고 생각한다면, 또한 이와 같다. 선남자여, 부처님께서는 모든 것은 꿈과 같은 것이라고 설하셨다. 만약 어떤 사람이 모든 것은 꿈과 같은 것이라고 인식하지 않고, 이름이라든가 신체적 특징 등을 가지고 그것이 부처님이라고 한다면, 이러한 사람들은 부처님은 어딘가에 있는 곳에서 와서 어딘가 있는 곳으로 사라져 간다고 생각하고 있는 것이다. 모든 것의 참된 실상을 알고 있지 못하기 때문에 이러한 사람들은 모두 바보들이고 지혜의 눈이 열려 있지 않은 것이다. 그리고 이러한 사람들은 반복을 계속하면서 다섯 갈래 윤회의 길(五道)을 정처 없이 떠돌아다니고, 반야바라밀을 멀리 여의며 모든 부처님의 가르침을 멀리 여의는 것이다.

선남자여, 부처님께서는 모든 것은 허깨비와 같고 꿈과 같다고 설하셨다. 만약 어떤 중생이 있는 그대로 인식만 한다면, 이러한 사람들은 모든 것에 관해서 온다든가 간다든가, 생긴다든가 소멸한다든가 하는 생각을 결코 일으키지 않는다. 그리고 만약 모든 것에 관해서 온다든가 간다든가, 생긴다든가 소멸한다든가 하는 생각을 전혀 일으키지 않는다면, 곧 능히 부처님께서 설하시는 제법의 실상(諸法實相)을 아는 것이다.

이러한 사람은 반야바라밀을 행하고 있는 것이고, 아뇩다라삼먁삼보리에 다가서고 있는 것이다. 이야말로 참된 불자라고 부르는 것이다. 이러한 사람은 함부로 다른 사람의 보시를 받아서 무위도식하는 적이 없다. 오히려 이러한 사람은 공양을 받음에 합당하며, 세간의 복전(福田)이 되는 것이다.

선남자여, 마치 대해(大海)의 물 속에 있는 가지가지 보물과 같은 것이다. 그러한 보물은 동방에서 온 것이 아니고, 남방·서방·북방·네 간방(間方)·상·하도 아니다. 중생들의 착한 뿌리의 인연에 의해서 바다에 이러한 보물이 생긴 것이다. 이 보물은 또한 무슨 원인도 없이 생긴 것은 아니다. 이러한 보물은 모두가 여러 가지 원인이나 조건이 모이고 결합되어서 생긴 것이다. 따라서 이러한 보물은 가령 소멸되어도 열 가지 방향의 어느 쪽으로 사라져 가는 것이 아니다. 여러 가지 조건이 결합되면 존재하고, 그 여러 가지 조건이 분리하면 소멸하는 것이다.

선남자여, 모든 부처님의 신체도 이와 같다. 그 근본이 되는 훌륭한 여러 가지 행위에 의하여 그 결과로써 생긴 것이고, 생길 때도 열 가지 방향으로부터 오는 것도 아니고 소멸할 때도 열 가지 방향의 어딘가로 사라져 가는 것도 아니다. 다만 여러 가지 조건이 합쳐지기 때문에 존재하고, 그 여러 가지 조건이 분리하기 때문에 소멸하는 것이다.

선남자여, 마치 공후(箜篌)에서 나는 음향과 같은 것이다. 연주할 때에 어딘가로부터 오는 것도 아니고, 연주를 그칠 때에 어딘가로 가는 것도 아니다. 많은 조건이 모여서 합쳐지기 때문에 음향이 생기는 것이다. 동체가 되는 부분이 있고 목 부분이 있으며, 가죽이 있는가 하면 줄이 있고, 굄목과 채가 있으며, 그리고 사람이 있어 손으로 쳐서 소리를 낸다. 그 때 많은 조건이 모이고 결합되어 음향이 생기는 것이다. 이 음향은 따로 동체에서 나올 수도 없고 목 부분에서 나올 수도 없으며, 가죽에서 나올 수도 없고 줄에서 나오는 것도 아니며, 채에서 나는 것도 아니고 또한 사람의 손에서 나오는 것도 아니다. 많은 조건이 모이고 결합되어서 음향이 생기는 것이다. 이러한 조건이 분리할 때도 역시 어딘가로 사라져 가는 것은 아니다.

선남자여, 모든 부처님의 신체도 또한 이와 같다. 한량없는 공덕의 인연에 의해서 생기는 것이다. 어느 특정의 한 개의 원인·한 개의 조건·한 개의 공덕에서 생길 리는 없다. 또한 어떤 원인이나 조건도 없이 존재하는 것도 아니다. 많은 조건이 모이고 결합해서 존재하는 것이다. 모든 부처님의 신체는 단지 하나의 사물로 성립되어 있는 것은 아니다. 온다고 해도 어딘가 있는 곳에서부터라는 것은 아니고, 간다고 해도 어딘가 있는 곳에라는 것은 아니다.

  선남자여, 실로 이렇게 모든 부처님의 오고 가는 모습을 알아야 한다. 선남자여, 그리고 마땅히 모든 것은 온다든가 간다든가 하는 것이 없다고 알아야 한다. 그대가 만약 모든 부처님과 그외 온갖 사물은 오는 것도 아니고 가는 것도 아니며, 생기는 것도 아니고 소멸하는 것도 아닌 모습을 인식하면 틀림없이 아뇩다라삼먁삼보리를 얻고, 또한 반야바라밀 및 방편의 힘을 행할 수 있을 것이다."

다소 긴 경문을 인용하여 여기서 번거롭게 말하는 것은 이 부분이 부처님께서 깨달은 내용의 핵심을, 비유를 들어 비교적 쉽게 설명하고 있기 때문이다. 부처님을 포함해서 모든 것은 원인과 여러 조건에 의존해서 나타나고 또 소멸한다. 그것은 본체로서 거래하거나 생멸하는 것은 아니다. 그것은 몽환과 같이 공한 것이고, 생기고 온다고 해도 실재하는 것은 아니며, 멸하고 사라진다고 해도 실재한 것이 멸하고 사라졌다고는 할 수 없다. 그와 같이 모든 것이 실재성을 이탈하여 공이며, 원인과 조건에 의존해서만이 나타나 보이고 있는 것이 '사물의 본성'이다.

  2)『대품반야경』습응품과『반야심경』

  반야경의 핵심이 되는 공(空)이 실제로 무엇을 의미하는가에 관해서는

제1장의 설명을 통해서 밝혀졌다고 생각한다. 그 결과 우리들이 얻은 결론은 공은 다름 아닌 '사물의 실다운 모습'이라는 것이었다. 그런데 여기서 간과할 수 없는 것은 지금까지 말한 공의 전개라든가 개념·종류 등이 궁극적으로는 우리들 인간을 규명하기 위한 것이라는 사실이다. 즉 인간이란 도대체 어떤 존재인가 하는 것을 규명하여 얻은 결론이 공이라는 것이다. 따라서 공이 '사물의 실다운 모습'이라는 정의는 달리 표현하면 공이야말로 '인간의 본래 성품'이라고 할 수 있다. 그리고 이러한 등식은 우리들의 본성이 어떤 것인가를 알기 위해서는 공이 가지고 있는 속성을 이해함에 의해서 가능하다는 것을 말해 준다.

그렇다면 공은 어떠한 속성을 가지고 있는가. 물론 공의 속성을 한마디로 말한다는 것은 용이하지 않다. 왜냐하면 공이란 사색의 대상이 아니기 때문이다. 공은 유(有)와 무(無)를 벗어나 있고, 따라서 유와 무의 개념에서 파악될 수 있는 성질의 것이 아니기 때문에 언설(言說)을 여의고 있다. 그렇다고 해서 경전에서 이 부분에 관하여 전혀 언급을 피하고 있는 것은 아니다. 이에 관하여 반야부경전의 대표적인 경전인 『대품반야경』과 『반야심경』을 비교해서 살펴보고자 한다.

먼저 『대품반야경』 습응품 제3에는 다음과 같이 설시(說示)하고 있다.

> 사리불아, 물질적 존재가 공일 때에 물질적 존재가 있을 수 없고, 감각·표상·의지·인식이 공일 때에 인식 등도 있을 수 없다. 사리불아, 물질적 존재가 공이기 때문에 변화하고 허물어짐이 없고, 감각이 공이기 때문에 받아들임도 없으며, 표상이 공이기 때문에 아는 것도 없고, 의지가 공이기 때문에 작용하는 것도 없으며, 인식이 공이기 때문에 깨달음도 없다. 왜냐하면 사리불아, 물질적 존재는 공과 다르지 않고 공은 물질적 존재와 다르지 않기 때문이며, 물질적 존재가 바로 공이고 공이 바로 물질적 존재이기 때문이다. 감각·표상·의지·인식도 또한 이와 같다.

사리불아, 이 모든 존재의 공한 모습(是諸法空相)은 나지도 않고 없어지지도 않으며(不生不滅), 더럽지도 않고 깨끗하지도 않으며(不垢不淨), 늘지도 않고 줄지도 않는다(不增不減). 이 공인 모든 존재는 과거도 아니고 미래도 아니며 현재도 아니다. 따라서 공 가운데는 물질적 존재도 없고 감각・표상・의지・인식도 없으며, 눈・귀・코・혀・신체・마음도 없고, 형태・음성・냄새・맛・촉각・마음의 대상도 없고, 눈의 영역도 없고 내지 의식의 영역도 없다. 또한 근원적인 무지(無明)도 없고 근원적인 무지가 다한다는 것도 없으며, 내지 늙고 죽음도 없고 늙고 죽음이 다한다는 것도 없다. 고통・고통의 원인・고통을 제거하는 것・고통을 제거하는 것에 이르는 길도 없고, 슬기(智)도 없고 또한 얻을 것도 없다. 또한 수다원도 없고 수다원과도 없으며, 사다함도 없고 사다함과도 없으며, 아나함도 없고 아나함과도 없으며, 아라한도 없고 아라한과도 없으며, 벽지불도 없고 벽지불도(道)도 없으며, 부처님도 없고 또한 불도(佛道)도 없다.

앞에서도 이미 『대품반야경』의 습응품이 우리 한국불교에서 종파를 초월하여 가장 친근히 독송하고 있는 『반야심경』과 닮아 있다는 것을 말했지만, 지금의 이 경문(經文)은 『반야심경』의 핵심부분과 완전히 일치하고 있다. 즉 『반야심경』에는,

사리자여, 물질적 존재가 공과 다르지 않고 공이 물질적 존재와 다르지 않다. 물질적 존재가 곧 공이요 공이 곧 물질적 존재니, 감각・표상・의지・인식도 또한 마찬가지다. 사리자여, 이 모든 존재의 공한 모양은 나지도 않고 없어지지도 않으며, 더러워지지도 않고 깨끗해지지도 않으며, 늘지도 않고 줄지도 않는다.
이런 까닭에 공에는 물질적 존재가 없고, 감각・표상・의지・인식이 없으며, 눈・귀・코・혀・신체・마음도 없고, 형태・음성・냄새・맛・촉

제2장 본래청정(本來清淨) 229

각·마음의 대상도 없고, 눈의 영역도 없고 내지 의식의 영역도 없다. 또한 근원적인 무지도 없고 근원적인 무지가 다한다는 것도 없으며, 내지 늙고 죽음도 없고 늙고 죽음이 다한다는 것도 없다. 고통·고통의 원인·고통을 제거하는 것·고통을 제거하는 것에 이르는 길도 없고, 슬기도 없고 또한 얻을 것도 없다.

    (舍利子 色不異空 空不異色 色卽是空 空卽是色 受想行識 亦復如是 舍利子 是諸法空相 不生不滅 不垢不淨 不增不減 是故 空中無色 無受想行識 無眼耳鼻舌身意 無色聲香味觸法 無眼界 乃至 無意識界 無無明 亦無無明盡 乃至 無老死 亦無老死盡 無苦集滅道 無智亦無得)

라고 설시해서 습응품의 한 부분을 그대로 인용하여 설하고 있다. 여기서 구태여 『대품반야경』 습응품과 『반야심경』을 대비시켜 이것을 비교하는 것은, 두 경전이 닮아 있다는 것을 알리고자 하는 데 그 목적이 있는 것은 아니다. 그것은 『대품반야경』 습응품과 『반야심경』이 공의 속성을 똑같이 표현하고 있기 때문이다. 다시 말해서 공의 속성이란 『대품반야경』 습응품과 『반야심경』에서 설시하고 있는 내용이라고 할 수 있다.

3) 본성의 세 가지 속성

경에서는 먼저 공이야말로 모든 사물의 실다운 모습이라고 규정하고, 이것을 반야바라밀을 행하는 것이라고 한다.

    세존이시여, 보살마하살이 반야바라밀을 행하고자 하면 사물의 진실된 모습(如) 중에 머물지 않아야 합니다. 왜냐하면 사물의 진실된 모습은 그것의 모양이 공이기 때문입니다. 세존이시여, 사물의 진실된 모습이 공이라면 사물의 진실된 모습이라 이름할 수 없고 공을 여의고 또한 사물의 진실된 모습이 없으니, 사물의 진실된 모습이 바로 공이요 공이 바로 사물의 진실된 모습입니다.
　세존이시여, 보살마하살이 반야바라밀을 행하고자 하면 진실의 본성(法性)·있는 그대로의 모양(法相)·모든 것의 변하지 않는 위치(法位)·참된 실상(實際) 중에 머물지 않아야 합니다. 왜냐하면 참된 실상은 그것의 모양이 공이기 때문입니다. 세존이시여, 참된 실상은 공인 까닭에 참된 실상이라 이름할 수 없고 공을 여의고 또한 참된 실상이 없으니, 참된 실상이 바로 공이요 공이 바로 참된 실상입니다.

『대품반야경』 집산품 제9

사물의 진실된 모습은 공(空)이다. 그래서 그 자리는 유무(有無)를 초월한 자리이다. 그리고 이 실다운 성품은 '생김도 없고 없어짐도 없으며, 더러움도 없고 깨끗함도 없는 것'이라고 밝히고 있다.

　모든 사물의 실다운 성품은 생김도 없고 없어짐도 없으며, 더러움도 없고 깨끗함도 없기 때문이다. 보살마하살은 이와 같이 행하되, 또한 생김도 보지 않고 없어짐도 보지 않으며, 더러움도 보지 않고 깨끗함도 보지 않는다.

봉발품 제2

사물의 진실된 성품인 공의 모습을 두 경전에서는 '불생불멸 불구부정 부증불감(不生不滅 不垢不淨 不增不減)'이라고 밝히고 있다. 모든 존재의 공한 모습(是諸法空相)이란 것은 '나지도 않고 없어지지도 않으며, 더럽지도 않고 깨끗하지도 않으며, 늘지도 않고 줄지도 않는다'라고 정의하고 있다. 즉 공의 모습이란, 첫째 생기는 것도 아니고 없어지는 것도 아니고, 둘째 더러운 것도 아니고 깨끗한 것도 아니며, 셋째 늘어나는 것도 아니고 줄어드는 것도 아니라는 것이다. 다시 말해서 우리들의 본성이 '불생불멸 불구부정 부증불감'이라는 세 가지 속성으로 규명되어 있는 것이다.

이렇게 인간의 본래 모습이 나지도 않고 없어지지도 않는 공이라고 할 때, 최초의 법문에서 설해진 일체의 교법체계는 일시에 부정된다. 왜냐하면 최초 법문 때의 대표적인 교법체계인 네 가지 성스러운 진리(四聖諦)는 우리들의 육체와 정신작용이 존재한다는 것을 가정하고 설해진 것이기 때문이다. 다시 말하면 최초의 법문에서는 인간이라는 고통을 받고 있는 존재가 엄연히 있다는 것을 전제로 해서 고통이라는 진리(苦聖諦)가 설해지고, 나아가 고통이라는 진리가 있다는 것을 전제로 해서 이것을 멸하는 진리(道聖諦)와 그 방법인 여덟 가지 깨달음에 이르는 길(八正道)이 설해진 것이다.

그러나 제2의 설법에서는 이 육체와 정신작용이 모두 부정된다. 육체와 정신작용이 본래 공이기 때문에 고통을 받는 당체가 본래 없고, 따라서 고통이라는 진리를 비롯하여 일체의 교법체계는 설 곳이 없게 된다. 그래서 경에서는 '물질적 존재도 없고 감각·표상·의지·인식도 없으며, 고통·고통의 원인·고통을 제거하는 것·고통을 제거하는 것에 이르는 길도 없고, 슬기(智)도 없고, 또한 얻을 것도 없다'라고 설하고 있다.

여기서 우리 자신이 어떠한 존재인가 하는 것을 알기 위하여는 필연적으로 공의 세 가지 모습인 '불생불멸 불구부정 부증불감'을 이해하여 자기 것으로 하지 않으면 안 된다는 당위성을 만나게 된다. 나아가 이것을 이해하여 자기 것으로 한다는 것은 부처님의 팔만사천 법문을 이해하여 자기 것으로 한다는 말이 된다. 왜냐하면 부처님의 팔만사천 법문은 바로 이 자리를 밝히기 위한 방법에 지나지 않기 때문이다.

3. 본성청정(本性淸淨)

1) 불생불멸(不生不滅)의 본성

공의 세 가지 속성 가운데 첫째는 '나지도 않고 없어지지도 않는다'는 것이다. 이것은 인간의 본래 성품은 생기는 것도 아니고 소멸하는 것도 아니라는 말이다. 그렇다면 우리들의 본성이 나지도 않고 없어지지도 않는다는 것은 무엇을 의미하는가. 이 문제에 관하여 용수는 『중론』 제1장 관인연품(觀因緣品)에서 다음과 같이 불생(不生)을 말하고 있다.

제법은 자신으로부터 생기지 않으며,	(諸法不自生)
또한 다른 것으로부터도 생기지 않으며,	(亦不從他生)
이 둘로부터도, 원인이 없이도 생기지 않는다.	(不共不無因)
그러므로 생이 없음을 안다.	(是故知無生)

우리들은 어떠한 존재가 생긴다고 할 때 그것이 생기(生起)할 수 있는 원인을 전부 다음과 같은 네 가지의 상황으로 생각할 수 있다.

(1) 사물은 그 자체에서 생긴다.
(2) 사물은 다른 어떤 것으로부터 생긴다.
(3) 사물은 그 자체와 다른 어떤 것의 결합에 의하여 생긴다.
(4) 사물은 원인이 없이 그냥 생긴다.

그런데 과연 이러한 네 가지 상황의 어느 한 가지에 의해서 사물이 생길 수 있는가. 용수는 그러한 일은 있을 수 없다고 말한다. 첫째로 만약 사물이 그 자체로부터 생긴다고 하면, 그것은 가령 항아리가 항아리 그 자체로부터 생긴다는 것과 같은 설명이다. 다시 말하면 항아리가 만들어지는 요소인 원인과 항아리로 형성된 결과가 완전히 동일인 경우가 되고 만다. 따라서 이렇게 원인과 결과의 동일성이 사물을 생기게 하는 작용의 본질이라고 하면, 항아리는 항상 무한히 그 자신으로부터 계속 생기게 되는 것으로 된다. 그러나 그러한 일은 있을 수가 없다. 이렇게 볼 때 첫번째의 상황으로 사물이 생기(生起)한다는 것은 있을 수 없는 것이다.

다음으로 사물이 그 자신을 제외한 다른 인연만으로 과연 생기는 것일까. 만약 사물이 다른 어떤 존재로부터 생긴다고 하면, 그것은 결과가 그것과는 별개의 것에서 생긴다는 것이 된다. 가령 항아리는 점토에서 생기는데, 그 점토는 항아리로서는 타자(他者)라고 생각하는 경우여서 여기서는 점토라는 원인과 항아리라는 결과가 전혀 다른 관계에 있게 된다. 이렇게 원인이 결과와 다른 관계에 의해서 사물이 생긴다고 하면 항아리는 그것과 관계가 없는 것, 가령 실로부터도 생기는 것이 되는 것이다. 실도 점토도 항아리에 대해서 타자인 점에서는 동일하기 때문이다.

또한 항아리가 점토로부터 생긴다고 할 때, 점토라는 원인은 항아리라는 결과에 대해서 전적으로 자신인 것도 전적으로 타자인 것도 아닌, 자신이기도 하고 타자이기도 한 것이라는 사고방식이 성립될 수도 있다. 그렇지만 이렇게 자타(自他)의 둘에 의해서 사물이 생긴다는 것은 하나의 원인에 자자적(自者的)이기도 하고 타자적(他者的)이기도 한 것이 있다는 말이 된다. 이것은 가령 항아리가 생기기 위해서는 점토라든가 물이라든가 도공(陶工)이라든가 하는 여러 가지 원인이 있지만, 그러한 많은 원인 가운데 어떤 것은 자(自)이고, 또 어떤 것은 타(他)가 되는 것이다. 그렇지만 한 개의 원인이 결과에 대해서 자자적이기도 하고 타자적이기도 하다는 것은 모순이다. 한 개의 사물에 자와 타라는 두 개의 대립된 본질이 있을 수는 없기 때문이다. 따라서 두 번째의 상황으로 사물이 생기(生起)한다는 것은 있을 수 없는 것이다.

셋째로 사물이 그 자체와 다른 어떤 것의 결합에 의하여 생긴다는 사고방식은, 그 자체에서도 다른 어떤 것에서도 결과가 보이지 않기 때문에 당연히 부정된다. 양쪽에 모두 존재하지 않는 결과가 생기할 수는 없기 때문이다.

마지막으로 사물이 원인이 없이 그냥 생긴다는 것은 자도 아니고 타도 아닌 것과 같은 원인은 존재하지 않기 때문에 이것은 사물이 무존재(無存在)로부터 생긴다는 것과 같다. 사물이 무존재로부터 생긴다는 것은 다시 말해서 우연히 생긴다는 것이다. 그리고 사물이 우연히 생긴다는 것은 그것이 제멋대로 생겨난다든지 제멋대로 생겨나지 않는다든지 하여 거기에는 어떠한 필연성도 없다는 말이 된다. 그러나 그러한 일은 있을 수 없다. 이렇게 볼 때 네 번째의 상황으로 사물이 생기(生起)한다는 것은 있을 수 없는 것이다.

우리들은 종종 생자필멸(生者必滅)이라는 말을 듣는다. 이것은 『대반열반경(大般涅槃經)』 제2 수명품(壽命品)에 있는 유명한 말인데, 생긴 존재는 반드시 그 마침인 죽음이 있다는 뜻이다. 무릇 세상만사는 시작이 있으면 끝이 있고, 생(生)이 있으면 멸(滅)이 있게 마련이다. 그런데 이 말을 달리 표현하면 멸이 있다는 것은 생이 있기 때문이라고 할 수 있다. 따라서 만약 생이 없다면 멸 또한 있을 수가 없는 것이다.

지금 용수의 『중론』을 통해서 살펴본 것처럼 어떠한 상황에서도 사물이 생긴다는 것은 부정된다. 따라서 생(生)이란 본래 없는 것이다. 본래 태어남이 없기 때문에 죽음이 있을 수 없는 것이다. 즉 태어남이 없음이 바로 죽음이 없음이다. 이것이 바로 '나지도 않고 없어지지도 않는다'는 것이다. 여기서 공이 가지는 영원성(永遠性)을 발견하게 된다. 우리들의 본성이 본래 시간과 공간을 초월한 영원하고 무한한 것임을 알게 된다.

불생불멸은, 사물이 '생긴다'든가 '멸한다'든가로 보는 것에 공은 실현하고 있지 않다는 의미이다. 사물은 인연에 의해서 생기고, 인연에 의해서 멸하기 때문에 생겼다고 말해도 거기에 고정적인 것은 없고, 멸했다고 해도 허무단멸(虛無斷滅)은 아니며, 모양을 바꾸어서 다음의 존재로 연결해 간다. 그렇기 때문에 완전한 멸(滅)은 없는 것이다. 예를 들어 집이 생겼다고 말해도 많은 재료가 모여서 집이 된 것이기 때문에 재료의 입장에서 보면 이미 이전부터 있는 것이 된다. 그렇지만 집이 되었다고 해도 언제 완성된 것인가를 정확하게 결정할 수는 없다. 집이 멸할 경우에도 마찬가지다. 그렇지만 해인사와 같은 오래된 건조물의 경우에는 수선할 때에 벌레 먹은 목재 등을 갈아끼우기 때문에 상당한 부분이 새로운 재료로 교체되어 있다고 할 수 있다. 이것은 인간의 신체의 경우에도 마찬가지다. 우리들의 신체가 신진대사에 의해 부분부분 끊임없이 교체된다고 하는 것은 말할 필요도 없다. 그렇기 때문에 신체의 조직은 수년에 걸쳐 완전히 교체된다고 하겠다.

이렇게 보면 생긴다든가 멸한다고 하는 것은 현상 그 자체가 아니고, 현상의 변화를 인식하는 주관적 인식의 형태에 지나지 않음을 알 수 있다. 생(生)·멸(滅)이 외계(外界)에 실제로 있는 것은 아니라는 말이다. 싹이 난다는 것은 종자가 멸하는 것을 의미한다. 그것을 싹이 난다고도 볼 수 있지만, 종자가 멸했다고도 볼 수 있다. 새로운 것의 생기에는 오래된 것의 멸이 뒤따른다. 회사에서도 퇴직하는 사람이 있기 때문에 신입사원이 있게 된다. 학교도 졸업하는 사람이 있는 까닭에 신입생이 들어온다. 이렇게 해서 조직의 내부는 끊임없이 변동하는 것이고, 그것에 의해서 전체도 변하는 것이다. 한 그루 나무의 경우 새로운 싹이 나서 나무가 생겼다고 말할 수 있지만, 숲 전체로 보면 숲은 전부터 있는 것이서 내부의 변화가 있음에 지나지 않는다. 마찬가지로 우리들의 신체에서 세포는 생기는 것도 있고 멸하는 것도 있지만, 신체 전체로 보면 단지 변화가 있음에 지나지 않는다. 이렇게 보는 것에 따라 견해도 달라진다. 따라서 절대적으로 생이나 멸을 인정할 수 없는 것이다. 생멸은 상대적인 것이다. 연이 모이면 생기고 연이 흩어지면 멸하는 것이다.

존재의 생멸변화를 연기로써 관찰하는 것에는 절대적인 생이나 멸이 인정되지 않는다. 고정적인 어떤 것이 있다면 공은 아니다. 그러나 모든 것이 유동적이라고 하여 그 어떤 것이 '있다'고 말할 수도 없다. 유동적인 것은 주어가 될 수 없기 때문이다. 끊임없이 변모해 가기 때문에 '이것은 있다'라고 말할 수가 없다. 물론 '없다'라고도 말할 수 없다. 이렇듯 유와 무를 초월한 존재를 이해하는 것이, 존재를 공의 입장에서 보는 것이다.

2) 불구부정(不垢不淨)의 본성

공의 세 가지 속성 가운데 두 번째는 '더럽지도 않고 깨끗하지도 않다'는 것이다. 이 말 역시 근본은, 인간의 본래 성품은 더럽지도 않고 깨끗하지도 않다라는 말이다. 산스크리트 본(本)에서는 이 부분이 '더럽혀진 것도 아니고 더러움을 여읜 것도 아니다'라고 되어 있는데, 그 의미는 한역(漢譯)의 불구부정(不垢不淨)과 차이가 없다. 즉 모든 것(諸法)은 '더럽혀진 것도 아니고 더러움을 여읜 것도 아니다'라는 말은, 우리말로 모든 것은 '더럽지도 않고 깨끗하지도 않다'라고 번역해도 의미상 차이가 생기는 것은 아니다.

그렇다면 인간의 본성이 더럽지도 않고 깨끗하지도 않다라는 것은 무엇을 의미하는가. 이것은 인간의 본성이 지니고 있는 청정성(淸淨性)을 말한다. 그러나 여기서 말하는 청정이란 더러움의 반대개념인 깨끗함을 말하는 것은 아니다. 우리들은 일반적으로 사물을 대할 때 상대적인 입장에 서서 그것을 파악하고 거기에 가치를 부여한다. 그리고 이러한 상대적인 가치판단에 의해 행동을 하게 된다. 가령 어떤 사람의 키가 크다든가 혹은 작다라고 할 때, 거기에는 반드시 그 사람이 생각하고 있는 보통의 키가 있어 그것보다 클 때는 크다고 말하고 그렇지 않을 때는 작다고 말한다. 이와 같이 어떤 물건이 깨끗한가 더러운가 하는 것도 언제나 상대적이다. 아스팔트 위에는 앉을 수 없고 의자에는 앉을 수 있다는 생각은, 단지 의자가 아스팔트보다 깨끗하다고 판단하기 때문이다. 그러나 어떤 사람은 땅바닥에는 앉지 않지만 아스팔트 위에는 앉는다. 왜냐하면 아스팔트가 땅바닥보다는 깨끗하다고 생각하기 때문이다.

이러한 상대적인 사고방식은 비단 두 가지 사물을 비교할 때에만 한정된 것은 아니다. 동일한 것을 보고도 다른 견해를 갖는다. 일수사견(一水四見)이라는 말이 있다. 흘러가는 물을 보는 데에도 사람은 먹는 물이라고 보고, 물고기는 거주하는 집이라고 보며, 아귀(餓鬼)는 피가 흐르는 것으로 보고, 천인(天人)은 보물로 장식된 땅으로 본다는 것을 표현한 말이다. 경우가 다르면 견해도 이처럼 달라진다. 그러나 인간의 본성이 청정하다는 것은 이러한 상대적인 입장에서 말하는 깨끗함이 아니다. 인간의 본성은 때문을 수 없고 물들 수 없으며 더러워질 수 없다는 것이다. 그것은 영원한 청정자이므로 다시 깨끗해질 수 있는 어떤 것이 아니다. 이것에 관해서 『대품반야경』 신훼품 제41에 다음과 같이 설시하고 있다.

> 물질적 존재(色)는 속박된 것도 아니고 해방된 것도 아니다. 왜냐하면 있을 것이 없는 성품이 물질적 존재이기 때문이다. 감각·표상·의지·인식은 속박된 것도 아니고 해방된 것도 아니다. 왜냐하면 있을 것이 없는 성품이 감각·표상·의지·인식이기 때문이다.
>
> …… (중략) ……
>
> 수보리야, 물질적 존재의 지나간 시간(本際)은 속박된 것도 아니고 해방된 것도 아니다. 왜냐하면 지나간 시간에 있을 것이 없는 성품이 물질적 존재이기 때문이다. 감각·표상·의지·인식 내지 일체종지의 지나간 시간은 속박된 것도 아니고 해방된 것도 아니다. 왜냐하면 지나

간 시간에 있을 것이 없는 성품이 일체종지이기 때문이다.
　수보리야, 물질적 존재의 다가오는 시간(後際)은 속박된 것도 아니고 해방된 것도 아니다. 왜냐하면 다가오는 시간에 있을 것이 없는 성품이 물질적 존재이기 때문이다. 감각·표상·의지·인식 내지 일체종지의 지나간 시간은 속박된 것도 아니고 해방된 것도 아니다. 왜냐하면 다가오는 시간에 있을 것이 없는 성품이 일체종지이기 때문이다.
　수보리야, 현재의 물질적 존재는 속박된 것도 아니고 해방된 것도 아니다. 왜냐하면 현재에 있을 것이 없는 성품이 물질적 존재이기 때문이다. 감각·표상·의지·인식 내지 현재의 일체종지는 속박된 것도 아니고 해방된 것도 아니다. 왜냐하면 현재에 있을 것이 없는 성품이 일체종지이기 때문이다.
　…… (중략) ……
　또한 수보리야, 물질적 존재가 청정한 까닭에 바로 반야바라밀이 청정하고, 반야바라밀이 청정하면 바로 물질적 존재가 청정하다. 감각·표상·의지·인식이 청정하면 바로 반야바라밀이 청정하고, 반야바라밀이 청정하면 바로 감각·표상·의지·인식이 청정하다. 나아가 일체종지가 청정하면 바로 반야바라밀이 청정하고, 반야바라밀이 청정하면 바로 일체종지가 청정하다. 물질적 존재가 청정함과 반야바라밀이 청정함은 둘이 없고 차별이 없으며, 끊임이 없고 무너짐이 없는 것이다. 나아가 일체종지가 청정함과 반야바라밀이 청정함은 둘이 없고 차별이 없으며, 끊임이 없고 무너짐이 없는 것이다.
　또한 수보리야, 둘 아님(不二)이 청정한 까닭에 물질적 존재가 청정하고, 둘 아님이 청정한 까닭에 나아가 일체종지가 청정하다. 왜냐하면 이 둘 아님이 청정함과 물질적 존재가 청정함 내지 일체종지가 청정함은 둘이 없고 차별이 없기 때문이다.
　나(我)라는 것이 청정하고 중생이 청정하며, 나아가 안다는 관념(知者)·본다는 관념(見者)이 청정한 까닭에 물질적 존재가 청정하고, 감각

・표상・의지・인식이 청정하며, 나아가 일체종지가 청정하다. 물질적 존재가 청정하고, 나아가 일체종지가 청정한 까닭에 나라는 것이 청정하고 중생이 청정하며, 나아가 안다는 관념・본다는 관념이 청정하다. 왜냐하면 이 나라는 것・중생 내지 안다는 관념・본다는 관념이 청정함과 물질적 존재가 청정함 내지 일체종지가 청정함은 둘이 아니고 차별이 아니며, 끊임이 없고 무너짐이 없기 때문이다.

또한 수보리야, 음욕(婬欲)이 청정한 까닭에 물질적 존재가 청정하고, 나아가 일체종지가 청정하다. 왜냐하면 음욕이 청정함과 물질적 존재가 청정함 내지 일체종지가 청정함은 둘이 아니고 차별이 아니기 때문이다. 성냄과 어리석음이 청정한 까닭에 물질적 존재가 청정하고, 나아가 일체종지가 청정하다. 왜냐하면 성냄과 어리석음의 청정함과 물질적 존재가 청정함 내지 일체종지가 청정함은 둘이 아니고 차별이 아니기 때문이다.

또한 수보리야, 근원적 무지(無明)가 청정한 까닭에 온갖 지어 가는 행위(行)가 청정하고, 온갖 지어 가는 행위가 청정한 까닭에 분별하는 의식(識)이 청정하다. 분별하는 의식이 청정한 까닭에 마음과 신체(名色)가 청정하고, 마음과 신체가 청정한 까닭에 여섯 가지 감각기관(六入)이 청정하다. 여섯 가지 감각기관이 청정한 까닭에 접촉(觸)이 청정하고, 접촉이 청정한 까닭에 느낌의 받아들임(受)이 청정하다. 느낌의 받아들임이 청정한 까닭에 욕망(愛)이 청정하고, 욕망이 청정한 까닭에 집착(取)이 청정하다. 집착이 청정한 까닭에 존재하게 하는 힘(有)이 청정하고, 존재하게 하는 힘이 청정한 까닭에 태어남(生)이 청정하다. 태어남이 청정한 까닭에 늙고 죽음(老死)이 청정하고, 늙고 죽음이 청정한 까닭에 반야바라밀이 청정하다.

여기서 우리들은 매우 중요한 문제를 만나게 된다. 속박된 상태에서 해방된 상태로 나아간다는 것은 불교수행의 공통된 과정이다. 그리고 이 과정에서 보여지고 있는 전제는 인간의 구성요소인 물질적 존재·감각·표상·의지·인식, 즉 정신과 육체는 속박되고 오염된 것이며, 따라서 인간은 오염과 속박을 가지고 있는 존재라고 하는 것이다. 그래서 수행을 통하여 깨달음에 이른다는 것은 다섯 가지 구성요소의 속박에서 해방된 상태에 들어가는 것을 의미하고 있다.

　이 수행법의 중요한 한 덕목으로 네 가지 관찰법(四念處)이 있다. 소위 육신은 부정하다고 관찰하는 것(身念處)·감각은 모두가 고통이라고 관찰하는 것(受念處)·우리의 마음은 무상하다고 관찰하는 것(心念處)·모든 존재는 확정적인 '나'라는 본체가 없다고 관찰하는 것(法念處)이다. 이 네 가지 관찰법에 의한 수행을 통하여 탐욕과 성냄과 어리석음이라는 속박에서 해방되는 것이다. 그런데도 불구하고 반야경은 물질적 존재 내지 인식이 청정하고 나아가 음욕과 성냄과 어리석음이 청정하다고 말하고 있다. 그 이유는 무엇인가.

　반야경은 물질적 존재를 시초로 하는 다섯 가지 모임(五蘊)은 어느 것이나 어떠한 본체를 갖지 않는다고 한다. 물질적 존재는 물질적 존재로서의 본체를 갖지 않으므로 물질적 존재로서 실재하는 것이 아니다. 그렇다고 그것은 물질적 존재가 아닌 것, 항상한 무위(無爲)를 본체로 하고 있는 것도 아니다. 그러므로 물질적 존재는 물질적 존재로서 속박되어 있는 것도 아니고, 물질적 존재가 아닌 것으로 해방되어 있는 것도 아니다. 왜냐하면 모두가 공이기 때문이다. 다섯 가지 모임이라는 심신의 모든 요소로 성립된 인간이라는 존재도 본체가 없고 실재하지 않으므로 속박되어 있지도 않고 해방되어 있지도 않다. 또한 물질적 존재 내지 인식은 과거에도 현재에도, 그리고 미래에도 실재하지 않는다. 따라서 과거의 물질적 존재는 과거에도 속박되어 있지 않고, 과거가 아닌 것으로서 해방되어 있지도 않다. 미래와 현재에 대해서도 마찬가지다. 마치 환인(幻人)과 같은 것이다. 환인은 미혹도 없고 깨달음도 없다. 그렇다고

환인은 존재하지 않는 것은 아니다. 그것은 환으로 나타나고 환으로 존재한다. 환은 본체를 갖지 않고 공으로 있다. 따라서 여기에는 더럽다든가 깨끗하다는 관념이 있을 수 없다. 경에서는 이것을 청정(淸淨)이라 부르고 있다.

이렇게 물질적 존재 내지 인식이 청정하기 때문에 반야바라밀이 청정하며 수행의 결과인 일체종지가 청정하고, 수행의 결과인 일체종지의 청정성은 그대로 물질적 존재의 청정성이다. 탐욕과 성냄과 어리석음의 실다운 성품도 청정하고 근원적 무지의 실다운 성품도 청정하다. 만약 물질적 존재가 청정하지 않는 본체를 가지고 있다고 하면, 수행의 결과로 청정성을 얻을 수는 없다. 음욕이 청정하지 않은 실체를 가지고 있다면 수행하여 이것을 없앨 수가 없는 것이다. 왜냐하면 사물의 본체가 그 자성을 이탈하여 다른 것으로 변할 수는 없기 때문이다. 그래서 반야바라밀의 청정함과 물질적 존재의 청정함은 둘이 아니고 차별이 없다.

『대품반야경』 광승품 제19에는 네 가지 관찰법 중 육신은 부정하다고 관찰하는 것(身念處)에 관해서 이렇게 설시하고 있다.

> 보살마하살은 몸의 네 가지 요소(四大)를 관찰하여 이와 같이 생각한다. 이 몸은 땅의 성품(地大)과 물의 성품(水大)과 불의 성품(火大)과 바람의 성품(風大)으로 되어 있다. 비유컨대 백정이나 혹은 그의 제자가 칼을 가지고 소를 죽여 네 등분으로 나누고자 한다면, 서 있거나 앉아 있거나 이 네 등분을 관찰함과 같다. 보살마하살도 이와 같이 반야바라밀을 행할 때에 갖가지 몸의 네 가지 요소인 땅의 성품·물의 성품·불의 성품·바람의 성품을 관찰한다. 이와 같이 수보리야, 보살마하살은 몸의 안쪽에 대하여 몸을 순차적으로 관찰하니, 붙잡을 수가 없는 까닭이다.
>
> 또한 수보리야, 보살마하살은 몸의 안쪽을 관찰하여 발에서부터 정수리까지가 얇은 가죽으로 둘러싸였고, 여러 가지 더러운 것(不淨)이

몸 가운데 가득하다고 하며 이와 같이 생각한다. 몸에는 머리카락·털·손톱·이·얇은 가죽·두꺼운 가죽·근육·골수·비장·신장·심장·담·간장·폐·소장·대장·위장·방광·똥·오줌·때·땀·눈물·콧물·침·피고름·붉고 흰 가래·지방·뇌막이 있다. 비유컨대 농부가 창고에 잡곡을 분리하여 쌓아 둠에 갖가지 벼·참깨·수수·조·콩·보리가 가득하지만, 눈 밝은 사람은 창고를 열면 바로 이것은 벼·이것은 참깨·이것은 수수·이것은 조·이것은 콩·이것은 보리라고 분별하여 전부 아는 것과 같다. 보살마하살도 마찬가지로 이처럼 몸을 관찰하여 발에서부터 정수리까지가 얇은 가죽으로 둘러싸였고, 여러 가지 더러운 것이 몸 가운데 가득하여 머리카락·털·손톱·이 내지 뇌막이라고 안다. 이와 같이 수보리야, 보살마하살은 몸의 안쪽를 관찰하여 오로지 정진하며 일심으로 세간의 탐욕과 근심을 없애니, 붙잡을 수가 없는 까닭이다.

또한 수보리야, 보살마하살은 만약 길에 버려진 시체가 하루나 이틀 혹은 닷새가 지나 불이 터지고 푸른 어혈과 고름이 흘러나옴을 보게 되면, 자신의 몸도 마찬가지로 이와 같은 모양·이와 같은 법칙에 놓여 있고, 아직도 이 법칙을 벗어나지 못했다고 생각해야 한다. 이와 같이 수보리야, 보살마하살은 몸의 안쪽에 대하여 몸을 순차적으로 관찰해서 오로지 정진하며 일심으로 세간의 탐욕과 근심을 없애니, 붙잡을 수가 없는 까닭이다.

여기서 육신은 부정하다고 관찰하는 방법에 관하여 대단히 구체적으로 언급하고 있다. 그렇지만 그 더러운 육신은 본래 공하여 붙잡을 수가 없는 것이다.

이제 인간의 본성이 본래 청정하다는 것이 우리들의 삶과 어떠한 연관을 가지고 있는가를 살펴보아야 할 것 같다. 우리들이 눈에 보이는 사물을 구별할 때 상대적인 입장에서 그 깨끗함과 더러움을 판단한다고 앞에서 말했지만, 이러한 상식적인 가치판단은 비단 외형적인 사물에만 국한되는 것은 아니다. 우리들이 사람을 판단할 때, 비록 눈에는 보이지 않지만 그 사람이 가지고 있는 인품이라든가 학력이라든가 혹은 가문으로 평가하는 것은 흔히 있는 일이다. 그래서 자기도 모르는 사이에 다른 사람의 가치를 그 출신성분이나 사회적 신분으로 규정해 버리는 것이다. 옛날부터 우리 나라에 있어 왔던 양반이나 상민의 구별은 하나의 좋은 예라고 할 수 있는데, 그렇다고 해서 지금은 그러한 경향이 전혀 없는 것은 아니다. 아니 이러한 경향이 심화되어 지금도 세계 도처에는 인종에 의한 차별이 엄연히 존재하고 있고, 그것에 의해서 많은 사람들이 박해를 받고 있다.

　이렇게 인종에 의한 차별이나 계급에 의한 차별의 관념이 생기는 직접적인 원인은 사람들이 태어나면서부터 청정하다든가 태어나면서부터 더럽다든가 하는 견해를 가지고 있는 데 있다. 이것은 전혀 근거가 없는 편견임에도 불구하고 많은 세대에 걸쳐서 승인되어 왔기에, 비록 근거 없는 편견에서일지라도 실체가 있는 것처럼 느끼기 때문이다. 즉 근거가 없는 것을 억지로 인정하여 그 편견으로부터 벗어나지 못하는 것이다.

　그러나 인간이 태어나면서부터 청정하고 태어나면서부터 더럽혀져 있다고 하는 것은 있을 수 없다. 위에서 살펴본 것처럼 인간의 본성은 본래 청정하다. 이러한 입장에서 '더럽지도 않다'라는 말을 다시 보면, 이것은 '태어나면서부터 더럽혀져 있다'라는 것을 부정하는 것이라고 할 수 있다. 자신의 가문은 최상의 혈통을 지니고 있고 다른 가문은 열등하며, 자기 가문만이 청정하고 다른 가문은 그렇지 않다고 자기의 출생을 뽐내고 다른 가문을 경멸하는 것이, 곧 태어나면서부터 청정하고 태어나면서부터 더럽혀져 있다고 하는 계급적 편견이다. 이것을 부정하는 것이 '더럽지도 않다'이다. 따라서 이 '더럽지도 않다'라는 것 가운데는 '깨끗하지도 않다', 즉 태어나면서부터 청정하지 않다라고 하는 의미도 포함되어 있다고 보아도 좋다.

  이 말이야말로 영원한 인간무죄의 선언이다. 인간본분, 진실면목은 실로 죄를 지을래야 지을 수 없는 청정자이다. 규정할 자가 없는 자존자(自存者)이다. 그는 영원한 자유자재자이다. 이 청정자재자가 인간의 본래면목이다. 이것을 깨달으면 일체의 고뇌에서 벗어난다. 인간에 있어 죄의식·부정의식이 고통을 부른다. 무죄의식·무부정의식도 마찬가지로 자유를 속박한다. 본래로 청정한 본래면목의 실상을 요달할 때 비로소 무량청정은 강물처럼 넘쳐 나온다.

  우리들이 살고 있는 이 지구 상에는, 어떤 사람은 중생이며 악인이며 무능자며 죄인이며 무능과 죄의 대가를 받을 자라고 인정하거나 스스로 죄인이라고 자처하는 것으로 영광을 삼는 자도 있다. 생명을 육체에 기탁한 환상으로 보는 그릇된 생각들이 인간을 한낱 육체 덩어리로 보거나, 물량위주의 생산조직 속의 한 부속으로 보거나, 사상과 주의라는 신성한 이름 아래 종속물로 보는 것이다. 그리하여 차별을 정당시하고 희생을 비호한다. 근원적으로 이와 같은 그릇된 생각들이 인간을 멸시하고 생명을 경시한다.

  또 한 가지는 그릇된 인간긍정의 풍조이다. 휴머니즘의 이름 아래 그릇된 인간관을 긍정하고 그것을 추구한다. 인간이 바로 육체이며 환경과 조건의 종속물이며, 그의 행복은 관능적 감각의 충족에 있다고 보는 사상이나 그와 유사한 사조들이 풍미하고 있다. 오늘날의 물질주의·배금주의는 인간이 바로 육체라는 그릇된 생각에서 출발하는 것이다. 이것은 인간을 긍정하는 것도 존중하는 것도 아닌 인간멸시이다.

  다음으로 산스크리트 본에서는 '깨끗하지도 않다'라는 것을 '더러움을 여의고 있는 것도 아니다'라고 표현하고 있는데, 이 말 역시 단순히 청정을 부정하고 있는 것은 아니다. 여기서 말하는 '더러움을 여의고 있다'란 어떠한 악이나 죄를 행해도 죄에 더럽혀질 수 없다는 의미를 담고 있다고 볼 수 있다. 부처님 당시 일부의 바라문은 출생에 의해서 청정하기 때문에 어떤 악을 행해도 죄에 더럽혀지지 않는다고 생각하고 있었다. 여기에 대해서 부처님은 어떠한 종성의 출생이라도 생물을 죽이고 도적질을 하며 사음을 하고 거짓말을 하는 등의 악행을 행하면 죄에 더럽혀진다고 설하여, 죄에 더럽혀지지 않는다고 보는 편견을 타파했다. 『숫타니파아타』에는 다음과 같이 설하고 있다.

> 출생에 의해 천한 사람이 되는 것이 아니고, 출생에 의해 바라문이 되는 것도 아니다. 그 행위에 의해서 천한 사람도 되고 바라문도 되는 것이다.　　　　　　　　　　　　　　　　　　　137

> 출생에 의해 바라문이 되는 것이 아니다. 출생에 의해 바라문이 되지 않는 것도 아니다. 행위로 인해 바라문이 되고, 행위로 인해 바라문이 안 되기도 하는 것이다.　　　　　　　　　　　　　650

> 행위에 의해 농부가 되고 행위에 의해 기능인이 되며, 행위에 의해 장사치가 되고 행위에 의해 고용인이 된다.　　　　　　651

> 행위에 의해 도둑이 되고 행위에 의해 무사가 되며, 행위에 의해 제관이 되고 행위에 의해 왕이 된다.　　　　　　　　651

부처님은, 인간은 출생에 의해 더럽혀지는 것이 아니라 더러운 행위에 의해 더럽혀지고, 청정한 행위에 의해 정화되는 것이라고 설하고 있다. 즉 아무리 훌륭한 가문의 출신이라 해도 악을 행하면 죄에 더럽혀진다는 것이다. 따라서 '더럽지도 않고 깨끗하지도 않다'란 선(善)에도 물들지 않고 악(惡)에도 물들지 않는다는 의미는 아니다. 태어나면서부터 더럽혀져 있는 사람이 아니기 때문에 어떠한 사람도 선을 행함에 의해서 청정하게 될 수 있다. 또한 태어나면서부터 청정한 사람이 따로 있는 것이 아니기 때문에 어떠한 사람도 악을 행하면 죄에 더럽혀짐을 면할 수 없음을 의미하고 있다. 인연에 의해 선이 되기도 하고 인연에 의해 악이 되기도 한다는 공의 사상이 보이고 있다.

3) 부증불감(不增不減)의 본성

마지막으로 공이 갖는 세 번째 속성은 '늘지도 않고 줄지도 않는다'는 것이다. 앞에서 살펴본 불구부정(不垢不淨)이 인간의 본성이 가지고 있는 질(質)의 문제라면 이 '늘지도 않고 줄지도 않는다'는 것은 인간의 본성이 지니고 있는 양(量)에 관한 문제이다. 불구부정이 질적으로 상대적인 개념을 초월한 절대청정을 말하는 데 비해 이 부증불감(不增不減)은 양적으로 상대적인 개념을 초월한 무한을 말하고 있다.

우리들은 살아가면서 질적으로 좋고 훌륭한 것을 선호하듯이 양적으로 좀더 많고 큰 것을 바란다. 그래서 우선 물질적으로 재산이나 돈의 많고 적음을 구별하고, 그것에 관하여 증가했다든가 줄었다든가 말하며 기뻐하기도 하고 슬퍼하기도 한다. 다음으로 정신적으로 복덕이 많다거나 적다고 할 때도 마찬가지 상황이 일어난다. 거기에는 언제나 어떤 기준을 나름대로 설정해 두고 많고 적음을 판단하여 부러워하기도 하고 안타까워하기도 한다. 그러나 그 많고 적음은 언제나 상대적이다. 거기에는 그 사람만의 기준이 있을 뿐 절대적인 기준은 있을 수 없다. 가령 일억 원이라는 돈은 대부분의 사람에게는 큰돈임에 틀림없다. 그러나 그 일억 원을 그렇게 많지 않은 돈이라고 생각하는 사람도 틀림없이 있다. 일억 원은 수량 면에서 누구에게나 같은 액수이겠지만, 감정 면에서는 사람에 따라 여러 가지로 차이가 있다고 할 수 있다. 이것에서 우리들은 복덕이라는 양에 실체가 없고, 나아가 재산이나 돈의 양에 실체가 없다는 것을 알게 된다. 양에 실체가 없기 때문에 그것은 공이다.

그럼에도 불구하고 우리들은 어떻게 생각하며 살고 있는가. 우리들은 재산이나 복덕의 양에 실체가 있다고 단언하며 살고 있다. 그렇기 때문에 재산을 지나치게 아끼는 사람, 지나치게 돈에 집착하는 사람이 있게 된다. 나는 본래 복덕이 적은 사람이라고 한탄하게도 된다. 그러나 그것이 고통의 원인이 되는 것이다. 인간은 사치를 함에 한이 없지만, 일생 동안 입는 옷이나 먹는 음식물에는 스스로 한도가 있다. 아무리 무리를 해서 먹어도 밥을 매일 한 말씩 먹을 수는 없다. 사치를 하며 살아도 평범하게 살아도 먹는 것이나 입는 것은 어느 정도의 차이밖에 없다. 즉 누구나 절도 있는 생활을 하면 알맞은 재산으로 곤란하지 않게 살 수 있는 것이다. 열심히 일한다면 재산의 증감에 마음을 기울일 필요는 없는 것이다. 이런 사람은 얼마 안 되는 재산을 가지고 있을지라도 마음은 부자이며, 세상의 재산가를 능가하고 있다고 해도 좋을 것이다. 현실적으로 재산이 있는 것도 중요하지만, 그것보다도 더욱 중요한 것은 그 재산으로 마음을 풍부하게 하는 생활을 하는 것이다. 재산이 아무리 많이 있어도 수전노(守錢奴)의 생활을 한다면, 비록 자기의 재산일지라도 아까워 쓰지 못하기 때문에 이런 사람을 재산가라고 할 수 없는 것이다.

하여튼 이렇게 '늘지도 않고 줄지도 않는다'는 말은 양적인 것에 대하여 공성(空性)을 보여 준다. 공이기 때문에 우리들의 사유한계를 초월한다. 우리들이 생각할 수 있는 그 이상의 일체 모든 것을 전부 내포하고 있는 것이 공이다. 따라서 온갖 공덕이 공에 의해서 창출된다. 그리고 온갖 공덕을 창출하는 그 공이 우리의 본성이다. 바꾸어 말하면 우리의 본성이 공이기 때문에 공이 지니고 있는 온갖 덕성을 갖게 된다는 것이다. 경에서는 이러한 이치를 '늘지도 않고 줄지도 않는다'라고 표현하고 있다. 여기서 우리들은 인간의 본성이 지니고 있는 원만구족성(圓滿具足性)을 발견하게 된다. 반야바라밀의 입장에서 볼 때, 우리들의 본성은 모든 것을 원만하게 다 갖추고 있다는 것이다. 그래서 『대품반야경』무작품 제43에서는 다음과 같이 설시하고 있다.

> 선남자·선여인이 만약 육재일인 매월의 8일·23일·14일·29일·15일·30일에 많은 하늘들 앞에서 이 반야바라밀의 의미를 설한다면, 이 선남자·선여인은 한량없고 가없으며 헤아릴 수조차 없는, 생각할 수도 없고 측량할 수도 없는 복덕을 얻게 된다. 왜냐하면 수보리야, 반야바라밀은 이것이 크고 진귀한 보배(大珍寶)이기 때문이다. 어찌하여 이것을 크고 진귀한 보배라고 하는가. 이 반야바라밀은 능히 지옥·축생·아귀 및 빈궁한 사람을 없애고, 능히 왕족이나 귀족·바라문·대부호가 있도록 하기 때문이다. 능히 사천왕천처(四天王天處) 내지 비유상비무상천처(非有想非無想天處)를 부여하고, 능히 수다원과·사다함과·아나함과·아라한과·벽지불도·아뇩다라삼먁삼보리를 부여하기 때문이다.

우리의 본성은 반야바라밀이고, 이 반야바라밀은 크고 진귀한 보배이기 때문에 그 가운데서 온갖 것이 성취된다. 능히 지옥이나 아귀의 고통을 없애고 빈궁의 괴로움을 벗어나게 한다. 세속의 온갖 부귀와 영화가 그 속에서 나오는가 하면 불도의 성취도 거기에서 나온다. 여기에서 우리들은 수행에 의한 일체성취의 근거를 비로소 접하게 된다. 가령 우리들이 무엇인가를 이루기 위하여 부처님께 기도한다는 것은 어디에 근거하는가. 그것은 우리들이 추구하는 온갖 공덕을 부처님이 하나도 빠짐없이 온전히 갖추고 있다는 믿음에서 가능하다. 만약 부처님이 어느 한 부분이라도 그 덕성에 부족함이 있다고 하면 어떻게 될까. 가령 부처님에게 늙음이 있고 병이 있고 죽음이 있으며, 티끌만한 탐욕심이라도 있다고 하면 과연 부처님을 향해서 기도할 마음이 생기겠는가. 부처님에게 질투심이 있고 혹은 부처님이 어떤 경우에는 화를 내는 분이라고 한다면, 우리들에게서 귀의하는 마음이 생기겠는가.

물론 이 세상에는 많은 종교가 있고, 그 종교 가운데는 불교와 달리

창조주(創造主)라는 전지전능한 신(神)을 세우는 것도 있다. 그리고 그 창조신은 때로 분노하고 때로는 자기의 뜻에 어긋나는 행동을 한다는 단 한 가지 이유에서 인간을 저주하여 영원히 지옥에 빠뜨리는 무자비한 행동을 하는 것을 볼 수 있다. 그러한 종교에 귀의하여 그 무자비한 창조신에게 기도하는 사람들의 마음을 우리들은 이해하기 어렵다. 왜냐하면 우리들이 귀의한 부처님은 온갖 선한 덕성만 온전히 갖추고 계신 분이기 때문이다. 이렇게 부처님은 원래 늙음과 병과 죽음이 없고 탐욕과 성냄과 어리석음이 없으며, 끝없는 지혜와 자비만을 갖춘 분이기 때문에 우리들은 부처님께 기도를 한다.

그러나 우리들의 기도는 부처님께 무조건 애걸하는 것이 아니다. 부처님에게는 있고 나에게는 없는 어떤 것을 달라는 구걸이 결코 기도가 될 수는 없다. 사실은 부처님이 갖추고 있는 원만구족한 덕성인 반야바라밀은 우리 자신도 갖고 있는 덕성이다. 그래서 기도에 의하여 성취되는 것은 부처님께서 우리들을 불쌍히 여겨 던져 주신 것이 아니다. 그 성취는 이미 우리들의 본성 속에 있는 것이다. 부처님과 조금도 다름없이 원래 우리에게 온전히 갖추어진 진귀한 보배를 내어서 쓰는 것이다.

4) 내 생명 부처님 무량공덕 생명

『전등록(傳燈錄)』제4권에는 다음과 같은 일화가 서술되어 있다.

중국 당(唐)나라 때 도림(道林) 스님이라는 선사(禪師)가 있었다. 선사가 거주하고 있던 진망산(秦望山)은 수목이 울창하여, 잎이 일산과 같이 커서 비나 이슬을 막아 주는 나무가 있었는데, 도림선사는 그 나무 위에서 좌선(坐禪)을 했다. 그래서 사람들은 도림선사를 조과(鳥窠)선사라고도 불렀다. 또한 그 나무 위에는 까치 집이 있어서 까치가 도림선사에게

친하게 굴었다. 그래서 사람들은 스님을 조과(鵲窠)화상이라고도 했다. 그런데 어느 날 그 고을의 태수로 있던, 저 유명한 백락천(白樂天)이라는 유학자가 선사가 머물고 있는 산사를 방문했다. 그 때 도림선사는 소문대로 나무 위에서 좌선을 하고 있었고, 백락천은 나무 아래서 멀리 나무 위의 선사를 불렀다.

"아 위험하다, 위험해!"

나무 밑에서 들려 오는 소리에 선사는 아래를 굽어 보며 태수에게 대답했다.

"아 위험하다, 위험해!"

그러자 백락천은 의아해하며 다시 반문했다.

"이 사람은 진강산(鎭江山)에 서 있는데 무엇이 위험하다는 말씀입니까?"

선사가 다시 말했다.

"장작과 불이 서로 교차하여 식성(識性)이 쉬지 않으니, 어찌 위험하지 않으리오!"

이와 같은 문답이 있은 후에 선사와 자리를 함께 한 백락천은 도림선사에게 '불법(佛法)의 근본 뜻이 무엇이냐'고 물었다. 이 때 도림선사는, '일체의 악함을 짓지 않고 온갖 선함을 받들어 행하는 것(諸惡莫作 衆善奉行)'이라고 대답했다. 백락천은 그러한 것이라면 세 살짜리 어린아이라도 알고 있는 것이 아닌가고 힐문했다. 그러자 선사는 세 살짜리 어린아이도 알고는 있지만, 팔십 살 먹은 노인도 그것을 다 행하기는 어렵다고 답했다.

여기서 무엇보다 먼저 생각해 보고 싶은 것은 백락천으로부터 '불법의 근본 뜻이 무엇이냐'는 질문을 받고 조과 도림선사가 대답한 '일체의 악함을 짓지 않고 온갖 선함을 받들어 행하는 것'이라는 게송이다. 『전등록』에는 단지 '일체의 악함을 짓지 않고 온갖 선함을 받들어 행하는 것'

이라고만 나와 있다. 그러나 이것은 본래 '일체의 악함을 짓지 말고 온 갖 선함을 받들어 행하여 스스로 그 마음을 맑힘이 바로 모든 부처님의 가르침이다(諸惡莫作 衆善奉行 自淨其義 是諸佛敎)'라는 사구일행 게송의 전반부이다. 이 게송을 보통 칠불통계게(七佛通誡偈)라 부르고 있다. 칠불이란 과거의 일곱 부처님을 이르는 말이다. 그러므로 이 게송은, 석가모니 부처님은 스스로 도달하신 정각의 경지라는 것이 단지 자기만이 처음으로 얻은 것이 아니라 과거에 출세하신 모든 부처님도 그와 같은 정각의 진실을 얻었다고 하는 신념을 가지고 계셨음을 뜻한다. 자신이 도달한 정각의 진리·진실은 사실 부처님이 세상에 나오든 나오지 않든 거기에 상관 없이 존재하는 영원의 진실이고, 과거에 출세한 모든 부처님도 같이 도달하신 바 그대로라는 것이다.

이러한 연유에서 칠불통계의 게송인 '제악막작 중선봉행 자정기의 시제불교'라는 말은 과거에 부처님이 출세하셨을 때, 어느 때라도 평등하게 이 교계를 하신다는 전통에 대한 신념의 가르침으로 옛날부터 전해지고 있었던 것이다. 이러한 사실은 이 게송이 초기경전인 『법구경(法句經)』과 『장아함경(長阿含經)』에 설해져 있을 뿐만 아니라 대표적인 대승 논서인 『대지도론』에서도 인용되어 있는 것에서 잘 알 수 있다.

그런데 문제는 이미 지적한 것처럼 『전등록』에는 칠불통계의 게송이 앞의 두 구절만 있을 뿐, 뒤의 두 구절인 '스스로 그 마음을 맑힘이 바로 모든 부처님의 가르침이다(自淨其義 是諸佛敎)'라는 것이 생략되어 있는 점이다. 실제로 도림선사와 백락천의 문답에서 네 구절 전부가 말해졌는지 혹은 『전등록』의 문장에 나와 있는 것처럼 처음의 두 구절만이 말해졌는지 지금으로서는 확인할 방법이 없다. 중요한 것은 『전등록』에서 말해지고 있는 것처럼 처음 두 구절만으로 불교의 도리를 주장하게 되면, 불교는 일반의 도덕과 어떤 상이한 도리를 갖지 않는 것이 되고 만다는 사실이다. 그렇게 되면 백락천이 도림선사에게 반문한 것처럼 그 정도라면 세 살 먹은 어린아이조차도 알고 있다는 비판을 면할 수 없다. 실제로 그것만으로는 아무리 잘 요약된 단적인 표현이라 해도 그것이 불교의 특별한 성격을 말한 것이라고 할 수는 없다. 왜냐하면 불교의 근본이 권선징악(勸善懲惡)의 도덕률에 있는 것은 아니기 때문이다.

『육조단경(六祖檀經)』 오법전의(悟法傳衣) 제1에는 이런 내용이 수록되어 있다. 혜능(慧能)조사가 오조홍인(五祖弘忍)대사로부터 의발(衣鉢)을 받고 하직한 후 두 달 반이 지났을 때 대유령(大庾嶺)에 이르렀다. 그 때 혜명(惠明)이라는 승려가 쫓아와 의발을 빼앗으려고 했다. 그러자 혜능조사는 의발을 바위 위에 올려 놓고, '이 옷은 믿음의 표시이거니 어찌 힘으로 다툴까 보냐' 하면서 수풀 속에 숨었다. 혜명이 달려와 그 의발을 가지려 했으나 움직이지 않았다. 겁이 난 혜명은 마침내 소리쳤다. "행자님, 행자님. 저는 법을 위하여 왔습니다. 의발 때문에 온 것이 아닙니다."라고. 드디어 혜명이 법을 청하자 혜능조사는 "그대가 이미 법을 위하여 왔을진대 이제 모든 반연을 다 쉬고 한 생각도 내지 마라. 너를 위하여 말하리라. 선(善)도 생각하지 않고 악(惡)도 생각하지 않는 바로 이러한 때, 어떤 것이 명상좌의 본래면목인고?"라고 말했다. 그러자 혜명은 언하에 크게 깨달았다.

의발을 빼앗기 위하여 달려온 악한 마음과 법을 청하는 선한 마음, 그 모두를 쉬어 한 마음도 내지 않았을 때 불법의 본래면목인 마음의 본성이 드러났다. 이처럼 불법이 비록 선을 지향하고 악을 멸하는 데 있는 것은 사실이지만, 이것은 한 부분에 지나지 않는다. 이와 같은 이치는 칠불통계게에 있어서도 마찬가지다. 즉 뒷부분인 '스스로 그 마음을 맑힌다'는 이 한 구절이야말로 부처님이 자신의 정각의 내용을 '심히 깊어서 사유로써 알 수 없는 아뇩다라삼먁삼보리'라고 하셨을 때의 그 아뇩다라삼먁삼보리를 실천하는 것이다. 따라서 이것이 부처님의 가르침을 실천하는 근본요령인 것이다.

그러면 부처님이 깨달은 내용인, 심히 깊은 아뇩다라삼먁삼보리 실천을 보이는 '스스로 그 마음을 맑힌다'는 말은 도대체 어떤 것인가. 이 말은 일반적으로 '우리들의 마음은 본래는 깨끗한 것이지만, 그것이 번뇌의 악심에 의해서 더럽혀져 있기 때문에 그 더러움을 맑히고, 더러움을 털어 맑혀지면 마음은 청정하다'라고 풀이되고 있다. 그러나 본래 청정한 마음이 더럽혀질 수는 없다. 왜냐하면 본성은 변할 수 없는 것이기 때문이다. 만약 본성 속에 청정과 더러움이 같이 있어서 더러움을 제거한 후에 청정이 드러난다면 그것은 본래청정이 아니다. 이렇게 보면 '스스로 그 마음을 맑힌다'는 말은 본래 청정한 그 마음을 그대로 내어 쓴다는 의미가 된다. 어떠한 먼지를 털어내고 난 뒤에 맑혀진 마음을 쓴다는 것이 아니라 본래 맑은 그 마음을 쓴다는 것이다. 이 본래 청정한 마음을 경에서는 불성(佛性)이라 부르는데, 『대반열반경(大般涅槃經)』 사자후보살품에는 이렇게 설하고 있다.

일체중생이 모두 부처님의 성품을 가지고 있으니, 여래가 항상 계시어 변이하지 않는다. (一切衆生悉有佛性 如來常住無有變易)

또한 이 불성을 여래장(如來藏)이라고도 하는데, 『여래장경(如來藏經)』에서는 일체중생이 여래장인 것을 9개의 비유설에 의해 가르치면서 그 첫번째 비유로 다음과 같이 설하고 있다.

어느 때 부처님께서는 회중의 보살들 앞에서 선정에 들어 신통력으로 주변에 연꽃을 피게 하셨다. 그 연꽃의 하나하나에는 부처님이 앉아 계셨다. 돌연히 그 연꽃은 시들어 버리고 가운데의 부처님은 보이지 않게 되었는데, 이윽고 다시 찬란한 빛이 놓아졌다. 이 기이한 모습을 보이시고 나서 부처님께서는 보살들에게 다음과 같이 말씀하셨다.
"내가 불안(佛眼)으로 일체중생을 보건대 탐욕과 성냄과 어리석음을 비롯한 수많은 번뇌 가운데도 여래의 지혜, 여래의 눈, 여래의 몸을 가지고 앉아 있어서 엄연부동하다. 선남자여, 일체중생이 비록 많은 미혹과 번뇌가 있지만, 여래장(如來藏)이 변함없이 존재하여 윤회의 길을 방황해도 조금도 더럽혀지지 않고, 덕상(德相)이 모두 갖추어져 있어 나와 다를 것이 없다. 또한 선남자여, 비유하면 천안(天眼)이 있는 사람이 아직 피지 않은 꽃을 관할 때, 그 모든 꽃 속에는 여래의 몸이 앉아 있는 것을 보고 그 시든 꽃을 떼어 버리면 여래의 몸이 바로 나타나는 것과 같다. 이와 같이 선남자여, 부처님은 중생의 여래장을 보시고 그것을 피게 하고자 경법(經法)을 설하여 번뇌를 없애고 불성을 나타낸다. 선남자여, 모든 부처님의 법(法)은 모두가 그러하다. 부처님이 이 세상에 출현하든 출현하지 않든 일체중생의 여래장은 변함없이 존재하지마는 다만 중생이 번뇌에 덮여 있기 때문에 여래가 세상에 출현하여 널리 법을 설하여 미혹의 피곤함을 없애고 일체지를 맑히는 것이다."

우리들의 본성은 불성이고 여래장이다. 우리들은 부처님이 가지고 있는 일체공덕을 그대로 가지고 있는 존재이다. 그래서 내 생명은 그대로 부처님의 공덕 생명이다. 사람마다 부처님 성품을 온전히 갖추었고 부처님이라 하여 더 많거나 더 빛나는 것도 아니요, 중생이라 하여 적거나 변질된 것도 아니다. 겉으로 보아서 탐내고 성내고 어리석음으로 인한 온갖 번뇌에 휘둘린 범부중생인 것처럼 생각될지 모르지만, 사실은 부처님의 생명과 조금도 다름없는 공덕이 충만한 생명이다. 우리들에게 있는 것처럼 보이는 갖가지 미혹과 번뇌는 이 진리를 보지 못하는 데서 기인한다. 만약 이 진실을 깨닫는다면 불성은 그대로 현현한다. 부처님은 바로 이것을 알려 주기 위하여 우리 곁에 오신 것이다.

이 '내 생명 부처님 무량공덕 생명'인 덕성을 반야경에서는 반야바라밀이라고 부른다. 그리고 이 반야바라밀을 통해서 부처님의 온갖 공덕이

제 2 장 본래청정(本來淸淨) 255

이 세상에 나타나는 것을 『대품반야경』 조명품 제 40에서는 다음과 같이 설시하고 있다.

"세존이시여, 반야바라밀은 능히 모든 것(一切法)을 비추니, 본래 청정하기 때문입니다. 세존이시여, 마땅히 반야바라밀을 예배해야 합니다. 세존이시여, 반야바라밀은 삼계(三界)에 집착하지 않습니다. 세존이시여, 반야바라밀은 모든 어두움을 없애니, 일체의 번뇌와 온갖 소견을 없애기 때문입니다.

세존이시여, 반야바라밀은 모든 깨달음의 도움이 되는 수행방법(助道法) 가운데 최상입니다. 세존이시여, 반야바라밀은 편안하고 조용하니, 능히 일체의 두려움과 고뇌를 끊었기 때문입니다.

세존이시여, 반야바라밀은 능히 광명을 주니, 다섯 가지 눈(五眼)을 화려하게 장식하기 때문입니다. 세존이시여, 반야바라밀은 능히 삿된 길에 떨어진 중생을 보살펴 인도하니, 상대가 있는 두 변(二邊)을 여의었기 때문입니다.

세존이시여, 반야바라밀은 일체종지(一切種智)이니, 일체의 번뇌 및 습기를 끊었기 때문입니다. 세존이시여, 반야바라밀은 모든 보살마하살의 어머니이니, 부처님의 모든 가르침이 나오기 때문입니다.

세존이시여, 반야바라밀은 생기지도 않고 없어지지도 않으니, 사물의 고유형태가 공(自相空)이기 때문입니다. 세존이시여, 반야바라밀은 생사(生死)를 멀리 여의니, 항상함도 아니고 소멸함도 아니기 때문입니다.

세존이시여, 반야바라밀은 도와 주는 이가 없는 사람의 보호자가 되니, 온갖 진귀한 보배를 베풀기 때문입니다. 세존이시여, 반야바라밀은 힘을 원만히 갖추었다고 하니, 능히 파괴할 것이 없기 때문입니다.

세존이시여, 반야바라밀은 능히 세 가지 굴림의 열두 가지 법(三轉十二行相)인 진리의 수레바퀴를 굴리니, 일체의 모든 법이 굴러가지도 않고 돌아오지도 않기 때문입니다.

　세존이시여, 반야바라밀은 능히 모든 것의 성품을 보여 주니, 사물이 존재하지 않는다는 견해와 존재한다는 견해가 같이 공(無法有法空)하기 때문입니다.

　세존이시여, 어떻게 반야바라밀을 공양해야 하겠습니까?"

　부처님께서 말씀하셨다.

　"세존을 공양하듯이 해야 한다. 반야바라밀 예배하기를 마땅히 세존을 예배하듯이 해야 한다. 왜냐하면 세존은 반야바라밀과 다르지 않고 반야바라밀은 세존과 다르지 않으며, 세존이 바로 반야바라밀이고 반야바라밀이 바로 세존이기 때문이다.

　이 반야바라밀 가운데서 많은 부처님·보살·벽지불·아라한·아나함·사다함·수다원이 출생하기 때문이다. 이 반야바라밀 가운데서 열 가지 착한 행위(十善道)·네 가지 선정(四禪)·네 가지 한량없는 이타의 마음(四無量心)·네 가지 형상을 떠난 선정(四無色定)·다섯 가지 신통(五神通)·여섯 가지 감각기관이 공함(內空) 내지 사물이 존재하지 않는다는 견해와 존재한다는 견해가 같이 공함·네 가지 관찰법(四念處) 내지 여덟 가지 바른 깨달음에 이르는 길(八聖道分)이 나오기 때문이다. 이 반야바라밀 가운데서 부처님의 열 가지 지혜의 힘(十力)·열여덟 가지 부처님만이 갖는 특성(十八不共法)·큰 인자함과 크게 가엾이 여김(大慈大悲)·일체종지가 나오기 때문이다.

　부처님이 바로 반야바라밀이고, 반야바라밀이 바로 부처님이다. 따라서 부처님이 갖추고 있는 일체덕성은 바로 반야바라밀이 지니고 있는 일체덕성이고, 반야바라밀이 지니고 있는 온갖 덕성은 곧 부처님이 갖추고 있는 온갖 덕성이다. 그리고 반야바라밀의 덕성은 바로 나의 덕성이다. 반야바라밀은 무엇인가. 그것은 모든 것이 공(空)한 자리다. 모든 것이 공한 자리이기 때문에 반야바라밀은 '나지도 않고 없어지지도 않으며

(不生不滅), 더럽지도 않고 깨끗하지도 않으며(不垢不淨), 늘지도 않고 줄지도 않는(不增不減)' 자리이다. 바꾸어 말하면 바로 우리들의 본성이 영원하고 청정하며 원만구족하다는 것이다.

불교의 목표는 깨달음에 있다. 그 깨달음이란 무엇인가. 『육조단경』 오법전의 제1은 혜능조사가 오조홍인대사로부터 『금강경』 설함을 듣고 깨달음을 얻어 그 징표인 의발을 받는 사정을 전하고 있다. 그 때 혜능조사는 『금강경』의 '마땅히 머문 바 없이 그 마음을 낼지니라' 하는 부분에 이르러 언하에 대오(大悟)하여 홍인대사에게 다음과 같이 말씀드렸다.

> 어찌 자성이 본래 스스로 청정함을 알았으며, 어찌 자성이 본래 생멸하지 않는 것임을 알았으며, 어찌 자성이 본래 스스로 구족함을 알았으며, 어찌 자성이 본래 동요가 없음을 알았으며, 어찌 자성이 능히 만법을 냄을 알았겠습니까!

이 언구는 제법이 공한 이 본래의 소식인 깨달음을 잘 설파하고 있다. 혜능조사는 자신의 성품이 부처님의 성품, 즉 불성과 다르지 않음을 깨달은 것이다. 중생 모두가 본래 청정하고 본래 생멸하지 않으며, 본래 모든 덕성을 갖추고 있는 것을 깨달은 것이다. 여기서 우리들은 새삼 수행이라는 것을 생각하게 된다. 깨닫기 위해서 수행하는 것이 아니라 깨달음의 행을 하는 것이 수행이라는 것이다. 흔히 우리들은 하늘이 높다고 말한다. 그러나 하늘이 과연 높은 것인가. 그렇지 않다. 하늘은 바로 우리들의 머리와 맞닿아 시작된다. 마찬가지로 수행하여 부처님이 된 후에 부처님의 행을 하는 것이 아니라 부처님 행을 하면 그 때가 부처님으로 있는 것이다.

제3장 회향(廻向)

1. 업보(業報)와 회향(廻向)

1) 업보의 양면성(兩面性)

이 책을 집필하고자 했을 때, 그리고 한 단원 한 단원 써 나가는 동안에 언제나 나의 머리 속을 떠나지 않았던 것으로 『대품반야경』의 다음과 같은 한 구절이 있었다.

> 만약 어떤 선남자·선여인이 반야바라밀을 받아 지니고 내지 바르게 사유하면 자신의 실수로 독약을 먹고 죽는 일도 없고, 칼에도 다치지 않으며, 물이나 불의 위험에 떨어지지도 않고, 내지 온갖 질병(四百四病)도 침범할 수가 없다. 그러나 전생에 지은 업보(宿命業報)는 어쩔 수 없다.
> 권지품 제34

반야바라밀을 염송함에 의해 우리들의 삶 가운데서 혹 생길지도 모르는 모든 역경과 시련들이 소멸되고 바라는 바 온갖 소원들이 성취되지만, '전생에 지은 업보(業報)는 어쩔 수 없다'는 이 구절은 나를 무척 당혹스럽게 했다. 전생에 지은 업(業)에 대한 과보로 우리들에게 생활의 난관이 찾아오는 것은 반야바라밀로써도 어쩔 수 없다면 수행이란 것이 현실적인 삶에 무슨 도움이 되는가 하는 소박한 생각이 든 것이다. 물론 인생살이가 세간적인 행복에만 그 의의가 있는 것은 아니다. 오히려 출세간적인 행복을 우위에 두는 것이 불교라고 말할 수도 있다. 그러나 세간적인 행복을 도외시한 채 출세간적인 행복만 생각할 수 없는 것이 현실적인 문제이다. 그렇기 때문에 경전 도처에 세간적인 행복에 관해서 언급하고 있지 않는가.

바로 이러한 문제 때문에 전생에 지은 업보는 반야바라밀로써도 어쩔 수 없다는 말이 줄곧 나를 따라다녔다. 그래서 이 『대품반야경』에서 해당 부분을 모든 반야부경전과 비교하여 조사해 보았지만, 거기에도 한결같이 전생의 업보는 어쩔 수 없다는 것이었다. 아니 비단 반야부경전뿐만 아니라 이 업사상(業思想)에 관한 한 어떠한 경전이나 논서(論書)에서도 대동소이하게 말하고 있다.

그렇다면 그 업사상이란 무엇인가. 사람들이 짓는 일체의 행위는 그것이 행해졌을 때에 반드시 과보(果報)를 끌어당기는 힘을 낳는데, 이것을 업보라고 한다. 그래서 덕행(德行), 즉 이타적인 행위와 도덕적인 행위를 했을 때는 그것에 걸맞는 행복이 과보로서 나타나고, 반대로 악행(惡行)을 저지를 때는 불행의 운명을 맞게 된다. 이 덕행의 힘을 복덕 혹은 공덕이라 하는데, 그것은 극히 양적인 실체이기 때문에 금융기관의 예금에 비유해서 설명할 수 있다.

우리들은 노력해서 번 돈을, 은행을 비롯한 금융기관에 예금한다. 예금을 계속하는 사이에 저축은 늘어나고, 이자에 이자가 붙어 돈의 액수는 점점 많아진다. 이 예금된 돈은 그 액수에 상응한 만큼의 행복을 예금주에게 약속한다. 이처럼 사람이 공덕을 쌓는다는 것은 예금을 하는 것과 같아서 그 힘은 개인의 운명과 행복을 결정하고, 악행 이외의 어떠한 것에 의해서도 방해받지 않는다.

그러나 은행은 돈을 저축하는 장소만은 아니다. 집이 없는 사람들을 위해서 융자를 해주기도 하고 신용카드를 발급해 주는 곳이기도 하다.

또한 전화요금이나 전기세 등이 자동이체 신청만 하면 자동적으로 예금에서 인출된다. 여기에서 저축된 금액보다 이용한 돈이 많았을 때에는 당연히 예금은 없어지고 빚만 남게 된다. 그리고 그 빚은 우리들을 압박해 온다. 어디에 도망가 숨더라도 채무자는 찾아와서 가차없이 변상을 요구한다. 이와 같이 사람들이 저지르는 악행도 빚과 같은 것이어서 축적한 예금을 감하는 역할을 한다. 사람이 행위의 결과로 행복과 재앙을 받는 것은 그 예금의 양에 해당되어서 예금이 다 없어지면 복도 다하고, 거꾸로 빚이 있는 한 죄의 추급을 면할 수는 없다. 바로 복업과 죄업의 경중이 행복과 재앙에 양적으로 대응하는 것을 보여 주고 있다.

그러나 예금이라는 것에는 또 다른 성격도 있다. 예금에는 반드시 예금주가 있다. 금융실명제라는 것에 의해서 철저하게 본인의 확인이 있을 때 예금이 가능하고, 명의 없는 예금은 있을 수 없다. 은행에서 융자를 받을 경우에도 예외가 아니다. 융자를 받든 신용카드를 개설하든 거기에는 빌리는 자가 있다. 융자를 원하는 자가 확실하지 않으면 은행은 대출해 주지 않는다. 따라서 타인의 예금을 몰래 인출한다는 것은 범죄에 해당되고, 자신의 빚 때문에 다른 사람이 시달리는 일은 있을 수 없게 된다.

그렇게 보면 예금이나 빚이라는 것에는 확실히 두 개의 성격이 있다. 첫째는 예금과 빚은 행복과 불행에 양적인 필연성, 즉 '물리적 필연성'을 가지고 대응한다는 것이다. 둘째는 예금과 빚이 초래하는 결과는 그 주인만이 필연성을 가지고 관계하는, 즉 주인에게만 화복(禍福)을 가져오고 타인에게는 관계없다는 '자기 책임성'이다. 이제 은행의 예금과 빚으로 비유해 본 업보의 이 두 가지 법칙이 부처님의 말씀 중에는 어떻게 설해져 있는지를 살펴보자.

부처님 말씀 중에서도 비교적 초기에 설해졌다고 알려진 『법구경』과 『숫타니파타』에는 다음과 같이 나타나 있다.

공중에 있어도 바다 속에 있어도,
산간의 동굴 속에 들어가도,
이 세상 어느 곳에 있더라도
악업으로부터 벗어날 수는 없다.　　　　　　　　　『법구경』127게

그 어떤 업도 없어지지 않는다.
그것은 되돌아와 원래의 임자가 그것을 받는다.
어리석은 자는 죄를 짓고
다음 세상에서 그 괴로운 과보를 받는다.　　　　　『숫타니파타』666게

　이 두 경전은 업과 거기에 따른 과보가 어떻게 작용하는지를 잘 말해 주고 있다. 즉 『법구경』 게송을 통해서 우리들은 업은 어떠한 경우에도 피할 수 없다는 것을 알 수 있고, 『숫타니파타』의 게송을 통해서 업은, 자기가 심은 씨앗은 반드시 자기가 거두지 않으면 안 된다는 자기 책임성이 본질로 되어 있기 때문에 누구도 대신할 수 없다는 것을 알 수 있다.
　이러한 법칙을 흔히 인과응보(因果應報)라고 하는데, 이 인과응보의 법칙에 관하여 『대지도론』 권 제25에는 다음과 같이 설명하고 있다.

　　부처님께서는 일체업상(一切業相)이라고 해서 업을 받는 삼처(三處)를 설하셨다. 즉 일체중생에게는 과거에 지은 업을 과거에 받는 것, 과거에 지은 업을 현재에 받고 있는 것, 과거에 지은 업을 미래에 받는 것, 과거에 지은 업을 과거와 현재에 받는 것, 과거에 지은 업을 과거와 미래에 받는 것, 과거에 지은 업을 현재와 미래에 받는 것, 과거에 지은 업을 과거와 미래와 현재에 받는 것이 있으며, 현재의 업도 또한 이와 같음을 알라고 말씀하셨다.
　　그리고 선심(善心) 중에 선(善)·불선(不善)·무기(無記)의 업보를 받으며, 불선심(不善心)과 무기심(無記心)도 마찬가지라고 하셨다.

또한 낙업(樂業)의 인연에 의해서 낙보(樂報)를 받고, 고업(苦業)의 인연에 의해서 고보(苦報)를 받으며, 불고불락업(不苦不樂業)의 인연에 의해서 불고불락(不苦不樂)의 보(報)를 받고, 현보업(現報業)의 인연에 의해서 현보(現報)를 받으며, 생보업(生報業)의 인연에 의해서 생보(生報)를 받고, 후보업(後報業)의 인연에 의해서 후보(後報)를 받고, 부정업(不淨業)의 인연 때문에 뇌보(惱報)를 받고, 정업(淨業)의 인연 때문에 무뇌보(無惱報)를 받으며, 잡업(雜業)의 인연 때문에 잡보(雜報)를 받는다고 말씀하셨다.

우리들은 흔히 나쁜 사람이 현세에서 잘사는 것을 보기도 하고, 혹은 선한 사람이 불행을 겪는 것을 보기도 한다. 이 때문에 인과응보라는 것이 과연 인간생활에 작용하는가 하는 의구심을 갖기도 한다. 그러나 인과의 법칙이라는 것은 그 당시의 생애에만 한정된 것이 아니다. 과거·현재·미래라는 삼생에 걸쳐서 연결되어 나타나는 것이다. 이러한 이치를 『법구경』에서는 다시 이렇게 설하고 있다.

악의 열매가 익기 전에는
악한 사람도 복을 만난다.
악의 열매가 익은 때에는
악한 사람은 죄를 받는다.   119게

선의 열매가 익기 전에는
선한 사람도 화를 만난다.
선의 열매가 익은 때에는
착한 사람은 복을 받는다.   119게

이러한 까닭에 착한 사람이 이 세상에서 불행을 만나기도 하고, 나쁜 사람이 이 세상에서 영화를 누리기도 한다. 그렇다고 해서 이러한 업이 갖고 있는 두 가지 기능의 작용이 인간의 세계에서만 나타나는 것은 아니다. 때에 따라서는 천상이나 인간과 같이 비교적 행복한 삶을 살기도 하고, 그 악업이 지나치면 지옥·축생·아귀와 같은 참혹한 삶을 영위하기도 하는 것이다. 그리고 비록 천상에 태어난 존재라 하더라도 과거세에 쌓은 선행의 공덕이 고갈되면 그는 인간계나 다른 나쁜 곳에 떨어지기도 한다. 그는 천상에서 영원히 살 수 없을 뿐만 아니라, 천상의 삶은 사랑의 즐거움과 그 외의 쾌락으로 충만되어 있기 때문에 떨어지지 않을 수 없는 것이다.

이처럼 선악의 업에는 그것과 양적으로 대응하는 과보가 있다. 그것은 질적인 대응이 아닌가 하고 말할지 모은다. 그러나 업에는 선 혹은 악이라는 성질의 차이가 있지만, 과보는 항상 중성이다. 가난이나 부귀는 그 자체가 도덕적으로 선도 아니고 악도 아니다. 그렇기 때문에 업과 과의 대응은 질적인 것이라고 할 수 없다.

여기서 우리들은 업 이론의 두 가지 원칙을 정리할 수 있다. 첫째는 선 혹은 악의 업이 행해졌을 경우에는 좋아하는 혹은 좋아하지 않는 과보가 필연적으로 생긴다고 하는 '업보의 물리적 필연성'이다. 둘째는 그 과보는 엄격하게 개체적이어서 한 개인의 행위적 주체에 한한 문제라는 '자업자득성(自業自得性)'이다.

2) 회향

지금까지 업보에는 두 가지 원칙인 '업보의 물리적 필연성'과 '자업자득성'이 엄격하게 작용하고 있다고 말했지만, 그렇다고 해서 그것이 절대로 변할 수 없다는 것은 아니다. 원시경전이나 율전에는 이 두 가지 원칙을 초월하고 빗겨 나가며, 혹은 부수는 것이 있음도 기술되어 있다.

경전이 밝히고 있는 것에 의하면 여기에는 두 가지의 방법이 있다. 업보의 원칙을 초월하는 첫번째 방법은 참회(懺悔)·수습(修習)·귀불(歸佛)·죄의 고백에 의해서 악한 과보가 경감 혹은 없어지는 것이고, 두 번째 방법은 선업의 공덕을 그 업의 작자 이외의 사람에게 돌려준다는 것이다. 소부경전 『아귀사경(餓鬼事經 : Peta-vatthu)』에는 다음과 같은 것이 기술되어 있다.

상인들이 의복을 입지 않은 여자 아귀를 보고 불쌍히 여겨서 의복을 주려고 하니, 그 여자가 말했다. "그대가 손수 이 손에 준다고 해도 그것은 나에게 도움을 주지 못합니다. 여기에 있는 이 우바새(優婆塞)는 부처님(正等覺者)의 신심 깊은 제자입니다. 이 사람에게 그 의복을 입혀 주고, 그것에 의해서 나에게 보시를 돌려주십시오. 그렇게 하면 나는 행복하게 되고, 온갖 바라는 것을 받게 됩니다"라고. 상인들은 그 우바새를 목욕시키고 향유를 바른 후에 의복을 드리고, 그것에 의해서 얻어진 보시의 공덕을 그 여자 아귀에게 돌려주었다. 돌려진 보시에는 바로 과보가 나타나서 그 여자 아귀는 아름다운 옷을 입고 출현했다.

제1사품 10

아귀에 떨어진 망자(亡者)에 대해서 사람은 직접 시물(施物)을 줄 수가 없다. 왜냐하면 아귀는 전생의 악업에 의해서 아귀의 과보를 받았기 때문에 사람이 음식이나 의복을 준다고 해도 그것이 그 아귀의 몸에 닿는 순간 불타 버리기 때문이다. 그런데 경전에서는 이것을 가능케 하는 방법으로 유덕한 수행자나 승가(僧伽)에 보시하고, 그 공덕을 아귀에게 돌려주는 것을 말하고 있다. 무엇 때문에 이러한 것이 가능한가. 이 문제에 대하여 다시 한 번 은행예금과 업보를 비교해 보자.

우리들은 위에서 예금이나 빚에는 두 가지 성격이 있다는 것을 보아 왔는데, 이것은 어디까지나 현상적으로 드러난 한 측면이라고 할 수 있다. 그러나 예금에는 이렇게 현상적으로 드러나는 성격만이 있는 것은 아니다. 거기에는 좀더 특별한 형이상학적인 성격이 내포되어 있다. 이러한 예금의 형이상학적인 성격으로 우리들은 두 가지를 생각해 볼 수 있다. 첫째는 예금은 예금으로서의 본체가 있는 것이 아니라 공이라는 점이고, 둘째는 예금은 사용하는 방법에 따라서 내용도 방향도 전환될 수 있다는 것이다.

　먼저 예금은 예금으로서의 본체가 있는 것이 아니라 공이라는 점에 대하여 생각해 보자. 우리들이 돈을 좋아하고 돈의 축적을 위해서 예금을 하는 것은 돈이나 통장 그 자체에 질적인 가치가 있어서가 아니다. 단지 돈이라는 것이 우리들의 생활을 윤택하게 할 수 있는 다른 어떤 것으로 교환될 수 있기 때문이다. 가령 아무리 돈이 많아도 그것으로 옷을 만들어 입을 수는 없고, 아무리 배가 고파도 지폐를 먹고 시장끼를 면할 수 없다. 또한 지폐로써 우리들이 사는 집을 지을 수는 더더욱 없는 것이다. 지폐는 단지 우리들의 의식주에 필요한 물자와 교환할 수 있는 기능을 가지고 있을 뿐이다. 돈의 이러한 기능 때문에 사람들은 돈을 좋아하는 것이다. 예금통장도 마찬가지다. 음식점에 가서 거금이 입금된 통장을 보여 준다고 하여 음식을 주지는 않는 것이다. 다른 재산도 상황은 동일하다. 사람들은 재산의 축적수단으로 언제 어디서나 통용된다는 믿음 아래 보석을 즐겨 구입한다. 그러나 극심한 한계상황에서 보석은 아무런 도움이 되지 않는다. 정말로 궁색한 곳에서 사는 사람들은 음식을 돈이나 보석과 교환하지 않는다. 절해의 고도에서 돈이나 보석은 필요가 없는 것이다. 은행예금에 본체가 없다고 하는 것은 이 때문이다. 그래서 화폐나 예금은 본체가 없고 공인 것이다.

　다음으로 예금은 사용하는 방법에 따라서 내용도 방향도 전환될 수 있다는 것에 관해서 살펴보자. 우선 사람에 따라서는 예금이나 돈이 공이라는 것을 알고는 이것을 유용하게 사용하고자 하는 마음이 생길지도 모른다. 우리 주변에는 가끔씩 평생 모은 재산을 장학재단 등에 기탁하여 많은 사람의 칭송을 받는 사람이 있다. 예금이 많이 모였기 때문에 다른 사람들을 위해서, 사회를 위해서 공헌하자는 생각이 들지도 모른다. 즉 자기의 돈이기 때문에 어떻게 사용하든 그것은 문제가 되지 않는다.

앞에서 예금에는 반드시 예금주가 있다든가 주인만의 필연성이라고 했는데, 이것은 예금의 비양도성을 말한다. 타인의 예금을 멋대로 인출해서는 안 된다든가 타인명의로 돈을 빌리면 사기가 된다는 것은 이 예금의 비양도성 때문이다. 그런데도 예금의 형이상학적 성격에서 보았을 때, 자기의 돈이기 때문에 어떻게 사용하든 그것은 자유라고 했다. 이렇게 자신의 돈이기 때문에 타인에게 줄 수가 있다는 것은 예금의 양도성을 나타내고 있다. 여기서 비양도성은 양도성으로 전환된다. 자기로부터 타인에게로, 타인으로부터 자기에게로 방향이 전환되는 것이다. 예금에는 이렇게 방향전환의 가능성이 있는 것이다.

그러나 예금의 전환 가능성이라는 것은 방향의 전환에 국한된 것은 아니다. 우리들은 집을 짓거나 보석을 사는 데 예금을 사용하기도 하고, 경우에 따라서는 그것을 절에 시주하고 왕생극락을 발원하기도 한다. 사용법에 따라 예금이라는 극히 세속적인 것을 종교적·출세간적인 것으로 바꾸는 것도 전혀 불가능한 것은 아니다. 예금의 본체가 공이기 때문에 모든 것이 가능하다. 이렇게 예금은 다른 것으로 내용을 전환시킬 수 있다.

이상에서 살펴본 것처럼 은행예금은 행복과의 사이에 물질적·양적으로 대응하는 필연성을 가짐과 동시에 어디까지나 개인의 소산이라고 하는 비사회성을 갖는다. 그러나 철저하게 개인의 소산이긴 해도 그것이 물질적 실체이기 때문에 도리어 보시되고 양도될 가능성이 있다. 이와 마찬가지로 공덕은 개인에게 속하는 것이어서 비사회적이기는 하지만, 그것이 물질적 재산이기 때문에 타인에게 양도할 수 있다고 하는 사회성을 가질 수 있는 것이다. 사회성이란 물질성 바로 그것이다. 이와 같이 업보의 두 원칙에 포함되는 물질성과 개인성의 모순이 업보의 원칙을 초월하게 한다. 그것은 내용과 방향을 전환시킨다. 자기가 지은 물질적인 공덕을 정신적인 것으로 '내용의 전환'을 할 수도 있고, 자기가 지은 공덕을 다른 사람에게로 '방향의 전환'을 할 수도 있다. 여기에서 업보를 초월하고 벗어나는 두 가지 방법이 제시되는 것이다.

이렇게 선업의 공덕을 타자에게 돌려줄 수가 있다고 하는 것을 대승불교에서는 '회향'이라고 한다. 이 회향의 사상에는 두 개의 단계가 있다. 첫째는 '자기의 선근공덕을 자기의 깨달음으로 내용을 바꾸는' 것이다. 선업이라고 하는 것은 그대로 있으면 행복된 삶의 형태로 선업을 행한 당사자에게 돌아가는데, 이 선업의 내용을 전환하여 아뇩다라삼먁삼보리에 돌리는 것이다. 이것을 보리회향(菩提廻向)이라고 한다. 이 때 전환된 아뇩다라삼먁삼보리는 역시 선업을 행한 당사자에게 돌아가기 때문에 방향이 바뀌지는 않는다. 이것은 내용의 전환이기 때문에 '내용전환의 회향'이라고 부를 수 있다.

둘째는 '자기의 선근공덕을 다른 사람의 고뇌를 완화시키기 위해서 혹은 타인의 깨달음에 보태기 위해서 방향과 내용을 바꾸는 것'이다. 악업을 지은 죄인은 그 부담을 지옥의 고난에 의해서 반제받지 않는 한 업의 구속에서 자유롭게 될 수 없지만, 이 방향의 전환에 의하여 물리적 필연성과 자업자득성이 초월된다. 이것은 당사자에게 와야 하는 공덕이 다른 존재에게로 가기 때문에 방향 자체가 전향된다. 따라서 이것을 '방향전환의 회향'이라고 할 수 있다.

3) 업보와 반야바라밀

업의 철칙을 벗어나는 구체적인 실례를 위에서 살펴보았지만, 이러한 것은 반야경에서도 그대로 설해지고 있다. 즉 『대품반야경』에서 설하는 반야바라밀을 염송하고 공양하는 것에 의해서 얻게 되는 현세이익 사상은 확실히 자주 어느 의미에서는 업보의 원칙을 초월하고 벗어나며 혹은 부수어 버리는 것처럼 나타나 있다. 그런데도 한편에서는 전생에 지은 업보는 어쩔 수 없다고 설하고 있다. 이렇게 반야경에서 설하고 있는 모순, 즉 반야바라밀을 염송하면 현세의 모든 이익을 얻을 수 있다는 말과 전생의 업보는 제외된다는 말의 상반된 경문을 『대지도론』 권 제57에서는 다음과 같이 설명하고 있다.

묻기를, '현재 반야바라밀을 수지하고 독송하면서 군대가 싸우는 곳에 들어가도 칼에 다치기도 하고 목숨을 잃는 일도 있다. 그리고 부처님께서는 업인연은 어떤 곳에 있더라도 면할 수 없다고 말씀하셨다. 그럼에도 불구하고 부처님께서는 무엇 때문에 반야바라밀을 독송하는 사람은 군대가 싸우는 곳에 들어가도 칼에 다치지도 않고 목숨을 잃지도 않는다고 말씀하시는가?'

대답하기를, '두 가지 종류의 업인연이 있다. 첫째는 반드시 과보를 받는 것이고, 둘째는 반드시 과보를 받지 않아도 되는 것이다. 반드시 과보를 받아야 하기 때문에 법구경 가운데 이처럼 설하지만, 지금의 경우에는 반드시 과보를 받지 않아도 되는 것이기 때문에 반야바라밀을 독송하면 칼에 다치지도 않는다고 설한다. 예를 들어 대역중죄(大逆重罪)에 의해서 죽는 것이 결정된 사람은 아무리 재산이 있다고 해도 그것을 면할 수 없다. 그러나 가벼운 죄를 지은 사람은 죽음의 문턱에 들어간다 해도 구제하는 데 필요한 권력이나 재산이 있으면 곧 목숨을 구제받을 수 있다. 그렇지만 구제받지 못하면 죽게 된다. 선남자도 이와 같아서 만약 반드시 죄의 과보를 받지 않아도 될 경우에는 죽음이 눈앞에 닥쳤다 해도 반야바라밀을 독송하면 구제되지만, 만약 독송하지 않으면 죽음을 면할 수 없게 된다. 이 때문에 반야바라밀에 세력이 없다고 말할 수 없다.

전생에 지은 업이 반드시 과보를 받을 것인지 혹은 반드시 과보를 받지 않아도 되는 것인지는 우리들로서는 알 수 없는 일이다. 중요한 것은 반야바라밀의 힘에 의해서 업보의 원칙을 벗어날 수 있다는 것을 보이고 있는 점이다. 그래서 『대지도론』 권 제58에서는 이렇게 말한다.

> 반야바라밀은 무상(無上)의 지혜이고 제불의 어머니여서, 모든 법보(法寶) 가운데 제일의 보배이다. 만약 사람이 들은 바대로 일심(一心)으로 반야바라밀을 신수하고 공양한다면 어찌 현세와 미래의 공덕을 얻지 못할까 보냐. 단지 사람들이 일심으로 공양하지 않고 또한 선세의 중죄 때문에 반야바라밀을 공양하더라도 이와 같은 여러 가지 공덕을 얻지 못하는 것이니 반야바라밀에는 허물이 없다.

반야바라밀의 신앙에 의해서 얻게 되는 현세이익은 업보의 원칙을 초월하고, 반야바라밀은 나쁜 과보를 없애 버리는 역할을 한다. 다만 반야바라밀을 염송하고 공양함에도 불구하고 좌절에 대한 극복과 순조로운 생활의 희구를 도모한다고 하는 현세이익이 얻어지지 않는 것은 반야바라밀의 허물이 아니고, 전생에 지은 절대로 피할 수 없는 무거운 죄의 과보와 일심으로 반야바라밀을 염송하고 공양하지 않기 때문이다.

이렇게 보면 반야바라밀에 의한 업보의 초월은 신앙에 의해서만 가능한 것처럼 생각될지도 모르나, 사실은 그렇지 않다. 지금 『대지도론』에서 말하고 있는 것처럼 반야바라밀은 무상의 지혜이고 제불의 어머니여서, 모든 법보 가운데 제일의 보배이다. 반야바라밀이 업보를 초월하게 하는 원동력은 이것이 더 이상 위가 있을 수 없는 지혜이기 때문이다.

2. 반야바라밀과 회향

1) 반야경의 회향사상

『대품반야경』 서품 제1에는 이미 제1편에서 밝힌 바와 같이 반야바라밀을 배워야 하는 일흔 가지 경우를 서술하고 있다. 그 가운데 열여덟 번째 경우를 이렇게 설시하고 있다.

> 보살마하살이 적은 보시·행하기 쉬운 지계·외형상의 인욕·눈에 보이는 정진·함이 있는 선정·함이 있는 지혜를 행하고도, 방편의 힘으로 회향(廻向)함에 의해서 한량없고 가없는 공덕을 얻으려고 한다면 반드시 반야바라밀을 배워야 한다.

보시(布施)나 지계(持戒)에 의해서 공덕을 얻는다는 것은 업보사상에서는 기본적인 사고방식이다. 그리고 보시에 의해 당사자가 받을 수 있는 복덕의 양은 그 사람이 행한 것만큼이라는 것이 기본이다. 그럼에도 불구하고 적은 보시로 한량없는 공덕을 얻을 수 있는 방법, 소위 업보를 초월하는 방법이 이 경문에서 제시되고 있다. 그 방법을 경에서는 반야바라밀에 의한 회향이라고 했다. 회향이란 것이 무엇이기에 적은 보시로도 무량무변의 공덕을 얻게 하는가. 이 점에 관하여 『대지도론』 권 제29에는 이렇게 밝히고 있다.

적은 보시라 하더라도 모두 아뇩다라삼먁삼보리에 회향한다. 이 때 보살은 '나는 이 복덕의 인연을 가지고 인간이나 천상의 왕 및 세간의 즐거움을 구하지 않고 다만 아뇩다라삼먁삼보리만을 구한다'고 생각한다. 아뇩다라삼먁삼보리가 무량무변임과 마찬가지로 복덕도 또한 무량무변이다. 그래서 보살은 이 복덕을 가지고 일체중생을 제도하려고 한다.

적은 보시에서 생긴 얼마 되지 않는 복덕의 인연을 가지고 세간의 즐거움을 구하는 것이 아니라 아뇩다라삼먁삼보리를 구하는 데 회향시키고, 그것에 의해서 얻어진 한량없는 복덕을 자기의 행복이 아닌 타인의 행복으로 내용을 전환시켜 업보의 원칙을 벗어나게 한다는 것이다. 즉 보시·지계·인욕·정진·선정이라는 다섯 가지 도덕적·종교적인 덕목이 반야바라밀의 안내에 의하여 아뇩다라삼먁삼보리로 인도될 때 그것이 무량한 공덕으로 변환하는 것이다.

이렇게 반야경에서 회향이라는 말은 각각 다른 목표를 지향하는 도덕적·종교적인 여러 덕목을, 아뇩다라삼먁삼보리라는 유일하고 보편적인 진리의 달성이라는 방향으로 전향시킨다는 의미로 쓰이고 있다. 이러한 입장에서 인격화(人格化)된 반야바라밀을 다시 살펴보면, 반야바라밀이 다른 다섯 가지 바라밀의 핵심이고 지도원리라고 말하는 것은, 이것이 다른 다섯 가지 덕목을 깨달음 쪽으로 회향하기 때문이다. 이러한 사실을 『대품반야경』 법칭품 제37에서는 다음과 같이 설시하고 있다.

교시가야, 보살은 육바라밀 법을 다 행하니, 붙잡을 수가 없는 까닭이다. 보시바라밀을 행할지라도 베푸는 이를 붙잡지 않고, 받는 이를 붙잡지 않으며, 재물을 붙잡지 않는다. 지계바라밀을 행할지라도 계를 붙잡지 않고, 지계인(持戒人)을 붙잡지 않으며, 파계인(破戒人)을 붙잡지 않는다. 내지 반야바라밀을 행할지라도 지혜를 붙잡지 않고, 지혜인

(智慧人)을 붙잡지 않으며, 지혜가 없는 사람을 붙잡지 않는다.

　교시가야, 보살마하살이 보시를 행할 때에 반야바라밀은 현명한 인도자(明導)가 되어서, 능히 보시바라밀을 원만히 갖추게 한다. 보살마하살이 지계를 행할 때에 반야바라밀은 현명한 인도자가 되어서, 능히 지계바라밀을 원만히 갖추게 한다. 보살마하살이 인욕를 행할 때에 반야바라밀은 현명한 인도자가 되어서, 능히 인욕바라밀을 원만히 갖추게 한다. 보살마하살이 정진를 행할 때에 반야바라밀은 현명한 인도자가 되어서, 능히 정진바라밀을 원만히 갖추게 한다. 보살마하살이 선정을 행할 때에 반야바라밀은 현명한 인도자가 되어서, 능히 선정바라밀을 원만히 갖추게 한다. 보살마하살이 모든 법을 관할 때에 반야바라밀은 현명한 인도자가 되어서, 능히 반야바라밀을 원만히 갖추게 한다. 일체 모든 것(一切法)이 붙잡을 수가 없음인 까닭이니, 소위 물질적 존재 내지 일체종지이다.

　교시가야, 비유컨대 염부제의 모든 나무에 온갖 잎. 갖가지 꽃, 여러 가지 과일, 가지가지 색깔이 있지만 그 그늘에는 차별이 없는 것처럼 모든 바라밀이 반야바라밀 가운데 들어 일체지에 이르면 차별이 없는 것도 이와 같으니, 붙잡을 수가 없음인 까닭이다.

보시·지계·인욕·정진·선정·반야라는 것은 본러는 부귀의, 승천의 혹은 신통력이나 지식획득의 길이었을지도 모른다. 이들 여러 덕목이 목표의 방향을 바꾸어서 아뇩다라삼먁삼보리라는 최고진리에의 길이 되는 것은 반야바라밀이라는 공성(空性)의 지혜에 인도되기 때문이다. 이들 여러 덕목은 본체가 공이므로 아뇩다라삼먁삼보리와 둘이 아니어서 구별이 없으며, 세간적인 덕목도 출세간적인 것과 함께 공이고 평등이다. 그러므로 세간적·도덕적인 덕목도 출세간적·종교적인 것과 하나이며, 그것이 나타난 것으로 된다. 이와 같은 공의 논리가 회향의 사상을 지탱하고 있다.

반야경이 회향이라는 사상으로 강조한 것은 두 가지가 있다. 하나는 자기의 선악의 행위가 자신에게만 고락의 결과를 낳게 한다는 업보의 원리, 즉 윤회라는 무한성의 초월이고, 다른 하나는 윤회와 해탈이라는 구별을 초월해서 윤회 속에서 해탈을 발견하는 것이다. 그리고 이것들은 모두 반야바라밀에 의하여 가능하게 된다. 즉 선악의 행위와 화복의 결과가 지니고 있는 무한의 순환은, 행위가 공성이라는 깨달음의 세계로 돌려짐에 의해서 멈추어진다. 윤회가 공이고 해탈이 공임에 의하여 미혹과 깨달음의 구별을 초월하기 때문이다. 가령 재물의 보시에 있어서도 회향이란 공성의 지혜에 의하여 보시라고 하는 세속적인 행위를 초세속적인 깨달음의 작용으로 변화시키는 것이다. 이 때 미혹이 그대로 깨달음임을 알게 된다. 왜냐하면 햇빛에 의하여 여러 가지 수목이 단 하나의 그림자로 변화하듯이 반야바라밀에 의하여 여러 가지 행위가 공성의 깨달음으로 변화할 수 있기 때문이다. 이것이 바로 반야바라밀이 가지는 회향의 작용이다. 또한 이렇게 반야바라밀이 '최고로' 불가사의한 작용을 가지므로, 그 반야는 최고이고 '바라밀'이라고 말한다.

2) 보리회향(菩提廻向)

『대품반야경』 존도품 제36에는 다음과 같은 부처님과 아난의 대화가 있다.

> 혜명 아난(阿難)이 부처님께 사루어 말씀드렸다.
> "세존이시여, 무엇 때문에 보시바라밀·지계바라밀·인욕바라밀·정진바라밀·선정바라밀 내지 열여덟 가지 부처님만이 갖는 특성(十八不共法)을 높이 칭찬하지 않고, 단지 반야바라밀만을 높이 칭찬하십니까?"

부처님께서 아난에게 이르셨다.

"반야바라밀은 다섯 가지 바라밀(五波羅蜜) 내지 열여덟 가지 부처님만이 갖는 특성의 존귀한 인도자(尊導)이다. 아난아, 너는 어떻게 생각하느냐. 일체지(薩婆若)에 회향(廻向)되지 않는 보시를 보시바라밀이라고 부를 수 있겠느냐 없겠느냐?"

"없습니다, 세존이시여."

"일체지에 회향되지 않는 지계·인욕·정진·선정·지혜는 이것을 반야바라밀이라고 부를 수 있겠느냐 없겠느냐?"

"없습니다, 세존이시여."

"이러한 까닭에 알아야 한다. 반야바라밀은 다섯 가지 바라밀 내지 열여덟 가지 부처님만이 갖는 특성의 존귀한 인도자이니, 이 까닭에 높이 칭찬하는 것이다."

아난이 부처님께 사루어 말씀드렸다.

"세존이시여, 어떻게 하면 보시가 일체지에 회향되어 보시바라밀이 되고, 내지 반야바라밀이 됩니까?"

부처님께서 아난에게 이르셨다.

"둘이 없는 법(無二法)으로써 보시하고 일체지에 회향하면 이것을 보시바라밀이라 이름하고, 나지 않고 붙잡을 수가 없음(不生不可得)으로써 일체지에 회향하는 보시를 보시바라밀이라 부른다. 내지 둘이 없는 법의 지혜로써 일체지에 회향하면 이것을 반야바라밀이라 이름하고, 나지 않고 붙잡을 수가 없음으로써 일체지에 회향하는 지혜를 반야바라밀이라 부른다."

보시를 비롯한 다섯 가지 덕목도 반야바라밀에 의하여 아뇩다라삼먁삼보리로 회향될 때 비로소 바라밀이라는 이름이 붙는다. 아뇩다라삼먁삼보리, 즉 일체지에 회향되지 않는 보시는 단순한 보시일 따름이지 보시바라밀은 아니다. 여기서 보시와 보시바라밀의 상위점을 보게 된다.

주지하는 바와 같이 보시란 재물 등을 남에게 주는 것을 의미한다. 그리고 남에게 무엇인가를 주었을 때는 거기에 상응한 과보가 따른다. 그렇지만 보시를 하고 과보를 받는 것은 단지 윤회의 수레바퀴 속에서 주고받을 따름이며, 윤회하는 한 고통은 쉬지 않는다. 그것이 보시의 한계이다. 이에 반해 보시바라밀은 일체지에 회향된 보시이기 때문에 윤회의 고통을 멈추게 한다. 이와 마찬가지로 일체지에 회향되지 않는 지계·인욕·정진·선정·지혜는 단순한 지계·인욕·정진·선정·지혜일 뿐, 지계바라밀·인욕바라밀·정진바라밀·선정바라밀·반야바라밀이 될 수는 없다. 그래서 『대품반야경』 존도품 제36에서는 이것을 다시 비유로써 설명하고 있다.

> 아난아, 비유컨대 대지에 씨앗을 뿌림에 인연의 화합이 맞으면 바로 싹이 트고, 이 온갖 씨앗은 땅을 의지하여 자라는 것과 같다. 이와 같이 아난아, 다섯 가지 바라밀은 반야바라밀에 의지해서 생기게 되고, 네 가지 관찰법(四念處) 내지 일체종지도 반야바라밀에 의지해서 생기게 되는 것이다. 이러한 까닭에 아난아, 반야바라밀은 다섯 가지 바라밀 내지 열여덟 가지 부처님만이 갖는 특성의 존귀한 인도자인 것이다.

대지에 뿌려진 종자는 그 대지에 의해 육성되고 성장한다. 아무리 좋은 종자라도 종자 그 자체만으로는 성장할 수 없다. 밭이 있어야 한다. 그 대지가 반야바라밀이고 종자가 다섯 가지 바라밀이다. 반야바라밀이라는 대지에 종자인 다섯 가지 바라밀이 뿌려졌을 때 종자는 육성되고 성장하여 일체지가 된다. 이처럼 중생의 일체공덕은 반야바라밀의 도움을 받아 회향됨에 의해서 깨달음이라는 열매를 맺게 된다.

그렇다면 공덕을 회향하는 구체적인 방법은 무엇인가. 『사리불회과경(舍利弗悔過經)』에는 부처님과 사리불의 다음과 같은 대화가 설해져 있다. 먼저 사리불이 부처님께 '만약 어떤 선남자·선여인이 불도를 구하고자 한다면 어떻게 원해야 이것을 얻을 수 있습니까?'하고 여쭈었다. 그 때 부처님께서는 이렇게 말씀하신다.

　선남자·선여인은 주야 6시에 시방의 모든 부처님을 예배하고, '시방의 모든 부처님이시여, 원하옵나니 들어 주옵소서. 제가 과거세의 무수겁 이래 얻은 바 복덕인 보시·경전을 지송한 것·착한 마음을 지닌 것·삼보에 대한 작선(作善)·범부에 대한 작선·금수(禽獸)에 대한 작선·과오에 대한 참회·지계·여인과 통정하지 않은 것·제불보살과 모든 사람이 지은 선(善)의 수희·모든 부처님이 영원히 머물러 달라는 권청에 의해 얻은 그 모두를 합해서 좋은 마음을 가지고 천하의 시방에 있는 인민·부모·날고 기는 벌레의 종류에 시여(施與)해서, 그들이 전부 그 복을 얻고, 또한 제가 불도를 짓고 불경(佛經)을 행하여 제도받지 못한 이를 제도하고 해탈을 얻지 못한 이를 해탈시키며, 아직 열반을 얻지 못한 이로 하여금 열반을 얻도록 하겠습니다'고 창언(唱言)해야 한다.

이 『사리불회과경』에서는 아직 회향이라는 말은 나타나 있지 않지만, 지은 바 공덕을 다른 중생에게 시여한다는 말로 회향의 방법을 제시하고 있다. 이러한 회향방법은 『보현행원품』에서 좀더 구체적으로 표현되는데, 회향분에서는 다음과 같이 설하고 있다.

　공덕을 널리 회향한다는 것은 처음 부처님께 예배한 것으로부터 나아가 중생을 수순하기까지 지은 바 공덕을 진법계 허공계 일체중생에게 남김없이 회향함이니, '중생으로 하여금 항상 안락하고 일체병고는 영영 없으며, 악한 일을 하고자 하면 하나도 됨이 없고, 착한 업을 닦고자 하면 다 속히 성취하여 일체악취의 문은 닫아 버리고, 인간이나 천상·열반의 바른 길을 열어 보이며, 만약 중생들이 그 지어 쌓은 모든 악업으로 인하여 온갖 극중한 고통의 과보를 받게 되면, 내가 다 대신 받아서 저 중생 모두가 해탈을 얻어 마침내 위없는 깨달음을 성취하여 지이다'고 원하는 것이다.

즉 『보현행원품』에서 설하고 있는 회향의 방법은 자신이 지은 바 공덕을 타인에게 돌려주고, 그 공덕으로 다른 사람이 위없는 깨달음을 비롯한 모든 성취가 있기를 원하는 것이다. 이제 위의 두 경전을 예로 하여 회향의 방법을 다시 살펴보면, 먼저 부처님 전에 예배하고 다음으로 자신이 지은 공덕의 과보를 자신이 받지 않고 다른 중생에게 돌려주겠다고 발원하는 것이다.

3) 수희회향(隨喜廻向)

『대품반야경』 수희품 제39에서는 보시와 지계와 선정의 수행, 그리고 수희(隨喜)라는 행복을 가져오게 하는 선행의 덕목이 보살마하살의 수희와 회향에 비교되고 있다. 여기서 말하는 수희란 남의 좋은 일을 함께 기뻐하고 찬양하는 것이고, 회향이란 타인이 지은 공덕을 자기의 일처럼 함께 기뻐하여 그 마음을 깨달음으로 돌리는 의미인데, 경에서는 이렇게 설시하고 있다.

그 때 미륵보살마하살이 혜명 수보리에게 말했다.
"보살마하살은 타인의 복덕(福德)을 함께 기뻐하고(隨喜) 일체 중생들과 이것을 함께 하여 아뇩다라삼먁삼보리에 회향(廻向)하니, 붙잡을 수가 없음(無所得)인 까닭입니다. 성문·벽지불의 복덕이나 혹은 일체 중생들의 복덕인 보시(布施)나 지계(持戒)·혹은 선정의 수행(修定)이나 함께 기뻐함보다, 보살마하살이 타인의 복덕을 함께 기뻐하고 일체 중생들과 이것을 함께 하여 아뇩다라삼먁삼보리에 회향하는 복덕이 최상이고 제일이며, 가장 절묘하고 위없는 것이어서 비교할 수가 없는 것입니다.

왜냐하면 성문이나 벽지불 및 일체 중생들의 보시·지계·선정의 수행·함께 기뻐함은 스스로를 조정하기 위한 것이고, 스스로를 맑히기 위한 것이며, 스스로를 제도하기 위해서 하는 것이기 때문입니다. 소위 네 가지 관찰법 내지 여덟 가지 바른 깨달음에 이르는 길·모든 것이 공·어떤 특징도 없음·원할 것이 없음 등입니다. 그러나 보살이 타인의 복덕을 함께 기뻐하여 아뇩다라삼먁삼보리에 회향하는 것은, 이 공덕으로 일체 중생들을 조정하기 위함이고, 일체 중생들을 맑히기 위함이며, 일체 중생들을 제도하기 위한 것이기 때문입니다."

그러자 혜명 수보리가 미륵보살에게 사루어 말씀드렸다.

"많은 보살마하살은 시방의 한량없고 가없으며 헤아릴 수조차 없는 국토에 계시는 한량없고 가없으며 헤아릴 수조차 없이 많은 깨달음을 얻은(滅度) 부처님을 생각하여, 처음 마음을 내어서부터 아뇩다라삼먁삼보리를 얻을 때까지, 번뇌의 여진까지도 없는 열반(無餘涅槃)에 들어 의식의 대상(法)이 전부 소멸함에 이르기까지, 그 중간에 있어서 모든 착한 뿌리(善根)인 육바라밀에 상응하는 착한 뿌리 및 성문인(聲聞人)들의 착한 뿌리, 즉 보시라는 복덕·지계나 선정의 수행이라는 복덕 및 수행 중에 있는 사람(有學)들의 번뇌가 없는 착한 뿌리(無漏善根)·수행을 끝마친 사람(無學)들의 번뇌가 없는 착한 뿌리·모든 부처님의 계라는 덕목(戒衆)·선정이라는 덕목(定衆)·지혜라는 덕목(慧衆)·해탈이라는 덕목(解脫衆)·해탈지견이라는 덕목(解脫知見衆)·일체지(一切智)·큰 인자함과 크게 가엾이 여김(大慈大悲), 그리고 그밖의 한량없고 헤아릴 수조차 없는 많은 부처님 법과 여러 부처님께서 설한 가르침, 이 가르침을 배워서 수다원과를 얻고 내지 아라한과·벽지불도를 얻으며, 보살마하살의 지위에 들어가는 등의 중생들이 짓는 많은 착한 뿌리, 이 온갖 착한 뿌리를 전부 모아서 이러한 복덕을 함께 기뻐하고 아뇩다라삼먁삼보리에 회향하면, 이것은 최상이고 제일이며, 가장 절묘하고 위없는 것이어서 비교할 수가 없는 것입니다. 이와 같이 함께 기뻐하고 나서, 이 함께 기뻐한 공덕을 아뇩다라삼먁삼보리에 회향하는 것입니다."

보살은 부처님의 가르침에 인도된 보살이나 성문·벽지불 혹은 다른 많은 사람들이 얼마만큼 많은 착한 뿌리를 심었는가를 마음 속에서 상상하고, 그 모든 공덕을 자기 일처럼 기뻐해서, '그것이 아뇩다라삼먁삼보리를 가져오도록 해주십시오'라고 생각하면서 수희를 동반한 선행의 덕목을 아뇩다라삼먁삼보리에 회향한다. 그러면 그 회향은 자신이 실제로 행하는 여러 가지 선행덕목보다도 훨씬 우월하고 빼어난 것이 된다. 왜냐하면 성문이나 벽지불 및 일체 중생들의 보시·지계·선정의 수행·함께 기뻐함은 스스로를 조정하기 위한 것이고, 스스로를 맑히기 위한 것이며, 스스로를 제도하기 위해서 하는 것이지만, 보살이 타인의 복덕을 함께 기뻐하여 아뇩다라삼먁삼보리에 회향하는 것은, 이 공덕으로 일체 중생들을 조정하기 위함이고, 일체 중생들을 맑히기 위함이며, 일체 중생들을 제도하기 위한 것이기 때문이다.

사실 다른 사람들이 심은 착한 뿌리는 다른 사람의 복덕이 된다. 그럼에도 불구하고 타인의 복덕을 함께 기뻐함에 의해서 자기의 착한 뿌리로 전환시켜 다시 아뇩다라삼먁삼보리에 회향한다는 것은 어떻게 해서 가능한가. 여기에는 다른 사람을 다른 사람으로 보지 않고 나와 동일생명으로 하는 것이 전제되어야 한다. 그리고 그 동일생명의 인식은 공(空)에 의해서만 가능하다. 만약 자타의 생명과 그 착한 뿌리가 공이 아니어서 실체가 있다면 타인의 것이 나의 것으로 될 수는 없다. 여기에서 다시 『대품반야경』은 보살이 반야바라밀을 배우지 않고는 선교방편도 회향도 가능하지 않다고 말한다. 왜냐하면 반야바라밀을 배우지 않으면 인식에 집착하여 사물의 특징을 잡으며, 회향을 의식하여 행하기 때문이다.

경에서는 이렇게 반야바라밀이 없어서 대상과 특징을 인식하고 의식하며 집착해서 행하는 회향을 독을 섞은 음식물처럼 '독이 있는 회향'이라고 말한다.

보살마하살이 반야바라밀을 행할 때는 마땅히 이와 같이 사유해야 합니다. '과거의 모든 부처님 및 제자들의 신체는 모두가 소멸하고, 온갖 착한 뿌리도 또한 소멸한다. 내가 지금 형상에 집착하여 많은 부처님의 온갖 착한 뿌리 및 여러 가지 마음을 분별하고, 이 집착한 형상을 가지고 아뇩다라삼먁삼보리에 회향한다면, 결코 많은 부처님께서 허락하지 않을 것이다'라고.

왜냐하면 형상에 집착한다는 것은 붙잡을 수가 있음인 까닭입니다. 소위 과거의 모든 부처님에 관해서 형상에 집착하여 분별하는 것입니다. 이러한 까닭에 보살마하살이 온갖 착한 뿌리를 가지고 아뇩다라삼먁삼보리에 회향하고자 하면, 붙잡힘이 없고 형상에 집착함이 없이 회향해야 합니다. 만약 붙잡히고 형상에 집착하여 회향하는 것이라면, 부처님께서 회향에 큰 이익이 있다고 설하시지 않았을 것입니다.

왜냐하면 이러한 회향은 독(毒)을 섞은 것이기 때문입니다. 비유컨대 좋은 음식에 독을 섞어 둔 것과 같습니다. 아름다운 빛깔과 향긋한 냄새의 음식을 사람들이 먹고 싶어하지만, 그 가운데는 독이 들어 있는 것입니다. 어리석은 사람들이 그것을 먹고 기뻐하며, 아름다운 빛깔과 향긋한 냄새를 욕심껏 먹지만, 음식이 소화되면 죽든지 혹은 죽을 정도의 고통을 받는 것입니다.

착한 뿌리도 착한 뿌리를 심는 행위도, 회향의 주체와 그 행위도 공임을 깨달아 집착이 없어야 한다. 자기가 수희를 동반한 선행덕목을 회향하는 그 마음에도 집착이 없고, 그러한 선행덕목 등의 모든 사물에도 집착이 없으며, 회향이 향하는 아뇩다라삼먁삼보리에도 집착이 없는 그러한 방법으로 회향할 때 비로소 진실된 회향이 되는 것이다. 즉 모든 사물은 사유의 소산이어서 생긴 것도 아니고 멸한 것도 아니며, 간 것도 아니고 온 것도 아니라는 공관(空觀)에 따라서 있는 그대로 수희하고 있는 그대로 아뇩다라삼먁삼보리에 회향한다면, 그 수희와 회향은 다른 어떠한 선행, 어떠한 수행보다도 뛰어난 것이라 할 수 있다.

제3편 방편론(方便論)

제1장 방편(方便)

1. 지혜와 방편

1) 반야바라밀의 절대면과 상대면

 반야경의 법문이 다른 경전의 가르침에 비해서 월등하다는 것은, 그것을 받아들이는 입장인 사람들이 안고 있는 여러 가지 문제에 대답해 줄 수 있는 힘이 있기 때문일 것이다. 즉 아무리 경전 그 자체가 높은 차원의 내용을 가지고 있다고 해도 그것을 수용하여 이해하는 사람들과 관계가 적은 경우에는 그 법문의 존재 의의도 그만큼 약화되는 것이다. 지금까지 반야론에서 살펴본 반야바라밀은 붙잡을 수가 없는 공(空)이고, 일체의 언설(言說)을 여읜 것이었다. 불교에서는 이러한 반야바라밀의 절대적인 입장을 진제(眞諦) 혹은 제일의제(第一義諦)라고 한다.
 그러나 우리들이 이러한 반야바라밀의 진제적인 입장, 즉 반야바라밀의 절대면만을 보고 상대면을 보지 않으면 그 장소에서 멈추어 버리고, 그 이상 나아갈 수 있는 여지가 없어져 버린다. 따라서 반야바라밀이 언어나 행동 이전에만 한정되어 있는 한 반야의 법문은, 인간이 안고 있는 문제와는 별로 관계가 없는 하나의 이론에 지나지 않게 된다. 여기서 우리들은 무엇보다 먼저 이렇게 말할 수 있을 것이다. 만약 일체 모든 것이 전부 환(幻)과 같고, 거기에 어떤 실체도 없다고 한다면 보살은 어떻게 아뇩다라삼먁삼보리의 달성을 향해 나아갈 수 있는가. 아뇩다라삼먁삼보리의 실현을 위해 공덕을 회향한다고 하는 것이 어떻게 있을 수 있는가. 또한 우리들은 반야바라밀은 일체의 언설을 여의고 있다는 것에 대해서 이렇게 말할 수 있을 것이다. 일체의 언설을 여읜 반야바라밀이 어떻게 설해지는가? 대승경전 가운데 가장 방대한 반야경전은 언설의 문자가 아닌가?

반야경은 바로 이러한 소박한 물음에 답하면서 우리 곁에 다가선다. 즉 반야경은 결코 진제에만 머물지 않고 세제(世諦)의 입장, 바꾸어 말하면 상대면에서 반야바라밀을 나타내 보여 중생들과 함께 하고 있다. 이 점에 관하여 먼저 언설을 여의고 있는 반야바라밀이 어떻게 설해지는가를 살펴보자. 『대품반야경』 심오품 제57에는 이렇게 설시하고 있다.

부처님께서 수보리에게 이르셨다.
"그렇다, 정말 그러하다. 이 법의 뜻에는 차별이 없다. 수보리야, 이 법은 설할 수가 없지만 부처님은 방편의 힘을 가지고 분별하여 설하니, 소위 다할 수가 없음·수가 없음·한량없음·가없음·집착이 없음·모든 것이 공·어떤 특징도 없음·원할 것이 없음·일어남이 없음·생김이 없음·없어짐이 없음·물듦이 없음·열반이라고 부처님은 갖가지 인연으로써 방편의 힘을 가지고 설하시는 것이다."

수보리가 부처님께 사루어 말씀드렸다.
"드문 일입니다. 세존이시여, 제법의 실상(諸法實相)은 설할 수가 없지만, 부처님께서는 방편의 힘으로써 설하십니다. 세존이시여, 제가 이해하기로는, 부처님께서 말씀하신 뜻은 일체 모든 것이 또한 설할 수 없다는 것입니다."

부처님께서 말씀하셨다.
"그렇다. 정말 그러하다 수보리야, 일체 모든 것은 말할 수 없다. 일체 모든 것의 말할 수 없는 모양이 바로 공(空)이고, 이 공은 말할 수가 없는 것이다."

　반야경이 반복해서 설하고 있는 반야바라밀은 일체의 언설을 여읜 것이기 때문에 언어로 표현할 수도 없고, 만약 반야바라밀이 어떤 방법에 의해서 분별되고 표현되었을 때는 그것은 이미 반야바라밀이 아닌 것으로 떨어져 버리는 것이다. 왜냐하면 반야바라밀이야말로 제법실상이기 때문이다. 여기서 다시 우리들은 제법실상이란 무엇인가 하는 문제를 만나게 되는데, 이 점에 관하여 『대지도론』권 제18에는 다음과 같이 설명하고 있다.

　　사람들은 각자 제법실상을 말해서 자신의 것이 참된 것이라고 하지만, 그러나 실상이란 파괴할 수 없고 상주해서 달라지지 않는 도저히 조작할 수 없는 것이다. 부처님이 수보리에게 '만약 보살이 일체법은 상(常)도 아니고 무상(無常)도 아니며, 고(苦)도 아니고 낙(樂)도 아니며, 아(我)도 아니고 무아(無我)도 아니며, 유(有)도 아니고 무(無)도 아니라고 관하고, 그렇지만 이 관을 짓지 않는다'라고 뒤 품에 말씀하고 있는 것과 같다. 이것을 보살이 반야바라밀을 행한다고 한다. 이 뜻은 일체의 관을 버리고 일체언어를 없애며, 모든 심행(心行)을 여의어서 원래부터 나지도 않고 멸하지도 않는 것, 열반의 모습과 같은 것이다. 일체 제법의 모습도 이와 같아서 이것을 제법실상이라고 말한다.

　일체언어를 없애고 모든 심행(心行)을 여의어서 원래부터 나지도 않고 멸하지도 않는 것이 제법실상이다. 이 자리에서 보면 제법실상을 아는 지혜가 반야바라밀이고, 또한 반야바라밀을 가장 적극적으로 표현하고 있는 것이 제법실상이라고 말할 수 있다. 이러한 제법실상이 반야바라밀의 방편력(方便力)에 의해서 언설로써 표현되는 것이다. 방편력에 의해서 반야바라밀이 중생이 알 수 있는 언설로써 분별되고 표현되며, 중생을 위한 법문으로써 설해지는 것이다.

2) 보살의 두 날개

『반야심경』은 '관자재보살이 깊은 반야바라밀다를 행할 때에 다섯 가지 모임은 모두가 공하였음을 분명히 보고 일체의 고액을 건넜다'라고 시작하고 있다. 여기서 우리들은 반야의 지혜를 설하는『반야심경』에 관세음보살이 등장하는 것에 대하여 의구심을 갖게 된다. 왜냐하면 우리들이 알고 있는 관세음보살은 부처님의 자비를 상징하는 보살이고, 지혜를 상징하는 보살은 문수보살이기 때문이다. 일반적인 통념에 의거한다면 『반야심경』에는 문수보살이 등장하는 것이 타당하다고 할 수 있다. 그럼에도 불구하고 관세음보살이 등장하고 있는데, 그 이유는 무엇일까.

이러한 문제는 여타 반야경을 통해서도 똑같이 제기된다. 반야의 지혜는 일체법의 공을 체득하는 것인데, 그 반야의 지혜로부터 어떻게 대비심이 생기게 되는 것일까. 보살이 그 지혜의 날개를 높이 올려서 일체지의 세계를 항상 날기는 하지만, 어떻게 탐욕과 분노와 어리석음에 차 있는 중생계를 두루 다니는 것인가. 어떻게 그의 눈은 두 개의 상반된 방향을 볼 수 있는 것인가.

논리적으로 말하면 일체지(一切智)는 정각(正覺)의 결과, 또는 내용이고, 정각은 반야의 지혜에 의해서 증득되는 것이다. 그렇지만 반야의 지혜만으로써는 실제의 결과를 하나도 성취할 수가 없다. 앞에서 언설을 여읜 반야바라밀이 방편력에 의해서 중생의 언어로 표현되는 것을 보았다. 이와 마찬가지로 반야의 지혜도 방편에 의해서 움직일 때만이 실제의 결과를 얻을 수 있는 것이다. 즉 반야바라밀은 방편력에 의해서 현실적으로 활동하는 것이다.

『대품반야경』 대여품 제54에서 부처님이 '사물의 진실된 모습은 붙잡을 수가 없다'는 것을 설하는 법문을 듣고 있던 많은 비구·비구니·보살들이 이미 집착함이 없이 번뇌에서 해방되어 버린다. 그것을 보고 계시던 부처님께서는 사리불에게 말씀하신다.

> 사리불아, 이 육천 명의 보살은 지난 세상에서 오백의 부처님을 뵙고 가까이하여 공양하였으며, 오백 부처님의 가르침 속에서 보시·지계·인욕·정진·선정을 행했지만, 반야바라밀이 없었고 방편의 힘이 없었던 까닭에 다른 특이한 모양을 행하면서 이렇게 생각했다. '이것은 보시이고, 이것은 지계이다. 이것은 인욕이고, 이것은 정진이며, 이것은 선정이다.'
> 반야바라밀이 없고 방편의 힘이 없었던 까닭에 보시·지계·인욕·정진·선정에 특이하고 다른 모양을 행하였고, 특이하고 다른 모양을 행한 까닭에 특이한 모양이 없는 것을 얻지 못했다. 특이한 모양이 없는 것을 얻지 못한 까닭에 보살의 지위에 들어감을 얻지 못했다. 보살의 지위에 들어감을 얻지 못한 까닭에 수다원과를 얻고, 나아가 아라한과를 얻은 것이다.
> 사리불아, 보살마하살의 길에 모든 것은 공·어떤 특징도 없음·원할 것이 없음의 법이 있다고 해도, 반야바라밀을 멀리 여의고 방편의 힘이 없으면, 문득 참된 실상에 대하여 증득함을 짓고 성문승(聲聞乘)을 취하게 된다.

참된 실상에 대하여 증득함을 짓는다는 말은 반야경 특유의 표현이다. 정말 모든 것은 공이라는 말은 참된 실상이다. 그러나 그것을 실상, 즉 '끝'으로 해 버리는 것은 공 그 자체에 집착하는 것이고, 보살마하살의 도는 아니다. 공도 또한 공으로써 부정되고, 실상도 다시 실상이 없는 것으로써 부정되지 않으면 안 된다. 그것이 보살마하살의 지혜와 방편이라는 두 날개이다. 즉 보살이 보살마하살로서 살아가기 위해서는 공의 지혜와 방편이라는 양 날개에 의해 수호되지 않으면 안 된다는 말이다. 그것을 알지 못하면 보살마하살도 성문이나 연각의 계위에 떨어지고 만다. 여기서 다시 부처님은 비유로써 말씀하신다.

"사리불아, 비유컨대 어떤 새가 있는데 몸의 크기가 백 유순(由旬) 혹은 이백·삼백 유순이지만, 날개가 없이 삼십삼천(三十三天)에서 스스로 염부제(閻浮提)로 내려오는 것과 같다. 사리불아, 너는 어떻게 생각하느냐. 이 새가 중도에서 생각하기를, '삼십삼천으로 되돌아 올라가고 싶다'고 한다면, 능히 되돌아갈 수 있겠느냐 없겠느냐?"

"없겠습니다, 세존이시여."

"사리불아, 이 새가 다시 바라기를, '염부제에 도착하여 몸을 다치지 않고 번뇌롭지 않아야 한다'고 한다면, 사리불아, 너는 어떻게 생각하느냐. 이 새가 다치지도 않고 번뇌롭지도 않겠느냐 어떠냐?"

"그렇지 않습니다, 세존이시여. 이 새가 땅에 도달하면 다치거나 번뇌롭고, 혹은 죽거나 죽는 만큼의 고통을 받습니다. 왜냐하면 세존이시여, 이 새는 큰 몸에 날개가 없기 때문입니다."

"사리불아, 보살마하살도 이와 같다. 항하의 모래알같이 많은 겁(劫) 동안 보시·지계·인욕·정진·선정을 닦고 큰 일(大事)을 일으키며 큰 마음(大心)을 내고, 아뇩다라삼먁삼보리를 위하여 한량없는 서원을 받아들인다 해도, 이 보살이 반야바라밀의 방편의 힘을 멀리 여의면 아라한에 떨어지고 혹은 벽지불도에 떨어진다. 왜냐하면 이 보살은 일체지의 마음을 멀리 여의고, 보시·지계·인욕·정진·선정은 있지만 반야바라밀이 없고 방편의 힘이 없는 까닭에 성문의 경지나 혹은 벽지불도 속에 떨어지는 것이다."

아무리 큰 새라고 하더라도 날개가 없다면 대지에 떨어져 죽든지 죽을 지경의 고통을 받는 것이다. 이처럼 보살마하살이 비록 아뇩다라삼먁삼보리를 위하여 서원을 세우고 수행한다고 해도 방편을 알지 못하면 성문이나 벽지불의 경지에 떨어지고 만다.

그렇다면 방편이란 구체적으로 무엇인가. 방편이라는 말은 반야경을 비롯한 많은 대승경전에서 대단히 넓고도 깊은 의미를 가지고 사용되고 있기 때문에 한마디로 말하기는 어려운 것이 사실이다. 그러나 반야경에서 설하는 방편의 의미에 관해서는 『대지도론』 권 제27에서 다음과 같이 정의하고 있다.

> 방편이란 반야바라밀을 구족해서 제법이 공인 것을 알고 대비심에 연유해서 중생을 불쌍히 여기는 것이다. 이 '법공(法空)과 중생애(衆生愛)' 두 가지 법에 있어서 방편의 힘을 가지고 있기 때문에 염착을 내지 않는다. 제법이 공인 것을 안다고 해도 방편의 힘을 연유해서 중생을 버리지 않는다. 중생을 버리지 않는다 해도 또한 제법이 실로 공인 것을 안다.

방편이란 두 가지로 요약된다. 첫째는 제법이 공한 것을 아는 것이고, 둘째는 대비심에 연유해서 중생을 버리지 않는 것이다. 이것이 바로 보살의 두 날개이다. 하늘을 자유자재로 날 수 있는 비결이다. 거기에는 어떠한 두려움도 없다. 그래서 『대품반야경』 도공품 제65에서는,

> 수보리야, 보살마하살이 두 가지 법을 성취하면 악마가 파괴할 수 없다. 무엇이 두 가지인가 하면, 일체 모든 것의 공(空)을 관찰함과 일체 중생들을 버리지 않는 것이다. 수보리야, 보살이 이 두 가지 법을 성취하면 악마가 파괴할 수가 없는 것이다.

라고 설시하여, 보살이 일체 모든 것이 공임을 철견하고 일체의 중생을 버리지 않을 때 악마는 보살의 일을 방해할 기회를 얻을 수 없다고 밝

히고 있다.

　여기서 우리들은 두 가지 방편 중 첫째의 방편을 대지방편(大智方便)이라 하고, 두 번째의 방편을 대비방편(大悲方便)이라 부르기로 하자. 그러나 대지방편과 대비방편은 엄밀한 의미에서 두 개일 수는 없는 것이다. 왜냐하면 중생을 버리지 않는다는 대비심은 대지에서만 나올 수 있는 것이기 때문이다. 대지에 의해 일체중생이 동일생명임을 체득할 때 대비심은 자연히 일어나기 때문이다.

2. 대지(大智)와 대비(大悲)

1) 대지방편(大智方便)

　『대지도론』에서 정의하고 있는 대지방편은 무집착의 의미를 포함하고 있다. 이 때의 방편이란 공성이라는 반야바라밀, 바꾸어 말하면 아뇩다라삼먁삼보리에 도달하기 위하여 사물의 특징을 포착하지 않고 본체에 집착하지 않는다는 것이다. 이 방편은 보살의 마음 중에 직관과 함께 존재하는 것이다. 직관은 보살이 일체제법의 본성을 철견함을 기다리는 이른바 지적 통찰인 것이다. 보살은 일체제법이 실재성을 갖고 있지 않다는 것을 보고, 공인 것을 보는 것이다.

　『대품반야경』 환학품 제11에는 다음과 같이 설시하고 있다.

　　수보리가 부처님께 사루어 말씀드렸다.
　　"세존이시여, 처음 대승에 마음을 낸 보살(新發大乘意菩薩)이 반야바라밀 설함을 듣고는 혹시 놀라고 두려워함은 없겠습니까?"

부처님께서 수보리에게 이르셨다.

"만약 처음 대승에 마음을 낸 보살이 반야바라밀에 있어서 방편이 없고, 또한 선지식(善知識)을 만나지 못하면 이 보살은 혹은 놀라고 혹은 두려워하며 혹은 무서워한다."

수보리가 부처님께 사루어 말씀드렸다.

"세존이시여, 방편이란 무엇이기에 보살이 이 방편을 행하면 놀라지 않고 무서워하지 않으며 두려워하지 않습니까?"

부처님께서 수보리에게 이르셨다.

"어떤 보살마하살이 반야바라밀을 행하고 일체지에 합치하는 마음으로 물질적 존재의 덧없는 모양을 관하여 이것을 또한 붙잡을 수 없는 것이라 여기며, 감각·표상·의지·인식의 덧없는 모양을 관하여 이것을 또한 붙잡을 수 없는 것이라 여긴다. 수보리야, 이것을 보살마하살이 반야바라밀을 행함에 있어 방편이 있다고 말한다.

또한 수보리야, 보살마하살이 일체지에 합치하는 마음으로 물질적 존재의 괴로운 모양을 관하여 이것을 또한 붙잡을 수 없는 것이라 여기니, 감각·표상·의지·인식도 또한 마찬가지이다. 일체지에 합치하는 마음으로 물질적 존재의 내가 없는(無我) 모양을 관하여 이것을 또한 붙잡을 수 없는 것이라 여기니, 감각·표상·의지·인식도 또한 마찬가지이다.

또한 수보리야, 보살마하살이 일체지에 합치하는 마음으로 물질적 존재가 전부 공한 모양을 관하여 이것을 또한 붙잡을 수 없는 것이라 여기고, 감각·표상·의지·인식도 또한 마찬가지이다. 물질적 존재에 어떤 특징도 없는 모양을 관하여 이것을 또한 붙잡을 수 없는 것이라 여기고, 감각·표상·의지·인식도 또한 마찬가지이다. 물질적 존재에 원할 어떤 것도 없는 모양을 관하여 이것을 또한 붙잡을 수 없는 것이라 여기고, 내지 인식도 또한 마찬가지이다. 물질적 존재의 영원히 평안(寂滅)한 모양을 관하여 이것을 또한 붙잡을 수 없는 것이라 여기고, 내지 인식도 또한 마찬가지이다. 물질적 존재의 여읜 모양을 관하여 이것을 또한 붙잡을 수 없는 것이라 여기고, 내지 인식도 또한 마찬가지이다. 이것을 보살마하살이 반야바라밀을 행함에 있어 방편이 있다고 말한다."

공성의 지혜를 얻기 위하여 사물에 집착하지 않는다고 하는 것이 방편의 기본적인 의미이긴 하지만 여기에는 함정이 있다. '사물은 공이다', '사물에 집착하지 않는다'는 것을 의식하면 그것은 곧 공에의 집착, 무집착에의 집착에 빠지고 만다. '공도 또한 공이다'라고 하는 표현이 반야경에 많은 것은 어떤 것을 부정하면 그 부정 자체가 긍정이 되어 버리고, 그 과정은 한없이 소급하는 우리들의 의식구조를 반야경이 숙지하고 있었다는 것을 보이고 있는 것이다. 무집착이라는 태도를 관철하기 위해서는 사람은 사물에 집착하지 않는다는 자기의식의 배후에 있는 자기긍정, 자기에의 집착을 무한히 소급해서 계속적으로 부정하지 않으면 안 된다. 그 의식구조를 숙지하는 것이 또한 방편이다. 방편에 숙달해 있지 않은 보살은 사물의 공, 번뇌의 지멸, 윤회로부터의 탈출인 열반을 진실의 구극으로써 집착하는 것이다.

2) 대비방편(大悲方便)

사물에 집착하지 않는다는 마음의 태도에서 곧 번뇌를 끊고, 참된 실상을 증득해서 열반에 들어가지 않는다는 제2단계에까지 진입해 온 보살마하살의 방편은 다시 발전해서 제3단계에 들어간다. 이것이 『대지도론』에 나타나 있는 방편의 두 번째 의미인 중생을 버리지 않는다는 것이다. 즉 다른 사람을 깨닫게 하고 이롭게 하는 하화중생(下化衆生)의 입장을 표방하는 것이다. 이 방편은 보살의 대비심(大悲心)이 만들어 낸 것이다.

보살의 지적 통찰은 단순한 통찰이 아니고 단순한 지적 작용도 아니다. 싸늘한 무관심인 태도로 적정의 입장에서 무상과 고뇌의 세계를 바라보고 건너는 것이 아니다. 중생의 세계가 붙잡을 수 없는 것이라는 것을 알지만, 보살은 그것에 집착하지 않는다. 오히려 그는 이 중생계가 바로 안전에 있는 것을 승인하고 있는 것이다. 사실 또한 이 중생계야말로 모든 활동을 행하는 무대인 것이며, 무지하여 이기적인 일체중생이 현실에 심하게 고뇌하는 장소인 것이다.

보살은 일체중생이 무명(無明)에 의해, 또 현상계에 대한 애착에 의해 생사의 바다에서 침몰하는 모습을 보고 무한의 동정심을 일으키고, 온갖 수단을 고안하여 중생을 구출하며, 그 마음을 성숙시켜서 구극인 진리를 받아들인다. 아니 오히려 모든 중생을 버리지 않는다는 것이 방편의 목표이므로, 그 때문에 사물에 집착하지 않고 열반에 들어가지 않는다는 두 가지 결의가 이루어진다고 할 수 있을지도 모른다.

『대품반야경』 권지품 제34에서 이렇게 설시하고 있다.

> 이 보살마하살의 방편의 힘은 모두가 반야바라밀로부터 생긴다. 이 보살마하살은 방편의 힘을 가지는 까닭에 보시바라밀 내지 선정바라밀 · 여섯 가지 감각기관이 공함(內空) 내지 사물이 존재하지 않는다는 견해와 존재한다는 견해가 같이 공함(無法有法空) · 네 가지 관찰법 내지 열여덟 가지 부처님만이 갖는 특성을 행하고, 성문이나 벽지불의 지위를 증득하지 않으며, 또한 중생을 제도하여 해탈시키고 부처님의 국토를 맑히며, 수명을 성취하고 국토를 원만히 하며, 보살의 권속을 완성하고 일체종지를 얻으니, 이 모든 것이 반야바라밀로부터 생긴다.

방편은 공(空)의 진리에 대한 보살의 명확한 지각에서 생겨나온 것이다. 공 그 자체의 가운데로부터 생겨나온 것은 아니다. 공의 진리, 그것은 무력(無力)한 것이다. 보살의 의식을 통하지 않으면 공은 힘이 있는 것이 되지 못한다. 성문이나 벽지불은 이승, 즉 일체중생의 안녕에 대해서 어떤 관심도 갖지 않고, 공에 대해서도 진리의 지적 이해로써 만족하고 진리에 안주하여 자기충족의 좁은 방으로부터 나오려고 하지 않는다. 성문이나 벽지불에게는 방편인 것이 존재하지 않기 때문이다. 보살이 성문이나 벽지불과 다른 점은 바로 이 것이다. 그러나 보살이 이 일을 행한다는 것이 그렇게 용이한 것은 아니다. 그래서 『대품반야경』 도공품 제65에서는 말한다.

> 수보리가 여러 천자들에게 말했다.
> "많은 보살마하살이 평등한 법에 대하여 성문이나 벽지불의 경지를 증득하지 않음을 어렵다고 하지 않습니다. 많은 보살마하살은 크게 장엄하여, '나는 마땅히 한량없고 가없으며 헤아릴 수조차 없는 중생들을 제도해야 한다. 중생들이 본래 붙잡을 수가 없음을 알아서, 그러나 중생들을 제도하니 이것을 곧 어렵다고 한다'고 합니다.
> 여러 천자들이여, 많은 보살마하살은 아뇩다라삼먁삼보리의 마음을 일으켜서 이러한 원을 세웁니다. '나는 마땅히 일체 중생들을 제도해야 한다'고.
> 중생들이 진실로 붙잡을 수가 없는 것이라면, 이 사람이 중생들을 제도하고자 함은 허공을 제도하고자 함과 같습니다. 왜냐하면 허공은 여읨인 까닭이니, 중생도 또한 여읨이라고 마땅히 알아야 하는 것입니다. 허공이 공인 까닭에 중생도 또한 공이라고 마땅히 알아야 하는 것입니다. 허공이 견고함이 없으니 중생도 또한 견고함이 없다고 마땅히 알아야 하는 것입니다. 허공이 허망하니 중생도 또한 허망하다고 마땅히 알아야 하는 것입니다. 여러 천자들이여, 이러한 인연을 가진 까닭에 마땅히 알아야 하니, 보살이 행하는 것을 어렵다고 하는 것입니다.

또한 『대품반야경』 부증품 제60에는 보살마하살의 마음가짐에 대하여 다음과 같이 밝히고 있다.

　이 보살마하살은 일체 중생들을 버리지 않는 까닭에 이렇게 원을 세우는 것이다. 수보리야, 가령 보살마하살은 이렇게 생각한다. '나는 일체 중생들을 버리지 않아야 한다. 일체 중생들은 있는 것이 없다(無所有)는 법 가운데에 빠져 있으니, 나는 마땅히 제도해야 한다'고.
　그 때 바로 모든 것이 공이라는 해탈문·어떤 특징도 없다는 해탈문·원할 것이 없다는 해탈문에 들어가는 것이다. 수보리야, 마땅히 알아야 하니 이 보살마하살이 방편의 힘을 성취하면, 아직 일체종지를 얻지 못했더라도 이 해탈문을 행하고, 또한 중도에 있어서 참된 실상의 증득에 집착하지 않는 것이다.
　또한 수보리야, 보살마하살은 이 모든 심히 깊은 법, 소위 여섯 가지 감각기관이 공(內空)함·내지 사물이 존재하지 않는다는 견해와 존재한다는 견해가 같이 공(無法有法空)함·네 가지 관찰법·내지 세 가지 해탈문을 관찰하고자 하니, 그 때 보살마하살은 마땅히 이러한 마음을 내어야 한다. '이 많은 중생들은 기나긴 세월에 걸쳐서 나라는 관념(我相)·내지 아는 것이라는 관념(知者相)·보는 것이라는 관념(見者相)을 행하고, 법을 얻는 것에 집착한다. 중생들의 이 모든 관념을 끊게 하기 위하여, 아뇩다라삼먁삼보리를 얻을 때에 마땅히 법을 설해야 한다'고.
　그 때 보살은 모든 것이 공이라는 해탈문·어떤 특징도 없음·원할 것이 없는 해탈문을 행하여도 또한 참된 실상의 깨달음에 집착하지 않고, 깨달음에 집착하지 않는 까닭에 수다원과 내지 벽지불도에 떨어지지 않는 것이다. 수보리야, 이 보살마하살은 이 마음으로써 착한 뿌리를 성취하고자 하는 까닭에 중도에 있어서 참된 실상의 깨달음을 짓지 않고, 네 가지 선정·네 가지 한량없는 이타의 마음·네 가지 형상을 떠난 선정·네 가지 관찰법 내지 여덟 가지 바른 깨달음에 이르는 길·

모든 것이 공·어떤 특징도 없음·원할 것이 없음·부처님의 열 가지 지혜의 힘·네 가지 두려움 없는 자신·네 가지 걸림 없는 지혜·큰 인자함과 크게 가엾이 여김·열여덟 가지 부처님만이 갖는 특성을 잃지 않는 것이다.

이 때 보살마하살은 일체의 깨달음에 도움이 되는 수행방법(助道法) 내지 아뇩다라삼먁삼보리를 성취하고, 마침내 줄이지 않는다. 이 보살은 방편의 힘을 가지는 까닭에 항상 훌륭한 법을 더욱 늘리어, 모든 감각기관의 영리함이 아라한이나 벽지불의 감각기관보다 수승한 것이다.

이 신비는 또한 실로 보살이 경탄하는 서원, 일체중생을 버리지 않고 그들을 무명과 고통으로부터 구제하려고 하는 원을 세우는 것에 놓여 있는 것이다. 불교생활의 온갖 신비와 불가해(不可解)는 일체중생의 구제를 원하는 이 마음이 우리들의 내면에 눈뜬다고 하는 것에서 결정된다. 이 원이 보살의 마음에 확립할 때, 그는 불퇴전의 지위에 이른다고 말하는 것이다. 이렇게 해서 보살은 공삼매의 정당한 성과를 취하여 일보 다가서는 것이다. 참된 공 중에 어떠한 고려도 없는 스스로를 버리지는 않는다. 보살은 반야바라밀의 힘에 보호되어 있기 때문에 공을 증득함이 없으나, 정각달성을 위한 행을 등한히 하지 않고, 또한 온갖 번뇌를 없이하여 무(無)의 세계에 떨어지는 짓을 하지 않는다. 보살이 구극의 해탈문인 공삼매를 행하면서도 무조건적인 공의 실증에 몸을 맡기지 않고, 또한 무상삼매(無相三昧)에 머물면서도 무조건적인 무상(無相)의 실증에 머물지 않으며, 또한 유상(有相)에 머물지 않는 것은 바로 이 때문인 것이다. 즉 보살은 지혜가 깊고 선근을 구족하며, 또한 반야바라밀의 힘에 의해서 보호되어 있기 때문에 지금 이 곳의 생활이 스스로를 성숙시키기 위한 것이며, 깨달음을 위한 것이 아님을 아는 것이다.

여기에서 보살의 대비심은 구체적으로 활동을 개시한다. 『대품반야경』

견고품 제56에서 이렇게 말한다.

 수보리야, 물러나지 않는 경지에 있는 보살마하살이 만약 집에 거주한다면, 중생들을 이롭게 하기 위하여 방편의 힘으로써 다섯 가지 욕락(五欲)을 받아 중생에게 보시하니, 먹을 것을 구하면 먹을 것을 주고 마실 것을 구하면 마실 것을 주며, 의복·침구·나아가 생활에 필요한 일용품을 구하면 그 전부를 주는 것이다.
 이 보살은 스스로 보시바라밀을 행하고 사람을 가르쳐서 보시를 행하게 하며, 보시를 행하는 법을 찬탄하고 보시바라밀을 행하는 이를 환희하고 찬탄한다. 지계바라밀 내지 반야바라밀도 또한 이와 같다.
 수보리야, 물러나지 않는 경지에 있는 보살마하살은 집에 있을 때에 능히 염부제(閻浮提)에 가득 찬 진귀한 보물로써 중생들에게 베풀어 주고, 나아가 삼천대천세계(三千大千世界)에 가득 찬 진귀한 보물로써 중생들에게 준다. 또한 항상 청정한 행(梵行)을 닦되 자신을 위해서 하지 않고, 타인을 업신여기고 노략질하여 그들을 근심하고 번뇌롭게 하지 않는다.

반야경의 근본적 주장은 대승정신의 완전한 이해이고, 이것은 반야지혜의 증득에 의해서 비로소 시작되는 것이라고 할 수 있다. 그리고 이 대승정신의 이해야말로 보살행을 규정 짓는 것이다. 보살의 마음은 항상 반야바라밀과의 완전한 상응에 머문다. 이 때 보살은 일체중생의 시자(施者)가 된다. 왜냐하면 그 때야말로 대비심이 일체중생에 대해서 보살의 안에 자각되기 때문이다. 반야바라밀의 본성에 대한 철견과 함께 보살은 일체중생이 번뇌에 묶여 자재자가 될 수 없는 것을 보는 것이다. 보살의 마음은 큰 동정에 사로잡힌다. 보살은 또 영적통찰을 갖추는 까닭에 중생이 스스로 범하는 악업(惡業) 때문에 괴로워하고, 허망의 거물 속에 묶여 있는 것을 본다. 보살은 이러한 일을 보아서 마음을 움직이고,

일체세간의 보호자가 되고 의지할 바가 되며, 일체세간을 무명번뇌의 속박으로부터 벗어나게 하고자 굳게 결심하는 것이다.

3) 중생과 더불어

대지(大智)와 방편(方便)은 보살을 도와서 보살이 그 행의 목적지를 향해서 나아가게 하는 여정에 있어서 보살을 부지하는 것이다. 반야의 지혜와 방편에 의해서 부축되지 않으면 보살은 틀림없이 중간에 퇴실하여 성문이나 벽지불의 경계에 떨어지고 만다. 그래서 『대품반야경』 비유품 제51에서는 다음의 비유로써 이 관계를 설명하고 있다.

　　부처님께서 수보리에게 이르셨다.
　　"비유컨대 큰 바다 가운데서 배가 파괴됨과 같다. 배 안에 있던 사람이 만약 나무를 붙잡지 않고 기물(器物)을 붙잡지 않으며, 부낭(浮囊)을 붙잡지 않고 시체를 붙잡지 않는다면 수보리야, 마땅히 알아야 하니 이 사람은 저 언덕에 도달하지 못하고, 바다 속에 빠져 죽을 것이다. 수보리야, 만약 배가 파괴될 때에 배 안에 있던 사람이 나무를 붙잡고, 기물·부낭·시체를 붙잡는다면 마땅히 알아야 하니, 이 사람은 결국 빠져 죽지 않고 편안하고 장애 없이 저 언덕에 도달할 수 있는 것이다.
　　수보리야, 불도를 구하는 선남자·선여인도 또한 이와 같다. 만약 단지 즐겨 믿을 뿐이고, 깊은 반야바라밀을 의지하지 않고 쓰지 않으며, 읽지 않고 외우지 않으며 바르게 사유하지 않고, 선정바라밀·정진바라밀·인욕바라밀·지계바라밀·보시바라밀을 의지하지 않고 쓰지 않으며, 읽지 않고 외우지 않으며 바르게 사유하지 않으며, 나아가 일체종지를 의지하지 않고 쓰지 않으며, 읽지 않고 외우지 않으며 바르게 사유하지 않는다면 수보리야, 마땅히 알아야 하니 이 선남자는 중도에서 지치게 되어 일체종지에 도달하기 전에 성문이나 벽지불의 경지를 얻으려고 집착한다.

  수보리야, 가령 불도를 구하는 어떤 선남자·선여인은 아뇩다라삼먁삼보리를 위하여 믿음(信)을 가지고 참음(忍)을 가지고 맑은 마음(淨心)을 가지고 깊은 마음(深心)을 가지고 의욕(欲)을 가지고 앎(解)을 가지고 버림(捨)을 가지고 정진(精進)을 가지며, 이 사람은 깊은 반야바라밀을 의지하고 써서 지니며, 독송하고 설하며 바르게 사유한다. 이 선남자·선여인은 아뇩다라삼먁삼보리를 위하여 많은 믿음·참음·맑은 마음·깊은 마음·의욕·앎·버림·정진을 가지는 까닭에 깊은 반야바라밀의 옹호를 받고, 나아가 일체종지의 옹호를 받는다. 깊은 반야바라밀에 수호되는 까닭에, 나아가 일체종지에 수호되는 까닭에 마침내 중도에서 지치지 않고 성문이나 벽지불의 경지를 지나서 능히 부처님의 국토를 맑히고 중생을 제도하여 해탈시키며, 반드시 아뇩다라삼먁삼보리를 얻는 것이다.

배가 난파되었을 때, 부낭 혹은 나무 조각을 붙잡은 사람은 그렇지 못한 사람과는 사정이 전혀 다르다. 그는 무사히 언덕에 도달할 수가 있다. 보살도 또한 이와 같다. 보살이 만약 방편을 갖추면 중간, 즉 성문이나 연각의 경계에서 머무는 일이 없이 일체지(一切智)에 도달할 수가 있다.
  또 하나의 비유를 보자.

  "수보리야, 비유컨대 어떤 사람이 나이 백이십 세의 노인으로 낡은 감각기관에 또한 바람·냉기·열병이나 혹은 잡병(雜病)이 있는 것과 같다. 수보리야, 너는 어떻게 생각하느냐. 이 사람이 능히 자리에서 일어날 수 있겠느냐 없겠느냐?"
  수보리가 말씀드렸다.

"일어날 수 없겠습니다."

부처님께서 말씀하셨다.

"이 사람을 가령 일으키는 이가 있다면 어떠하겠느냐?"

수보리가 말씀드렸다.

"이 사람을 능히 일으킨다 해도, 그 노인은 병이 들었기 때문에 멀리 십리나 혹은 이십리에 갈 수는 없습니다."

"이와 같이 수보리야, 선남자·선여인이 아뇩다라삼먁삼보리를 위하는 마음이 있고, 믿음·참음·맑은 마음·깊은 마음·의욕·앎·버림·정진이 있다고 해도 반야바라밀이라는 방편의 힘에 수호되지 못하고, 나아가 일체종지에 수호되지 못하게 되면 마땅히 알아야 하니, 이 사람은 중도에서 성문이나 벽지불의 경지에 떨어진다. 왜냐하면 반야바라밀이라는 방편의 힘에 수호되지 못했기 때문이다.

수보리야, 늙어 가는 사람이 백이십 세의 노인으로 낡은 감각기관에 또한 바람·냉기·열병이나 혹은 잡병이 있는 것과 같다. 이 사람이 일어나서 가고자 함에 어떤 건강한 두 사람이 각자 한 겨드랑이를 부축하고 노인에게 말한다. '어렵다고 생각하지 마시오. 가고 싶은 곳까지 우리 두 사람이 부축하여 버리지 않겠소.'라고.

이와 같이 수보리야, 만약 선남자·선여인이 아뇩다라삼먁삼보리를 위하여 믿음·참음·맑은 마음·깊은 마음·의욕·앎·버림·정진이 있고, 반야바라밀이라는 방편의 힘에 수호되고, 나아가 일체종지에 수호된다면 마땅히 알아야 하니, 이 사람은 중도에서 성문이나 벽지불의 경지에 떨어지지 않고, 능히 이 곳 이른바 아뇩다라삼먁삼보리에 도달하게 되는 것이다."   『대품반야경』 비유품 제51

『대품반야경』은 이 보살마하살의 방편을 다시금 상세하게 설하고 있다. 보살마하살은 공의 명상에 들어 있어도 그 공을 깨달은 뒤 그것을 끝으로 열반에 들어가 버리면 안 된다. 공의 명상에서 다시 한 번 일어나 현상의 세계로 돌아가지 않으면 안 된다. 공이라고 알면서 현상과 세속에 유행하지 않으면 안 된다. 사회에서 멀리 떨어져 있는 한적한 곳에서 혼자 수행하는 것은 자기 혼자만의 열반을 바라는 성문이나 벽지불에게는 적합하다. 그러나 부처님은 몽서품 제61에서 말씀하신다.

"또한 수보리야, 보살이 한적한 산이나 못가·멀리 떨어진 들판에서 수행하고 있으면, 악마는 보살이 있는 곳에 찾아와서 멀리 여의는 법(遠離法)을 찬탄하면서 이렇게 말한다. '선남자여, 그대가 행하고 있는 이것은 부처님께서 칭찬하신 멀리 여의는 법이오.'라고.
수보리야, 나는 이 멀리 여의는 것, 소위 단지 한적한 산이나 못가·멀리 떨어진 들판에만 있는 것을 멀리 여의는 것이라고 말하여 칭찬하지 않는다."

수보리가 말씀드렸다.

"세존이시여, 만약 한적한 산이나 못가·멀리 떨어진 들판에서 수행함이 멀리 여의는 법이 아니라면, 어떤 다른 멀리 여의는 법이 있습니까?"

부처님께서 수보리에게 이르셨다.

"만약 보살마하살이 성문이나 벽지불의 마음을 멀리 여의고 한적한 산이나 못가·멀리 떨어진 들판에 머문다면, 이것이 부처님이 허락하는 멀리 여의는 법이다. 수보리야, 이와 같은 멀리 여의는 법은 보살마하살이 마땅히 수행해야 할 곳이다. 밤낮으로 이 멀리 여의는 법을 행하는 이를 멀리 여의는 행의 보살이라고 하는 것이다.

수보리야, 악마가 말한 멀리 여의는 법으로는, 한적한 산이나 못가·멀리 떨어진 들판에서도, 이 보살은 마음이 심란하고 시끄럽기 때문에 소위 성문이나 벽지불의 마음을 멀리 여의지 못하는 것이다. 반야바라밀을 힘써 닦지 않으면, 이 보살마하살은 일체종지를 원만히 갖출 수 없는 것이다. 이 보살은 악마가 설한 멀리 여의는 법을 행하기는 하지만 마음이 청정하지 않아서, 도성(都城) 가까이 사는 다른 보살로서 마음이 청정하고 성문이나 벽지불의 심란하고 시끄러운 마음이 없으며 또한 다른 많은 나쁜 마음의 섞임도 없어서 선정·해탈·지혜·신통을 원만히 갖추는 이를 업신여기는 것이다. 이 반야바라밀을 여의어 방편이 없는 보살마하살이 비록 황야에서 백 유순(由旬)이나 밖으로 떨어져 짐승이나 귀신·나찰(羅刹)들이 살고 있는 곳에 있으면서 일 년이나 백천만억 년·혹은 만억 년을 지난다고 해도, 보살의 멀리 여의는 법이란 것이 소위 많은 보살은 이 멀리 여의는 법으로써 일심으로 아뇩다라삼먁삼보리를 일으키어 잡되게 행하지 않음이란 것을 알지 못하고, 이 보살이 심란하고 시끄러운 행을 받아들임으로 이 멀리 여의는 법에 집착하면, 이 사람이 행하는 것은 부처님이 허락한 것이 아니다."

보살마하살에 있어서의 공성과 이탈이란 성문이나 벽지불에 적합한 사고방식에서 이탈하는 것이다. 실로 반야바라밀과 방편에 의하여 지켜지고 있는 것은 마을 가까이 살고 있어도 모든 중생에 대한 자비심에 의할 것이며, 이와 같이 살 것 같으면 그는 정말로 이탈해서 살고 있는 것이다.

여하튼 반야불교의 영성적 생활에 있어서 가장 위대한 신비는 바로 공을 내고, 공에 머물고, 공삼매를 달성하면서도 스스로의 내면에 실재를 증득하지 않고 일체중생을 위해서 헌신해 나아가는 것이다. 여기에 살아서 움직이는 공(空)이 있는 것이다. 반야철학을 종교로 승화하는 데는 이렇게 방편이 있는 것이다.

제 2 장 보살의 길

1. 대승불교와 보살

1) 대승(大乘)의 선언

대승(大乘)이라는 말이 최초로 나타난 경전은 반야경이다. 이 반야경에는 많은 종류가 있기 때문에 그 전후의 사정에 얽힌 여러 가지 복잡한 문제는 생략하지만, 지금까지 우리들이 보아왔던 『대품반야경』에서도 이 점을 분명히 하고 있다. 변재품 제15에는 부루나(富樓那)와 부처님, 그리고 사리불의 다음과 같은 대화가 있다.

> 부루나가 부처님께 사루어 말씀드렸다.
> "세존이시여, 저도 마하살(摩訶薩)이란 이유를 말하고 싶습니다."
> 부처님께서 말씀하셨다.
> "그래, 말해 보아라."
> 부루나가 말씀드렸다.
> "이 보살은 큰 서원으로써 화려하게 장식(大誓莊嚴)합니다. 이 보살은 대승(大乘)을 향해 나아갑니다. 이 보살은 큰 수레(大乘)에 오릅니다. 이러한 까닭에 이 보살을 마하살이라 부릅니다."
> 사리불이 부루나에게 말했다.

"무엇을 보살마하살의 큰 서원으로써 화려하게 장식함이라 합니까?"
부루나가 사리불에게 말했다.

"보살마하살은 분별하여 가까운 몇몇 사람을 위하여 보시바라밀에 머물며 보시바라밀을 행하는 것이 아니고, 일체 중생들을 위하여 보시바라밀에 머물며 보시바라밀을 행합니다. 가까운 몇몇 사람을 위하여 지계바라밀에 머물며, 지계바라밀·인욕바라밀·정진바라밀·선정바라밀·반야바라밀을 행하는 것이 아니고, 일체 중생들을 위하여 반야바라밀에 머물며 반야바라밀을 행합니다. 보살마하살의 큰 서원으로써 화려하게 장식함은 중생을 한계 지어서, 나는 약간의 사람을 제도하고 나머지 사람은 제도하지 않겠다, 나는 약간의 사람을 아뇩다라삼먁삼보리에 이르게 하고 나머지 사람은 이르게 하지 않겠다고 말하지 않습니다. 이 보살마하살은 널리 일체 중생들을 위하여 큰 서원으로써 화려하게 장식합니다."

대승·소승이라고 말할 때의 승(乘 : yāna)은 문자 그대로 '타는 것'을 의미한다. 성문이나 벽지불이 자기의 해탈만을 구하여 이른바 혼자서 작은 수레를 타고 깨달음의 피안으로 가는 데 비하여, 모든 중생과 더불어 구제되는 것을 바라는 보살의 수레는 거대한 수레가 아니면 안 된다. 여기에서 반야경은 자신들을 대승(大乘), 즉 '큰 수레'라고 선언하는 것이다. 마치 승용차가 편리하고 또 편안하기는 하지만 많은 사람이 탈 수 없는 것처럼 성문이나 벽지불의 수행은 자기만을 위한 것이다. 그러나 버스나 기차 등은 조금 불편하지만 많은 사람이 타고 목적지에 갈 수가 있다. 그 큰 수레의 운전자가 바로 보살이다. 그리고 이렇게 많은 사람을 동시에 목적지를 향해 나아가게 하기 위해서 그 수레의 운전자인 보살은 작은 수레의 운전자와는 다른 능력과 자격을 가져야 한다. 이 보살이 갖추고 있는 능력과 자질을 경전에서는 '큰 서원으로써 화려하게 장식(大誓莊嚴)한다'고 하고 있다. 이 큰 서원에 의한 화려한 장식이 곧 육바라밀의 실천이고, 이 육바라밀의 실천으로써 고통에서 시달리고 있는 일체중생을 피안의 세계인 아뇩다라삼먁삼보리에 도달하도록 한다.

대승이란 이렇게 많은 사람이 함께 깨달음의 세계로 나아갈 수 있게 하는 것이다. 그러나 여기에는 은연 중에 반야불교가 흥기하기 전의 부파불교를 소승(小乘), 즉 '작은 수레'라고 낮추어 보는 사상이 숨어 있다. 그래서 『대품반야경』은 이 대승의 수행자를 스스로 보살승(菩薩乘)이라고 부르면서 성문이나 벽지불보다 우월함을 표현하고 있다. 승승품 제16에서 '무엇을 보살마하살이 대승에 오른다고 하는가'라는 사리불의 물음에 부루나는 다음과 같이 대답한다.

> 보살마하살이 처음 마음을 내어서부터 줄곧 보살의 신통을 원만히 갖추어 중생을 제도하여 해탈시키고, 한 부처님 국토에서 다른 부처님 국토에 다니면서 모든 부처님을 공경·공양·존중·찬탄하며, 여러 부처님으로부터 교법(敎法)을 듣고 받는 것이 소위 보살의 대승입니다. 이 보살은 이러한 큰 수레를 타고 한 부처님 국토에서 다른 부처님 국토에 다니면서 부처님의 국토를 맑히고 중생을 제도하여 해탈시키지만, 처음부터 부처님의 국토라는 생각도 없고 또한 중생이라는 생각도 없습니다.
> 이 사람은 둘이 없는 법(不二法) 중에 머물러서 중생을 위해 몸을 받고, 그 마땅한 바를 따라 스스로 자신의 모습을 변화하여 그들을 교화합니다. 내지 일체지를 얻을 때까지 마침내 보살의 수레를 여의지 않으니, 이것을 보살승(菩薩乘)이라 말합니다. 이 보살승이 일체종지(一切種智)를 얻고 나서는 진리의 수레바퀴를 굴리니, 성문이나 벽지불 및 하늘(天)·용(龍)·귀신(鬼神)·아수라(阿修羅)·세간의 인민들의 굴림으로써는 미치지 못합니다.

> 보살승은 중생을 위해서 몸을 받고, 중생을 위해서 스스로의 모습을

변화하여 그들을 교화한다. 보살승은 성문승(聲聞乘)이나 연각승(緣覺乘) 과는 다르다. 성문승이나 연각승은 자신만의 구제에서 머물지만, 보살이 타고 있는 수레는 멈추는 법이 없다. 중생이 있는 곳이면 어디라도 마다 하지 않고 다니면서 그들을 교화하여 제도한다. 이 까닭에 보살승을 능가하는 중생은 있을 수 없고, 대승의 수행자는 자신들을 보살승이라고 자랑스럽게 말한다.

2) 상구보리 하화중생(上求菩提 下化衆生)

인간은 외적으로는 자연으로부터, 그리고 내적으로는 맹목적인 의지에 의해서 많은 속박을 받고 있다. 이것이 불교에서 말하는 인생관의 출발점이다. 그러나 보살이 지향하는 바에 따르면 이것과 동시에 인간의 가장 깊은 내면에는 무한의 자유와 행복을 구하고자 하는 욕구가 가로 놓여 있다. 그리고 이 욕구는 모든 정신생활 중 가장 숭고한 것이기 때문에 온갖 고상한 이상을 가져오는 원인이 된다. 대승의 보살은 이러한 이상을 구체적으로 실현해 가는 사람이다. 따라서 보살은 생사의 속박으로부터 번뇌의 여진까지도 없는 열반(無餘涅槃)을 추구해 나가는 수행자다. 이 점에 있어서는 소승의 수행자인 성문이나 벽지불과 다름이 없다. 그러나 보살에게는 성문이나 벽지불에게서는 찾아볼 수 없는 이타(利他)의 정신이 있다. 이 점에 관하여 『대품반야경』 도수품 제71에는 다음과 같이 설시하고 있다.

> 보살이 사물의 진실된 모습인 반야바라밀을 배우면 곧 능히 일체 모든 것의 진실된 모습을 배우게 되고, 일체 모든 것의 진실된 모습을 배우면 곧 일체 모든 것의 진실된 모습을 원만히 갖추게 되는 것이다. 일체 모든 것의 진실된 모습을 원만히 갖추고 나서 일체 모든 것의 진

실된 모습에 머물러 자재(自在)를 얻는 것이다. 일체 모든 것의 진실된 모습에 머물러 자재를 얻고 나서 일체 중생들의 근기를 잘 알고, 일체 중생들의 근기를 잘 알고 나서 일체 중생들의 근기가 원만히 갖추어짐을 알며, 또한 일체 중생들의 업인연도 아는 것이다. 일체 중생들의 업인연을 알고 나서 서원과 지혜가 원만히 갖추어짐을 얻고, 서원과 지혜가 원만히 갖추어짐을 얻고 나서 삼세(三世)의 지혜를 맑히는 것이다. 삼세의 지혜를 맑히고 나서 일체 중생들을 이익되게 하고, 일체 중생들을 이익되게 하고 나서 부처님의 국토를 맑히는 것이다. 부처님의 국토를 맑히고 나서 일체종지를 얻고, 일체종지를 얻고 나서 진리의 수레바퀴를 굴리는 것이다. 진리의 수레바퀴를 굴리고 나서 중생들을 삼승(三乘)에 바로 세워서 번뇌의 여진까지도 없는 열반에 들게 하는 것이다.

이와 같이 수보리야, 보살마하살이 일체의 공덕으로 자신을 이롭게 하고 다른 사람을 이롭게 하고자 하면, 마땅히 아뇩다라삼먁삼보리의 마음을 일으켜야 하는 것이다.

대승보살의 수행에 있어서 가장 중요한 특징은 자리이타(自利利他)라는 것이다. 즉 자신이 깨달음의 세계에 도달했다고 하면 반드시 타인을 거기에 인도하지 않으면 안 되는 것이다. 타인을 거기에 인도한다는 것은 마침내 자신이 거기에 도달하는 이유인 것이다. 이렇게 자타를 이롭게 하기 위해서는 무엇보다 먼저 선행되어야 할 일이 아뇩다라삼먁삼보리의 마음을 일으키는 것이다. 이것을 대승의 보살도(菩薩道)라 한다. 소위 상구보리 하화중생(上求菩提 下化衆生), 즉 위로는 깨달음을 구하고 아래로는 중생을 제도한다는 것이다. 대승의 보살이 소승의 수행자와 다른 것은 보살에게 이 두 가지의 원이 같이 있기 때문이다.

『대품반야경』도수품 제71에는 다음과 같은 부처님과 수보리의 대화가 있다.

수보리가 부처님께 사루어 말씀드렸다.

"세존이시여, 이 반야바라밀은 심히 깊은 것입니다. 세존이시여, 모든 보살마하살은 중생을 붙잡지 않지만, 그러나 중생들을 위하여 아뇩다라삼먁삼보리를 구하니, 이것을 심히 어렵다고 합니다. 세존이시여, 마치 사람이 허공 가운데에 나무를 심고자 하는 것과 같은 것이어서, 이것을 심히 어렵다고 합니다.

세존이시여, 보살마하살도 또한 이와 같이 중생들을 위하여 아뇩다라삼먁삼보리를 구하니, 중생도 또한 붙잡을 수가 없는 것입니다."

부처님께서 수보리에게 이르셨다.

"그렇다 정말 그러하다. 모든 보살마하살이 하는 바는 심히 어렵다. 중생들을 위하여 아뇩다라삼먁삼보리를 구하고, 나라는 것(吾我)에 집착하여 뒤바뀐 중생들을 건지는 것이다.

마치 사람이 나무를 심음에 나무의 뿌리・줄기・가지・잎・꽃・열매를 알지 못하더라도 잘 보호하고 물을 주어 점점 자라면 꽃이나 잎・과실이 열리고, 모두가 이것을 사용할 수 있는 것과 같다. 이와 같이 수보리야, 모든 보살마하살은 중생들을 위하여 아뇩다라삼먁삼보리를 구함에 점점 육바라밀을 행하여 일체종지(一切種智)를 얻고, 부처님의 나무를 성취하여 꽃이나 잎・과실로써 중생들을 이롭게 하는 것이다.

수보리야, 무엇이 잎으로 중생을 이롭게 함인가? 보살마하살에 의하여 세 갈래 나쁜 길(三惡道)을 여의게 되니, 이것이 잎으로 중생을 이롭게 하는 것이다. 무엇이 꽃으로 중생을 이롭게 함인가? 보살에 의하여 왕족이나 귀족・바라문・대부호・사천왕천처 내지 비유상비무상처가 생기게 되니, 이것이 꽃으로 중생을 이롭게 하는 것이다. 무엇이 과실로 중생을 이롭게 함인가? 이 보살은 일체종지를 얻어 중생으로 하여금 수다원과・사다함과・아나함과・아라한과・벽지불도・불도(佛道)를 얻게 하고, 이 중생은 차츰 삼승법(三乘法)으로써 번뇌의 여진까지도 없는 열반(無餘涅槃)에 있어서 반열반(般涅槃)하니, 이것이 과실로써 중생을 이롭게 하는 것이다.

　이 보살마하살은 중생들의 실다운 법을 붙잡지는 않지만, 중생들을 제도하고 나라는 뒤바뀐 집착을 여의게 하여 생각하기를, '일체의 모든 법 가운데는 중생들의 내 것이란 것이 없고, 중생들을 위하여 일체종지를 구하지만 이 중생들은 실로 붙잡을 수가 없다'라고 한다."

　수보리가 부처님께 사루어 말씀드렸다.

　"세존이시여, 이 보살은 부처님과 같은 것이라고 마땅히 알아야 하겠습니다. 이유가 무엇인가 하면, 이 보살의 인연에 의하여 일체지옥의 종류·일체축생의 종류·일체아귀의 종류가 끊어지고, 일체의 온갖 어려움이 끊어지며, 일체의 빈궁하고 하천한 길이 끊어지고, 일체의 애욕세계(欲界)·물질세계(色界)·정신만의 세계(無色界)가 끊어지기 때문입니다."

　부처님께서 말씀하셨다.

　"그렇다. 정말 그러하다 수보리야, 마땅히 알아야 하니 이 보살마하살은 부처님과 같은 것이다. 수보리야, 만약 보살마하살이 마음을 일으켜서 아뇩다라삼먁삼보리를 구하지 않으면, 세간에는 바로 과거·미래·현재의 모든 부처님이 없고, 세간에는 또한 벽지불이나 아라한·아나함·사다함·수다원도 없으며, 세 갈래 나쁜 곳(三惡趣) 및 삼계(三界)도 또한 끊을 때가 없는 것이다. 수보리야, 네가 말한 것처럼 이 보살마하살은 부처님과 같다고 마땅히 알아야 하는 것이다."

만약 보살이 마음을 일으켜서 아뇩다라삼먁삼보리를 구하지 않으면, 이 세상에 부처님이 출세할 수 없고, 중생은 지옥·아귀·축생과 같은 고통에서 벗어날 수 없다. 그러나 보살이 아뇩다라삼먁삼보리를 구함은 자신을 위해서가 아니라 일체중생을 구하기 위함이다. 그렇지만 이것은 단순한 영합적 박애의 주장이 아니고, 실로 보살정신의 근본에서 나오는 필연의 결과이다. 거기에는 보살정신의 출발점인 영원에 걸친 생명의 이상 중에 필연적으로 동일생명이라는 의미가 포함된다. 그리고 동일생명이라는 가운데는 필연적으로 일체중생을 전체로써 포함하는 것이기 때문에, 가령 작은 자기가 완성되었다고 해도 다른 완성하지 못한 사람들이 있는 한 아직 그 이상이 완전히 실현된 것은 아니다. 자기가 본연의 이상을 추구하여 향상의 길을 감에는, 그 필연적 조건으로써 다른 중생과 함께 하지 않으면 도저히 그 목적을 달성하지 못하는 것이 보살의 근본정신이다.

『대품반야경』 부증품 제60에는 반야경 가운데서 빼어 놓을 수 없는 다음과 같은 아름다운 문장이 있다.

> 비유컨대 어떤 장부가 굳세고 용감하며 용맹스럽고 강건하며, 병법(兵法)이 훌륭하여 예순네 가지에 능통하고 무기를 가짐에 흔들림이 없으며, 많은 기술을 교묘하게 쓰고, 단정하고 정결하여 사람들에게 사랑과 존경을 받고, 조그만 사업을 해도 이익을 얻음이 많음과 같다. 이러한 인연을 가진 까닭에 대중에게 공경과 존중과 찬탄을 받았고, 사람들에게 공경과 존중됨을 보고는 더욱 더 환희했다. 이 장부가 어떤 인연으로 노약한 가족을 데리고 다른 지방으로 가게 되었다. 갖가지 위험과 공포가 있는 곳을 지나가면서 부모를 위안하고 처자를 돌보면서, '두려워하지 말라. 내가 무사히 이 곳을 지나 반드시 고통이 없는 곳에 갈 테니까.' 하고 말했다. 험난한 도중에 도적들이 잠복하여 위험을 더했지만, 그 사람은 지력(智力)을 갖추었기에 능히 기쁘고 편안한 마음으로 그 험악한 길을 지났으며, 목적지에 다다를 때까지 도적들의 해를 만나지 않았다.
>
> 수보리야, 보살마하살도 또한 이와 같이 일체 중생들 속에서 즐거움을 주는 마음(慈)·가엾이 여기는 마음(悲)·함께 기뻐하는 마음(喜)·온갖 집착을 버리는 마음(捨心)을 원만히 갖추는 것이다. 그 때 보살마하살은 네 가지 한량없는 이타의 마음에 머물고 육바라밀을 원만히 갖추

되 번뇌가 다한 깨달음에 집착하지 않고, 모든 것이 공·어떤 특징도 없음·원할 것이 없는 해탈문(解脫門)에 드는 것이다. 이 때 보살은 일체의 모든 형상에 떨어지지 않지만 또한 어떤 특징도 없는 삼매를 증득하지 않고, 어떤 특징도 없는 삼매를 증득하지 않는 까닭에 성문이나 벽지불의 경지에 떨어지지 않는 것이다.

수보리야, 비유컨대 날개가 있는 새는 허공을 날아오르되 떨어지지 않고, 비록 공중에 있다고 해도 또한 공중에 머물지 않음과 같다.

장부에 비유되는 보살은 네 가지 한량없는 이타의 마음(四無量心)이라는 무기와 기술로 부모와 자식·가족에 비유되는 중생들을 목적지인 열반에 이르게 한다. 거기에는 온갖 고난과 역경과 시련이 기다리고 있지만, 장부는 자진하여 그것과 마주하고 그 모든 것을 이긴다. 왜냐하면 그 장부는 네 가지 한량없는 이타의 마음으로 무장되어 있어서 두려움이 없기 때문이다. 그 네 가지 한량없는 이타의 마음은 무엇인가. 『대지도론』권 제20에서는 그것을 이렇게 설명하고 있다.

즐거움을 주는 마음(慈)이란 중생을 애념(愛念)해서 항상 그들에게 안온의 즐거움을 구해 주고, 그것으로써 중생을 이익되게 하는 것이다. 가엾이 여기는 마음(悲)이란 중생을 민념(愍念)해서 다섯 갈래 윤회의 길을 헤매는 중생들이 심신으로 받는 고통을 대신 받는 것이다. 함께 기뻐하는 마음(喜)이란 중생을 즐겁게 하고 환희를 얻게 하고자 하는 것이다. 온갖 집착을 버리는 마음(捨)이란 세 가지 마음을 버리는 것이니, 다만 중생을 생각할 뿐 미워하거나 사랑하지 않는 것이다. 즐거움을 주는 마음을 닦으면 중생의 성내는 마음을 제하게 되고, 가엾이 여기는 마음을 닦으면 중생의 번뇌로움을 제하게 되며, 함께 기뻐하는 마음을 닦으면 중생의 즐겁지 않음을 제하게 되고, 온갖 집착을 버리는 마음을 닦으면 중생의 애증(愛憎)을 제하게 된다.

보살은 이와 같은 네 가지 한량없는 이타의 마음을 완성하여 이것으로 중생을 제도한다. 그러나 보살은 번뇌가 다한 깨달음에 집착하지 않는다. 마치 날개가 있는 새가 허공을 날아오르되 떨어지지 않고, 비록 공중에 있다고 해도 또한 공중에 머물지 않는 것처럼 보살의 상구보리 하화중생의 행은 깨달음의 증득에 머물지 않고 영원히 계속된다.

2. 보살의 4계위(四階位)

우리들은 앞에서 상구보리 하화중생의 서원을 안고 수행하는 수행자를 보살이라 부르는 것을 보아 왔다. 그러나 보살이라고 해서 처음부터 동일한 믿음과 청정한 마음이 갖추어지는 것은 아니다. 거기에는 필연적으로 수행의 정도나 지혜의 심천에 차이가 있게 마련이다. 그 한 예로 우리들은 이미 방편이 없고 공에 집착하기 때문에 성문이나 벽지불에 떨어지고 마는 보살이 있는 것과, 이와 반대로 반야의 지혜와 방편의 두 날개에 보호를 받고 있는 보살마하살이 있는 것을 보아 왔다.

이렇게 보살의 믿음과 자질에 차별이 있는 것을 인정할 때, 거기에는 당연히 반야바라밀을 설함에도 차별을 두지 않을 수 없게 된다. 이와 관련하여 『대품반야경』 수희품 제39에는 다음과 같이 설하고 있다.

반야바라밀의 의미 내지 일체종지(一切種智)의 의미, 소위 여섯 가지 감각기관이 공함(內空) 내지 사물이 존재하지 않는다는 견해와 존재한다는 견해가 같이 공함(無法有法空)을, 처음 마음을 낸 보살(新學菩薩)에게 말해서는 안 됩니다. 왜냐하면 이 보살은 적은 믿고 원하는(信樂)

마음·존경하는 마음·청정한 마음이 있긴 하지만, 이 말을 들으면 전부 잊어버리기 때문입니다. 마땅히 보살의 물러나지 않는 경지(不退轉地)에 있는 보살마하살 앞에서 설해야 할 것입니다. 혹은 선지식에게 보호되고, 혹은 오랜 세월 여러 부처님을 공양하고 많은 착한 뿌리를 심은 이러한 사람을 위하여 이와 같은 반야바라밀의 의미 내지 일체종지의 의미, 소위 여섯 가지 감각기관이 공함 내지 사물이 존재하지 않는다는 견해와 존재한다는 견해가 같이 공함을 설해야 합니다. 이 사람은 이러한 법을 듣고서도 마음이 침몰하지 않고 놀라지 않으며, 두려워하지 않고 떨지 않기 때문입니다.

처음 마음을 낸 보살(新學菩薩)은 믿음이 견고하지 못하기 때문에 반야바라밀의 법문을 듣고 놀라고 두려워한다. 그러나 물러나지 않는 경지(不退轉地)의 보살은 반야바라밀의 법문을 듣고서도 마음이 침몰하지 않고 놀라지 않으며, 두려워하지 않고 떨지도 않는다. 즉 보살에게는 수행의 깊고 얕음이 있기 때문에 반야바라밀을 설함에도 청법자의 근기에 맞추어야 하는 것을 경에서는 말하고 있다.

반야경은 이와 같이 보살의 각오와 본연의 자세를 추구하는 가운데 몇 종류의 보살 혹은 보살의 단계라는 것을 설정하고 있다. 이 보살의 단계에 관하여는 『대품반야경』 정원품 제64에 다음과 같이 석제환인이 부처님께 질문하는 것을 설하고 있다.

세존이시여, 선남자·선여인은 처음 마음을 낸 보살(初發意菩薩)의 공덕을 함께 기뻐하는 마음에 의하여 얼마만큼 복덕을 얻습니까? 마음을 낸 지 오래 된 보살(久發意菩薩)의 공덕을 함께 기뻐하는 마음에 의하여 얼마만큼 복덕을 얻습니까? 물러나지 않는 경지의 보살(不退轉菩薩)의 공덕을 함께 기뻐하는 마음에 의하여 얼마만큼 복덕을 얻습니까? 한 생 동안만 번뇌에 얽매여 있는 보살(一生補處菩薩)의 공덕을 함께 기뻐하는 마음에 의하여 얼마만큼 복덕을 얻습니까?

『대품반야경』에서 밝히고 있는 보살의 종류, 즉 계위(階位)는 아래와 같이 네 단계로 되어 있다.

첫째 계위 : 처음 마음을 낸 보살(初發意菩薩)
둘째 계위 : 마음을 낸 지 오래 된 보살(久發意菩薩)
셋째 계위 : 물러나지 않는 경지의 보살(不退轉菩薩)
넷째 계위 : 한 생 동안만 번뇌에 얽매여 있는 보살(一生補處菩薩)

물론 이 네 가지 계위를 표현하는 어휘상에는 조금의 차이가 있다. 첫째 계위를 수희품 제39에서는 초학보살(新學菩薩)이라 표현하고 있지만 정원품 제64에서는 초발의보살(初發意菩薩)이라 하고 있는 것처럼, 같은 『대품반야경』에서도 어휘상 상위가 있을 뿐만 아니라 각 반야경전 사이에서도 서로 다른 말을 사용하고 있다. 그러나 네 가지 계위의 내용에는 그렇게 큰 차이가 없다. 따라서 이하에서는 위에서 말한 네 계위의 역어(譯語)로 통일하여 그 경지를 살펴보고자 한다.

1) 처음 마음을 낸 보살(初發意菩薩)

이 첫째 계위의 보살은 보살승에 의한 수행을 시작했다고는 하지만, 선근이 아직 미숙하고 지혜도 부족하여 종교적 의지와 정성과 믿음이 한정되어 있는 사람이다. 따라서 깊은 뜻이 있는 반야바라밀이 설해지는 것을 들어도 그것을 이해하지 못하고 도리어 공포를 느끼며, 자주 악마에 사로잡혀 반야의 법문에 대해 의혹을 가질 뿐만 아니라 그 마음을 쉽사리 버리지 못하는 보살이다.

『대품반야경』 문지품 제45에서는 이 계위의 보살에 관하여 다음과 같이 설시하고 있다.

> 사리불이 부처님께 사루어 말씀드렸다.
> "세존이시여, 이 반야바라밀은 심히 깊어서 심히 깊은 모양은 보기도 어렵고 알기도 어려우며 생각할 수도 없습니다. 그래서 처음으로 마음을 낸 보살(新發意菩薩) 앞에서는 설하지 않아야 합니다. 왜냐하면 처음으로 마음을 낸 보살이 이 심히 깊은 반야바라밀을 들으면, 반드시 놀라고 두려워하거나 마음에 의심을 품어 이 깊은 반야바라밀을 믿지 않거나 행하지 않기 때문입니다. 반드시 보살의 물러나지 않는 경지에 있는 보살마하살 앞에서 설해야 합니다. 이 보살은 이 심히 깊은 반야바라밀을 듣고서 놀라지도 않고 두려워하지도 않으며, 마음에 의심을 품지도 않아 바로 능히 믿어 행합니다."
> 석제환인이 사리불에게 물었다.
> "만약 처음으로 마음을 낸 보살마하살 앞에서 이 깊은 반야바라밀을 설한다면, 어떠한 허물이 있습니까?"
> 사리불이 석제환인에게 대답했다.
> "교시가여, 만약 처음으로 마음을 낸 보살 앞에서 이 깊은 반야바라밀을 설하면, 그 곳에 있는 이 처음으로 마음을 낸 보살은 반드시 놀라고 두려워하거나 비방하고 헐뜯으며 믿지 않을 것입니다. 만약 처음으로 마음을 낸 보살이 이 깊은 반야바라밀을 듣고서 비방하며 헐뜯고 믿지 않으면 세 갈래 나쁜 길(三惡道)의 업(業)을 짓게 되고, 이러한 업 인연의 까닭에 오래고 오래도록 아뇩다라삼먁삼보리를 얻기 어렵습니다."

반야바라밀을 듣고서 때로는 성신(誠信)을 내지만, 그것은 자칫하면 감퇴하고 동요하며 버려 버리고 마는 사람들이 처음으로 마음을 낸 보살이다. 그들은 대승에 진입한 지 얼마 되지 않은, 새롭게 대승에 들어온 보살이기 때문에 대승을 지향하면서 도중에 소승에 빠져 버리는 위험을 가지고 있는 사람들이다. 따라서 혹시 반야바라밀의 설법을 듣고서 비방하고 헐뜯은 나머지 지옥·아귀·축생의 과보를 받을 염려가 있기 때문에 여간 조심하지 않으면 안 되는 것이다.

여기서 우리들은 다시 한 번 '보살'이라는 어휘에 관하여 살펴보아야 할 것 같다. 보살이라는 명칭은 원래 불전문학(佛傳文學)에서 석가모니불 등 특정한 부처님의 전신(前身)으로부터 시작되었다. 즉 석가모니 부처님이 부처가 되기까지에는 한량없는 생애에 걸쳐서 수많은 중생의 몸을 받으면서 수행을 쌓았다. 그리고 금생에 태어나서 35세에 보리수 아래에서 성불할 때까지도 아직 부처님은 아니었다. 성도의 그 순간에 비로소 부처님으로 이름이 바뀐 것이다. 그렇다고 해서 성도 직전까지의 신분을 범부라고 부를 수는 없는 것이다. 왜냐하면 비록 그 때까지 성불은 하지 못했지만 보통의 중생신(衆生身)은 아니었기 때문이다. 그렇다면 성도 직전까지의 신분을 무엇이라고 부를 것인가. 여기에서 불전문학의 편집자들은 성도 직전까지의 부처님 신분을 보살이라고 한 것이다.

그런데 대승불교가 일어나면서 이 보살이라는 어휘에 큰 변혁이 생긴다. 승원에 틀어박힌 성문·벽지불의 비사회성, 자기해탈을 우선으로 하는 이기성을 비판하여 새롭게 대승운동에 참가한 사람들을 모두 보살이라고 부른 것이다. 이미 밝힌 것처럼 성문승·연각승에 의하여 수행하는 사람들은, '우리들은 나 한 사람만을 조복받자. 나 한 사람만을 이기자. 나 한 사람만을 완전히 열반에 들게 하자'고 생각하지만, 대승으로 나온 보살들은 '일체세간의 사람들을 구제하기 위하여, 나는 스스로를 진여(眞如)에 머물게 하자. 일체중생을 진여에 머물게 하자. 한량없는 중생의 무리를 완전히 열반시키자'고 생각하고, 큰 서원으로 화려하게 장식하여 육바라밀을 수행한 것이다.

여기에는 재가출가·남녀·빈부(貧富)·귀천(貴賤)에 구별이 없었다. 부처님의 깨달음을 구하여 보살의 수행을 하는 자는 누구라도 보살이라고 불린 것이다. 소위 '범부보살'이라는 새로운 보살관이 형성된 것이다. 누구라도 대승에 마음을 내고 수행을 하면 그는 보살인 것이다. 이렇게 대승에 마음을 발한 초입의 사람이 바로 처음 마음을 낸 보살(初發意菩薩)이다. 따라서 우리 모두가 보살인 것이다. 이제 이 첫째 계위의 보살에게 남은 문제는 반야바라밀에서 물러나지 않고 둘째 계위의 보살로 진입하는 것이다. 즉 처음 마음을 낸 보살은 어떻게 반야바라밀을 배워야 하는가 하는 것인데, 『대품반야경』 삼차품 제75에서는 다음과 같이 설시하고 있다.

　수보리가 말씀드렸다.
　"세존이시여, 가령 보살마하살은 모든 것이 있을 것이 없는 성품인 것을 알아서 네 가지 선정과 다섯 가지 신통에 의해 아뇩다라삼먁삼보리를 얻을진대, 세존이시여, 처음 배우는 보살마하살은 어떻게 모든 것의 있을 것이 없는 성품 가운데서 차례차례의 행(次第行)·차례차례의 배움(次第學)·차례차례의 도(次第道)를 두고, 이러한 차례차례의 행·차례차례의 배움·차례차례의 도로써 아뇩다라삼먁삼보리를 얻습니까?"
　부처님께서 수보리에게 이르셨다.
　"보살마하살이 가령 처음으로 여러 부처님에게서 들었거나 혹은 여러 부처님을 많이 공양한 보살에게서 들었으며, 많은 아라한이나 혹은 많은 아나함·많은 사다함이나 혹은 많은 수다원에게서 들은 바는 있을 것이 없음(無所有)을 얻은 까닭에 부처님이고, 있을 것이 없음을 얻은 까닭에 아라한·아나함·사다함·수다원이란 것이다. 일체의 성현도 전부가 있을 것이 없음을 얻은 까닭에 이름이 있고, 일체의 함이 있어 짓는 것은 있는 바 성품이 없어서 털끝만한 것도 있을 것이 없다.
　이 보살마하살은 이것을 듣고 나서 이렇게 생각한다. '일체 모든 것이 성품이 있을 수 없다면 있을 것이 없는 성품을 얻은 까닭에 부처님이고, 나아가 있을 것이 없는 성품을 얻은 까닭에 수다원이다. 내가 마땅히 아뇩다라삼먁삼보리를 얻더라도 혹은 얻지 못하더라도 일체 모든 것은 언제나 있음이 없는 성품이라면, 나는 무엇인가 발심하여 아뇩다라삼먁삼보리를 얻어야 하지 않겠는가! 아뇩다라삼먁삼보리를 얻고 나서는 일체 중생들이 모양이 있음을 행함에 마땅히 있을 것이 없는 가운데에 머무는 것을 얻게 해야 한다'고.

수보리야, 보살마하살은 이와 같이 생각하고 나서 아뇩다라삼먁삼보리의 마음을 일으키니, 일체의 중생들을 제도하기 위한 까닭이다.

보살마하살이 행하는 것인 차례차례의 행·차례차례의 배움·차례차례의 도라는 것은 과거의 여러 보살마하살이 도를 행하여 아뇩다라삼먁삼보리를 얻은 것과 같으니, 처음 마음을 낸 보살은 마땅히 육바라밀인 소위 보시바라밀·지계바라밀·인욕바라밀·정진바라밀·선정바라밀·반야바라밀을 배워야 하는 것이다."

처음 마음을 낸 보살은 먼저 아뇩다라삼먁삼보리를 구하고자 하는 마음을 일으켜야 한다. 소위 상구보리(上求菩提)의 원을 세워야 하는 것이다. 자신이 깨달음을 얻든 얻지 못하든 거기에 관계없이 진리를 깨달은 부처님은 계시고, 그 부처님은 깨달음에 의해 일체의 고통을 여읜 분이다. 그러므로 스스로도 그 깨달음을 얻어 고통에서 벗어나겠다는 원을 세워야 하는 것이다.

그러나 그 상구보리의 원은 자신만을 위한 것이어서는 안 된다. 오직 일체 중생들을 제도하기 위하여 먼저 아뇩다라삼먁삼보리에 마음을 일으키는 것이다. 그리고 깨달음을 얻기 위해서 구체적인 실천으로 육바라밀을 배우는 것이다.

2) 마음을 낸 지 오래 된 보살(久發意菩薩)

대승으로 나온 보살의 수는 많았지만, 반야바라밀이 설해지는 것을 듣고서 무서워하지 않고 두려워하지 않으며 떨지 않는 보살들은 그렇게 많지 않았다. 이러한 많지 않은 보살들을, 마음을 낸 지 오래 된 보살(久發意菩薩)이라 한다. 이 보살에 관하여 『대품반야경』 도공품 제65에서는 이렇게 설시하고 있다.

> 수보리야, 어떤 보살은 반야바라밀을 행하고 일체 모든 것이 본래 남이 없음(無生)을 믿어 이해하지만, 아직 진실한 이치를 깨달아 평온한 마음(無生法忍)을 얻지 못했다. 일체 모든 것이 공(空)임을 믿어 이해하지만, 아직 진실한 이치를 깨달아 평온한 마음을 얻지 못했다. 일체 모든 것이 허망하고 실답지 않으며, 있을 것이 없고 견고하지 않음을 믿어 이해하지만, 아직 진실한 이치를 깨달아 평온한 마음을 얻지 못했다. 수보리야, 이러한 많은 보살마하살을 많은 부처님께서는 법을 설하실 때에 환희하여 스스로 이름을 찬탄하고 칭찬하신다.
> 수보리야, 만약 많은 보살마하살을 여러 부처님께서 법을 설하실 때에 환희하여 스스로 칭찬하신다면, 이 보살들은 성문이나 벽지불의 경지를 없애고, 마땅히 아뇩다라삼먁삼보리를 얻을 것이다. 수보리야, 만약 보살마하살을 여러 부처님께서 법을 설하실 때에 환희하시면, 이 보살은 마땅히 보살의 물러나지 않는 경지에 머물게 될 것이다. 이 경지에 머물고 나서 반드시 일체지(薩婆若)를 얻을 것이다.
> 또한 수보리야, 보살마하살이 이 깊은 반야바라밀을 들을 때에 그 마음이 밝아져서 의심하지 않고 후회하지 않으며 생각하기를, '이 일은 부처님께서 말씀하신 것과 같다'고 한다면, 이 보살도 또한 마땅히 아촉불 및 많은 보살의 처소에서 널리 이 깊은 반야바라밀을 듣고서 또한 믿어 이해할 것이다. 믿어 이해하고 나서 부처님께서 말씀하신 대

로 마땅히 보살의 물러나지 않는 경지에 머물 것이다.

이 보살은 반야바라밀의 도를 추구하여 모든 것은 생기지 않는다고 믿고는 있지만, 아직도 사물은 생기지 않는다는 진리의 수용(無生法忍)을 획득하고 있지 않다. 일체 모든 것이 허망하고 실답지 않으며, 있을 것이 없고 견고하지 않음을 믿어 이해하지만, 모든 것에 대해서 불퇴전의 자재력을 아직 획득하지 못하고 있다. 그러나 이 보살은 두려워함이 없이 이 도에 나아가는 보살로서의 결의를 중요시하는 사람이다.

이 마음을 낸 지 오래 된 보살은 그러나 금생에서만 반야바라밀을 수행한 것은 아니다. 그는 전생에서도 오래도록 육바라밀을 수행했다. 반야바라밀을 신앙하여 물러나지 않는 선남자·선여인이 바로 이 둘째 계위의 보살이다. 이 점을 『대품반야경』 문지품 제45에서는 다음과 같이 설하고 있다.

> 만약 어떤 선남자·선여인이 이 깊은 반야바라밀을 듣고서, 놀라지도 않고 겁내지도 않으며 두려워하지도 않고, 듣고 나서는 받아 지니고 가까이하며 설한 대로 익히고 행한다고 하면, 이 선남자·선여인은 보살의 물러나지 않는 경지(不退轉地)에 있는 보살마하살과 같다고 마땅히 알아야 할 것입니다. 왜냐하면 세존이시여, 이 반야바라밀은 심히 깊은 것이기 때문입니다. 만약 지난 세상에서 오래도록 보시바라밀·지계바라밀·인욕바라밀·정진바라밀·선정바라밀·반야바라밀을 수행하지 않았다면, 마침내 깊은 반야바라밀을 믿어 알지 못했을 것입니다.

다시 경에서는 이렇게 설시하고 있다.

> 석제환인이 사리불에게 물었다.
> "아직도 반드시 부처님이 되리라는 보증(受記)을 받지 못한 보살마하살 중에 이 깊은 반야바라밀을 듣고서 놀라지도 않고 두려워하지도

않는 이가 있겠습니까?"

사리불이 말했다.

"그렇습니다 교시가여, 만약 어떤 보살마하살이 이 깊은 반야바라밀을 듣고서 놀라지도 않고 두려워하지도 않는다면, 이 보살은 아뇩다라삼먁삼보리의 기별을 얻을 날이 멀지 않았으니, 한 부처님이나 두 부처님을 지나지 않는다고 반드시 알아야 합니다."

부처님께서 사리불에게 이르셨다.

"그렇다, 정말 그러하다. 이 보살마하살은 오래도록 마음을 내어 육바라밀을 행하였고, 여러 많은 부처님을 공양했으며, 이 깊은 반야바라밀을 듣고서 놀라지도 않고 두려워하지도 않으며 겁내지도 않고, 듣고서는 바로 받아 지니며, 반야바라밀 가운데서 설한 것처럼 수행했다."

그 때 사리불이 부처님께 사루어 말씀드렸다.

"세존이시여, 제가 비유를 말씀드리고자 합니다. 보살도를 구하는 선남자·선여인이 꿈속에서 반야바라밀을 수행하고 선정에 들며, 힘써 정진하고 인욕을 원만히 하며, 계를 지키고 보시를 행하며, 여섯 가지 감각기관이 공함과 여섯 가지 감각기관의 여섯 가지 대상이 공함을 수행하고, 나아가 깨달음의 장소(道場)에 앉아 있는 것처럼 되면, 이 선남자·선여인은 아뇩다라삼먁삼보리에 가깝다고 마땅히 알아야 합니다. 어찌 하물며 보살마하살이 아뇩다라삼먁삼보리를 얻고자 하여, 깨어 있을 때에 반야바라밀을 수행하고 선정에 들며, 힘써 정진하고 인욕을 원만히 하며, 계를 지키고 보시를 행하면서 빨리 아뇩다라삼먁삼보리를 이루어 깨달음의 장소에 앉지 않겠습니까!

세존이시여, 선남자·선여인이 착한 뿌리를 성취하여 반야바라밀을 듣게 되고, 받아 지니고 나아가 설한 대로 수행한다면, 이 보살마하살은 오래도록 마음을 내어 착한 뿌리를 심었고, 많은 여러 부처님을 공양하고 선지식과 서로 가까이했다고 마땅히 알아야 합니다. 이 사람이 능히 반야바라밀을 받아 지니고 나아가 바르게 사유하면, 이 사람은 얼마 있지 않아 아뇩다라삼먁삼보리의 기별을 받는다고 마땅히 알아야 합니다. 이 선남자·선여인은 보살의 물러나지 않는 경지에 있는 보살마하살처럼 아뇩다라삼먁삼보리에서 빗나가지 않고 능히 깊은 반야바라밀을 얻으며, 얻고 나서는 능히 받아 지니고 독송하며, 나아가 바르게 사유한다고 마땅히 알아야 합니다."

이 보살은 아직 부처님이 되리라는 보증(受記)을 받지 못했지만, 그는 끊임없는 육바라밀의 수행에 의해서 물러나지 않는 경지의 보살(不退轉菩薩)과 흡사한 경지에 있다. 따라서 이 둘째 계위의 보살은 아뇩다라삼먁삼보리에서 빗나가지 않고 멀지 않아 셋째 계위의 보살로 나아가게 된다.

3) 물러나지 않는 경지의 보살(不退轉菩薩)

마음을 낸 지 오래 된 보살은 믿음과 행은 견고하지만 아직 진실한 이치를 깨달아 평온한 마음(無生法忍)을 얻지 못하고 있다. 따라서 뜻하지 않은 역경이나 시련에 의해 대승에서 물러날 수 있는 경우가 생길 수도 있다. 그러나 셋째 계위인 물러나지 않는 경지의 보살(不退轉菩薩)은 진실한 이치를 깨달아 평온한 마음을 얻었기 때문에 결코 물러나지 않고 온갖 마(魔)의 유혹을 물리쳐서, '과거의 공양받아 마땅한, 완전한 깨달음을 얻은 여래들에 의해서 아뇩다라삼먁삼보리를 얻을 것이라고 예언된' 사람들이다.

이 보살에 관해서는 『대품반야경』의 불퇴품 제55와 견고품 제56에 자세히 설명하고 있다. 경에서는 '어떠한 행과 어떠한 종류와 어떠한 모습으로써 물러나지 않는 경지에 있는 보살마하살을 알 수 있습니까?'라는 수보리의 물음에 부처님께서 대답하는 형식을 취하고 있다.

먼저 불퇴품 제55에서는 물러나지 않는 경지의 보살이 갖추고 있는 덕목 26가지를 들고 있는데, 번거로움을 피하기 위하여 간략하게 정리해 보면 다음과 같다.

(1) 범부의 경지나 성문의 경지·벽지불의 경지·부처님의 경지가 진실한 모양 가운데서는 둘이 없고 분별이 없다고 알아서 의심이 없다.
(2) 이익이 없는 말을 하지 않고 단지 이익에 걸맞는 말만을 하며, 타인의 장단점(長短點)을 보지 않는다.
(3) 일체 모든 것은 행도 없고 종류도 없으며 모습도 없다고 관찰한다.
(4) 불법을 의심(疑)하지 않고, 계율에 대한 잘못된 고집(戒取)에 집착하지 않으며, 삿된 소견(邪見)에 떨어지지 않고, 또한 세속의 상서로운 일을 구하여서 청정을 삼지 않으며, 다른 하늘을 예배·공양하지 않는다.
(5) 언제나 하천한 집안에 태어나지 않고, 여덟 가지 어려운 곳(八難處)에 태어나지 않으며, 항상 여인의 몸을 받지 않는다.
(6) 언제나 열 가지 착한 행위(十善道)를 스스로 행하고 타인으로 하여금 행하게 한다.
(7) 꿈속에서도 열 가지 착하지 않은 행위(十不善道)를 행하지 않는다.
(8) 일체 중생들의 이익을 위하여 보시바라밀을 행하고, 나아가 일체 중생들의 이익을 위하여 반야바라밀을 행한다.
(9) 일체의 모든 법을 받아들여서 독송하고 설하며 바르게 사유하고, 법을 베풀 때에 '이 법시(法施)의 인연으로 일체 중생들의 소원이 이루어지고, 이 법시의 공덕을 일체 중생들과 함께 하여서 아뇩다라삼먁삼보리에 회향하리라'고 생각한다.
(10) 심히 깊은 법문 가운데서 의심하지 않고 후회하지 않는다.
(11) 몸과 말과 마음으로 짓는 행위(業)가 부드럽고 연하다.
(12) 즐거움을 주는 마음(慈)으로써 몸과 말과 마음으로 짓는 행위를 성취한다.

(13) 다섯 가지 가리움(五蓋)인 음욕·성냄·수면·들뜨고 후회함·의심과 함께 하지 않는다.
(14) 모든 곳에서 애착하는 것이 없다.
(15) 나가고 들어오고 가고 오며, 앉고 눕고 행하고 머무름에 언제나 일심(一心)으로 생각하고, 발을 들고 발을 내림에 평안하고 자세하게 하고 언제나 일심으로 생각하며, 땅을 보면서 다닌다.
(16) 사람들이 보살마하살이 가지고 있는 의복이나 침구 등을 나쁘고 더럽다고 하지 않으며, 스스로 정결함을 즐기어 질병이 적다.
(17) 그 얻은 바를 따라서 착한 뿌리를 더하여 늘리고, 비뚤어진 마음과 삿된 마음을 없앤다.
(18) 이양(利養)을 귀하게 여기지 않고, 열두 가지 두타(十二頭陀)를 행한다고 해도 아란야(阿蘭若)에 머무는 것을 귀하게 여기지 않고, 단지 세 벌의 옷만을 가지는 법을 귀하게 여기지도 않는다.
(19) 언제나 아끼고 탐내는 마음을 내지 않고, 파계의 마음·성내는 마음·게으른 마음·산란한 마음을 내지 않으며, 어리석은 마음을 내지 않고 질투의 마음을 내지 않는다.
(20) 마음이 머물러 있어서 동요하지 않고, 깊은 지혜에 들어가 있어서 일심으로 듣고 받아들이며, 들은 법문 및 세간의 일을 전부 반야바라밀과 합한다. 산업(産業)의 일로 진실의 본성(法性)에 들어가지 않은 이를 보지 않고, 이 일의 일체 모두가 반야바라밀과 합하는 것을 본다.
(21) 악마가 변화로 만든 일을 보고 들더라도 마음이 동요하지 않고, 의심하지 않으며 놀라지 않는다.
(22) 지음이 없고 생김이 없는 법(無作無生法)에 순수하게 따르고 의지하여 남의 말을 믿지 않고 남의 행을 따르지 않으며, 육바라밀을 행할 때도 남의 말에 따르지 않고, 나아가 아뇩다라삼먁삼보리를 행할 때도 또한 남의 말을 따르지 않는다.
(23) 물질적 존재나 혹은 감각·표상·의지·인식, 혹은 물질적 존재의 진

실된 모습, 나아가 인식의 진실된 모습이 있음을 보지 않고, 나아가 아뇩다라삼먁삼보리와 아뇩다라삼먁삼보리의 진실된 모습이 있음을 보지 않는다.
(24) '만약 보살이 능히 부처님께서 말씀하신 대로 반야바라밀의 마음과, 나아가 일체종지를 멀리 여의지 않으면 이 보살은 결코 아뇩다라삼먁삼보리에서 물러서지 않는다. 만약 보살이 악마의 장난(魔事)을 안다면 또한 아뇩다라삼먁삼보리를 잃지 않는다'라고 생각한다.
(25) 물질적 존재의 모양에 대하여 구르고 감각·표상·의지·인식의 모양에 대하여 구르며, 열두 가지 영역(十二入)의 모양·열여덟 가지 요소(十八界)의 모양·음욕과 성냄과 어리석음의 모양·삿된 소견의 모양·네 가지 관찰법의 모양·나아가 성문이나 벽지불의 모양·나아가 부처님의 모양에 대하여 구른다.
(26) 사물의 고유형태가 공(自相空)한 법으로써 보살의 지위에 들어 진실한 이치를 깨달아 평온한 마음(無生法忍)을 얻는다.

다음으로 견고품 제56에서는 27가지의 덕목을 설시하고 있다.

(1) 보살마하살은 성문의 경지나 벽지불의 경지에 있어서 구르지 않으니, 이 까닭에 구르지 않는다고 말한다. 보살마하살은 성문의 경지나 벽지불의 경지에 있어서 구르니, 이 까닭에 또한 구르지 않는다고도 말한다.
(2) 첫째 선정(初禪)·둘째 선정·셋째 선정·넷째 선정, 나아가 모든 의식이 사라져 고요한 선정(滅定禪)에 들고자 하면 바로 들 수가 있다.
(3) 네 가지 관찰법 내지 여덟 가지 바른 깨달음에 이르는 길·모든 것은 공(空)·어떤 특징도 없음(無相)·원할 것이 없음(無作)의 삼매(三昧), 내지 다섯 가지 신통(五神通)을 닦고자 하면 바로 능히 닦는다. 그러나 그 과보를 받지 않고 수다원과 내지 벽지불도를 증득하지 않는다. 다만 중생들을 위하여 몸을 받고, 그들에게 걸맞음을 따라서 그들을 이롭게 한다.

(4) 언제나 아뇩다라삼먁삼보리를 생각하여 결코 일체지(薩婆若)의 마음을 멀리 여의지 않는다.
(5) 만약 집에 거주한다면, 중생들을 이롭게 하기 위하여 방편의 힘으로써 다섯 가지 욕락(五欲)을 받아 중생에게 보시하니, 먹을 것을 구하면 먹을 것을 주고 마실 것을 구하면 마실 것을 주며, 의복·침구, 나아가 생활에 필요한 일용품을 구하면 그 전부를 준다.
(6) 스스로 보시바라밀을 행하고 사람을 가르쳐서 보시를 행하게 하며, 보시를 행하는 법을 찬탄하고, 보시바라밀을 행하는 이를 환희하고 찬탄한다. 지계바라밀 내지 반야바라밀도 또한 이와 같다.
(7) 집에 있을 때에 능히 염부제(閻浮提)에 가득 찬 진귀한 보물로써 중생들에게 베풀어 주고, 나아가 삼천대천세계(三千大千世界)에 가득 찬 진귀한 보물로써 중생들에게 준다. 또한 항상 청정한 행(梵行)을 닦되 자신을 위해서 하지 않고, 타인을 업신여기고 노략질하여 그들을 근심하고 번뇌롭게 하지 않는다.
(8) 금강을 가진 신왕(執金剛神王)이 항상 뒤따라다니며 수호한다.
(9) 항상 보살의 다섯 가지 뛰어난 능력(五根)인 믿음의 능력(信根)·정진의 능력(精進根)·기억의 능력(念根)·선정의 능력(定根)·지혜의 능력(慧根)을 원만히 갖춘다.
(10) 항상 일심으로 아뇩다라삼먁삼보리를 행하여 마음이 산란하지 않는 상인(上人)이 되고, 하인(下人)이 되지 않는다.
(11) 일심으로 항상 불도(佛道)를 생각하고 청정한 삶(淨命)을 하는 까닭에 주문(呪術)을 사용하거나 약(藥)을 만들지 않으며, 귀신을 부려 남녀에게 붙게 하여 길흉(吉凶)이나 남녀의 팔자(祿相)·수명의 장단(長短)을 묻지 않는다.
(12) 언제나 반야바라밀을 행하고 언제나 아뇩다라삼먁삼보리의 마음을 멀리 여의지 않는 까닭에 다섯 가지 모임(五陰)에 관하여 말하지 않고, 열두 가지 영역(十二入)에 관하여 말하지 않으며, 열여덟 가지 요소(十

八界)에 관하여 말하지 않는다. 왜냐하면 다섯 가지 모임은 공한 것이고, 열두 가지 영역과 열여덟 가지 요소가 공한 것임을 항상 생각하고 관찰하기 때문이다.

(13) 관청의 일(官事)·도적의 일(賊事)·군대의 일(軍事)·싸우는 일(鬪事)·부녀(婦女)에 관한 일·마을의 일·성읍(城邑)의 일·나라 일(國事)·자신의 일(我事) 등 여러 가지 세간의 일에 관하여 말하기를 좋아하지 않고, 단지 즐겨 반야바라밀만을 설한다.

(14) 비록 일체 모든 것이 공함을 행한다고 해도 법을 사랑하고 즐기니, 즉 일체지의 마음을 멀리 여의지 않고 보시바라밀을 행할 때에 아끼고 탐내는 일을 하지 않고, 지계바라밀을 행할 때에 파계하는 일을 하지 않으며, 인욕바라밀을 행할 때에 성내고 다투는 일을 하지 않고, 정진바라밀을 행할 때에 게으른 일을 하지 않으며, 선정바라밀을 행할 때에 산란한 일을 하지 않고, 반야바라밀을 행할 때에 어리석은 일을 하지 않는다.

(15) 비록 진실의 본성을 행한다고 해도 항상 파괴되지 않는 법을 찬탄하고, 많은 중생들을 능히 교화하여 아뇩다라삼먁삼보리에 즐겨 머물게 하는 선지식인 소위 많은 부처님 및 보살·성문·벽지불을 사랑하고 좋아한다.

(16) 항상 많은 부처님을 친견하기를 원하고, 불국토 중에 현재 부처님이 계신 곳이 있음을 들으면 원력을 쫓아 왕생(往生)하고자 한다.

(17) 첫째 선정 내지 비유상비무상처를 행하지만, 방편의 힘을 가지는 까닭에 애욕세계(欲界)의 마음을 일으키고 능히 열 가지 착한 행위(十善道)를 행하는 중생들과 함께 현재 부처님이 계신 곳에 태어난다.

(18) 반야바라밀을 행할 때에 여섯 가지 감각기관이 공(內空)·여섯 가지 감각기관의 여섯 가지 대상이 공(外空)·내지 사물이 존재하지 않는다는 견해와 존재한다는 견해가 같이 공(無法有法空)에 머물고, 네 가지 관찰법 내지 모든 것은 공(空)·어떤 특징도 없음(無相)·원할 것이 없음(無

作)의 해탈문(解脫門)에 머물며, 스스로의 경지에 대해서 요달하여 나는 물러나지 않는 경지에 있는 보살이지, 물러나지 않는 경지에 있지 않다고 의심하지 않는다.

(19) 물러나지 않는 경지 가운데에 머물러 결코 의심하지 않는다. 이 경지 가운데에 머물러 부처님의 국토를 맑히고 중생을 제도하여 해탈시키며, 갖가지 악마의 장난이 일어나면 즉시에 알아서 악마를 따르지 않고, 악마의 장난을 파괴한다.

(20) 스스로 그 경지에 머물러 항상 마음이 동요하지 않으니, 일체세간의 하늘이나 인간·아수라가 움직여 굴릴 수가 없다.

(21) 갖가지 악마의 장난이 일어나더라도 알아서 따르지 않고, 방편의 힘으로써 악마가 장난하는 곳을 참된 실상 가운데 두며, 스스로 증득한 경지 가운데서 의심하지 않고 뉘우치지 않는다. 그리고 결코 성문이나 벽지불의 경지에 나아가지 않는다.

(22) 몸을 굴림에 이르기까지 내가 반드시 아뇩다라삼먁삼보리를 얻을 것인가 혹은 얻지 못할 것인가를 의심하지 않는다.

(23) 악마가 부처님의 몸을 하고 찾아와서 하는 말을 듣고서 마음이 달라지지 않고 침몰하지 않으며, 놀라지 않고 두려워하지 않으며 겁내지 않고, '나는 반드시 여러 부처님에게서 아뇩다라삼먁삼보리의 기별을 받을 것이다. 왜냐하면 많은 보살이 이 법으로써 기별을 받았고, 나도 또한 이 법이 있어서 기별을 받을 것이기 때문이다'라고 말한다.

(24) 악마나 혹은 악마를 위한 심부름꾼이 부처님의 형상으로 변화하여 찾아와서는 보살에게 성문이나 벽지불의 기별을 주는 일이 있을 때, 그것이 악마의 짓임을 안다.

(25) 악마가 부처님의 몸을 하고 찾아와서 '반야바라밀이 부처님이 설한 것이 아니고 또한 성문의 설도 아니다'라고 할 때, 그것이 거짓임을 안다.

(26) 반야바라밀을 행할 때에 모든 법을 보호하고 지키기 위하여 신명(身

命)도 아까워하지 않는다.
(27) 다라니(陀羅尼)를 얻은 까닭에 부처님의 설법을 듣고서 의심하지 않고 뉘우치지 않으며, 듣고 나서 받아 지니고 결코 잊어버리지 않는다.

4) 한 생 동안만 번뇌에 얽매여 있는 보살(一生補處菩薩)

보살의 계위 중 마지막인 한 생 동안만 번뇌에 얽매여 있는 보살(一生補處菩薩)에 관해서는 반야경 전체를 통하여 그 이름만 보일 뿐, 그다지 언급하고 있지 않다. 단지 『대품반야경』 왕생품 제4에는 다음과 같이 묘사하고 있다.

사리불아, 어떤 보살마하살은 반야바라밀을 행할 때에 몸을 부처님처럼 나투어서 널리 항하의 모래알같이 많은 시방의 모든 부처님 국토에 가서 중생을 위하여 법을 설함과 동시에 모든 부처님을 공양하고, 그 국토를 맑히며 모든 부처님의 설법을 듣는다. 그리고 미묘하고 맑은 시방국토의 모양을 남김없이 보고 스스로 수승한 국토를 건립하니, 그 국토의 보살마하살은 전부가 한 생 동안만 번뇌에 얽매여 있는 보살(一生補處菩薩)들이다.

반야경에서는 미륵보살이 가끔 등장하고 있는데, 이 보살이야말로 대표적인 한 생 동안만 번뇌에 얽매여 있는 보살이다. 이 외에도 대승불교에서 신앙의 대상이 되는 보살마하살들이 등장하는데, 이들이 역시 이 넷째 계위의 보살들이다. 이 보살들은 멀지 않은 날에 부처님이 되어 스스로의 국토를 건립하고 중생을 제도한다.

3. 육바라밀(六波羅蜜)

초기불교와 부파불교의 수도규범에 여덟 가지 바른 깨달음에 이르는 길(八正道)이라는 것이 있다. 올바른 견해(正見)·올바른 사유(正思惟)·올바른 말(正語)·올바른 행위(正業)·올바른 직업(正命)·올바른 노력(正精進)·올바른 주의력(正念)·올바른 정신 통일(正定)의 여덟 가지 방법이다. 이 여덟 가지는 도덕적인 자기훈련에 의한 정신의 맑힘을 통하여 명상의 완성에 이르는 수행을 나타낸다. 그리고 이것은 욕락과 고행 등의 극단을 떠난 중도를 근본정신으로 하고 있다.

이에 대해 대승보살의 수행덕목으로 반야경에서는 육바라밀을 제시하고 있다. 소위 보시·지계·인욕·정진·선정·지혜라는 여섯 가지 바라밀이다. 물론 반야경의 도처에도 여덟 가지 바른 깨달음에 이르는 길이 나타나고 있긴 하지만, 구체적인 실천덕목은 역시 반야바라밀을 중심으로 한 육바라밀이다. 본래 육바라밀은 불전문학(佛傳文學)에서 석가모니불의 전신인 보살의 수행으로 나타나고 있는데, 『대품반야경』에서도 삼차품 제75에 다음과 같은 경문이 있다.

> 수보리가 부처님께 사루어 말씀드렸다.
> "세존이시여, 일체 모든 것은 있을 것이 없는 성품이라면, 부처님께서는 어떻게 일체 모든 것은 있을 것이 없는 성품을 아는 것으로 성불(成佛)하셨으며, 일체 모든 것에 있어서 자재력을 얻으셨습니까?"
> 부처님께서 수보리에게 이르셨다.
> "그렇다, 정말 그러하다. 일체 모든 것은 있을 것이 없는 성품이다. 내가 본시 보살도를 행할 때에 육바라밀을 닦아서 온갖 탐욕을 여의고 악하고 착하지 않은 법을 여의었다."

부처님께서는 육바라밀행이라는 보살도를 닦아서 성불하시고, 일체 모든 것에 있어서 자재력을 얻었다는 것이다. 이처럼 대승불교 수행도의 근본이 되는 육바라밀이 반야경에서는 어떻게 설해지고 있는지를 이하에서 고찰해 보고자 한다.

1) 보시바라밀

보시(布施)란 말은 '주다, 베풀다'의 의미를 담고 있는 산스크리트 어 다나(dāna)를 번역한 것으로, 자기의 소유를 남에게 나누어 베풀어 준다는 뜻이다. 작게 말하면 중생 각자가 가지고 있는 탐욕심을 없애는 치료법이라 할 수 있고, 크게 말하면 사회를 향한 봉사와 희생의 정신이라고 할 수 있다. 그런데 이 보시란 말은 대승불교에서는 단순한 '보시'에 멈추지 않고 항상 '보시바라밀'이라고 하여 '바라밀(波羅蜜)'이라는 말과 함께 사용되고 있다. 바꾸어 말하면 단순한 보시가 아니라 '보시의 완성' 혹은 '완전한 보시'라는 의미로 사용되고 있다. 그래서 보시의 구체적인 모습을 살펴보기 전에 먼저 보시바라밀에 관하여 고찰해 보기로 하자.

『대품반야경』 문승품 제18에는 보시바라밀에 관하여 다음과 같이 정의하고 있다.

> 무엇을 보시바라밀이라고 부르는가? 수보리야, 보살마하살은 일체지(薩婆若)에 합치하는 마음으로써 안팎의 모든 것을 남에게 베풀고 일체 중생들과 함께 아뇩다라삼먁삼보리에 회향하니, 붙잡을 것이 없음인 까닭이다. 수보리야, 이것을 보살마하살의 보시바라밀이라고 말한다.

보시바라밀이란 단순히 무엇을 남에게 베푸는 것이 아니라 안팎의 모든 것을 일체지에 합치하는 마음으로 베풀고, 그것을 일체 중생들과 함께 아뇩다라삼먁삼보리에 회향하는 것이다. 즉 보시가 단순한 시여(施與)에 멈추지 않고 그것이 최고의 깨달음으로 돌려졌을 때, 보시는 비로소 보시바라밀이 되는 것이다.

그렇다면 이러한 보시바라밀, 즉 보시의 완성을 성취하기 위하여 무엇을 어떻게 베풀어야 하는가. 먼저 보시의 종류에 관하여 『대품반야경』 사섭품 제78에서는 다음과 같이 설시하고 있다.

> 수보리야, 내가 부처님의 눈으로써 항하의 모래알같이 많은 시방세계의 국토에 있는 모든 보살마하살을 관찰하건대, 네 가지 행동(四事)으로써 중생을 거두어들인다. 무엇을 네 가지라고 하는가? 보시(布施)와 부드러운 말(愛語)과 도움이 되는 행동(利行)과 협력하는 일(同事)이다.
> 어떻게 보살은 보시로써 중생을 포섭하는가? 수보리야, 보살은 두 가지 보시로써 중생을 거두어들이니, 재물보시와 법보시인 것이다.
> 어떠한 재물보시로써 중생을 포섭하는가? 수보리야, 보살마하살은 금·은·유리(瑠璃)·파리(頗梨)·가패(珂貝)·산호(珊瑚) 등의 여러 보물로써 하고, 혹은 음식·의복·침구·주택·등불·꽃·향·장신구·혹은 남자나 여자·혹은 소·양·코끼리·말·수레로써 하며, 혹은 자기 몸을 중생에게 베풀어 주고 말하기를, '그대들이 만약 필요한 것이 있다면, 전부가 와서 이것을 가져라. 자기의 물건을 갖는 것처럼 하여 어려워하지 말아라'고 한다.
> 이 보살은 보시하고 나서 삼귀의(三歸依)를 가르치니, 부처님께 귀의하고 가르침에 귀의하며 스님네께 귀의하게 한다.

경에서는 보시에 재물보시와 법보시의 두 종류가 있다고 밝히고 있다. 재물보시란 자신이 가지고 있는 재산이나 가족, 그리고 자기 몸까지도 남에게 베푸는 것이다.

앞의 문승품 제18에서도 안팎의 모든 물건을 남에게 준다고 했지만, 재물보시는 이렇게 다시 안팎의 두 종류로 구별된다. 『대지도론』 권 제11에서는 이 두 종류를 외보시(外布施)·내보시(內布施)라 부르고 있다. 외보시란 연민으로 여러 가지 물건과 심지어 자기 가족까지도 남에게 주는 것을 말한다. 내보시란 신명을 아끼지 않고 자기 육신의 전부나 혹은 일부분을 모든 중생에게 주는 것이다.

그러나 재물의 보시는 그것으로 멈추어서는 안 된다. 보살은 재물을 보시한 후에 그 사람으로 하여금 불법에 귀의하도록 가르쳐야 한다. 왜냐하면 많은 사람들이 신명은 무상함에도 불구하고 자기의 재물을 애석해하고, 번뇌의 근본에는 '나의 물건'에 대한 집착심이 있기 때문이다. 이 집착심을 여의고 열반을 얻게 하는 것이 보살의 임무이기 때문이다.

다음으로 법보시에 관하여 경에서는 이렇게 설시하고 있다.

수보리야, 보살은 어떠한 법보시로써 중생을 거두어들이는가? 수보리야, 법보시에 두 종류가 있으니 첫째는 세간(世間)이요, 둘째는 출세간(出世間)이다. 어떠한 것을 세간의 법보시라고 하는가? 세간의 법을 부연하여 나타내 보이는, 소위 부정하다고 관찰하는 것·호흡의 출입을 관찰하는 것·네 가지 선정·네 가지 한량없는 이타의 마음·네 가지 형상을 떠난 선정 등의 이와 같은 세간의 법 및 나머지 많은 범부와 함께 행하는 바 법을 세간의 법보시라고 말한다. 이 보살은 이와 같은 세간의 법을 보시하고 나서 여러 가지 인연으로 교화하여 세간의 법을 멀리 여의게 하며, 세간의 법을 멀리 여의게 하고 나서 방편의 힘으로써 성스럽고 번뇌가 없는 법 및 성스럽고 번뇌가 없는 법의 결과를 얻게 한다.

수보리야, 어떠한 것을 보살의 세간 밖의 법이라고 하는가? 범부의 법과 함께 하지 않는, 소위 네 가지 관찰법·네 가지 바른 노력·네 가지 자재를 얻는 것·다섯 가지 뛰어난 능력·다섯 가지 악을 부수는 힘·일곱 가지 깨닫는 지혜를 도와 주는 힘·여덟 가지 바른 깨달음에 이르는 길·세 가지 해탈문·여덟 가지 탐착심을 버림·아홉 가지 차례차례의 선정·부처님의 열 가지 지혜의 힘·네 가지 두려움 없는 자신·네 가지 걸림 없는 지혜·열여덟 가지 부처님만이 갖는 특성·서른 두 가지 거룩한 모습·여든 가지 잘 생긴 모습·오백 다라니문(五百陀羅尼門)을 세간 밖의 법이라고 말한다.

법보시란 모든 부처님의 가르침인 법을 다른 사람을 위해 연설하는 것을 말하는데, 여기에도 세간의 법보시와 출세간의 법보시가 있다. 세간의 법보시란 세간의 법을 부연하여 나타내어 법을 설한 후에 방편의 힘으로 성스럽고 번뇌가 없는 법으로 인도하는 것이고, 출세간의 법보시란 범부의 법과 함께 하지 않는 부처님 법을 베풀어 주는 것이다.

보시의 종류로 재물보시와 법보시의 두 가지를 말했지만, 후대에 가서는 이 두 가지에 무외시(無畏施)의 개념이 부가되어 통칭 보시에 세 가지가 있다고 말한다. 무외시란 모든 어려움을 무릅쓰고 타인의 위급한 경우에서 그를 구해 주어 그로 하여금 두려움에서 벗어나게 한다든가 여러 가지 방법을 일깨워 주어서 항상 안심하게 하는 것이다.

다음으로 보시의 방법에 관하여 『대품반야경』 무생품 제26에서 다음과 같이 설시하고 있다.

사리불이 수보리에게 물었다.
"무엇이 세간의 보시바라밀이고, 무엇이 출세간의 보시바라밀입니까?"
수보리가 말했다.
"어떤 보살마하살은 시주(施主)가 되어서 능히 사문이나 바라문·빈궁한 걸인에게 보시하니, 밥을 구하면 밥을 주고 물을 구하면 물을 주며, 옷을 구하면 옷을 주고 침구·의자·주택·향·꽃·장신구·약품 등을 구하면 필요한 것을 주며, 혹은 처자(妻子)·국토·머리·손발·신체의 부분 등 안팎의 물건을 남김없이 베풀어 줍니다. 그리고 베풀 때에 이러한 생각을 합니다. '나는 베풀고 저들은 받거니와 나는 결코 아끼고 탐내지 않으며, 나는 시주가 되고 일체를 버리며, 나는 부처님의 가르침을 따라서 보시하고 보시바라밀을 행한다.'

이렇게 보시를 하고 나서는 얻어진 법으로, 일체중생과 그것을 함께 하여 아뇩다라삼먁삼보리에 회향하고 이렇게 생각합니다. '이 보시의 인연으로써 중생들이 금세에는 즐거움을 얻고, 뒷날에 열반의 즐거움에 듦을 얻게 하리라'고.

이 사람의 보시에는 세 가지 걸림이 있습니다. 무엇이 세 가지인가 하면, 나라는 관념(我相)과 타인이라는 관념(他相)과 베푼다는 관념(施相)입니다. 이 세 가지 관념에 집착하는 보시이기 때문에 이것을 세간의 보시바라밀이라고 말합니다. 무슨 까닭에 세간이라고 말하는가? 세간 가운데서 움직이지 않고 벗어나지 않기 때문이니, 이것을 세간의 보시바라밀이라고 말합니다.

무엇을 세간 밖의 보시바라밀이라고 하는가? 소위 세 가지 보시에 필요한 요소의 청정함(三分淸淨)입니다. 무엇을 세 가지라 하는가 하면, 보살마하살은 보시를 할 때에 자기를 붙잡지 않고 받는 이를 붙잡지 않고 베푸는 물건을 붙잡지 않으며, 또한 과보를 바라지도 않으니, 이것을 세 가지 보시에 필요한 요소가 청정한 보시바라밀이라고 말합니다.

또한 사리불이여, 보살마하살은 보시를 할 때에 일체중생에게 베풀어 주지만 중생을 붙잡지도 않고, 이 보시로써 아뇩다라삼먁삼보리에 회향하지만 미세한 법의 모양까지도 보지 않습니다. 사리불이여, 이것을 세간 밖의 보시바라밀이라고 말합니다. 무슨 까닭에 이름하여 세간 밖이라 하는가? 세간 가운데서 능히 움직이고 능히 벗어나니, 이 까닭에 세간 밖의 보시바라밀이라고 말합니다."

지혜를 아직 얻지 못한 사람들이라도 보시를 행하는 것은 가능하다. 그것을 반복하여 수습함에 의해서 결국 아욕과 아집을 여읜 참된 자비심을 알고 무소득의 지혜를 얻을 수 있다. 그러나 참된 지혜가 수반되지 않는 보시는 나라는 관념(我相)과 타인이라는 관념(他相)과 베푼다는 관념(施相)의 세 가지에 붙잡히게 된다. 이것을 세간(世間)의 보시라 한다. 비록 외보시와 내보시를 다 행하더라도 그것은 단지 세간 가운데서 작용할 따름이어서 세간을 벗어나지 못한다. 그래서 이 보시를 『대지도론』에서는 부정시(不淨施)라 부르고 있다. 번뇌를 완전히 벗어나지 못한 보시라는 것이다.

이렇게 번뇌가 수반된 보시에 비하여 번뇌가 완전히 없어진 정시(淨施)가 있다. 보살이 보시를 행할 때, 자기를 붙잡지 않고 받는 이를 붙잡지 않고 베푸는 물건을 붙잡지 않으며, 또한 과보를 바라지도 않는 것이다. 이것을 세 가지 보시에 필요한 요소의 청정함(三分淸淨)이라고 한다. 흔히 삼륜청정(三輪淸淨)이라고 하는 것이다. 이것을 출세간의 보시라고 하는데, 여기에는 나라는 관념과 타인이라는 관념과 베푼다는 관념의 세 가지가 존재하지 않는다. 이 보시야말로 반야경에서 주장하는 보시바라밀인 것이다.

그러나 반야경에서는 육바라밀의 각 덕목이 제각기 혼자서만 작용한다고 하지는 않는다. 소위 육도상섭(六度相攝)의 이론을 전개하여 반야바라밀을 인도자로 하면서, 각 바라밀에 다른 다섯 바라밀을 포함하고 있다. 『대품반야경』 섭오품 제68에 설해지고 있는 육도상섭 중 보시바라밀에 머물러 다른 다섯 가지 바라밀을 어떻게 받아들이는지를 이하에서 정리해 본다.

(1) 보시바라밀에 머물러서 지계바라밀을 취함 : 보시를 할 때에 이 보시

로써 일체지에 회향하고, 중생들 가운데서 인자한 몸과 말과 생각의 업(業)에 머문다.
(2) 보시바라밀에 머물러서 인욕바라밀을 취함 : 보시를 할 때에 받는 이가 성내고 욕하고 나쁜 말로 그에게 대하더라도, 이 때 보살은 인욕하여 성내는 마음을 내지 않는다.
(3) 보시바라밀에 머물러서 정진바라밀을 취함 : 보시를 할 때에 받는 이가 성내고 욕하고 나쁜 말로 그에게 대하더라도, 보살은 보시의 마음을 더욱 늘리어서 이렇게 생각한다. '나는 응당히 베풀고 아끼는 것이 있어서는 안 된다'고. 이 때 몸의 정진과 마음의 정진이 생기는 것이다.
(4) 보시바라밀에 머물러서 선정바라밀을 취함 : 보시를 할 때에 일체지에 회향하여 성문이나 벽지불의 경지에 나아가지 않고, 다만 일심으로 일체지를 생각할 뿐이다.
(5) 보시바라밀에 머물러서 반야바라밀을 취함 : 보시를 할 때에 보시는 공이어서 환상과 같음을 알고, 중생들을 위해서 보시함으로써 이익이 있음과 이익이 없음을 보지 않는다.

2) 지계바라밀

대승보살이 닦아야 할 첫번째 수행덕목인 보시바라밀에 관하여 앞에서 살펴보았다. 이에서 우리들은 보시의 밑바탕을 이루는 것이 세 가지 보시에 필요한 요소의 청정함(三分淸淨)임을 알았다. 즉 '나, 나의 것'이라고 하는 탐욕의 마음을 버리는 것에서부터 대승보살의 수행의 첫걸음이 시작된다는 사실을 이해하게 되었다. 그러나 아무리 이러한 정신에 입각해서 보시를 행하고자 해도, 우리들의 생활 속에 그것을 실행해 나갈 만한 기반이 충실하지 않다면 그것은 가능하지 않게 된다. 이렇게 수행을 실천할 수 있도록 스스로의 생활을 가지런하게 하는 것이 지금부터 말할 지계바라밀이다.

　계(戒)란 산스크리트 어 실라(śīla)로 반복해서 행하는 것, 즉 습관·도덕이라는 의미를 담고 있다. 이 말이 불교에 채택되어『대지도론』권 제13에서는 '즐겨 선도(善道)를 행하여 방일(放逸)을 멀리하는 것'이라고 말하고 있다. 또한 계란 성선(性善)을 가꾸는 것이라고 하기도 하는데, 이 말은 인간은 본래 선한 것이며, 인간이 지니고 있는 본래의 그러한 성향을 키우는 것이 계라는 의미를 담고 있다. 그렇다면 반야경에서는 지계바라밀을 어떻게 설하고 있는가.

　『대품반야경』문승품 제18에는 지계바라밀에 관하여 다음과 같이 정의하고 있다.

> 무엇을 지계바라밀이라고 부르는가? 수보리야, 보살마하살은 일체지에 합치하는 마음으로써 스스로 열 가지 착한 행위(十善道)를 행하고, 또한 타인으로 하여금 열 가지 착한 행위를 행하게 하니, 붙잡을 것이 없음인 까닭이다. 이것을 보살마하살의 지계바라밀이라고 말한다.

　지계바라밀이란 스스로 열 가지 착한 행위(十善道)를 행하고, 또한 타인으로 하여금 열 가지 착한 행위를 행하게 하는 것이라고 경에서는 정의하고 있다.

　주지하는 바와 같이 초기불교 내지 부파불교는 비구와 비구니의 계율로 250가지가 넘는 항목을 설정하고 있고, 또한 일반 불교도의 일상윤리의 규범으로 다음의 다섯 가지 조항, 소위 오계(五戒)를 들고 있다.

　첫째 불살생(不殺生 : 살생하지 않는다.)
　둘째 불투도(不偸盜 : 도둑질하지 않는다.)
　셋째 불사음(不邪淫 : 삿된 음행을 하지 않는다.)
　넷째 불망어(不妄語 : 거짓말하지 않는다.)

다섯째 불음주(不飮酒 : 술을 마시지 않는다.)

그런데 반야경에서는 십선계(十善戒)를 지계바라밀의 덕목으로 말하고 있다. 물론 선달품 제79에서,

> 스스로 열 가지 착한 행위(十善)를 행하고 타인을 가르쳐서 열 가지 착한 행위를 행하게 하며, 열 가지 착한 행위를 행하는 법을 찬탄하고 열 가지 착한 행위를 행하는 이를 환희하고 찬탄하는 것이다. 스스로 다섯 가지 계율(五戒)을 받아 행하고 타인을 가르쳐서 다섯 가지 계율을 받아 행하게 하며, 다섯 가지 계율의 법을 찬탄하고 다섯 가지 계율을 받아 행하는 이를 환희하고 찬탄한다. 스스로 여덟 가지 계율(八戒齋)을 받고 타인을 가르쳐서 여덟 가지 계율을 받게 하며, 여덟 가지 계율의 법을 찬탄하고 여덟 가지 계율을 환희하고 찬탄하는 것이다.

라고 설하고 있는 것처럼 오계를 언급하고 있지 않는 것은 아니지만, 지계바라밀의 덕목으로 포함시키지는 않고 있다. 즉 반야경에서 설하는 계율이란 열 가지 착한 행위(十善道)에 한정되고 있다.

열 가지 착한 행위가 구체적으로 어떤 조항인가 하는 것을 경전 도처에서 말하고 있는데, 그 가운데서 생략 없이 설하고 있는 것으로 『대품반야경』 멸쟁품 제31의 다음과 같은 경문이 있다.

> 스스로도 살생(殺生)하지 않고 타인을 시켜 살생케 하지 않으며, 살생하지 않는 법을 찬탄하고 또한 살생하지 않는 이를 환희하고 찬탄한다. 스스로도 도둑질(不與取)을 멀리 여의고 타인을 시켜 도둑질함을 멀리 여의게 하며, 도둑질을 멀리 여의는 법을 찬탄하고 또한 도둑질을 멀리 여의는 이를 환희하고 찬탄한다. 스스로도 삿된 음행을 하지 않고 타인을 시켜 삿된 음행을 하지 않게 하며, 삿된 음행을 하지 않는 법을 찬탄하고 또한 삿된 음행을 하지 않는 이를 환희하고 찬탄한

다. 스스로도 거짓말을 하지 않고 타인을 시켜 거짓말을 하지 않게 하며, 거짓말하지 않는 법을 찬탄하고 또한 거짓말하지 않는 이를 환희하고 찬탄한다. 이간질하는 말(兩舌)・저주하는 말(惡口)・이익이 없는 말(無利益語)도 이와 같다. 스스로도 탐내지 않고 타인을 시켜 탐내게 하지 않으며, 탐내지 않는 법을 찬탄하고 탐내지 않는 이를 환희하고 찬탄한다. 성내지 않음과 삿된 소견을 갖지 않음도 이와 같다.

열 가지 착한 행위(十善道)란 살생(殺生)・투도(偸盜)・사음(邪淫)・망어(妄語)・양설(兩舌)・악구(惡口)・기어(綺語 : 경에서는 이익이 없는 말)・탐욕(貪欲)・진애(瞋恚)・사견(邪見)이라는 열 가지 악행을 여의는 것이다. 그러나 여기에서는 십선도라고 하면서도 음주(飮酒)의 계율이 부가되어 있기 때문에 11종이 열거되고 있다. 십선도는 출가・재가에 공통된 계로써 설해진 것이긴 하지만, 재가는 그렇다고 해도 출가의 보살은 음주를 삼갔기 때문에 불음주의 항목이 십선에 부가된 것일 것이다.

그런데 여기서 간과할 수 없는 한 가지가 있다. 십선도가 오계(五戒)에 포함되어 있던 음주계를 버리고 언어적 행위를 중요시하여 망어를 망어・양설・악구・무이익어라는 네 개의 항목으로 나누어 들고 있는 점이다. 이것은 역시 십선(十善)이 재가자의 덕목이었던 까닭에 사회생활에 보다 중요한 말의 계율을 늘리고 음주에 대해서는 비교적 관용하게 된 것이라고 생각할 수 있다.

『대품반야경』 섭오품 제68에 설해지고 있는 육도상섭 중 지계바라밀에 머물러 다른 다섯 가지 바라밀을 어떻게 받아들이는지를 이하에서 정리해 본다.

(1) 지계바라밀에 머물러서 보시바라밀을 취함 : 몸과 말과 생각으로 보시의 복덕을 내어 아뇩다라삼먁삼보리를 돕고, 이 공덕을 가지고 성문이나 벽지불의 경지를 취하지 않는다. 지계바라밀 가운데 머물러서 다른

생명을 빼앗지 않는다. 다른 이의 물건을 겁탈하지 않고, 삿된 음행을 하지 않으며, 거짓말을 하지 않고, 이간질하는 말을 하지 않으며, 저주하는 말을 하지 않고, 마음에 없는 말을 하지 않으며, 탐내고 질투하지 않고, 성내지 않으며, 삿된 소견이 없이 전부를 보시한다.

굶주린 이에게는 밥을 주고 목마른 이에게는 물을 주며, 탈 것(乘)이 소용되는 이에게는 탈 것을 주고 옷이 필요한 이에게는 옷을 준다. 향이 필요한 이에게는 향을 주고 장신구가 필요한 이에게는 장신구를 주며, 향수·침구·방사·등불·일용품 등을 남김없이 베풀어 준다. 이 보시를 가지고 중생과 이것을 함께 하여 아뇩다라삼먁삼보리에 회향한다.

(2) 지계바라밀에 머물러서 인욕바라밀을 취함 : 가령 어떤 중생이 찾아와서 신체를 마디마디 해체하더라도, 보살은 이 가운데서 성내는 마음 내지는 한 생각도 내지 않고 이렇게 말한다. '나는 큰 이익을 얻었다. 중생이 찾아와서 내 신체의 마디를 가졌지만, 나는 한 생각 성냄도 없다.'

(3) 지계바라밀에 머물러서 정진바라밀을 취함 : 몸으로 정진하고 마음으로 정진하여 항상 버리지 않고 생각하기를, '일체 중생들이 생사(生死) 가운데 있으니, 내가 마땅히 건져서 감로의 땅(甘露地)에 오르게 해야 한다'고 한다.

(4) 지계바라밀에 머물러서 선정바라밀을 취함 : 첫째 선정·둘째 선정·셋째 선정·넷째 선정에 들어가되, 성문이나 벽지불의 경지를 탐내지 않고 이렇게 생각한다. '나는 마땅히 선정바라밀 가운데 머물러 일체의 중생들을 생사로부터 건져야 한다.'

(5) 지계바라밀에 머물러서 반야바라밀을 취함 : 모든 것의 짓는 것과 지음이 없는 것·혹은 수량의 차별·혹은 형상의 차별·혹은 있다거나 없다고 볼 수 있는 것이 있을 수 없고, 단지 모든 것의 진실된 모습에 지나지 않을 따름이며, 반야바라밀의 방편의 힘을 가지는 까닭에 성문이나 벽지불의 경지에 떨어지지 않는다.

3) 인욕바라밀

　인욕이란 산스크리트 어 크산띠(kṣānti)의 번역으로 '참는 것, 조용히 견디는 것'이라는 의미가 있다. 『대승의장』 제12에서는 인욕을 '타인이 비방을 가하는 것을 이름하여 욕(辱)이라 하고, 욕을 능히 참고 견디는 것을 일컬어 인(忍)이라 한다'라고 해석하고 있다. 즉 인욕이란 무엇보다도 남이 어떤 파괴적인 언사나 행동으로 자신을 다치게 했을 때, 그 모욕에 대하여 꾹 참고 견디어 낸다는 것이다.

　그러나 생각해 보면 인생이란 전부가 참지 않으면 안 되는 것이다. 불교에서는 이 세상을 사바세계(娑婆世界)라고 한다. 인토(忍土)라고 번역되는 말로서 이 세상이야말로 참지 않으면 안 되는 곳이라는 뜻이다. 우리들이 참고 견디며 살아가야 하는 세상이라는 것을, 불교에서는 이렇게 사바세계라는 말로 표현하고 있다. 그렇다면 반야경에서는 인욕바라밀을 어떻게 말하고 있는가.

　『대품반야경』 문승품 제18에는 인욕바라밀에 관하여 다음과 같이 정의하고 있다.

　　무엇을 인욕바라밀이라고 부르는가? 수보리야, 보살마하살은 일체지에 합치하는 마음으로써 스스로 참음을 원만히 갖추고, 또한 타인으로 하여금 참음을 행하게 하니, 붙잡을 것이 없음인 까닭이다. 이것을 보살마하살의 인욕바라밀이라고 말한다.

　인욕바라밀이란 붙잡을 수 없는 것으로 스스로 참음을 원만히 갖추고, 타인으로 하여금 참음을 행하게 하는 것이다. 어떻게 참음을 원만히 갖출 것인가. 『대품반야경』 육유품 제77에서는 이렇게 설시하고 있다.

　　수보리가 부처님께 사루어 말씀드렸다.

"세존이시여, 보살마하살은 어떻게 모양이 없는 인욕바라밀을 원만히 갖추는 것입니까?"

"수보리야, 보살마하살은 두 가지 인욕 가운데 머물러서 능히 인욕바라밀을 원만히 갖추는 것이다. 무엇이 두 가지 인욕인가? 중생이 본래 공임을 아는 인욕(生忍)과 모든 것이 본래 공임을 아는 인욕(法忍)이다.

처음 마음을 내어서부터 깨달음의 장소에 앉을 때까지 그 중간에 있어서, 만약 일체 중생들이 찾아와서 욕하고 비방하며 추악한 말을 하고 혹은 기와 조각·돌·칼·막대기로써 이 보살을 때리더라도, 이 보살은 지계바라밀을 원만히 갖추고자 하는 까닭에 하나의 나쁜 생각도 내지 않고, 이 보살은 이렇게 사유(思惟)한다.

'나를 욕하는 이는 누구인가. 나를 해치는 이는 누구인가. 나쁜 말로써 나에게 다가오는 이는 누구인가. 기와 조각·돌·칼·막대기로써 나를 해치는 이는 누구인가.'

왜냐하면 이 보살은 일체 모든 것에 있어서 원래 남이 없는 진리(無生忍)를 얻었기 때문이니, 어찌 이런 생각을 지어서 이 사람이 나를 욕하고, 나를 해쳤다고 하겠는가! 만약 보살마하살이 이와 같이 행한다면 능히 지계바라밀을 원만히 갖추고, 이 지계바라밀을 원만히 갖추는 까닭에 진실한 이치를 깨달아 평온한 마음을 얻는 것이다."

수보리가 부처님께 사루어 말씀드렸다.

"세존이시여, 무엇을 진실한 이치를 깨달아 평온한 마음(無生法忍)이라고 합니까? 이 인욕은 무엇을 끊고, 인욕은 무엇을 아는 것입니까?"

부처님께서 수보리에게 이르셨다.

"모든 것이 본래 공임을 아는 인욕을 얻어 조그마한 착하지 않은 법도 내지 않는 이것을 진실한 이치를 깨달아 평온한 마음이라 말한다. 보살이 끊는 바 일체번뇌를 다하는 이것을 끊음이라 말하고, 지혜로써 일체 모든 것이 나지 않는 것임을 아는 이것을 아는 것이라 말하는 것이다."

경에서는 인욕에 중생이 본래 공임을 아는 인욕(生忍)과 모든 것이 본래 공임을 아는 인욕(法忍)의 두 가지 인욕이 있음을 설하고 있다.

첫째의 생인(生忍)이란 다른 사람들이 욕하고 비방하며 추악한 말을 하고 혹은 갖가지 흉기로 자신을 때리더라도 조금도 나쁜 생각도 내지 않고 참는 것이다. 그러나 『대지도론』에서는 이 생인을, 남에게서 공경과 공양을 받되, 참아서 그 호의에 우쭐하거나 집착하지 않는 것을 같이 말하고 있다.

둘째 법인(法忍)이란 모든 것이 본래 공임을 알아 마음을 편안히 하여 평정을 잃지 않는 것이다.

『대품반야경』 섭오품 제68에 설해지고 있는 육도상섭 중 인욕바라밀에 머물러 다른 다섯 가지 바라밀을 어떻게 받아들이는지를 이하에서 정리해 본다.

(1) 인욕바라밀에 머물러서 보시바라밀을 취함 : 보살은 처음 마음을 내어서부터 깨달음의 장소에 이를 때까지, 그 중간에서 일체 중생들이 찾아와서 성내고 욕하거나 혹은 신체를 마디마디 해체하더라도, 보살은 인욕에 머물러서 이렇게 생각한다. 나는 마땅히 일체 중생들에게 보시해야 하니, 주지 않음이 없어야 한다.'

이 중생이 밥을 구하면 밥을 주고 물을 구하면 물을 주며, 나아가 일용품 등을 남김없이 전부 주고, 이 공덕을 가지고 일체 중생들과 이것을 함께 하여 아뇩다라삼먁삼보리에 회향한다. 이 보살은 회향할 때에 두 가지 마음을 내지 않으니, 누가 회향하는 이고 어디가 회향할 곳인가!

(2) 인욕바라밀에 머물러서 지계바라밀을 취함 : 보살은 처음 마음을 내어서부터 깨달음의 장소에 이를 때까지, 그 중간에서 결코 다른 생명을

빼앗지 않고, 주지 않은 것을 취하지 않으며, 나아가 삿된 소견이 되지 않고, 성문이나 벽지불의 경지에 떨어지지 않는다. 이 공덕을 가지고 일체 중생들과 이것을 함께 하여 아뇩다라삼먁삼보리에 회향한다. 이 보살은 회향할 때에 세 가지 마음을 내지 않으니, 누가 아뇩다라삼먁삼보리에 회향하고 무슨 법으로써 회향하며 어디가 회향할 곳인가!

(3) 인욕바라밀에 머물러서 정진바라밀을 취함 : 보살은 인욕바라밀에 머물러서 정진을 내고, 이렇게 생각한다. '나는 마땅히 일 유순(由旬)이나 혹은 십 유순·백천만억 유순을 가서, 한 국토를 지나고 내지 백천만억 국토를 지나서 한 사람까지라도 가르쳐서 다섯 가지 계율을 가지게 해야 하는데, 어찌 하물며 수다원과 내지 아라한과·벽지불도·아뇩다라삼먁삼보리를 얻게 함일까 보냐!' 이 공덕을 가지고 일체 중생들과 이것을 함께 하여 아뇩다라삼먁삼보리에 회향한다.

(4) 인욕바라밀에 머물러서 선정바라밀을 취함 : 보살은 인욕바라밀에 머물러서 욕망을 여의고 악하고 착하지 않은 법을 여의며, 머트러운 생각도 있고 세밀한 생각도 있으면서(有覺有觀) 욕락을 여읜 기쁨과 즐거움을 내어 첫번째 선정(初禪)에 들고, 나아가 네 번째 선정(第四禪)에 든다. 이 모든 선정 속의 청정한 마음과 마음에 작용하는 갖가지 정신작용으로써 모두 일체지에 회향한다. 회향할 때에 이 보살은 모든 선정 및 선정의 부분을 전부 붙잡지 않는다.

(5) 인욕바라밀에 머물러서 반야바라밀을 취함 : 모든 것의 여읜 모양(離相)이나 영원히 평안한 모양(寂滅相) 혹은 다함이 없는 모양(無盡相)을 관찰하되, 영원히 평안한 모양으로써 깨달음을 삼지 않는다. 나아가 깨달음의 장소에 앉아서 일체종지를 얻고, 깨달음의 장소에서 일어나서 바로 진리의 수레바퀴를 굴린다.

4) 정진바라밀

정진(精進)이란 산스크리트 어 비리야(vīrya)로 원어상에서는 '이겨 낸다'는 의미를 담고 있다. 게으름을 이겨 내고 바른 마음의 상태를 지킨다는 뜻으로 근정진(勤精進)이라는 말로 번역되기도 한다. 따라서 정진의 가장 일반적인 의미는 무엇보다도 힘써 나간다는 것이다. 그렇다고 해서 정진을 그대로 우리들의 일상적인 노력과 같은 것이라고 이해해서는 안 된다. 우리 주변에는 나름대로 열심히 노력하는 사람들이 많지만, 그들이 모두 부처님 눈으로 보아 올바른 노력을 한다고는 할 수 없기 때문이다. 먼저 어떠한 노력인지가 중요하다.

이러한 관점에서 보면 『대품반야경』 문승품 제18에서 설하고 있는 정진바라밀의 다음과 같은 정의는 시사하는 바가 크다고 할 수 있다.

> 무엇을 정진바라밀이라고 부르는가? 수보리야, 보살마하살은 일체지에 합치하는 마음으로써 다섯 가지 바라밀(五波羅蜜)을 행하여 정성스럽게 닦아 쉬지 않으며, 또한 일체 중생들을 다섯 가지 바라밀에 편안히 세우니, 붙잡을 것이 없음인 까닭이다. 이것을 보살마하살의 정진바라밀이라고 말한다.

정진바라밀이란 다섯 가지 바라밀(五波羅蜜)을 행하여 정성스럽게 닦아 쉬지 않으며, 또한 일체 중생들을 다섯 가지 바라밀에 편안히 세우는 것이다. 다시 말하면 부처님의 교법을 힘써 닦고, 다른 사람으로 하여금 행하게 하는 것이다.

이러한 정진은 다시 몸의 정진과 마음의 정진으로 구별되는데, 『대품반야경』 일념품 제76에서는 다음과 같이 설하고 있다.

> 보살마하살은 반야바라밀을 행할 때에 몸의 정진(身精進)과 마음의

정진(心精進)을 완성하여 첫번째 선정에 들고, 나아가 네 번째 선정에 들어서 가지가지 신통력을 받아 능히 한 몸을 나누어 많은 몸이 되고, 나아가 손으로 해와 달을 잡는다.

『대지도론』권 제16에는 '정진은 마음의 작용(心數法)이라고 할 수 있지만, 신력(身力)에서 나오므로 이름하여 마음의 정진(心精進)이라 한다'라고 하고, 육바라밀행을 다음과 같이 몸과 마음의 두 가지 정진으로 설명하고 있다.

(1) 마음의 정진 : 인욕·선정·지혜
(2) 몸의 정진 : 보시·지계

『대품반야경』섭오품 제68에 설해지고 있는 육도상섭 중 정진바라밀에 머물러 다른 다섯 가지 바라밀을 어떻게 받아들이는지를 이하에서 정리해 본다.

(1) 정진바라밀에 머물러서 보시바라밀을 취함 : 몸과 마음으로 정진하여 게으르지 않고 쉬지 않으며, 이렇게 생각한다. '나는 틀림없이 응당히 아뇩다라삼먁삼보리를 얻어야 하니, 얻지 않을 수 없다.' 이 보살은 중생들을 이롭게 하기 위하여 일 유순이나 혹은 백천만억 유순을 가고, 혹은 한 국토를 지나거나 백천만억 국토를 지나서 정진바라밀 가운데 머물러, 만약 한 사람에게 가르쳐 불도 가운데·혹은 성문도 가운데·혹은 벽지불도 가운데에 들게 하지는 못한다고 해도, 가령 한 사람에게 가르쳐 열 가지 착한 행위(十善道)를 행하게 할 수 있다면, 정진하여 게으르지 않는다. 이것을 법을 베풀고 재물을 베풂에 의하여 원만히 갖추게 하고, 이러한 공덕을 가지고 중생들과 이것을 함께 하여 아뇩다라삼먁삼보리에 회향하고 성문이나 벽지불의 경지에 회향하지 않는다.
(2) 정진바라밀에 머물러서 지계바라밀을 취함 : 처음 마음을 내어서부터

깨달음의 장소에 앉을 때까지 스스로 살생하지 않고 타인을 시켜 살생하게 하지 않으며, 살생하지 않는 법을 찬탄하고 살생하지 않는 이를 환희하고 찬탄한다. 나아가 스스로 삿된 소견을 멀리 여의고 타인을 시켜 삿된 소견을 멀리 여의게 하며, 삿되지 않은 소견의 법을 찬탄하고 삿되지 않은 소견을 가진 이를 환희하고 찬탄한다.

이 보살은 지계바라밀을 행하는 인연으로 애욕의 세계(欲界)·물질의 세계(色界)·정신만의 세계(無色界)의 복을 구하지 않고, 성문이나 벽지불의 경지를 구하지 않는다. 이러한 공덕을 가지고 중생들과 이것을 함께 하여 아뇩다라삼먁삼보리에 회향한다. 이 때 세 가지 마음을 내지 않으니, 회향하는 이를 보지 않고 회향법을 보지 않으며 회향처를 보지 않는다.

(3) 정진바라밀에 머물러서 인욕바라밀을 취함 : 처음 마음을 내어서부터 깨달음의 장소에 앉을 때까지 그 중간에 있어서 사람이나 혹은 사람이 아닌 것이 찾아와서 신체를 마디마디 해체하더라도, 보살은 이렇게 생각한다. '나를 찢는 자는 누구인가! 나를 베는 자는 누구인가! 나를 빼앗는 자는 누구인가!'

다시 이렇게 생각한다. '나는 큰 이익을 얻었다. 나는 중생들을 위해서 몸을 받았는데, 중생이 스스로 찾아와서 가져가는구나!' 이 때 보살은 올바른 제법의 실상(諸法實相)을 생각한다. 이러한 공덕을 가지고 중생들과 이것을 함께 하여 아뇩다라삼먁삼보리에 회향하고 성문이나 벽지불의 경지에 회향하지 않는다.

(4) 정진바라밀에 머물러서 선정바라밀을 취함 : 욕망을 여의고 악하고 착하지 않은 법을 여의며, 머트러운 생각도 있고 세밀한 생각도 있으면서 (有覺有觀) 욕락을 여읜 기쁨과 즐거움을 내어 첫번째 선정·두 번째 선정·세 번째 선정·네 번째 선정에 들고, 즐거움을 주는 마음(慈)·가엾이 여기는 마음(悲)·함께 기뻐하는 마음(喜)·온갖 집착을 버리는 마음(捨)에 들며, 나아가 비유상비무상처(非有想非無想處)에 든다. 이러한

선정과 한량없는 이타의 마음과 형상을 떠난 선정을 가지고서 과보를 받으려 하지 않고, 중생들을 이익되게 하는 곳에 태어나 육바라밀로써 중생들을 제도하여 해탈시키니, 소위 보시바라밀 내지 반야바라밀인 것이다. 한 부처님 국토에서 다른 부처님 국토에 도달하여 많은 부처님을 가까이하고 공양하며 착한 뿌리를 심는다.
(5) 정진바라밀에 머물러서 반야바라밀을 취함 : 보시바라밀의 법을 보지 않고 보시바라밀의 모양을 보지 않으며, 나아가 선정바라밀의 법을 보지 않고 선정바라밀의 모양을 보지 않는다. 네 가지 관찰법 내지 일체종지도 또한 법을 보지 않고 모양도 보지 않으며, 일체 모든 것이 법도 아니고 법 아님도 아님을 보아 법 가운데에 있어서 집착하는 바가 없다. 이 보살이 짓는 것은 말하는 것과 같은 것이다.

5) 선정바라밀

선정(禪定)의 선(禪)은 산스크리트 어 드햐나(dhyāna)를 음역한 것이다. 드햐나는 선나(禪那)라고도 음역되는데, '명상하다'는 의미를 지니고 있기 때문에 정려(淨慮)라고 번역하기도 한다. 여기에 '평정하다', '바로잡는다'는 뜻의 정(定)이라는 한자가 덧붙어 만들어진 말이 선정이라는 어휘이다. 그러므로 선정이란 말은 음역과 의역이 복합된 것이다.
『대품반야경』 문승품 제18에는 선정바라밀에 관하여 다음과 같이 정의하고 있다.

무엇을 선정바라밀이라고 부르는가? 수보리야, 보살마하살은 일체지에 합치하는 마음으로써 스스로 방편을 가지고 모든 선정에 들지만, 선정에 따라서 태어나지 않고, 또한 타인을 가르쳐서 선정에 들게 하니, 붙잡을 것이 없음인 까닭이다. 이것을 보살마하살의 선정바라밀이라고 말한다.

경에서는 모든 선정에 든다고 설하고 있는데,『대품반야경』섭오품 제68에 설해지고 있는 육도상섭 중에 잘 설명하고 있다.

(1) 선정바라밀에 머물러서 보시바라밀을 취함 : 온갖 욕망을 여의고 악하고 착하지 않은 법을 여의며, 머트러운 생각도 있고 세밀한 생각도 있으면서 욕락을 여읜 기쁨과 즐거움을 내어 첫번째 선정·두 번째 선정·세 번째 선정·네 번째 선정에 들고, 즐거움을 주는 마음·가엾이 여기는 마음·함께 기뻐하는 마음·온갖 집착을 버리는 마음·내지 비유상비무상처에 든다. 선정바라밀에 머물러서 마음이 산란하지 않고 두 가지 보시를 행함으로써 중생들에게 베푸니, 법보시와 재물보시이다.

　스스로 두 가지 보시를 행하고 타인을 가르쳐서 두 가지 보시를 행하게 하며, 두 가지 보시를 행하는 법을 찬탄하고 두 가지 보시를 행하는 이를 환희하고 찬탄한다. 이러한 공덕을 가지고 중생들과 이것을 함께 하여 아뇩다라삼먁삼보리에 회향하고 성문이나 벽지불의 경지에 회향하지 않는다.

(2) 선정바라밀에 머물러서 지계바라밀을 취함 : 음욕과 성냄과 어리석은 마음을 내지 않고 타인을 번뇌롭게 하는 마음을 내지 않으며, 단지 일체지에 상응하는 마음으로 수행할 따름이다. 이러한 공덕을 가지고 중생들과 이것을 함께 하여 아뇩다라삼먁삼보리에 회향하고 성문이나 벽지불의 경지에 회향하지 않는다.

(3) 선정바라밀에 머물러서 인욕바라밀을 취함 : 물질적 존재를 보기를 거품 덩어리 같고, 감각을 보기를 큰 거품 같으며, 표상을 보기를 아지랑이 같고, 의지를 보기를 파초 같으며, 인식을 보기를 허깨비 같다고 여긴다. 이렇게 관찰할 때에 다섯 가지 모임(五陰)은 견고한 모양이 없음을 보고, 이렇게 생각한다. '나를 찢는 자는 누구인가! 나를 베는 자는 누구인가! 누가 감각을 느끼고 누가 생각하며, 누가 행동하고 누가 인

식하는가! 누가 욕하는 사람인가! 누가 욕을 듣는 사람인가! 누가 화를 내는가!'

(4) 선정바라밀에 머물러서 정진바라밀을 취함 : 욕망을 여의고 악하고 착하지 않은 법을 여의며, 머트러운 생각도 있고 세밀한 생각도 있으면서 욕락을 여읜 기쁨과 즐거움을 내어 첫번째 선정·두 번째 선정·세 번째 선정·네 번째 선정에 든다. 이 모든 선정 및 그 소소한 모양에 집착하지 않고 가지가지 신통을 내되, 물 위를 땅처럼 다니고 땅 속으로 들어감을 물처럼 하는 것이 앞에서 설함과 같다. 므든 소리를 전부 듣는 귀(天耳)는 두 가지 소리인 하늘이나 혹은 인간의 소리를 듣고, 타인의 마음을 전부 아는 마음(他心)은 거두어들인 마음이나 혹은 산란한 마음·내지 위가 있는 마음(有上心)·위가 없는 마음(無上心)임을 알며, 갖가지 전생의 일을 전부 알아(宿命)서 기억하는 것이 앞에서 설함과 같다. 모든 것을 다 보는 눈(天眼)을 갖춤에 의하여 사람의 눈을 지나 중생들이 지은 업(業)과 같이 과보를 받는 것을 봄이 앞에서 설함과 같다.

보살은 이러한 다섯 가지 신통에 머물러서 한 부처님 국토에서 다른 부처님 국토에 도달하며, 많은 부처님을 가까이하고 공양하여 착한 뿌리를 심고, 중생들을 제도하여 해탈시키며 부처님의 국토를 맑힌다. 이러한 공덕을 가지고 중생들과 이것을 함께 하여 아뇩다라삼먁삼보리에 회향한다.

(5) 선정바라밀에 머물러서 반야바라밀을 취함 : 물질적 존재를 붙잡지 않고, 감각·표상·의지·인식을 붙잡지 않는다. 보시바라밀·지계바라밀·인욕바라밀·정진바라밀·선정바라밀을 붙잡지 않고, 반야바라밀을 붙잡지 않는다. 네 가지 관찰법을 붙잡지 않고, 나아가 일체종지를 붙잡지 않는다. 모든 것의 함이 있는 일체현상(有爲性)을 붙잡지 않고, 모든 것의 함이 없는 진리(無爲性)를 붙잡지 않는다. 붙잡지 않는 까닭에 짓지 않고, 짓지 않는 까닭에 나지 않으며, 나지 않는 까닭에 없어지지 않

는 것이다. 왜냐하면 부처님이 계시든 부처님이 계시지 않든 이러한 사물의 진실된 모습(如)·있는 그대로의 모양(法相)·진실의 본성(法性)은 항상 머무는 것이어서 생기지도 않고 없어지지도 않으며, 언제나 일심으로 일체지에 걸맞게 행하는 것이다.

6) 반야바라밀

반야바라밀에 관해서는 지금까지 전편을 통하여 설명했기 때문에 더 이상 살펴볼 필요가 없을 것이다. 다만 간략하게 『대품반야경』 문승품 제18에서 정의하고 있는 반야바라밀에 관하여 살펴보고, 이어서 『대품반야경』 섭오품 제68에 설해지고 있는 육도상섭 중 반야바라밀에 머물러 다른 다섯 가지 바라밀을 어떻게 받아들이는지를 이하에서 정리해 본다.

무엇을 반야바라밀이라고 부르는가? 수보리야, 보살마하살은 일체지에 합치하는 마음으로써 온갖 것에 집착하지 않고, 또한 온갖 것의 성품을 관(觀)하니, 붙잡을 것이 없음인 까닭이다. 또한 타인으로 하여금 온갖 것에 집착하지 않게 하고, 온갖 것의 성품을 관하게 하니, 붙잡을 것이 없음인 까닭이다. 이것을 보살마하살의 반야바라밀이라고 말한다.

(1) 반야바라밀에 머물러서 보시바라밀을 취함 : 보살은 열네 가지 공(十四空) 가운데 머물러서 물질적 존재의 모양을 공이라거나 혹은 공이 아니라고 붙잡지 않고, 감각·표상·의지·인식의 모양을 공이라거나 혹은 공이 아니라고 붙잡지 않는다. 네 가지 관찰법을 공이라거나 혹은 공이 아니라고 붙잡지 않고, 나아가 아뇩다라삼먁삼보리를 공이라거나 혹은 공이 아니라고 붙잡지 않으며, 함이 있는 성품과 함이 없는 성품을 공이라거나 혹은 공이 아니라고 붙잡지 않는다.

보살마하살은 이와 같이 반야바라밀 가운데 머물러서 모두를 보시한다. 가령 음식·의복·갖가지 일용품을 가지고 하되, 이 보시가 공인 것을 관찰한다. 어떤 것들이 공인가? 베푸는 이·받는 이·재물이 공이어서 아끼고 집착하는 마음을 내지 않는다. 왜냐하면 보살마하살은 반야바라밀을 행하여 처음 마음을 내어서부터 깨달음의 장소에 앉을 때까지 망상과 분별함이 있지 않고, 모든 부처님께서 아뇩다라삼먁삼보리를 얻으실 때에 아끼고 집착하는 마음이 없었던 것처럼 보살마하살도 또한 이와 같이 반야바라밀을 행할 때에 아끼고 집착하는 마음이 없다. 이 보살이 존중히 여기는 것은 반야바라밀인 것이다.

(2) 반야바라밀에 머물러서 지계바라밀을 취함 : 성문이나 벽지불의 마음을 내지 않는다. 왜냐하면 보살은 성문이나 벽지불의 경지를 붙잡을 수가 없고, 성문이나 벽지불에 나아가는 마음도 또한 붙잡을 수가 없기 때문이다. 보살마하살은 처음 마음을 내어서부터 깨달음의 장소에 앉을 때까지 그 중간에 있어서 스스로 살생하지 않고 타인을 시켜 살생하게 하지 않으며, 살생하지 않는 법을 찬탄하고 살생하지 않는 이를 환희하고 찬탄한다. 나아가 스스로 삿된 소견을 내지 않고 타인을 시켜 삿된 소견을 내지 않게 하며, 삿되지 않은 소견의 법을 찬탄하고 삿되지 않은 소견을 가진 이를 환희하고 찬탄한다. 이러한 계를 가진 인연을 가지고 성문이나 벽지불의 경지로써 법을 취하지 않는다. 어찌 하물며 나머지 법이겠느냐!

(3) 반야바라밀에 머물러서 인욕바라밀을 취함 : 법의 진리에 수순(隨順法忍)함를 내어, 이렇게 생각한다. '모든 것 가운데는 진리로서 일어난다거나 혹은 멸하고, 난다거나 혹은 죽고, 비난을 받거나 혹은 저주의 말을 듣고, 찢기거나 혹은 베이고, 파괴되거나 혹은 묶이고, 얻어맞거나 혹은 살해되는 것이 있을 수 없다.'

이 보살은 처음 마음을 내어서부터 깨달음의 장소에 앉을 때까지 가령 일체 중생들이 찾아와서 비난하고 저주하며, 칼이나 몽둥이·기와 조각·돌로써 찢고 베며 상처를 입히더라도, 마음으로 동요하지 않고 이렇게 생각한다. '정말 괴이하구나. 이 법 가운데는 진리로서 비난하고 저주하며 찢고 베며 상처를 받을 이가 있을 수 없는데도, 중생들은 이러한 고뇌를 받는구나!'

(4) 반야바라밀에 머물러서 정진바라밀을 취함 : 중생들을 위해서 법을 설하여 보시바라밀·지계바라밀·인욕바라밀·정진바라밀·선정바라밀·반야바라밀을 행하게 하고, 가르쳐서 네 가지 관찰법 내지 여덟 가지 바른 깨달음에 이르는 길을 행하게 하며, 수다원과·사다함과·아나함과·아라한과·벽지불도를 얻게 하고, 아뇩다라삼먁삼보리를 얻게 하며, 함이 있는 일체현상 가운데 머물게 하지 않고, 함이 없는 진리 가운데 머물게 하지 않는다.

(5) 반야바라밀에 머물러서 선정바라밀을 취함 : 모든 부처님의 삼매(三昧)를 제외하고, 다른 일체의 삼매인 성문의 삼매·벽지불의 삼매·보살의 삼매에 드니, 전부를 행하고 모두에 든다.

제3장 바라밀의 세계

1. 정불국토 성취중생

1) 하화중생(下化衆生)의 실현

지금까지 우리들은 지혜와 방편이라는 두 날개를 가진 보살이 상구보리 하화중생이라는 깃발을 달고 육바라밀의 힘으로 끝없이 펼쳐진 창공을 힘차게 날아가는 것을 보아 왔다. 물론 하늘을 향해 솟아오르는 그 보살의 두 날개를 지탱하는 힘이 처음부터 완벽한 것은 아니었다. 처음에는 때로 힘이 부족하여 중도에 날기를 포기하려는 생각이 없었던 것은 아니었지만, 끊임없는 육바라밀의 단련에 의해 마침내 아무리 어려운 여건 속에서도 능히 날아갈 수 있는 힘이 생긴 것이다.

경전에서는 이렇게 무한히 날아갈 수 있는 힘있는 날개를 가진 보살을 '물러나지 않는 경지의 보살(不退轉菩薩)'이라 부르고 있다. 이 보살은 지금 어디를 향해 날고 있을까! 이 보살은 어디까지 날아가기 위하여 육바라밀을 실천하는가! 이 보살이 육바라밀의 실천으로 노리고 있는 최후의 목표는 무엇일까!

『대품반야경』멸쟁품 제31에는 다음과 같이 설시하고 있다.

선남자·선여인은 육바라밀을 행할 때에 이렇게 생각한다. '내가 만약 보시를 하지 않으면 반드시 빈궁한 집안에 태어나게 되고, 중생을 제도하여 해탈시키고(成就衆生) 부처님의 국토를 맑히지(淨佛國土) 못할 것이며, 또한 일체종지를 얻지 못할 것이다. 내가 만약 계를 지키지 않으면 반드시 세 갈래 나쁜 길(三惡道)에 태어나게 되고, 또한 사람의 몸도 얻지 못할 것이다. 하물며 어찌 능히 중생을 제도하여 해탈시키고 부처님의 국토를 맑히며, 일체종지를 얻을 수 있을까 보냐! 내가 만약 인욕을 닦지 않으면 반드시 모든 감각기관(諸根)이 이지러지고 몸매를 다 갖추지 못하게 되니, 보살이 갖춘 원만한 몸매를 본 중생이 반드시 아뇩다라삼먁삼보리에 도달함을 얻지 못할 것이며, 또한 원만한 몸매로써 중생을 제도하여 해탈시키지 못하고 부처님의 국토 맑힘을 얻지 못하며, 일체종지를 얻지 못할 것이다. 내가 만약 게을리 하면 보살도를 얻을 수 없게 되고, 또한 중생을 제도하여 해탈시키지 못하고 부처님의 국토를 맑히지 못하며, 일체종지를 얻을 수 없을 것이다. 내가 만약 산란한 마음을 하면 모든 선정을 생기게 할 수 없게 되고, 이 선정으로써 중생을 제도하여 해탈시키지 못하고 부처님의 국토를 맑히지 못하며, 일체종지를 얻지 못할 것이다. 내가 만약 지혜가 없으면 방편의 지혜를 얻어서, 이 방편의 지혜로써 성문과 벽지불의 경지를 지나 중생을 제도하여 해탈시키지 못하고 부처님의 국토를 맑히지 못하며, 일체종지를 얻을 수 없을 것이다.'

여기서 우리들은 『대품반야경』 전 권을 통하여 도처에서 나오고 있는 정불국토 성취중생(淨佛國土 成就衆生)이라는 말과 만나게 된다. 부처님의 국토를 맑히고 중생을 제도하여 해탈시킨다는 말이다. 경에서는 보살이 육바라밀을 실천함은 바로 정불국토 성취중생 때문이라고 밝히고 있다.

여기서 우리들은 깨달음을 얻겠다(上求菩提)는 서원으로 육바라밀을 실천하는 최후의 목표가 중생을 제도하는 것(下化衆生)이고, 이 하화중생의 구체적인 실현방법이 정불국토 성취중생이라는 사실을 발견하게 된다. 보살은 지혜와 방편이라는 두 날개를 가지고 정불국토 성취중생이라는 목적지를 향하여 날아가고 있는 것이다. 그래서 보살은 중생을 위하여 자신의 몸을 바꾸어 가면서 지옥이나 축생의 길을 가기도 한다.『대품반야경』필정품 제83에 설해지고 있는 부처님과 수보리의 다음과 같은 대화는 이러한 사실을 잘 보여 주고 있다.

"수보리야, 보살마하살은 처음 마음을 내어서부터 줄곧 보시·지계·인욕·정진을 하고 선정을 행하며 지혜를 닦고 일체의 착하지 않은 업을 끊음으로, 나쁜 길에 떨어지거나 혹은 장수천(長壽天)이나 훌륭한 법을 닦을 수 없는 곳에 태어나고 혹은 부처님이란 말도 없고 법이란 말도 없으며 스님이라는 이름도 없는 변두리나 악하고 삿된 소견을 가진 집안·공덕으로 열반을 구하지 않는 소견의 집안(無作見家)에 태어나는 이러한 일은 있을 수 없다.

수보리야, 처음 마음을 낸 보살은 아뇩다라삼먁삼보리에 있을지언정 마음을 기울여 열 가지 착하지 않은 행위(十不善業道)를 하는 이러한 일은 있을 수 없는 것이다."

"세존이시여, 만약 보살마하살이 그와 같이 착한 뿌리의 공덕을 성취함이 있는데도 부처님께서 스스로 지난 생을 말씀하시는 것처럼 착하지 않은 과보를 받는다면, 이 때에 착한 뿌리는 어느 곳에 있는 것입니까?"

부처님께서 수보리에게 이르셨다.

"보살마하살은 중생을 이익케 하기 위하여 몸을 받는 것이니, 이 몸으로써 중생을 이익케 하는 것이다. 수보리야, 보살마하살은 이 방편의 힘을 가지고 축생이 될 때에 만약 도적이 와서 살해코자 하면, 위없는 인욕과 위없는 자비심으로써 몸을 버리고 도적을 괴롭히지 않는다. 그대들 모든 성문이나 벽지불은 이러한 힘을 가지지 못한다.

수보리야, 이러한 까닭에 마땅히 알아야 하니, 보살마하살은 크게 인자한 마음을 원만히 갖추어 중생을 불쌍히 여기고 이익케 하기 위하여 축생의 몸을 받는 것이다."

수보리가 부처님께 사루어 말씀드렸다.

"세존이시여, 보살마하살은 무슨 착한 뿌리 가운데 머물러서 이와 같은 온갖 몸을 받는 것입니까?"

부처님께서 수보리에게 이르셨다.

"보살마하살은 처음 마음을 내어서부터 깨달음의 장소에 이르기까지 그 중간에 착한 뿌리를 원만히 갖추지 않는 것이 없고, 원만히 갖추고 나서 마땅히 아뇩다라삼먁삼보리를 얻는다. 이러한 까닭에 보살마하살은 처음 마음을 내어서부터 마땅히 배워서 일체의 착한 뿌리를 원만히 갖추어야 하고, 착한 뿌리를 배우고 나서 마땅히 일체종지를 얻고 마땅히 일체번뇌의 습기를 끊어야 하는 것이다."

수보리가 부처님께 사루어 말씀드렸다.

"세존이시여, 보살마하살은 어찌하여 이와 같은 청정하여 번뇌가 없는 법(白淨無漏法)을 성취하고서도 나쁜 길인 축생으로 태어납니까?"

부처님께서 수보리에게 이르셨다.

"너는 어떻게 생각하느냐. 부처님은 청정하여 번뇌가 없는 법을 성취했느냐, 하지 않았느냐?"

수보리가 말씀드렸다.

"부처님은 일체의 청정하여 번뇌가 없는 법을 성취하셨습니다."

"수보리야, 만약 부처님이 스스로 축생 몸으로 변화해서 부처님이 해야 할 일(佛事)을 하고 중생을 제도한다면, 이것이 실로 축생이냐 아니냐?"

수보리가 말씀드렸다.

"아닙니다."

부처님께서 말씀하셨다.

"보살마하살도 이와 같이 청정하여 번뇌가 없는 법을 성취하지만, 중생을 제도하기 위하여 축생 몸을 받아 이 몸으로써 중생을 교화하는 것이다."

육바라밀을 수행한 보살은 결코 과보(果報)로 인하여 나쁜 길에 떨어지거나 혹은 부처님 법을 닦을 수 없는 변두리나 악하고 삿된 소견을 가진 집안·공덕으로 열반을 구하지 않는 소견의 집안에 태어나는 일은 있을 수 없다. 그러나 보살은 중생을 불쌍히 여기고 이익케 하기 위하여 크게 인자한 마음을 원만히 갖추어 축생의 몸을 마다하지 않는 것이다.

2) 정불국토(淨佛國土)의 완성

인간역사의 전 과정은 이상적인 국토를 건설하여 그 곳에 살고 있는 사람들의 생활을 완성시키는 일에 있었다고 해도 지나친 말은 아니다. 그래서 인류가 낳은 종교나 철학 혹은 경제나 과학 등의 온갖 인류문화는 이것을 향한 부단한 노력이었고, 지금도 이러한 노력은 계속되고 있다.
여기서 잠깐 그 동안 이상적인 국토건설이 어떻게 진행되어 왔는가를 살펴보자. 그 동안의 이상적인 국토건설의 시도는 여러 방면에서 행해졌지만, 이것을 포괄해서 말하면 물질적인 면과 정신적인 면으로 나눌 수 있다. 먼저 물질적인 면에서 살펴보면, 자연의 힘을 최대한 이용해서 인간의 생활에 필요한 물질을 충족시킴에 의해 생활을 가능한 한 풍요롭게 하고자 하는 과학적인 노력, 혹은 부(富)의 배분을 균등히 하여 경제적인 생활을 윤택하게 해서 사람들을 물질적 고통으로부터 구하고자 하는 경제적인 개혁의 시도, 혹은 삶의 구체적인 바탕이 되고 있는 법률제도의 개혁에 의해 이상적인 사회를 만들고자 하는 정치적인 계획 등이 있을 수 있다. 이러한 것은 모두 물질을 주로 한 개혁이어서 우리들이 살고 있는 현실에 서서 현실을 개혁함에 의해 이상적인 국토를 건설하고자 하는 염원이다.

그러나 현실에 서서 현실을 변혁하고자 하는 것은 우리 모두가 의지에 있어서도 욕망에 있어서도 감정에 있어서도 동일한 기반에 서 있고, 따라서 그 관계가 상대적이기 때문에 바람직한 효과를 기대하기가 어렵다. 여기에서 두 번째인 정신적인 면으로부터의 노력이 행해지게 된다. 그렇지만 정신적인 측면이라고 해도 역시 도덕적·윤리적 노력이 중요시되고, 이것도 원래 도덕이라든가 인륜이라고 하는 것이 인간과 인간의 이상에서는 없기 때문에 정신적 건설의 표준도 상대적인 것을 면할 수 없다. 그것도 또한 현실에 선 현실의 건설이기 때문이다.

이러한 물심양면으로부터 이루어지는 이상화의 활동이 현실의 측면에서의 현실세계의 건설임에 대해서 절대적인 기준에 의거해서 현실세계를 건립하려고 하는 기획이 필요하게 된다. 그것은 우선 현실에 서 있으면서 현실을 돌파하여 초현실적인 입장에 서고, 그 곳으로부터 다시 현실로 돌아오는 길이다. 불교에 의한 이상적인 국토건설이란 바로 이런 것을 말하고, 반야경에서는 이를 정불국토 성취중생이라는 말로 표현하고 있다.

그렇다면 하화중생의 구체적인 실현인 정불국토 성취중생이란 무엇인가. 이 점을 알기 위하여 우선 정불국토가 어떤 의미인가를 살펴보자. 『대품반야경』 정토품 제82에는 다음과 같이 설시하고 있다.

　　수보리가 부처님께 사루어 말씀드렸다.
　　"세존이시여, 보살마하살은 어떻게 부처님 국토를 맑히(淨佛國土)는 것입니까?"
　　부처님께서 말씀하셨다.

"보살이 처음 마음을 내어서부터 줄곧 스스로 몸의 거친 업(業)을 없애고, 말의 거친 업을 없애며, 생각의 거친 업을 없애고, 또한 타인의 몸과 말과 생각의 거친 업을 맑히는 것이다."

정불국토란 보살이 스스로 몸과 말과 생각으로 짓는 거친 행위를 없애고, 타인으로 하여금 이러한 거친 삼업(三業)을 짓지 않게 하는 것이다. 왜냐하면 한 사람만이 국토 중에 사는 것이 아니라 모두 함께 서로 인연을 짓고 있기 때문이다. 그러면 거친 행위란 무엇인가. 경에서는 계속하여 이 점을 설시하고 있다.

착하지 않은 업(不善業)인 살생 내지 삿된 소견을 보살마하살의 몸과 말과 생각의 거친 업이라고 말한다. 또한 수보리야, 아끼고 탐내는 마음·파계의 마음·성내는 마음·게으른 마음·산란한 마음·어리석은 마음을 보살의 생각의 거친 업이라고 말한다. 또한 계를 맑히지 않는 것을 보살의 몸과 말의 거친 업이라고 말한다.
또한 수보리야, 만약 보살이 네 가지 관찰법(四念處)의 행을 멀리 여의면, 이것을 보살의 거친 업이라고 말한다. 네 가지 바른 노력(四正懃)·네 가지 자재를 얻는 것(四如意足)·다섯 가지 뛰어난 능력(五根)·다섯 가지 악을 부수는 힘(五力)·일곱 가지 깨닫는 지혜를 도와 주는 힘(七覺支)·여덟 가지 바른 깨달음에 이르는 길(八聖道分)·모든 것이 공이라는 삼매(空三昧)·어떤 특징도 없음(無相)·원할 것이 없다는 삼매(無作三昧)를 멀리 여의어도 또한 보살의 거친 업이라고 말한다.
또한 수보리야, 보살마하살이 수다원과를 탐내고 나아가 아라한과를 탐내며, 벽지불도를 증득함도 이것을 보살마하살의 거친 업이라고 말한다.
또한 수보리야, 보살이 물질적 존재의 모양·감각·표상·의지·인식의 모양·눈·귀·코·혀·신체·마음의 모양·형태·소리·냄새·맛 느낌・마음의 대상의 모양・남자의 모양・여자의 모양・애욕세계의 모양・물질세계의 모양・정신만의 세계의 모양・훌륭한 법의 모양・훌륭하지 않은 법의 모양・함이 있는 법(有爲法)의 모양・함이 없는 법(無爲法)의 모양을 취하는 이것을 보살의 거친 업이라고 말한다.

　보살마하살은 이와 같은 온갖 거친 업의 모양을 멀리 여의어 스스로 보시하고 타인을 가르쳐서 보시하게 한다. 음식을 구하면 음식을 주고 옷을 구하면 옷을 주며, 나아가 갖가지 일용에 필요한 전부를 남김없이 급여하고, 또한 타인을 가르쳐서 여러 가지를 보시하게 한다. 이 복덕을 가지고 일체의 중생과 더불어 이것을 함께 하니, 부처님의 국토를 맑히는 것으로 회향하기 때문이다. 지계・인욕・정진・선정・지혜도 또한 이와 같다.

　거친 업이란 먼저 대승불교에서 지계바라밀의 덕목으로 설정하고 있는 열 가지 착한 행위(十善道)를 위배하는 일체의 행위다. 즉 몸으로 살생과 도둑질과 삿된 음행을 행하는 것, 입으로 하는 거짓말・저주하는 말・이간 붙이는 말・이익이 없는 말, 그리고 마음으로 짓는 아끼고 탐내는 마음・파계의 마음・성내는 마음・게으른 마음・산란한 마음・어리석은 마음이 거친 업이다. 이러한 거친 행위를 하지 않는 것이 바로 부처님의 국토를 맑히는 것이다. 거친 업은 비단 여기에만 있는 것은 아니다. 네 가지 관찰법(四念處)을 비롯한 일체의 수행법을 멀리 여의는 것도 거친 업이고, 성문이나 벽지불도를 탐내고 증득함도 거친 업이며, 일체의 모양에 집착하는 것도 거친 업이다.

　그러나 정불국토가 거친 업을 여의고 삼업을 청정히 하는 것에 한정된 것이 아님을 경은 밝히고 있다. 삼업의 청정으로부터 육바라밀로 나아가 중생의 의식주(衣食住)를 만족케 하는 것이 정불국토이다. 음식을 구하면 음식을 주고 옷을 구하면 옷을 주며, 나아가 갖가지 일용에 필요한 전부를 남김없이 급여하고, 타인을 가르쳐서 여러 가지를 보시하게 하는 것이다. 정불국토는 단지 정신적·관념적인 것에 한정되지 않는다. 그것은 자기를 버리고 자신의 모두를 주어서 물질적인 것에서도 실질적으로 그 국토가 궁핍하지 않게 하는 것이다. 따라서 정불국토가 그대로 성취중생이 되는 것이다.

정토품 제82에서는 계속하여 성취중생을 위한 보살의 서원이 이어진다.

> 이 보살마하살은 혹은 삼천대천국토 가운데 가득한 진귀한 보배로써 세 분의 존귀한 어른(三尊)에게 보시하고, 이렇게 서원한다. '나의 착한 뿌리(善根)의 인연에 의하여 나의 전 국토가 일곱 가지 보배로 이루어지게 하리라.'
> 또한 수보리야, 보살마하살은 하늘의 음악으로써 부처님 및 탑을 즐겁게 하고, 이렇게 서원한다. '이 착한 뿌리의 인연에 의하여 나의 국토 가운데서는 항상 하늘의 음악이 들리게 하리라.'
> 또한 수보리야, 보살마하살은 삼천대천국토 가운데 가득한 하늘의 향으로써 모든 부처님 및 모든 부처님의 탑을 공양하고, 이렇게 서원한다. '이 착한 뿌리의 인연에 의하여 나의 국토 가운데서는 항상 하늘의 향기가 있게 하리라.'
> 또한 수보리야, 보살마하살은 갖가지 묘한 맛의 음식으로써 부처님 및 스님네께 보시하고, 이렇게 서원한다. '이 착한 뿌리의 인연에 의하여 내 국토 가운데의 중생은 전부가 갖가지 묘한 맛의 음식이 얻어지게 하리라.'
> 또한 수보리야, 보살마하살은 몸에 바르는 묘한 향료로써 부처님 및 스님네께 보시하고, 이렇게 서원한다. '이 착한 뿌리의 인연에 의하여 내 국토 가운데의 일체 중생들은 몸에 바르는 묘한 향료가 얻어지게 하리라.'
> 또한 수보리야, 보살마하살은 뜻대로 되는 다섯 가지 욕망(五欲)으로

써 부처님과 스님네, 그리고 일체 중생들에게 보시하고, 이렇게 서원한다. '이 착한 뿌리의 인연에 의하여 내 국토 가운데의 제자들 및 일체 중생들은 전부가 뜻대로 다섯 가지 욕망을 얻게 하리라.'

이 보살은 뜻대로 되는 다섯 가지 욕망으로써 일체 중생들과 함께 부처님의 국토를 맑힘에 회향하고, 이렇게 서원한다. '내가 부처님이 될 때에 이 국토 가운데는 하늘의 다섯 가지 욕망처럼 마음대로 도달하게 하리라.'

국토는 전부가 일곱 가지 보배로 되어 풍족하고 즐거움이 가득하며, 중생이 원하는 바 일체의 소원이 이루지는 세상이 중생성취의 세상이다.

수보리야, 보살마하살은 능히 부처님의 국토를 맑히는 것이다. 이 보살은 그러한 때를 따라서 보살도를 행하고 온갖 서원을 만족히 한다. 이 보살은 스스로 일체의 훌륭한 법을 성취하고, 또한 일체 중생들도 훌륭한 법을 성취하게 한다. 이 보살은 단정한 몸을 받아서 교화하는 중생도 단정함을 얻게 한다. 왜냐하면 복덕의 인연이 두텁기 때문이다.

수보리야, 보살마하살은 마땅히 이와 같이 부처님의 국토를 맑히니, 이 국토 가운데서는 세 갈래 나쁜 길(三惡道)이라는 이름까지도 없고 또한 삿된 소견과 세 가지 독소(三毒)와 이승인 성문·벽지불의 이름도 없다. 귀에 덧없음·고통·공(空)이라는 소리가 있음을 듣지 않고 또한 나의 소유물도 없고, 나아가 온갖 얽매인 번뇌의 이름도 없다. 온갖 과보를 분별하는 이름도 없고, 일곱 가지 보배나무에 바람이 불어 제도해야 할 곳을 따라서 음성을 내니 이른바 모든 것이 공·어떤 특징도 없음·원할 것이 없음·제법실상(諸法實相)과 같은 소리이다. 부처님이 계시든 부처님이 계시지 않든 일체 모든 것은 일체 모든 것의 모양이 공이어서 모든 것이 공한 가운데서는 모양이 있을 수 없고, 모양이 없는 가운데서는 곧 작용이 없는 이와 같은 법의 음성이다. 밤이나 낮,

혹은 앉거나 눕거나 서 있거나 가거나 항상 이 법을 듣는 것이다.

이렇게 해서 물질생활을 풍요롭게 할 뿐만 아니라 정신생활을 완성시킨다고 하는 것이 정불국토여서, 그것이 자기를 비우고 자기에게 얽힌 모두를 버리는 맑힘의 행에 의거되는 것이다.

이와 같이 수보리야, 보살마하살이 부처님의 국토를 맑힌 가운데의 중생은 잡되고 더러운 마음(雜穢心)인 세간법(世間法)·세간 밖의 법(出世間法)·번뇌가 있음(有漏)·번뇌가 없음(無漏)·함이 있음(有爲)·함이 없음(無爲)이 없고, 나아가 이 국토 가운데의 중생은 반드시 아뇩다라삼먁삼보리에 이른다. 수보리야, 이것을 보살마하살이 부처님의 국토를 맑힌다고 하는 것이다.

여기서 설하는 것은 곧 물질적·감각적인 풍요와 즐거움을 겸비한 정신적인 맑음을 목적으로 한 것이어서, 중생에게 잡예심이 없고 모든 중생이 아뇩다라삼먁삼보리에 반드시 도달하는 것을 정불국토라고 말하고 있다.

정불국토란 성취중생이라는 것이고, 육바라밀행에 의해 중생으로 하여금 반야공의 세계를 개현시키는 것이다. 따라서 그것은 이익중생, 요익중생의 것이고, 일체중생을 구호하고 일체중생을 버리지 않는 것이다. 결국 섭취중생 구제중생이다. 즉 사회와 국토가 진리를 구현하고 진리를 펴 나아가는 이상적인 사회를 만들고, 개인적으로는 미혹에서 벗어나 진리의 본성을 회복함으로써 개개 사람들이 신성한 인격을 완성한다는 것이다.

2. 보살의 서원

1) 본원사상(本願思想)

　소승의 이상은 오로지 초월적이고 동시에 개인적인 까닭에 단체를 예상하는 정토의 필요가 없었다. 그러나 보살도에 있어서 최고 이상의 실현은 반드시 일체중생과 함께 하지 않으면 안 되는 것이기 때문에 여기에는 필연적으로 정토 혹은 불국토라는 사회화의 사상이 있지 않으면 안 된다. 이런 의미에 있어서는 정토사상을 여의고 보살사상을 고찰할 수는 없다.
　그렇다면 보살도에 있어서 정토를 어떻게 건설할 것인가. 통례의 해석에 의하면 보살도의 완성자로서의 부처님들, 가령 서방의 아미타불이라든가 동방의 아촉불 같은 부처님들은 그 본원력과 자비심에 의해서 일찍이 이미 이것을 완성했다고 하고 있다.
　대승불교에서는 보살의 본원이라는 것을 설하고 있다. 보살이 수행시절에 장래 불도를 완성할 때에 이러이러한 작용과 상태를 그 건설한 불국토내에 실현하겠다고 하는 서원이다. 그러나 그것은 금세에 발원해서 금세에 성취하는 것이 아니라 세세생생의 수행을 거쳐 최후에 계획의 염원을 실현하는 것이 본원사상의 특징이다.
　통례로 본원에는 총원(總願)과 별원(別願)의 두 종류가 있다. 총원은 모든 보살에 공통하는 서원으로 간단히 말하면 일체지자가 되는 것, 즉 부처가 되는 것이다. 보통 그 내용을 나누어서 네 가지로 하는 소위 사홍서원(四弘誓願)으로,

　　중생무변서원도(衆生無邊誓願度)
　　번뇌무진서원단(煩惱無盡誓願斷)

법문무량서원학(法門無量誓願學)
불도무상서원성(佛道無上誓願成)

이라는 원이다. 이것을 두 구절로 압축한 것이 상구보리 하화중생의 표어이고, 대승불교 정신의 기조가 되어 있다.

이 총원에 대해서 별원이라는 것은 그 하화중생의 말하자면 양식에 관한 특수의 염원으로서, 여러 보살 또는 부처님에 의해서 종류나 성질에 다소의 차이가 있는 것이다. 가령 천수관음에는 6원이 있고, 약사여래에는 12원, 아미타불에게는 48원, 석가모니에게는 500의 대원이 있다는 것이다. 다만 이것을 소극적으로 말하면, 한이 없는 중생에게는 한이 없는 약점이 있는 것에 응해서 이것을 구하는 불보살에 있어서도 그 의도에 의해 특징 있는 방면에 주력하는 상위가 있다. 또한 이것을 적극적으로 말하면, 불보살이 이상국토를 건설하는 사이에 무엇인가 그 기호의 상위에 두는 것으로 해석하는 것이 통례이다.

이러한 본원의 총별 두 종류 가운데 역사적 견지에서 보아도 교리적 견지에서 보아도, 그리고 현대적 의의에서 보아도 가장 흥미있는 것은 별원사상이다. 다만 총원은 대승불교의 근본정신을 대표하는 것이면서도 그만큼 추상적 표어에 지나지 않음에 비하여 별원은 구체적 규정이기 때문에 금일 우리들에게 최고 문화의 목표로서 배울 것이 많다.

2) 바라밀보살의 30 서원

『대품반야경』에서 특히 특히 본원을 명확히 하고 있는 것은 몽행품 제58인데, 여기에는 30원이 나와 있다. 정토건설을 위하여 보살이 닦아야 할 본원이다. 그 내용을 열거해 보기로 한다.

제 1원

보시바라밀을 행할 때에 만약 중생이 굶주리고 추위에 떨며 의복이 찢어진 것을 보면, 보살마하살은 반드시 이러한 원을 세워야 한다. '나는 언제 어느 때나 보시바라밀을 행하여, 내가 아뇩다라삼먁삼보리를 얻었을 때에 우리 국토의 중생들로 하여금 이와 같은 일이 없고, 의복·음식·일상의 생활도구가 마땅히 사천왕천·삼십삼천·야마천·도솔천·화락천·타화자재천과 같도록 해야 한다.'

제 2원

지계바라밀을 행할 때에 중생이 살생하고, 나아가 삿된 소견·단명(短命)·다병(多病)·나쁜 안색·위덕이 없는 것·가난하여 재물이 부족함·하천한 집안에 태어나 형상이 이지러지고 더러운 것을 보면, 반드시 이러한 원을 세워야 한다. '나는 언제 어느 때나 지계바라밀을 행하여, 내가 부처님이 되었을 때에 우리 국토의 중생들로 하여금 이와 같은 일이 없도록 해야 한다.'

제 3원

인욕바라밀을 행할 때에 많은 중생들이 서로 간에 성을 내어 분노하고 욕하고 비방하며, 칼이나 창·돌이나 기와 조각을 가지고 서로 상처를 입히고 장해를 주며 목숨을 빼앗는 것을 보고는, 반드시 이러한 원을 세워야 한다. '나는 언제 어느 때나 인욕바라밀을 행하여, 우리 국토의 중생들로 하여금 이러한 일이 없고, 상대방을 보기를 아버지와 같고 어머니와 같이, 형과 같고 아우와 같이, 언니와 같고 동생과 같이, 선지식과 같이 하여 모두가 자비를 행하도록 해야 한다.'

제 4원

정진바라밀을 행할 때에 중생들이 게으르고 나태하여 정진에 힘쓰지 않고, 삼승(三乘)인 성문·벽지불·불승을 버리는 것을 보고는 반드시 이러한 원을 세워야 한다. '나는 언제 어느 때나 정진바라밀을 행하여, 내가 아뇩다라삼먁삼보리를 얻었을 때에 우리 국토의 중생들로 하여금 이와 같은 일이 없고, 일체 중생들이 힘써 정진을 닦아 삼승도(三乘道)에 있어서 각자가 도탈(道脫)함을 얻도록 해야 한다.'

제 5원

선정바라밀을 행할 때에 중생들이 다섯 가지 가리움(五蓋)에 덮여서 음욕·성냄·수면·들뜨고 후회함·의심 때문에 첫째 선정(初禪) 내지 넷째 선정(第四禪)을 잃고, 즐거움을 줌(慈)·가엾이 여김(悲)·함께 기뻐함(喜)·온갖 집착을 버림(捨)·허공처(虛空處)·식처(識處)·무소유처(無所有處)·비유상비무상처(非有想非無想處)를 잃는 것을 보고는, 반드시 이러한 원을 세워야 한다. '나는 언제 어느 때나 선정바라밀을 행하여, 내가 아뇩다라삼먁삼보리를 얻었을 때에 우리 국토의 중생들로 하여금 이와 같은 일이 없도록 해야 한다.'

제 6원

반야바라밀을 행할 때에 중생들이 어리석어서 세간(世間)과 세간 밖(出世間)의 바른 소견을 잃고, 혹은 업(業)이 없다거나 업의 인연(業因緣)이 없다고 말하며, 혹은 참된 아(我)가 항상 머문다(神常)고 말하고, 혹은 모든 것이 없어진다(斷滅)고 말하고, 혹은 있을 것이 없다(無所有)고 말함을 보고는, 반드시 이러한 원을 세워야 한다. '나는 언제 어느 때나 반야바라밀을 행하여, 부처님의 국토를 맑히고(淨佛國土) 중생을 제도하여 해탈시키며(成就衆生), 내가 아뇩다라삼먁삼보리를 얻었을 때에 우리 국토의 중생들로 하여금 이와 같은 일이 없도록 해야 한다.'

제 7원

육바라밀을 행할 때에 중생들이 세 가지 성질을 가진 무리(三聚)인, 첫째 정진하여 반드시 성불하는 무리(必正聚), 둘째 반드시 타락해 가는 무리(必邪聚), 셋째 향상과 타락이 정해져 있지 않은 무리(不定聚)에 머무름을 보고는, 반드시 이러한 원을 세워야 한다. '나는 언제 어느 때나 육바라밀을 행하여, 부처님의 국토를 맑히고 중생을 제도하여 해탈시키며, 내가 부처님이 되었을 때에 우리 국토의 중생들로 하여금 타락해 가는 무리(邪聚)가 없고, 나아가 그 이름도 없도록 해야 한다.'

제8원

육바라밀을 행할 때에 지옥 가운데의 중생이나 축생·아귀 가운데의 중생들을 보고는, 반드시 이러한 원을 세워야 한다. '나는 언제 어느 때나 육바라밀을 행하여, 부처님의 국토를 맑히고 중생을 제도하여 해탈시키며, 내가 부처님이 되었을 때에 우리 국토 안에서는 세 갈래 나쁜 길(三惡道)의 이름까지도 없도록 해야 한다.'

제9원

육바라밀을 행할 때에 이 땅 위에 나무 뿌리나 그루터기·가시덤불·산구렁이나 웅덩이 등의 추악한 곳을 보고는, 반드시 이러한 원을 세워야 한다. '나는 언제 어느 때나 육바라밀을 행하여, 부처님의 국토를 맑히고 중생을 제도하여 해탈시키며, 내가 부처님이 되었을 때에 우리 국토에는 이와 같은 거친 땅이 없고, 평탄하기가 손바닥처럼 되도록 해야 한다.'

제10원

육바라밀을 행할 때에 이 땅이 밋밋하기만 하여 금·은·귀한 보배가 없는 것을 보고는, 반드시 이러한 원을 세워야 한다. '나는 언제 어느 때나 육바라밀을 행하여, 부처님의 국토를 맑히고 중생을 제도하여 해탈시키며, 내가 부처님이 되었을 때에 우리 국토에는 황금의 모래가 깔리도록 해야 한다.'

제 11원

육바라밀을 행할 때에 중생들이 그리워하는 마음이 깊음을 보고는, 반드시 이러한 원을 세워야 한다. '나는 언제 어느 때나 육바라밀을 행하여, 부처님의 국토를 맑히고 중생을 제도하여 해탈시키며, 내가 부처님이 되었을 때에 우리 국토의 중생들로 하여금 그리워하는 마음이 없도록 해야 한다.'

제 12원

육바라밀을 행할 때에 네 가지 사회계급(四姓)의 중생인 찰제리(刹帝利)·바라문(婆羅門)·비사(毘舍)·수다라(首陀羅)를 보고는, 반드시 이러한 원을 세워야 한다. '나는 언제 어느 때나 육바라밀을 행하여, 부처님의 국토를 맑히고 중생을 제도하여 해탈시키며, 내가 부처님이 되었을 때에 우리 국토의 중생들로 하여금 네 가지 사회계급의 이름도 없도록 해야 한다.'

제 13원

육바라밀을 행할 때에 중생들에게 상·중·하와 상·중·하의 가문이 있음을 보고는, 반드시 이러한 원을 세워야 한다. '나는 언제 어느 때나 육바라밀을 행하여, 부처님의 국토를 맑히고 중생을 제도하여 해탈시키며, 내가 부처님이 되었을 때에 우리 국토의 중생들로 하여금 이와 같은 우열(優劣)이 없도록 해야 한다.'

제 14원

육바라밀을 행할 때에 중생들에게 가지가지 차별의 색깔이 있음을 보고는, 반드시 이러한 원을 세워야 한다. '나는 언제 어느 때나 육바라밀을 행하여, 부처님의 국토를 맑히고 중생을 제도하여 해탈시키며, 내가 부처님이 되었을 때에 우리 국토의 중생들로 하여금 가지가지 차별의 색깔이 없도록 하고, 일체 중생들로 하여금 전부가 단정하고 정결하며 묘한 색깔

을 성취하도록 해야 한다.'

제 15원

육바라밀을 행할 때에 중생들에게 상전(主)이 있음을 보고는, 반드시 이러한 원을 세워야 한다. '나는 언제 어느 때나 육바라밀을 행하여, 부처님의 국토를 맑히고 중생을 제도하여 해탈시키며, 내가 부처님이 되었을 때에 우리 국토의 중생들로 하여금 상전이란 이름도 없고, 나아가 불법의 왕(佛法王)을 제외하고는 그 형상도 없도록 해야 한다.'

제 16원

육바라밀을 행할 때에 중생들에게 여섯 갈래 윤회의 길(六道)에 차별이 있음을 보고는, 반드시 이러한 원을 세워야 한다. '나는 언제 어느 때나 육바라밀을 행하여, 부처님의 국토를 맑히고 중생을 제도하여 해탈시키며, 내가 부처님이 되었을 때에 우리 국토의 중생들로 하여금 여섯 갈래 윤회의 길의 이름인 지옥·축생·아귀·아수라(神)·하늘(天)·인간이란 것이 없고, 일체 중생들이 전부가 한 가지 업(業)으로써 네 가지 관찰법 내지 여덟 가지 바른 깨달음에 이르는 길을 닦도록 해야 한다.'

제 17원

육바라밀을 행할 때에 중생들에게 네 가지 태어나는 형태(四生)인 알로 나는 것(卵生)·태로 나는 것(胎生)·습기로 나는 것(濕生)·변화로 나는 것(化生)이 있음을 보고는, 반드시 이러한 원을 세워야 한다. '나는 언제 어느 때나 육바라밀을 행하여, 부처님의 국토를 맑히고 중생을 제도하여 해탈시키며, 내가 부처님이 되었을 때에 우리 국토의 중생들로 하여금 세 가지의 태어나는 형태는 없고, 똑같이 한 가지 변화로 나도록 해야 한다.'

제 18원

육바라밀을 행할 때에 중생들에게 다섯 가지 신통이 없음을 보고는,

반드시 이러한 원을 세워야 한다. '나는 언제 어느 때나 육바라밀을 행하여, 부처님의 국토를 맑히고 중생을 제도하여 해탈시키며, 내가 부처님이 되었을 때에 우리 국토의 중생들로 하여금 일체 모두가 다섯 가지 신통을 얻도록 해야 한다.'

제 19원

육바라밀을 행할 때에 중생들에게 대·소변의 근심이 있음을 보고는, 반드시 이러한 원을 세워야 한다. '내가 부처님이 되었을 때에 우리 국토 가운데의 중생들로 하여금 전부가 환희로써 음식을 삼고, 대·소변의 근심이 없도록 해야 한다.'

제 20원

육바라밀을 행할 때에 중생들에게 광명이 없음을 보고는, 반드시 이러한 원을 세워야 한다. '내가 부처님이 되었을 때에 우리 국토 가운데의 중생들로 하여금 전부가 광명이 있도록 해야 한다.'

제 21원

육바라밀을 행할 때에 세월에 시절이나 햇수가 있음을 보고는, 반드시 이러한 원을 세워야 한다. '내가 부처님이 되었을 때에 우리 국토 가운데서는 세월에 시절이나 햇수의 이름도 없도록 해야 한다.'

제 22원

육바라밀을 행할 때에 중생들이 단명(短命)함을 보고는, 반드시 이러한 원을 세워야 한다. '내가 부처님이 되었을 때에 우리 국토 가운데의 중생들로 하여금 수명이 한량없는 겁(劫)이 되도록 해야 한다.'

제 23원

육바라밀을 행할 때에 중생들에게 잘 생긴 모습(相好)이 없는 것을 보고는, 반드시 이러한 원을 세워야 한다. '내가 부처님이 되었을 때에 우리

국토 가운데의 중생들로 하여금 전부가 서른두 가지 거룩한 모습(三十二相)을 성취하도록 해야 한다.'

제 24원

육바라밀을 행할 때에 중생들이 많은 착한 뿌리를 여의는 것을 보고는, 반드시 이러한 원을 세워야 한다. '내가 부처님이 되었을 때에 우리 국토 가운데의 중생들로 하여금 많은 착한 뿌리를 성취하고, 이 착한 뿌리로써 능히 많은 부처님을 공양하도록 해야 한다.'

제 25원

육바라밀을 행할 때에 중생들에게 세 가지 독소(三毒)와 네 가지 병(四病)이 있음을 보고는, 반드시 이러한 원을 세워야 한다. '내가 부처님이 되었을 때에 우리 국토 가운데의 중생들로 하여금 네 가지 병인 한기(冷)·열(熱)·바람(風)·세 가지가 섞인 병 및 세 가지 독소의 병(三毒病)이 없도록 해야 한다.'

제 26원

육바라밀을 행할 때에 중생들에게 삼승(三乘)이 있음을 보고는, 반드시 이러한 원을 세워야 한다. '내가 부처님이 되었을 때에 우리 국토 가운데의 중생들로 하여금 이승(二乘)의 이름도 없고, 오로지 한 가지 대승(大乘)이 되도록 해야 한다.'

제 27원

육바라밀을 행할 때에 중생들에게 열반을 얻지 못하고서 얻었다고 잘난 체함(增上慢)이 있음을 보고는, 반드시 이러한 원을 세워야 한다. '내가 부처님이 되었을 때에 우리 국토 가운데의 중생들로 하여금 열반을 얻지 못하고서 얻었다고 잘난 체하는 이름도 없도록 해야 한다.'

제 28원

육바라밀을 행할 때에, '만약 나의 광명과 수명에 한량이 있고, 스님들의 숫자에 제한이 있다면' 하는 이런 원을 당해서는, 반드시 이러한 원을 세워야 한다. '나는 육바라밀을 행하고, 부처님의 국토를 맑히고 중생을 제도하여 해탈시키며, 내가 부처님이 되었을 때에 나의 광명과 수명은 한량이 없고, 스님들의 숫자에 제한이 없도록 해야 한다.'

제 29원

육바라밀을 행할 때에, '만약 나의 국토에 한량이 있다면' 하는 이런 원을 당해서는, 반드시 이러한 원을 세워야 한다. '나는 언제 어느 때나 육바라밀을 행하여, 부처님의 국토를 맑히고 중생을 제도하여 해탈시키며, 내가 부처님이 되었을 때에 우리 국토로 하여금 항하의 모래알같이 많은 여러 부처님의 국토와 같도록 해야 한다.'

제 30원

육바라밀을 행할 때에, 반드시 이러한 원을 세워야 한다. '비록 미혹의 길(生死道)은 멀고 중생들의 성품은 다양하다 해도, 그 때에 이와 같이 바르게 사유해야 한다. 즉 미혹(生死)의 가(邊)는 허공과 같고, 중생성품의 가도 또한 허공과 같다. 이 가운데서는 실로 나고 죽고 가고 옴이 없고 또한 해탈하는 이도 없다.'

3) 불사(佛事)의 성취

『대품반야경』은 총 27권 90품으로 구성되어 있는 비교적 방대한 경이다. 그리고 경전 상에 설해지고 있는 내용도 대승불교의 선구경전에 걸맞게 대승의 중요한 가르침을 망라하고 있을 뿐만 아니라 소승불교의 중요한 수행도까지 빠뜨리고 있지 않다. 이러한 『대품반야경』을 처음부터 찬찬히 독송하다 보면 매우 특이하고도 중요한 한 법문을 만나게 된다. 바로 서품 제1에 설해져 있는, '부처님께서는 오직 나만을 위해 법을 설하시고, 다른 사람에게는 설하시지 않으신다'는 구절이다. 얼핏 보기에 이 법문은 매우 생소하게 느껴지기도 하고 또한 이치에 맞지 않는 것 같다는 생각도 할 수 있다. 왜냐하면 우리들은 부처님께서 언제나 일체 중생들을 위해서 법을 설하셨다고 알고 있기 때문이다. 그러나 경전에서는 분명히 '오직 나만을 위해서……'라고 설하고 있다.

이제 경전을 통하여 당시의 상황을 살펴보면서 그 의미를 더듬어 보자.

> 그 때 세존께서 본래의 몸을 이 삼천대천국토의 일체 중생들에게 보이시니, 이 때에 정거천(淨居天)·범중천(梵衆天)·타화자재천·화락천(化樂天)·도솔천(兜率天)·야마천(夜摩天)·삼십삼천(三十三天)·사천왕천 및 삼천대천국토의 사람과 사람이 아닌 것(非人)이 가지가지 하늘 꽃·하늘 장신구·바르는 하늘 향·하늘 향수·하늘의 푸른 연꽃·붉은 연꽃·흰 연꽃·분홍 연꽃·하늘 수엽향(樹葉香)을 가지고 부처님 계신 곳에 나아가 그 모든 하늘 꽃 내지 하늘 수엽향을 부처님 위에 흩으니, 흩어진 그 보배와 꽃이 이 삼천대천국토 위쪽 허공에서 큰 좌대로 변하였다. 이 꽃 좌대의 둘레에는 갖가지 보석이 드리워졌고 여러 색깔의 꽃 일산이 오색(五色)으로 휘황찬란하였으며, 이 갖가지 꽃 양산과 보석이 널리 삼천대천국토에 가득하고 이러한 장엄한 장식에 의해 이 삼천대천국토가 전부 금색이 되었으며, 항하의 모래알같이 많은 시방의 모든 부처님의 세계도 또한 이와 같았다. 이 때 삼천대천국토 및 시방의 중생들은 각자 생각하기를, '부처님께서는 오직 나만을 위해 법을 설하시고, 다른 사람에게는 설하시지 않으신다'고 했다.

부처님께서는 다른 사람에게는 법을 설하시지 않고 오직 나에게만 설하셨다. 그 자리에 얼마나 많은 대중이 있었는지는 중요하지 않다. 중요한 것은 법문을 듣고 그것을 이해하는 사람이 개개인이라는 사실이다. 즉 같은 가르침이라도 듣는 사람의 근기에 따라서 천차만별의 차이가 나는 것이다. 그렇기 때문에 우리는 다른 사람을 탓할 수가 없다. 불자이면서 행동을 불자답게 하지 않는다고 남을 나무라거나 거기에 빗대어 자신의 불자답지 않은 언행을 합리화할 수가 없다. 왜냐하면 부처님께서는 그들에게는 법을 설하시지 않았기 때문이다. 이것이 또한 부처님의 크신 은혜이다. 45년 간의 부처님 말씀이 오직 나를 위해서만 베풀어졌기 때문이다. 다른 사람을 해탈로 인도하기 위하여 설하신 것이 아니라 나만을 해탈로 인도하기 위하여 설하셨기 때문이다. 그렇다면 부처님께서는 다른 사람이 아닌 오직 나만을 위하여 무엇을 설하셨는가. 문지품 제45에는 다음과 같은 경문이 있다.

사리불아, 이 깊은 반야바라밀은 이 때 북방에서 반드시 불사(佛事)를 할 것이다. 왜냐하면 사리불아, 나의 가르침이 성할 때는 바른 법이 없어지는 모양이 없기 때문이다.

사리불아, 나는 이미 이 선남자·선여인이 이 깊은 반야바라밀을 받아들이고 나아가 수행함을 생각하고 있으니, 이 선남자·선여인이 능히 이 깊은 반야바라밀을 글로 쓰고, 꽃이나 향 내지 깃발·일산으로써 공경·공양·존중·찬탄한다면 사리불아, 이 선남자·선여인은 이러한 착한 뿌리의 인연에 의하여 마침내 악도에 떨어지지 않고 천상이나 인간으로 태어나 즐거움을 누리며, 육바라밀을 더욱 늘게 하고 많은 부처님을 공양·공경·존중·찬탄할 것이며, 성문이나 벽지불·불승을 거쳐서 열반을 얻을 것이다. 왜냐하면 사리불아, 나는 부처님의 눈으로써 이 사람들을 보고, 또한 칭찬하고 찬탄하기 때문이다. 시방국토에 계시는 한량없고 가없으며 헤아릴 수조차 없는 많은 부처님도 부처님의 눈으로써 이 사람들을 보고, 또한 칭찬하고 찬탄하기 때문이다.

경에서 말하고 있는 북방이란 인도의 북부지방, 더 나아가 중앙아시아·중국·우리 나라를 가리킨다고 해도 좋을 것이다. 그리고 불사란 부처님께서 이 세상에 오셔서 하고자 했던 사업이다. 우리들은 불사란 말을 도처에서 만난다. 사찰을 건립하는 불사를 비롯하여 종불사·개금불사·수도불사·도로불사·교육불사·역경불사 등에 이르기까지의 수많은 불교 관계 일들이 불사라는 이름으로 추진되고 이루어진다. 그러나 그러한 불사는 참된 불사를 성취하기 위한 겉껍데기 불사에 불과하다. 참된 불사를 위해서 사원을 짓고 종을 만들며, 승려를 교육하고 경전을 번역할 따름이다.

그렇다면 참된 불사, 즉 참으로 부처님께서 하시고자 했던 일이란 무엇인가. 그것은 일체 중생들로 하여금 반야바라밀을 행하여 영원히 악도에 떨어지지 않고 천상이나 인간으로 태어나 육바라밀의 실천으로 마침내 열반을 얻게 하는 것이다. 이렇게 중생에게 즐거움을 주고 마침내 열반을 얻게 하는 이 참된 불사를 성취하기 위하여 사찰을 건립하는 것으로부터 승려를 교육하는 등의 겉껍데기 불사가 있는 것이다. 그래서 부처님은 이러한 참된 불사를 행하고 있는 사람들을 항상 보시고 찬탄하신다. 무슨 까닭에 반야바라밀이 이런 불사를 능히 성취하게 하는가. 법칭품 제37에서는 이렇게 설시하고 있다.

"세존이시여, 반야바라밀은 큰 공덕을 성취합니다. 세존이시여, 반야바라밀은 일체공덕을 성취합니다. 세존이시여, 반야바라밀은 한량없는 공덕을 성취하고, 가없는 공덕을 성취하며, 비교할 수 없는 공덕을 성취합니다.

세존이시여, 만약 어떤 선남자·선여인이 이 반야바라밀 경전을 글로 쓰고, 꽃이나 향 내지 깃발·일산을 가지고 공경·공양·존중·찬탄하며 반야바라밀에 설한 것처럼 바르게 사유함과, 다시 어떤 선남자·선여인이 반야바라밀 경전을 글로 써서 다른 사람에게 주는 것은 어느 쪽이 복이 더 많습니까?"

　부처님께서 석제환인에게 이르셨다.2

　"교시가야, 내가 도리어 너에게 묻겠는데, 네가 생각하는 대로 나에게 대답해 다오. 만약 어떤 선남자·선여인이 모든 부처님의 사리를 꽃이나 향 내지 깃발·일산을 가지고 공양·공경·존중·찬탄함과, 다시 어떤 사람이 사리를 겨자씨만큼이라도 나누어서 다른 사람에게 주고 꽃이나 향 내지 깃발·일산을 가지고 공양·공경·존중·찬탄하게 함은 어느 쪽이 복이 더 많겠느냐?"

　석제환인이 부처님께 사루어 말씀드렸다.

　"세존이시여, 제가 부처님께 들은 법문으로써 말씀드리면, 어떤 선남자·선여인이 스스로 깃발이나 일산 등으로 사리를 공양함도, 다시 어떤 사람이 사리를 겨자씨만큼이라도 나누어서 다른 사람에게 주고 공양하게 함도 그 복이 정말 많습니다. 세존이시여, 부처님께서는 이 복이 중생을 이롭게 함을 보시는 까닭에, 금강삼매(金剛三昧) 가운데서 금강의 몸을 부수어 가루 사리(末舍利)로 만들었습니다. 왜냐하면 어떤 사람이 부처님께서 멸도(滅度)하신 뒤에 부처님의 사리를 겨자씨만큼이라도 공양하면, 그 복을 받음이 가가 없어서 고통을 다하기 때문입니다."

　부처님께서 석제환인에게 이르셨다.

　"그렇다. 정말 그러하다 교시가야, 만약 선남자·선여인이 반야바라밀 경전을 글로 쓰고, 꽃이나 향 내지 깃발·일산을 가지고 공양·공경함에 의해서도, 그리고 어떤 사람이 반야바라밀 경전을 글로 써서 타인에게 주어 배우게 함에 의해서도 그 선남자·선여인은 심히 많은 복을 얻는다.

　또한 교시가야, 선남자·선여인이 반야바라밀에서 말하는 것처럼 타인을 위하여 설하고 열어 보이며, 분별하고 쉽게 해설하면, 이 선남자·선여인은 앞의 선남자·선여인보다 공덕이 더 수승하다. 따라서 반야바라밀을 들을 때, 그 사람을 부처님처럼 보아야 하고, 또한 고승범행인(高勝梵行人)처럼 여겨야 한다. 왜냐하면 마땅히 알아야 하니, 반야바라밀이 바로 부처님이며, 반야바라밀은 부처님과 다르지 않고 부처님은 반야바라밀과 다르지 않으며, 과거·미래·현재의 모든 부처님은 모두가 반야바라밀을 배워서 아뇩다라삼먁삼보리 및 고승범행인을 얻었기 때문이다. 고승범행인이란 말하자면 보살의 물러나지 않는 경지(不退轉地)에 있는 사람이다.

보살마하살도 이 반야바라밀을 배워서 반드시 아뇩다라삼먁삼보리를 얻고, 성문인(聲聞人)은 이 반야바라밀을 배워서 아라한도(阿羅漢道)를 얻으며, 벽지불도를 구하는 사람은 이 반야바라밀을 배워서 벽지불도를 얻고, 보살은 이 반야바라밀을 배워서 보살의 지위에 오르게 된다. 이러한 까닭에 교시가야, 선남자·선여인이 현재의 부처님을 꽃이나 향 내지 깃발·일산을 가지고 공양·공경·존중·찬탄하고자 하면, 마땅히 반야바라밀을 공양해야 한다.

나는 이러한 이익을 보았기 때문에, 처음 아뇩다라삼먁삼보리를 얻었을 때에 이렇게 생각했다. '누가 공양·공경·존중·찬탄하고, 의지하여 머무를 사람인가?'

교시가야, 나는 일체의 세간에서 하늘(天)이나 마(摩)·혹은 범(梵)·사문(沙門)·바라문을 막론하고 나와 같은 이를 본 적이 없다. 하물며 어찌 나보다 더 수승한 이를 볼 수 있겠느냐!

나는 또한 스스로 생각했다. '내가 얻은 이 법으로 나는 부처님이 되었으니, 나는 이 법을 공양·공경·존중·찬탄하며 의지하고 머물러야 한다.'

무엇이 이 법인가 하면, 바로 반야바라밀이다."

반야바라밀이야말로 큰 공덕을 성취하고 일체공덕을 성취하며, 한량없는 공덕을 성취하고 가없는 공덕을 성취하며, 비교할 수 없는 공덕을 성취하는 큰 보배다. 반야바라밀이 이러한 성취인 까닭에 반야바라밀이 바로 부처님이다. 반야바라밀은 부처님과 다르지 않고 부처님은 반야바라밀과 다르지 않다. 그렇기 때문에 과거·미래·현재의 모든 부처님은 모두가 오직 이 반야바라밀을 배워서 아뇩다라삼먁삼보리를 이루고, 보살이 추구하는 아뇩다라삼먁삼보리의 증득도, 성문과 연각이 추구하는 아라한도와 벽지불도의 증득도 반야바라밀에 의해서 이루어진다. 그렇기 때문에 참된 불사는 반야바라밀에 의해 비로소 성취된다. 여기에서 부처님은 단언하시지 않는가. '내가 얻은 이 반야바라밀로 나는 부처님이 되었으니, 나는 이 반야바라밀을 공양·공경·존중·찬탄하며 의지하고 머물러야 한다'고.

그러면 이렇게 불사를 성취하는 반야바라밀을 우리들은 어떻게 해야 하는가. 법시품 제38에서는 다음과 같이 말한다.

"교시가야, 만약 선남자·선여인이 타인을 위하여 가지가지 인연으로써 반야바라밀의 뜻을 연설하고 열어 보이며, 분별하여 쉽게 해석해 준다면 이 선남자·선여인은 심히 많은 복덕을 얻으니, 스스로 반야바라밀을 받아 지니고 가까이하여 독송하며, 설하고 바르게 사유하는 것보다 더 수승하다.

또한 교시가야, 선남자·선여인이 스스로 반야바라밀을 받아 지니고 가까이하여 독송하며, 설하고 바르게 사유하면서 또한 타인을 위하여 가지가지 인연으로써 반야바라밀의 뜻을 연설하고 열어 보이며, 분별하여 쉽게 해석해 준다면 이 선남자·선여인은 심히 많은 복덕을 얻는다."

석제환인이 부처님께 사루어 말씀드렸다.

"세존이시여, 선남자·선여인은 반드시 이와 같이 반야바라밀의 뜻을 연설하고 열어 보이며, 분별하여 쉽게 해석해 주어야 합니다."

부처님께서 석제환에게 말씀하셨다.

"그렇다 교시가야, 선남자·선여인이 이와 같이 반야바라밀의 뜻을 연설하고 열어 보이며, 분별하여 쉽게 해석해 주어야 한다. 교시가야, 선남자·선여인이 이처럼 반야바라밀의 뜻을 연설하고 열어 보이며, 분별하여 쉽게 해석해 준다면 한량없고 가없으며 헤아릴 수조차 없는 복덕을 얻게 된다. 가령 어떤 선남자·선여인이 시방의 한량없고 헤아릴 수조차 없이 많은 부처님을 공양하되, 그 수명이 다할 때까지 원하는 바를 따라 공경·존중·찬탄하고, 꽃이나 향 내지 깃발·일산을 가지고 공양한다 해도, 만약 다시 어떤 선남자·선여인이 가지가지 인연으로써 타인을 위하여 널리 반야바라밀의 뜻을 설하고 열어 보이며, 분별하여 쉽게 해석해 준다면 이 선남자·선여인의 복덕이 더 많은 것이다. 왜냐하면 과거·미래·현재의 많은 부처님은 모두가 이 반야바라밀을 배워서 아뇩다라삼먁삼보리를 얻으니 이미 얻었고, 지금 얻으며, 마땅히 얻기 때문이다.

또한 교시가야, 만약 선남자·선여인이 한량없고 가없으며 헤아릴 수조차 없는 겁(劫) 동안 보시바라밀을 행한다 해도, 선남자·선여인이 반야바라밀로써 타인에게 그 뜻을 연설하고 열어 보이며, 분별하여 쉽게 해석하여 준다면 그 복의 많음에는 미치지 못하니, 붙잡을 수가 없음인 까닭이다."

경에서는 다른 사람을 위하여 반야바라밀의 뜻을 연설하고 열어 보이며, 분별하여 쉽게 해석해 주는 것이 스스로 반야바라밀을 받아 지니고 가까이하여 독송하며, 설하고 바르게 사유하는 것보다 더 수승하다고 설하고 있다. 또한 시방의 한량없고 헤아릴 수조차 없이 많은 부처님을 공양하되, 그 수명이 다할 때까지 원하는 바를 따라 공경·존중·찬탄하고, 꽃이나 향 내지 깃발·일산을 가지고 공양하는 것보다 타인을 위하여 널리 반야바라밀의 뜻을 설하고 열어 보이며, 분별하여 쉽게 해석해 주는 것이 더 많은 복덕을 받는다고 설하고 있다. 그 이유는 무엇인가. 권지품 제34에는 다음과 같은 경문이 있다.

> 교시가야, 어떤 선남자·선여인이나 혹은 모든 천자나 천녀가 이 반야바라밀경을 들은 것만으로도, 이 공덕에 의해서 언젠가는 반드시 아뇩다라삼먁삼보리를 얻게 된다. 왜냐하면 교시가야, 과거의 모든 부처님과 제자들이 전부 이 반야바라밀을 배워서 아뇩다라삼먁삼보리를 얻고, 번뇌의 여진까지도 없는 열반(無餘涅槃)에 들었기 때문이다.

부처님이 이 세상에 오셔서 진정으로 하시고자 했던 일, 즉 불사는 일체 중생들이 아뇩다라삼먁삼보리를 얻게 하는 것이다. 그런데 경에서는 누구든 이 반야바라밀경을 들은 것만으로도, 이 공덕에 의해 언젠가는 반드시 아뇩다라삼먁삼보리를 얻게 된다고 설하고 있다. 그리고 다시 마지막의 촉루품 제90에서는 다음과 설하신다.

> 아난아, 너는 잊지 말고 잃지 말아라. 최후에 종자를 끊는 사람이 되어서는 안 된다. 아난아, 그러할 때에 반야바라밀은 세상에 있는 것이다. 마땅히 알아야 하니, 그러한 때에 부처님이 세상에 계셔서 설법함이 있는 것이다.
> 아난아, 만약 반야바라밀을 글로 쓰고 받아 지니며, 독송하고 바르게 사유하며, 타인을 위하여 널리 설하고 공경·존중·찬탄하며, 꽃이나 향·깃발·일산·보석·옷·등불 같은 여러 가지로써 공양함이 있으면 마땅히 알아야 하니, 이 사람은 부처님 친견함을 여의지 않음이고, 법 들음을 여의지 않음이며, 항상 부처님을 친근히 하는 것이다.

반야행자의 가장 큰 사명은 반야바라밀 법의 종자를 최후에 끊는 사람이 되어서는 안 된다는 점이다. 반야바라밀이 있는 한 부처님이 이 세상에 계셔서 설법함이 되고, 반야바라밀이 사라질 때 부처님이 계시지 않는 암흑의 천지가 되기 때문이다. 여기에서 반야행자의 다짐은 새로워진다. 우리 모두는 반야바라밀을 설하는 선지식, 즉 설법주를 공경하고 친근히 해야 한다. 부처님 당시 죽림정사가 지어지고 기원정사가 지어져서 지금 우리에게 부처님의 대설법이 전해졌듯이, 반야바라밀이 설해질 수 있도록 재물을 보시해 설법할 시설과 현대적 여건을 구비하게 해야 한다. 또한 다른 사람으로 하여금 반야바라밀 법문을 들을 수 있게 전법해야 하고, 스스로도 법회에 정기적으로 참여하여 반야바라밀을 들어야 한다.

　이제 고요한 호수에 돌을 던져 풍파를 일으킨 듯한 본 신행론을 접어야 할 순간이다. 바로 이 순간에 생각나는 이야기가 하나 있다. 어느 추운 날 어린아이가 길 옆의 웅덩이에 빠져 허위적거리고 있었다. 그 장면을 목격한 사람들이 제각기 자기변명을 늘어놓으면서 지나갔다. 어떤 사람은 바쁘다는 핑계로, 어떤 사람은 흙탕물에 옷이 더러워질 것을 염려하여, 그리고 또 다른 어떤 이는 다른 사람이 구해 주겠지 하면서 그냥 지나쳤다. 그 결과 그 어린아이는 마침내 죽고 말았다. 그 때 지나쳤던 사람들은 그 소식을 접하고 스스로 생각했다. '나는 죄를 짓지 않았다, 내가 그 아이를 죽인 것은 아니다'라고. 물론 그 어른들은 법적으로 죄를 지은 것은 아니다. 그들은 그 장면을 목격하지 않은 대다수의 사람들과 마찬가지로 법적으로 자유로울 수 있다. 그러나 과연 그러한가. 그들은 윤리적으로 엄청난 죄를 지은 것이다. 능히 한 생명을 살릴 수 있었는데도 그것을 포기한 죄의식에서 자유로울 수 없을 것이다.

　우리들이 반야바라밀을 펴서 불사를 성취하고자 하는 것도 마찬가지다. 고통에 빠져 있는 중생을 반야바라밀로 제도하지 않는다고 죄를 짓는 것은 아니다. 그러나 그 행위는 물 속에 빠진 어린 생명을 구하지 않는 것과 다름이 없다. 우리들이 불사의 성취를 위해서 노력하지 않는 것은 자기의 안락과 이익만을 위해서 다른 사람을 버린 것이다. 그 허물을 면할 수는 없다. 불사의 성취를 위해서 헌신하는 것은 큰 공덕이 되지만,

그것을 등한히 하는 것은 허물이 되는 것이다.

나무 마하반야바라밀

般若佛敎 信行論

●

1997년 2월 20일 초판발행
2013년 10월 5일 초판 3쇄

펴낸 곳/불광출판사
펴낸 이/박상근(至弘)
지은 이/혜담지상

110-140 서울시 종로구 수송동 46-21
대표전화 (02) 420-3200
편 집 부 (02) 420-3300
팩스밀리 (02) 420-3400
http://www.bulkwang.co.kr
등록번호 제1-183호(1979. 10. 10)
ISBN 89-7479-109-9

● 잘못된 책은 바꾸어 드립니다.
값 18,000원